甲骨文導論

甲骨文義館

甲骨文導論

陳煒湛 著

李圭甲·尹彰浚
金始衍·金埈龍   譯

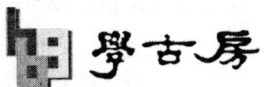

갑골문도론

Copyright ⓒ 2002 by 이규갑 外
ⓒ HAKGOBANG Press Inc., 2002, Printed in Korea.

발행인/하운근
발행처/학고방
교정·편집/김홍숙

첫 번째 찍은 날/2002. 10. 20.
첫 번째 펴낸 날/2002. 10. 30.

등록번호/제8-134호
서울시 은평구 대조동 222-3 우편번호 122-030
대표(02)353-9907 편집부(02)356-9903 팩시밀리 (02)386-8308

ISBN 89-87635-43-0 93720

http://www.hakgobang.co.kr
E·mail: hakgobang@chollian.net

값: 25,000원

파본은 교환해 드립니다.

甲骨文簡論序

陳煒湛 선생의 『甲骨文簡論』[1]을 읽고 나서, 그의 성장을 지켜 보아온 선생으로써 나는 진심으로 기쁨을 느꼈다. 殷墟 甲骨文이 光緖 25년(1899년)에 출토된 이후 지금까지 80여 년간, 중국과 해외의 연구자가 백 여명에 이르고 발간된 각종 전문적인 논문도 이미 천 종 이상이 되지만, 심도 깊은 내용을 알기 쉽게 서술하는 방식으로 독자들에게 그동안의 연구성과를 간단명료하게 소개하면서 갑골문과 관련된 문제들을 개괄적으로 서술한 논저류는 별로 찾아볼 수가 없었기 때문에, 대학교에서 갑골문 과목을 개설할 경우 적합한 교재를 찾기가 어려웠다. 1956년 출판된 陳夢家의 『殷墟卜辭綜述』은 제목이 '綜述'이라고 되어 있기는 하지만, 실제로 읽어보면 내용이 번잡하고 복잡하며, 글이 까다롭고 어렵다는 것을 느끼게 된다. 최근에 安陽 殷墟 및 갑골문과 관련된 몇 종의 책이 나왔는데, 내용이 빈약하고 깊이도 없이 그저 갑골문 연구에 대해 아주 간단히 소개한 것에 불과했다. 陳煒湛 선생은 이러한 상황을 직시하고 그동안 나온 저서들의 내용 중 부족하다고 느낀 부분들을 보충하여 이 책을 쓸 것을 결심하였다.

그는 1978년 가을에 책의 대체적인 내용을 정하고, 1979년 봄부터 책을 쓰기 시작하였는데, 당시 다른 일들이 많아서 이 책의 집필에만 전력을 기울이지 못하였다. 1980년 봄, 나는 陳煒湛 선생에게 고문자 교사들의 進修班과 연구생들에게 『甲骨文研究』라는 과목을 강의할 것을 위탁하였는데, 陳선생은 기꺼이 이를 수락하였고, 열성적으로 집필과 강의를 병행하여 강의가 끝났을 무렵에는 이 책의 원고 역시 대략적인 모습을 갖추게 되었다. 같은 해 가을, 심도 깊은 내용을 알기 쉽게 설명하고 요점만을 간단명료하게 설명하기 위해 원고를 정리하고 수정하면서, 번잡한 것을 간단하게 고치거나 내용을 보충하였다. 이러한 2년 여 간의 구상과 저술을 거쳐 완성된 이 『簡論』은 강의를 위한 교재이자, 동시에 갑골문을 공부하고자 하는 사람들의 입문서이고 독학자들의 안내서로 쓰일 수 있으므로, 一擧兩得의 장점을 가지고 있다고 말할 수 있다.

9장으로 이루어진 이 책은 분량이 많지는 않지만, 갑골문과 관련된 많은 중요한 문제들

---

[1] 原題는 『甲骨文簡論』이지만, 甲骨文 全般에 대해 체계적으로 다루고 있으므로, 번역 과정 중에 『甲骨文導論』으로 改稱하였음

을 폭넓게 다루고 있으므로 저자의 소개와 논술은 실로 80여 년간의 중국 갑골문연구에 대한 하나의 小結이라고 평할 수 있다. 예를 들어 본서의 제 1장에서는 출토된 갑골문의 총 수량에 대한 통계를 다루었고, 제 2장에서는 갑골문 고석에 대한 3단계 논술 및 갑골문 자전에 대한 평가를 다루었으며, 제 3장에서는 卜辭의 文例와 배열에 대한 분석을 다루었고, 제 6장에서는 斷代 표준에 대한 소개와 단대 연구와 관련된 논쟁에 대해 평가했으며, 제 7, 8장에서는 갑골문 綴合에 관한 저서 소개 및 綴合과 辨僞에 대해 이론적으로 개괄하고 서술하였고, 제 9장에서는 기존의 갑골문 연구에서의 두 가지 경로와 두 가지 방법에 대해 분석하였는데, 이 모두는 각각 小結의 성격을 지니고 있다.

저자는 선배학자들의 연구성과와 治學 방법을 학습하고 계승하는데 주목했을 뿐 아니라 최근의 갑골문연구의 새로운 성과와 발전도 반영하려고 노력하였다. 예를 들면 1978년 이후 中國古文字研究會에서 3차에 거쳐 갑골문과 관련된 문제에 대해 토론된 내용을 본서에서는 그대로 반영하였고, 또한 대만, 홍콩 및 일본, 미국, 캐나다 등의 학자들의 연구성과에도 주의를 기울여, 그 중 우수한 주장들은 독자들에게 소개하고 있다. 예를 들어 張秉權의 『殷虛文字丙編』, 屈萬里의 『殷虛文字甲編考釋』, 李孝定의 『甲骨文字集釋』, 金祥恒의 『續甲骨文編』, 嚴一萍의 『甲骨綴合新編』, 『補編』 및 『鐵雲藏龜新編』, 饒宗頤의 『殷代貞卜人物通考』, 周鴻翔의 『美國所藏甲骨錄』, 許進雄의 『甲骨上鑽鑿形態的研究』, 貝塚茂樹의 『京都大學人文科學研究所藏甲骨文字』 등이 저자가 책을 쓸 때 사용한 중요한 참고자료인데, 본서에서 이러한 저술 내용에 관해 전문적으로 소개하기도 하고, 중요한 논점을 인용하면서 그 주장의 타당성을 증명하기도 하였다. 예를 들어 鑽鑿 형태를 분석한 제 3장에서는 許進雄의 최신 연구성과를 채용하였고, 잘못된 綴合에 대해 예를 들어 분석한 제 7장에서는 嚴一萍의 『甲骨綴合新編』의 「訂譌」에서 예를 취하였다. 이러한 것을 보더라도 陳煒湛 선생이 얼마나 열심히 연구하고 진리를 추구했는가 하는 것을 알 수 있다.

물론 陳煒湛 선생에게 있어 이 『簡論』은 그가 최근 몇 년간 학습하고 연구해 온 갑골문에 대한 하나의 총결이라고 할 수 있다. 그의 「卜辭文法三題」, 「甲骨文字辨析」, 「郭沫若「釋五十」補說」, 「讀「美國所藏甲骨錄」」, 「甲骨文異字同形例」 등의 논문과, 다른 사람들과 공동으로 쓴 「試論郭沫若同志的早期古文字研究」, 「論羅振玉和王國維在中國古文字學領域內的地位和影響」 등 그가 최근에 발표한 논문들의 주된 논점들이 모두 이 책에 반영되어 있다.

갑골문과 관련된 많은 중요한 문제에 대해서 陳煒湛 선생은 독자적인 견해를 가지고 있다고 말할 수 있는데, 그 가운데 특히 제 4장이 가장 뛰어나다고 생각한다. 그는 제 4장에서 전통적인 六書 이론을 기본적으로 갑골문에 적용할 수 있다고 여기고 육서이론으로 갑골문을 분석하였으나, 小篆에 이용하던 분석방식을 갑골문에 그대로 적용하기가 어렵다고 판단되자, 갑골문의 형체구조에는 金文과 차이가 비교적 큰 것(다수)과 金文과 대체로 같거나 크게 다르지 않은 것(소수)의 두 가지 유형이 있다고 생각하였다. 또한 구체적으로 갑골문의 형체구조의 특징을 분석하면서 학자들이 많이 언급하지 않은 異字同形이라는 특수한 현상에 대해서도 중점적으로 서술하였는데, 이 장에서 그는 갑골문자의 형체와 의미의 관계에 대해서 구체적으로 분석하면서, 갑골문 자형만을 근거로 당시의 의미를 제멋대로 단정해서는 안되며, 반드시 商代의 사회생활을 근거로 하여 각 글자가 문장이나 句 안에서 표현하고 있는 의미를 가려내도록 노력해야 한다고 지적하였다. 그는 또 갑골문자의 발전 변화를 설명하면서 '王'·'災'·'月'·'夕' 등의 글자를 예로 들어 字形 변화의 점진성을 설명하고 전후로 다른 자형이 교체되어 사용되는 단계가 있으며, 廩辛·康丁시기가 바로 갑골문자의 발전과정에서 전대를 계승하고 후대를 이어주었던 단계였다고 보았다.

또한 제 1장에서는 출토된 갑골의 수량을 통계내는데 있어서의 어려움을 서술하였고, 제 2장에서는 향후 편찬될 갑골문 자전에 대한 방향을 제시하였으며, 제 3장에서는 갑골문의 契刻과 書寫 관계를 분석하였고, 제 5장에서는 갑골문 내용 분류에 대한 연구에 대해 논하였는데, 모두가 자신만의 독창적인 견해를 가지고서 선배 학자들과는 다른 관점으로 논지를 폈다. 저자가 제시한 이러한 견해나 관점이 모두 정확한 것인지 아닌지는 독자들 스스로가 판단할 것이므로 감히 뭐라고 말하지는 않겠다. 그러나 이런 점만 보더라도 저자는 다른 사람들이 맞다고 하는 내용을 그대로 따르거나, 다른 학자들이 이미 밝혀놓은 것을 중복되게 설명하는 부류의 사람이 아니라, 새로운 것을 연구해내려는 정신이 충만한 연구자임을 알 수 있다.

본서에서는 최근까지 논쟁이 되었던 문제에 대해서도 百家爭鳴의 정신에 따라 각 설들을 모두 참고한 뒤 가장 적합하다고 생각되는 것을 따르고 있다. 예를 들어 출토된 갑골의 총수에 대한 통계에서 董作賓은 10만 편으로, 胡厚宣은 16만 편으로 각 각 통계를 냈는데, 陳煒湛은 자신의 분석과 연구를 근거로 董作賓의 통계가 합리적이라고 판단하여 董作賓의 통계인 10만 편을 따랐다. 소위 '家譜刻辭'라고 불리는 『庫』1506편의 眞僞문제에 대해서는 많은 학자들의 의견이 분분한데, 陳煒湛은 胡厚宣의 「甲骨文"家譜刻辭"眞僞問題再商榷」의 증거가 정확하고 분석이 철저하다고 여겨, 이를 근거로 '家譜刻辭'를 가짜라고 단정하였다. '商承祚가 소장한 갑골 중의 한 편(契齋藏甲之一)'에 대한 眞僞문제에 관해서는 나의 주장을 따르면서 또한 자신의 연구를 근거로 설명을 보충하였다. 다른 문제들, 예를 들어 非王卜辭, 㠯組·子組卜辭의 시대 귀납과 제 3·4시기 卜辭의 구분 등의 문제는 현재 중국 및 외국 학자들의 의견이 크게 달라서 통일되지 않고 있는 상태인데, 저자는 이러한 논쟁을 소개하면서 자신의 주관적인 의견도 밝히고 있다. 저자의 이러한 태도는 정말 본받을만 하다고 생각한다.

본서의 마지막 절인 '향후 갑골문 연구의 전망과 예측(對今後甲骨文研究的展望與設想)'에서 저자는 '갑골문 연구자가 주목할 가치가 있는' 여덟 가지 문제에 대해서 다음과 같이 열거하였다.

1. 낱글자 고석 및 상용단어 해석
2. 『甲骨文合集』을 기초로 갑골재료의 정리·중복된 것 삭제·세트 만들기·綴合 작업을 지속적으로 진행하고, 『卜辭通纂』의 부족한 부분을 보완하고 갑골문을 보다 대중적으로 보급하기 위해 『甲骨文選集』이나 『甲骨文選讀』 등을 편찬
3. 갑골문 자전의 재편찬, 갑골문 사전 같은 공구서의 편찬
4. 斷代 연구를 심도있게 진행하여 논쟁이 되고 있는 문제 해결
5. 갑골문에 대한 分期와 분류 작업 및 商代 사회생활 및 왕실 典章제도의 변천이나 개혁 문제에 관한 탐구
6 갑골문자에 대한 이론적인 서술과 개괄
7 갑골문으로 上古漢語를 연구하여 漢語史 연구를 西周에서부터 商代까지로 끌어올릴 것
8 갑골문과 동일한 시기의 金文이나 다른 문자를 서로 연계하여 비교 연구

이상의 여덟 가지는 모두 저자 자신의 연구방향이거나 연구계획이다. 나는 예전에 陳선생에게 젊을 때는 갑골문자를 연구했으나 抗戰 이후에는 이 방면에 대해 저술한 것이 적다고 탄식한 적이 있었다. 그때 陳煒湛은 『禮記·學記』의 말을 인용하여 "'가르침에 뛰어난 사람은 다른 사람에게 그 뜻을 잇도록 한다'는 말처럼 저는 선생님의 뜻을 이어서 갑골문자를 끝까지 연구해 보겠습니다.('善教者使人繼其志', 吳願繼先生之志而窮治甲骨文字)"라고 했었는데, 지금 이 책을 보니 그 말에 더욱 믿음이 간다. 저자는 열심으로 학문에 애쓰는 사람이므로 반드시 그 연구계획을 실천하고 정해진 목적을 달성할 수 있을 것이다. 훗날 이 『簡論』보다 더 나은 책이 나오면, 비록 내가 不敏하긴 하지만 기꺼이 그 序를 쓸 것이다.

1981년 3월 20일
番禺의 商承祚가 廣州 中山大學에서 序를 쓰다.

譯者序

　우리 시대의 살아가는 모습은 우리 시대의 글자를 통해 기록된다. 마찬가지로 예전 시대의 모습은 그 때의 글자로 기록되며, 그 시대를 이해하는 것은 그 시대의 글자를 이해하는 것으로부터 시작되어야 한다. 그 시대의 글자에 대한 이해는 곧 그 시대 사회의 이해를 통한 현재의 사회 생활에 도움을 줄 수 있는 것으로 연결될 수 있다.

　갑골문(甲骨文)은 약 삼천여 년 전의 중국 사회의 모습을 보여주는 것이다. 그러므로 당시의 중국 사회를 이해하려면 갑골문의 이해가 우선되어야 하며, 이를 통해 현대를 살아가는 우리에게 어떤 도움이 있을 것인가를 찾도록 해야 할 것이다.

　땅속에 묻혀 오랫동안 모습을 나타내지 않았던 갑골문이 발견된 지 어언 백여 년이 지났다. 그 동안 이 분야에 대해 괄목할 만한 연구 성과도 있었고, 나아가 이를 기반으로 한자의 변화과정에 대한 연구는 물론 殷商의 사회에 대한 연구 업적도 엄청나다고 할 수 있다. 이와 같은 연구는 주로 중국을 중심으로 이루어졌으며, 중국을 제외한다면 일본에서의 연구가 가장 활발했을 뿐, 그 밖의 지역에서 이룩된 연구 성과는 그다지 많다고 할 수는 없다. 비록 우리도 갑골문에 대한 연구가 적지 않다고 하지만 아직까지는 연구자들의 부족으로 인해 양적으로나 질적으로 약간은 부족한 것이 사실이다. 이와 같은 현실에서는 갑골문의 전반적인 사항들을 많은 사람들이 쉽게 접하고 읽도록 하며, 그것을 통해 갑골문에 대한 연구 동기를 유발시킬 수 있는 책이 절실한 상황이다.

　마침 陳煒湛 教授가 저술한 『甲骨文簡論』은 위와 같은 욕구를 충분히 충족시킬 수 있는 좋은 책이라 생각되어, 이를 우리말로 옮겨 많은 사람들이 쉽게 갑골문에 대한 이해를 할 수 있도록 한다면 더 없이 좋을 것이란 생각이 들어 文字學을 함께 공부하던 여러 同學들과 이 작업을 진행하게 되었다. 이 과정에서 기초적인 번역작업은 윤창준, 김시연, 김준용 同學이 나누어 완성하였으니 이 번역의 가장 큰 공헌자는 바로 이 세 사람이라 할 것이다. 이것이 완성된 후, 다시 모두 모여 한 구절씩 원문과 대조하면서 전체적으로 조망하며 수정하는 작업을 거쳤다. 그 과정에서 당시 석사과정에 있던 김은희, 남정순, 김영섭, 김지현,

김세미 同學도 함께 공부하면서 참여했으며, 특히 번역작업의 궂은 일이었던 수많은 갑골문 자형들의 스캔 작업을 도맡아 했으니 이들의 도움이 없었더라면 이 책의 완성은 매우 어려웠을 것이다. 그리고 이 책의 原題는 『甲骨文簡論』이나, 그 내용이 우리나라의 학계 입장에서 보면 갑골문의 여러 가지 분야를 초보적인 수준부터 어느 정도의 깊은 수준까지 다양하게 인도하는 것이라 판단되어 번역 과정에서 『甲骨文導論』으로 바꾸었음을 밝힌다.

이 책은 내용의 특성상 글자를 스캔한 것들이 수천 개나 되는 등 편집 작업이 매우 어려울 수 밖에 없다. 그렇기 때문에 번역 원고가 완성되었다 하더라도 책으로 만들어내기는 결코 쉽지 않다. 그럼에도 불구하고 이 책의 출판을 흔쾌히 허락해준 도서출판 학고방의 하운근 사장과 편집자 여러분께 진심으로 감사의 마음을 표한다. 아울러 이 책을 통해 많은 學人들이 갑골문에 대한 이해를 더욱 깊게 할 수 있기를 기원한다.

2002. 10.

譯者들을 대표하여 李圭甲 씀

제1장 갑골문의 발견과 발굴

1. 갑골문의 우연한 발견과 殷墟에 대한 초보적 고찰…15
2. 해방 이전, 갑골문의 개인적 발굴과 과학적 발굴…20
3. 中華人民共和國 건립 이후의 殷墟 발굴 및 갑골문의 새로운 발견…24
4. 80년간 출토된 갑골문의 총수량 및 향후 갑골문 출토에 대한 전망…27

제2장 갑골문의 저록·고석 및 자전의 편찬

1. 갑골문 저록의 형식과 방법…33
2. 갑골문 고석의 발전…42
3. 갑골문자전의 편찬…59

제3장 甲骨의 占卜과 刻寫

1. 甲骨의 종류와 來源…69
2. 占卜 이전의 준비와 占卜의 순서…79
3. 契刻과 讀法…89
4. 契刻과 書寫의 관계…98

제4장 甲骨文字의 특징 및 그 발전 변화

1. 甲骨文字와 六書 문제…111
2. 甲骨文字의 형체 구조상의 특징…117
3. 甲骨文字의 형체와 의미의 관계…128
4. 甲骨文字의 발전 변화…136

제5장 갑골문의 분류와 주요내용

1. 갑골문의 분류 연구 - 여러 연구자들의 갑골문의 분류…145
2. 각 유형의 卜辭의 例…149
3. 非卜辭 ― 卜辭이외의 각 유형의 刻辭…184
4. 非王卜辭에 대해…192

제6장 갑골문의 分期-斷代 연구

1. 갑골문 分期斷代의 중요성…259
2. 갑골문 斷代의 표준…263
3. 斷代 연구 중 마주치게 되는 어려움 및 현재 논쟁이 되고 있는 문제들…287

제7장 갑골문의 綴合

1. 甲骨 綴合의 중요한 의미…301
2. 갑골 철합의 기본 원칙…304
3. 갑골 철합에 관한 저서-『甲骨叕存』에서 『甲骨文合集』까지…310

제8장 갑골문의 辨僞

1. 僞片의 유래와 변별 방법…329
2. '商承祖 소장 갑골 중의 한편(契齋藏甲之一)'의 眞僞 문제…334
3. 『庫』1506편 '家譜刻辭'의 眞僞 문제…341

제9장 갑골문 연구의 과거와 현재 및 미래의 전망

1. 80년간 갑골문 연구의 주요성과…357
2. 갑골문 연구의 두 가지 경로과 두 가지 방법…362
3. 갑골문의 연구현황 및 해결해야 할 문제…366
4. 이후 갑골문연구의 전망과 예측…368

■ 찾아보기…373

제1장
갑골문의 발견과 발굴

1. 갑골문의 우연한 발견과 殷墟에 대한 초보적 고찰

銅器에 새겨놓은 西周시기의 銘文보다도 더 오래된 문자인 甲骨文은 淸代 光緖 25년(1899년)에 북경에서 國子監 祭酒를 지내던 山東 福山人 王懿榮(廉生)에 의해서 처음으로 발견되었다.

땅 속에 3천여 년을 묻혀 있던 갑골문이 마침내 땅에서 나와 사람들에게 발견된 것은 필연적인 일이었겠으나, 언제 누구에 의해서 처음으로 발견되었느냐 하는 점을 생각해본다면 갑골문은 분명 우연한 기회에 발견되어 중요시된 것이라 할 수 있다.

1899년 이전, 河南省 安陽縣[1] 小屯村의 북쪽과 洹河 이남의 논밭에서 갑골문이 끊임없이 발견되었는데, 그 곳의 농민들은 이것을 '龍骨'이라고 부르면서 바로 약방에 팔았고, 심지어 어떤 사람들은 이 '용골'을 주워 내다 파는 것을 생업으로 삼기도 했다. '용골'의 판매 방식에는 도매와 소매가 있었는데, 소매상들은 상처를 치료할 수 있다면서 종종 갑골을 잘게 쪼개어 '刀尖藥'이라는 이름으로 팔았고, 도매상들은 한 근에 6文 정도의 싼 가격으로 약방에 팔았는데, 문자가 새겨져 있는 것은 잘 팔리지 않았기 때문에 일부러 문자를 긁어 없애기도 했다. 그러다가 1899년에 이르러 이러한 용골이 王懿榮의 수중에 들어가면서 비로소 표면에 새겨진 문자들이 매우 귀중하고 희귀한 것임이 밝혀지게 되었다.

---

[1] 【譯註】지금의 河南省 安陽市이다.

전하는 바에 따르면 당시 王懿榮은 학질을 앓고 있었는데, 그가 복용하던 약재 중 하나가 바로 '용골'이었다. 王懿榮은 약재를 살펴보던 중, 우연히 용골의 표면에 金文과 유사한 문자가 새겨져 있음을 발견하고는 놀라움을 금치 못했다고 한다. 금석학자로써 고문자에 대한 감별이 뛰어났던 王懿榮은 이러한 거북이 등딱지(龜甲)가 분명 매우 오래된 것임을 알아차리고는 곧바로 사람을 菜市口에 있는 약방인 達仁堂으로 보내 그 용골들이 어디서 왔는지를 묻고, 또 문자가 비교적 분명하게 새겨진 것들을 골라 모두 구입토록 했다.2) 王懿榮은 연구를 통해 갑골에 商代 帝王들의 이름이 많이 새겨져 있고, 또 문자들이 기이하고 오래된 것임을 발견하고는 마침내 이 용골들을 殷商시기의 유물이라고 단정하였다. 이후 그는 돈을 아끼지 않고 대량의 갑골을 사 모았는데, 같은 해 가을, 山東 濰縣의 골동품상 范維卿이 한 판에 은 2냥씩 받고 갑골문자 12판을 王懿榮에게 팔았다. 한편 端方이라는 사람이 이런 사실을 알고 나서 갑골의 값을 더 높게 해 주겠다고 하자, 范維卿이 다시 몇 편의 갑골문자를 端方에게 선물로 주었고, 端方은 매 글자 당 은 2냥 5전이라는 높은 값을 쳐주었다. 이에 갑골문은 일시에 커다란 파문을 일으키게 되어 1근에 6문이던 '용골'은 그 몸값이 백 배나 뛰어올랐고, 마침내 세상이 다 아는 '갑골문'이 되었다. 갑골문은 한편으론 골동품상들이 잇속을 위해 찾는 대상이 되었고, 다른 한편으론 학술계의 새로운 연구 과제가 되어 중국 고대사회, 특히 商代 사회를 연구하는데 있어서 귀중한 자료가 되었다.

王懿榮은 1년여간 1500편이나 되는 갑골을 수집했지만, 1900년 가을, 八國연합군이 北京을 침입했을 때 사망하였고, 그가 죽은 후, 부채를 탕감하기 위해서 자손들이 가산을 파는 과정에서, 王懿榮이 소장하고 있던 갑골의 대부분은 『老殘遊記』의 저자인 劉鶚(鐵雲)에게 넘어갔다. 劉鶚 역시 계속 갑골을 수집하여 1,2년 사이에 모두 5천여 편을 모았는데, 1903년 劉鶚은 소장하고 있던 갑골 가운데 1,058편을 뽑아 탁본을 떠서 갑골문을 수록한 첫 번째 책인 『鐵雲藏龜』 6책을 편찬했다.

孫詒讓(仲容)은 1904년에 『鐵雲藏龜』에 실린 갑골문을 근거로 하여 갑골문을 연구한 첫 번째 저작인 『契文擧例』를 썼고, 이후 羅振玉(叔言)과 王國維(靜安)는 갑골문 485자를 해독하는 동시에, 고증을 통해 갑골문이 商代 盤庚이 安陽(殷)으로 천도하고 나서부터 殷의 마지막 왕인 帝乙 시기에 이르는 기간 동안의 유물임을 밝혀냈다.

---

2) 王懿榮이 갑골문을 발견한 과정에 대해서는 각 책에서 기술한 내용들이 모두 다른데, 믿을 만한 것도 있고 믿을 수 없는 것도 있다. 董作賓·胡厚宣의 『甲骨年表』, 胡厚宣의 『殷墟發掘』 11~13쪽, 蕭艾의 『甲骨文史話』 제 1절 '有字的龍骨(글자가 있는 용골)' 참조.

이 네 사람의 노력과 공헌은 갑골에 대한 연구가 점차 하나의 새로운 학문 분야로 자리 잡는데 많은 영향을 끼쳤고, 갑골에 대한 사람들의 인식도 더욱 깊어져서 적극적으로 갑골을 수집하고 연구하는 학자들도 점차 많아졌으며, 일부 학자들은 직접 갑골이 출토된 지역에 답사를 가기도 하고, 갑골을 사 모으기도 했다.

골동품상들은 갑골이 어디에서 출토되었는지를 알고 있었지만 자신들의 이익을 위해서 정확한 갑골문 출토 지역을 가르쳐 주는 대신 河南 湯陰縣의 古牖里에서 출토되었다며 많은 사람들을 속였는데, 劉鶚과 일본학자 林泰輔 등도 속은 적이 있다. 1910년 羅振玉이 『殷商貞卜文字考』를 쓰면서 "갑골의 발견지점은 安陽縣에서 서쪽으로 5리 정도 떨어진 小屯이지 湯陰이 아니라는 것을 알아내고는", "山左廠의 골동상을 中州로 보내 갑골을 잔뜩 사 모았다3)"라고 밝힘으로써 정확한 갑골 출토지가 비로소 알려지게 되었다. 후에 그는 동생 羅振常과 처남 范恒齋를 小屯에 보내 갑골을 수집하였고, 羅振常은 일기체로 된 『洹洛訪古游記』를 썼다. 1914년 봄에는 安陽에 주재하던 영국 장로회 목사였던 캐나다인 明義士(James Mellon Menzies)가 洹水 南岸에 가서 갑골문자의 출토 상황을 살폈고, 1915년 3월에는 羅振玉이 일본에서 돌아와 직접 安陽 小屯村에 가서 殷墟유적지를 답사한 후 『五十日夢痕錄』(『雪堂叢刻』本)을 썼다. 그가 직접 보고 들은 내용을 기록한 이 책 덕분에 학술계는 갑골문 출토와 관련된 상황을 정확하게 알 수 있게 되었는데, 그 책에서 小屯에 대한 羅振玉의 서술을 인용하면 다음과 같다.

　… 차를 빌려 小屯까지 갔다. 그곳은 읍(安陽縣)의 서북쪽으로 5리 되는 지점인데, 동·서·북 3면이 洹水로 둘러 쌓여있다. 『彰德府志』에서는 이곳을 '河亶甲城'이라고 했다. 최근 십여 년 간 모든 龜甲獸骨이 여기서 출토되었다. 그곳 사람들에게 갑골이 출토된 땅에 대해서 물었더니, 대략 40畝 정도 되는 곳이라 했다. 그래서 그 땅에 가보았더니 갑골 중 글자가 없는 것들이 밭 가운데 여기저기에 쌓여 있었는데, 오래된 짐승뼈 하나를 주울 때 갑골은 두 손 가득 주울 정도로 양이 많았다. 그 땅은 보리와 목화가 자라고 있었다. 마을 사람들은 매번 목화를 베고 나서 발굴을 했는데 구멍을 팔 때 2丈이 훨씬 넘을 정도로 깊이 판 것도 있으며, 발굴 후에는 그 구멍을 다시 흙으로 메우고 나서 농작물을 심었다. 거기에서 출토된 유물로는 갑골 외에 큰 조개 껍질(蜃殼)도 갑골만큼이나 많았는데, 얼마나 오래된 것인지는 알 수 없었다.4)

---

3) "詢知發現之地乃在安陽縣西五里之小屯, 而非湯陰", "遣山左廠肆估人至中州瘁吾力以購之"

4) "…賃車至小屯. 其地在邑之西北五里, 東西北三面洹水環焉. 『彰德府志』以此爲河亶甲城. 近十餘年間, 龜甲獸骨悉出于此. 詢之土人, 出甲骨之地, 約四十畝. 因往復其地, 則甲骨之無字者, 田中纍纍皆是, 拾得

이러한 羅振玉의 서술을 볼 때, 당시에는 갑골을 매우 쉽게 구할 수 있었음을 알 수 있다. 羅振玉은 갑골문 이외의 다른 유물의 출토 상황에도 주의를 기울였는데, 이것은 중국학자 가운데 처음으로 小屯에 가서 실제로 고고학적 조사를 한 것이었다.

小屯村과 그 부근 일대는 원래 商代 후기의 도성이었다. 옛 기록을 근거로 하면, 商나라 왕들은 자주 나라의 수도를 옮겼는데, 契에서 成湯까지 여덟 차례를 옮겼고, 湯에서 盤庚까지는 다섯 번 옮겼으며, 盤庚 14년에 다시 奄에서 殷으로 옮겼다.『左傳』定公 4년의 "康誥를 殷墟에 封하도록 명하였는데, 옛 商나라의 풍속을 보존하되, 周나라의 법으로써 다스리도록 했다.(命以康誥而封於殷墟, 皆啓以商政, 疆以周索.)"라는 문장에 대해 杜預는 注에서 "殷墟는 朝歌이다.(殷墟, 朝歌也.)"라고 한 것은 朝歌를 殷墟로 잘못 여긴 것이다.『史記·殷本紀·正義』에서는『竹書紀年』을 인용하여 "盤庚이 殷으로 옮긴 때로부터 紂가 멸망하기까지 273년 동안은 遷都하지 않았다.(自盤庚徒殷至紂之滅二百七十三年, 更不徒都.)"라고 했고,『史記·項羽本紀』에서는 "項羽는 이에 洹水 남쪽인 殷墟에 가서 기다렸다.(項羽乃與期洹水南, 殷墟上.)"라고 했으며, 또『殷本紀·正義』에서는『括地志』를 인용하여 "相州 安陽은 본래 盤庚이 수도로 정한 곳으로, 즉 北蒙 殷墟이다. 남쪽으로 朝歌와 146리가 떨어져 있다.『竹書紀年』에서 '盤庚은 奄에서 北蒙으로 천도했는데, 이는 殷墟를 말하는 것으로, 남으로 鄴과 40리 떨어진 곳이다.'라고 한 것은 舊都이다. 성의 서남쪽 30리에 洹水가 있고 南岸 3리에 安陽성이 있으며, 서쪽에는 殷墟라는 성이 있는데, 이것이 소위 北蒙이다.(相州 安陽本盤庚所都, 卽北蒙殷墟, 南去朝歌百四十六里.『竹書紀年』云 '盤庚自奄遷于北蒙, 曰殷墟, 南去鄴四十里', 是舊都. 城西南三十里有洹水, 南岸三里有安陽城, 西有城名殷墟, 所謂北蒙者也.)"라고 했는데, 이러한 기록들은 洹水 남쪽의 小屯이 당시 商나라의 도성이었음을 말해준다.

商이 멸망한 이후, 도읍이 있던 자리가 폐허가 되면서 후세 사람들이 이곳을 殷墟라고 불렀으며, 수만 편의 갑골 역시 이곳에 묻혀 점차 땅 속 깊은 곳으로 사라졌다. 商왕조의 여러 陵墓 역시 이 지역에 있었는데, 商이 망한 이후 그 墓葬品들이 周나라 사람들에 의해 도굴 당했을 가능성이 많다. 이후 戰國시기에서 秦漢에 이르는 기간에는 도굴이 매우 극심해서 옛 묘에 殉葬되어 있던 청동기가 자주 출토되었고[5], 宋代에도 殷墟에서는 적지 않은

古獸骨一, 甲骨盈數匊. 其地種麥及棉, 鄕人每以刈棉後卽事發掘, 其穴深者二丈許, 掘後卽塡之, 後種植焉. 所出之物, 甲骨之外, 蠶殼至多, 與甲骨等. 往歲所未知也."

5)『說文·敍』에 "郡國에서도 종종 山川에서 鼎과 彛를 얻었다.(郡國亦往往於山川得鼎彛.)"라는 기록이

청동기가 출토된 적이 있었다. 예를 들어 呂大臨(與叔)이 『考古圖』에서 출토지점을 '鄴'이라고 밝힌 것은 殷墟 일대의 乙鼎·饕餮鼎·商兄癸彝·足迹罍·亶甲觚 등이고, 『博古圖錄』·『嘯堂集古錄』·『歷代鐘鼎彝器款識』·『續考古圖』·『復齋鐘鼎款識』 등에도 殷代의 器物이 많이 보인다. 현지에서 발굴된 고고학적 자료들도 小屯 부근의 商나라 왕의 陵墓가 漢나라·宋나라 사람들에 의해 도굴되었던 적이 있음을 증명해 준다.

갑골문은 殷墟, 특히 小屯村과 小屯村 북쪽에 묻혀 있었으므로, 청동기와 함께 사람들에게 발견된 적이 있었을 가능성이 충분할 뿐만 아니라, 오히려 아주 자주 발견되었을 것으로 생각된다. 殷墟는 南北朝와 隋唐시대에는 공동묘지 지역이었는데, 매장을 하기 위해서는 당연히 계속 땅을 파 내려갔을 것이고, 이러한 과정에서 따라 사람들에게 발견되었을 가능성이 있다. 따라서 상식적으로 볼 때 고대에 갑골을 발견했던 적이 있다고 말하는 것은 틀린 말이 아닐 것이다. 하지만, 사실이 어떻든 간에 '갑골문'이라는 세 글자는 어떤 문헌에서도 보인 적이 없었고, 3천년 간 한번도 사람들의 주목을 받은 적이 없었다. 갑골문이 사람들에게 알려지고 또 사람들의 주목을 받기 시작한 것은 분명 1899년 이후이다.

小屯村의 村史는 이미 400여 년이 되었다. 이곳에서는 明初 朱氏 家廟의 碑記가 나온 적이 있으나, 그 기록에는 小屯이라는 이름이 보이지 않고, 明 萬曆 4년 丙子(1567년)의 墓磚地券에 처음으로 小屯村이란 이름이 보인다.6) 이와 같은 사실로 보아 殷墟를 小屯村이라고 부른 것은 적어도 萬曆 4년 이전이었을 것으로 생각된다. 李濟(濟之)의 「小屯地面下情形分析初步」(『安陽發掘報告』제1기, 1929년)에서는 다음과 같이 언급하였다.

> 지금의 小屯村은 明朝 훨씬 이전부터 형성되어 있었다. 이 수 백년 동안 사람들은 그 땅에서 집을 짓기도 했고, 우물을 파기도 했으며 나무를 심기도 했다. 사람을 묻기도 했는데, 그들은 낮은 곳에는 쓰레기를 채워 넣었고, 농사의 편리함을 위해서 높은 지대는 깎아 내서 평평하게 만들었다. 갑골의 발견은 이처럼 농민들이 땅을 파고 또 땅을 깎은 데서 비롯된 것이다.7)

이상의 말은 그가 小屯村의 地下 상황을 살펴본 후에 얻은 결론이자, 수 백년 간 내려온

있다.
6) 董作賓, 『甲骨學五十年』, 20쪽 참조.
7) "現代小屯村的原始遠在明朝, 在這幾百年中, 村民在這地方建過房屋, 挖過井, 種過樹. 埋過人, 他們在低的地方堆過垃圾. 爲種地的方便, 把高的地方鏟平了. 甲骨的發現就是由於農人挖地及鏟地."

小屯村의 상황에 대해 개괄한 것이기도 하다.

2. 해방 이전, 갑골문의 개인적 발굴과 과학적 발굴

갑골문이 학술계에 알려지고 주목받게 되면서부터 갑골문은 곧바로 보물로 둔갑하여 구하려는 사람들이 날로 늘어났기 때문에 민간에서는 서로 앞다투어 땅을 파내기 시작했다. 董作賓(彦堂)・胡厚宣의 『甲骨年表』 및 董作賓의 『甲骨學五十年』 등의 기록에 의하면, 1899년에서 1928년까지의 30년간 개인이 갑골문을 발굴한 것 가운데 중요한 것은 다음의 아홉 차례의 발굴이다.

제1차 : 1899년에서 1900년 사이. 王懿榮이 갑골문을 발견한 이후, 山東 濰縣의 골동품상 范維卿은 安陽에 가서 갑골을 사들여, 1900년에 王懿榮에게 갑골 800편(이 가운데 하나는 全甲으로, 모두 52개의 글자가 있는 것이었다)을 팔았다. 이후 濰縣의 趙執齋가 수 백 편을 구하여 역시 王懿榮에게 팔았는데, 이 2년간 출토된 갑골은 모두 1500편 이상이 된다.

제2차 : 1904년. 『鐵雲藏龜』가 세상에 나온 후, 갑골을 사려는 사람들이 小屯村에 구름처럼 모여들었는데, 사려는 사람들의 수요를 맞추기 위해 小屯村 주민들은 마을 북쪽의 濱河 일대를 대대적으로 팠다. 그 해 겨울, 小屯村 지주 朱坤은 농민들을 이끌고서 아예 천막을 치고 본격적으로 땅을 파서 갑골문 몇 수레를 파냈다. 갑골문을 파내기 위한 싸움이 날로 치열해지자 현의 관리가 갑골문 파내는 것을 금지하였다.

제3차 : 1909년. 봄에 小屯村 앞의 張學獻의 땅에서 山藥溝를 파다가 갑골문이 발견되었다. 이에 많은 사람들이 발굴에 동참했는데, 이때 얻은 갑골 중에는 어깨뼈(肩胛骨)의 骨臼부분과 邊緣부분이 가장 많았다.

제4차 : 1920년. 華北의 다섯 省에 심한 가뭄이 들자 많은 사람들이 추위와 굶주림 때문에 도망쳐 왔고, 마을 북쪽 강변에서 갑골문을 파냈다. 이전에 이미 갑골이 출토된 곳을 다시 파낸 것인데, 근처에 사는 사람들 역시 많이 참가했다.

제5차 : 1923년. 봄에 小屯村 張學獻의 채소밭에서 갑골이 출토되었는데, 글자가 있는 큰 骨板 2개가 나왔다.

제6차 : 1924년. 小屯村 안에서 담을 세우기 위해 땅을 파다가 갑골편이 묻힌 구덩이 하나를 발견했는데, 그 중에는 아주 큰 것이 있었다.

제7차 : 1925년. 마을사람이 대거 마을 앞 길 옆에서 땅을 파서 갑골편 여러 광주리를 얻었는데, 소의 어깨뼈(牛胛骨) 중에는 길이가 1尺 이상 되는 것도 있었다.

제8차 : 1926년. 3월에 小屯村 사람들이 張學獻의 채소밭에서 몰래 땅을 파내 많은 갑골을 얻었다. 수십 명이 3개조로 나누어 각각 세 방향으로부터 가운데를 향해 파들어 갔는데, 갑자기 구덩이가 무너지면서 네 명이 매장되었다. 급히 구해내서 죽지는 않았지만, 발굴작업은 이로써 중단되었다.

제9차 : 1928년. 봄에 北伐軍이 安陽에서 전투를 하면서 병력을 洹水 南岸에 주둔시켜 小屯村 사람들은 농사를 지을 수 없게 되었다. 4월에 전쟁이 끝나자 사람들은 먹고 살 방도가 없었기 때문에 다들 마을 앞 길 옆과 보리밭 앞 숲에서 대대적으로 갑골을 파냈다.

이 30년 동안 민간에서 개인적으로 파낸 갑골이 도대체 얼마나 되는지 정확하게 통계를 낼 수는 없지만, 대충 계산해보면 약 7만여 편이 된다. 이 갑골들 가운데 많은 양은 골동상을 거쳐 王懿榮・劉鶚・羅振玉・王襄・黃濬・徐枋・劉體智 및 캐나다의 明義士・미국의 方法斂・영국의 庫壽齡・金璋・일본의 林泰輔 등 개인들이 소장하게 되었고, 단지 아주 적은 양만이 공공기관에 흘러들어 갔다. 외국에 흩어져 있는 갑골의 대부분은 이 시기에 출토된 것들로, 소장량이 가장 많은 곳은 일본이고, 그 다음은 캐나다, 그 다음은 미국과 영국이다.

1928년 10월부터 1937년 抗戰이 시작될 때까지, 당시의 中央研究院 歷史語言研究所는 安陽 小屯과 그 부근 지역에서 15차례에 거쳐 과학적인 발굴작업을 벌였다. 정식으로 발굴을 시작하기 전에 歷史語言研究所는 1928년 8월 우선 董作賓을 小屯에 보내 갑골의 출토 상황을 조사케 했는데, 이것이 처음으로 정부차원에서 사람을 보내 갑골 출토지를 조사한 것이다. 董作賓의 조사 결과, "殷墟의 갑골은 아직 전부 다 발굴된 것은 아니므로(殷墟甲骨挖掘未盡[8])" 계속 발굴할 가치가 있음이 확인되었고, 이에 계획을 세워 같은 해 10월 정식으로 발굴을 시작하였다. 초기 발굴의 목적은 주로 갑골을 찾아내는 것이었으나 점차 전체 殷墟 도성과 陵墓에 대한 탐색으로 확대되었고, 도중에 河南省 정부와 갈등이 생겨 1년 간 작업이 중단되기도 했다.

이 15차례에 거친 과학적 발굴의 경과와 대량의 문물 출토에 대한 상황은 歷史語言研究所가 편찬한 『安陽發掘報告』 제 1기에서 4기까지와 『田野考古報告』, 그리고 胡厚宣이 쓴

---

8) 董作賓, 『中華民國七十年十月試掘安陽小屯報告書』, 『安陽發掘報告』 1929年 第1期.

『殷墟發掘』(1955년, 學習生活出版社)에 비교적 상세히 기록되어 있어서 참고가 된다. 여기서는 각각의 발굴에서 얻은 갑골문자의 상황에 대해서만 소개하기로 한다.

제1차 : 1928년 10월 13일에서 30일까지 董作賓의 주관 하에 18일간 발굴 작업이 진행되었는데, 이것 역시 시험적 발굴이라고 할 수 있다. 작업 지점은 小屯村으로, 세 구역으로 나누어 40개의 구덩이를 팠는데, 글자가 있는 龜甲(이하 字甲이라고 간칭함) 550편과 글자가 있는 獸骨(이하 字骨이라고 간칭함) 299편 등 총 854편9)을 발굴했다. 董作賓은 이 중 381편을 『新獲卜辭寫本』에 수록하였다.

제2차 : 1929년 3월 7일에서 5월 10일까지 65일간의 발굴작업을 李濟가 주관했는데, 小屯村의 중앙과 남쪽, 북쪽 세 곳에서 발굴한 결과, 字甲 55편과 字骨 685편, 총 740편을 발굴했다.

제3차 : 李濟의 주관 하에 1929년 10월 7일에서 22일까지의 16일을 前期로 하고, 11월 15일에서 12월 12일까지의 28일을 後期로하여, 총 44일간 발굴 작업이 진행되었다. 小屯村의 북쪽에서 大龜四版을 포함한 字甲 2,050편과 字骨 962편, 총 3,012편을 발굴했으며, 이밖에 소 머리뼈(牛頭)刻辭와 사슴 머리(鹿頭)刻辭 각 한 편씩도 발굴했다.

제4차 : 1931년 3월 21일에서 5월 11일까지 李濟의 주관 하에 52일간 발굴작업이 진행되었다. 小屯村 북쪽에서 字甲 751편, 字骨 31편, 총 782편과 사슴 머리뼈 刻辭 한 편을 발굴했다. 이번 발굴작업에서는 小屯村 외에 小屯 부근에 있는 四盤磨 및 後崗에서도 발굴을 진행했는데, 그 중 後崗에서 字骨 1편을 발굴했다. 이것은 小屯村 이외의 지역에서 처음으로 발견된 갑골문이다.

제5차 : 1931년 11월 7일에서 12월 19일까지 43일간 董作賓의 주관 하에 작업이 진행되었다. 小屯村 중앙과 북쪽에서 字甲 275편, 字骨 106편, 총 381편을 발굴했는데, 이중에는 이전에 보지 못했던 소 어깨뼈 刻辭 1편이 있었다.

제6차 : 1932년 4월 1일에서 5월 31일까지 李濟의 주관 하에 61일간 작업이 진행되었는데, 小屯村 북쪽에서 字骨 1편만이 발견되었다.

제7차 : 1932년 10월 19일에서 12월 15일까지 58일간 李濟가 작업을 주관했다. 小屯村 북쪽에서 字甲 23편, 字骨 6편, 총 29편을 발굴했으며, 이밖에 陶片 하나를 발견했는데 묵으로 쓴 1촌 크기의 정방형으로 된 '祀'字가 쓰여 있었다. 이는 商代에 이미 붓으로 글씨를 썼다는 사실을 증명할 수 있는 매우 귀중한 자료이다.

제8차 : 1933년 10월 20일에서 12월 25일까지 67일간 郭寶鈞이 작업을 주관하였는데, 小屯村 북쪽에서 字甲 256편, 字骨 1편, 총 257편이 발견되었다.

제9차 : 1934년 3월 9일에서 5월 31일까지 84일간 董作賓이 작업을 주관하였는데, 小屯村

---

9) 1차 발굴에서 얻은 字甲과 字骨에 대한 숫자는 책마다 통계가 틀린데, 여기서는 董作賓의 『甲編自序』附表의 계산치를 근거로 한다.

북쪽과 侯家莊 남쪽에서 字甲 446편(大龜七版 포함), 字骨 11편, 총 457편이 발견되었다.

제10차 : 1934년 10월 3일에서 1935년 1월 1일까지 3개월 간의 작업을 梁思永이 주관했는데, 侯家莊 西北崗에서 商代 묘지가 발견되었으나 글자가 새겨진 갑골은 출토되지 않았다.

제11차 : 1935년 3월 15일에서 6월 15일까지 83일간 梁思永이 작업을 주관하였다. 작업지점은 역시 侯家莊 西北崗이었는데, 갑골문자는 출토되지 않았지만 商代 帝王의 皇陵이 발견되었다. 즉 1003호 大墓의 西墓道 북벽에서 귀가 잘린 石段 하나가 발견되었는데, "辛丑小臣茲入羋宜才喜曰段.(辛丑日에 小臣 茲가 羋에 가서 宜제사를 지내고, 喜에서 이 篡를 바쳤다.)"라고 쓴 두 행으로 된 銘文 12字가 있다.

제12차 : 1935년 9월 5일에서 12월 16일까지 99일간 梁思永이 작업을 주관하였다. 발굴지점은 역시 侯家莊 西北崗의 商代 묘지로 陵墓에서 대량의 유물이 출토되었으나 갑골문자는 없었고, 단지 銅器 중에 10여 건이 글자가 있었는데, 銘文이 많은 것은 4字(1400호 묘의 東墓道 중의 "寢小臣盂")였고 나머지는 한 두 글자뿐이었다.

제13차 : 1936년 3월 18일에서 6월 24일까지 99일간 郭寶鈞이 주관 하에 진행되었다. 작업 지점은 역시 洹水 북쪽에서 남쪽에 이르는 지역과, 西北崗에서 小屯村의 북쪽에 이르는 지역으로, 字甲 17,756편과 字骨 48편, 총 17,804편을 얻었는데, 이 갑골편의 대부분은 같은 구덩이(즉 제127坑)에서 출토되었다. 이 구덩이는 과거에 손댄 적이 없는 것이어서 龜甲이 17,088편이나 출토되었는데, 이 중 완정한 것만 거의 300편이었고, 소 뼈(牛骨)는 8편이었다. 문자는 쓴 것도 있고 새긴 것도 있고, 朱漆이나 墨漆을 한 것도 있는데, 서로 포개어져 있었다. 구덩이 안의 갑골 무더기에서는 또 사람의 뼈 하나가 발견됐는데, 어떤 사람은 이것을 당시 갑골을 관리하던 사람일 것이라고 여기기도 했다. 이 구덩이에서 출토된 갑골은 전체 殷墟 발굴작업에서 일찍이 없었던 커다란 수확으로, 갑골문자 연구에 매우 중요한 가치를 지닌다.

제14차 : 1936년 9월 20일에서 12월 31일까지 103일간 梁思永의 주관으로 작업이 진행되었는데, 주로 유적지 발굴에 수확이 있었고, 字甲은 단지 2편만이 발견되었다.

제15차 : 1937년 3월 16일에서 6월 19일까지 96일간 石璋如가 작업을 주관하였는데, 小屯村 북쪽에서 字甲 549편과 字骨 50편, 총 599편을 얻었다.

이상 15차례의 과학적 발굴에서 얻은 갑골문자는 모두 24,918편이었다.

歷史語言硏究所가 殷墟 발굴을 주관하던 기간 동안, 당시의 河南省 정부 역시 河南省 박물관에 위탁하여 1929년 10월에서 1930년 2월까지 2차례에 거쳐 安陽 小屯村에서 발굴을 진행했는데, 발굴한 字甲은 2,673편, 字骨 983편, 총 3,656편이었다.

1937년 抗戰이 시작된 이후 殷墟 발굴도 중단되었고, 安陽도 곧 적의 수중으로 넘어갔다.

그 후 해방까지 갑골은 끊임없이 출토되기는 했으나 많은 양이 약탈당하여 외국으로 흩어졌고, 北京과 上海의 개인 및 공공기관에서 사 모은 것은 5천여 편 정도였다.10)

3. 中華人民共和國 건립 이후의 殷墟 발굴 및 갑골문의 새로운 발견

中華人民共和國 건립 이후 당과 정부의 중시와 지지 하에, 殷墟 발굴작업은 본격적으로 논의되기 시작하였고, 1950년부터는 殷墟에서 다시 발굴이 진행되었다. 1966년 이전의 발굴상황은 모두 簡報와 발굴보고로 발표되었는데, 이들을 종합하여 갑골문의 출토상황을 대략적으로 살펴보면 아래와 같다.

(1) 1950년 4월 11일 中國科學院은 安陽 小屯村에 작업기지를 세우고, 4월 13일에서 6월 10일까지 郭寶鈞의 주관 하에 1차 발굴을 진행하여 殷代 奴隷主의 大廟葬 1개와 殉葬한 排葬坑 17개, 散葬坑 8개를 발견했다. 갑골문자는 小屯村 서쪽으로 약 2리 떨어진 四盤磨村의 문화퇴적층에서 발견된 卜骨 4편 뿐이다. 그 중 1편에는 17개 글자가 새겨져 있었는데, 이것은 아마도 글자 새기는 것을 연습했던 것으로 보인다. 이곳은 小屯村 이외의 지역에서 글자가 새겨진 卜骨이 출토된 또 하나의 새로운 지점이다.11)

(2) 1953년 大司空村에서 발굴을 진행하여, 유적지에서 갑골 60편이 출토되었는데, 이 중 2편에만 글자가 새겨져 있었으며, 이 역시 글자 새기는 것을 연습한 龜甲이다. 이곳은 小屯村 이외의 지역에서 갑골문이 출토된 네 번째 지점이다.

(3) 1955년 8월 18일에서 10월 23일까지 河南省 文化局文物 작업팀의 선발 조사팀이 小屯村 남쪽에서 발굴을 했다. 총면적 51.4 평방미터에 달하는 5개의 구덩이를 파서 殷代의 灰坑 하나와 집터 한 곳을 발견했고, 또한 殷墓와 戰國時代 묘 각 2곳을 샅샅이 조사했다. 殷墟유물은 대부분이 陶器였고, 출토된 卜骨 9편은 대부분이 殘片이었다. 이 중 한 편에만 글자가 있었는데, 감정 결과 말뼈(馬骨)임이 밝혀졌으며, 背面에 구운 흔적이 있었다.12)

(4) 1957년 殷墟에서도 발굴을 했으나 갑골은 발견되지 않았다.

---

10) 胡厚宣, 『殷墟發掘』 121쪽의 통계 참고.
11) 『文物參考資料』 1950년 제1-6기, 7기. 「中國科學院殷墟調査組工作槪況」, 「中國科學院殷墟調査組工作續報」. 그리고 郭寶鈞의 「一九五○年春殷墟發掘報告」, 1951년, 『考古學報』 제 5책.
12) 劉笑春, 「一九五五年秋安陽小屯殷墟的發掘」, 『考古學報』, 1958년 제 3기

(5) 1958년에서 1959년까지 小屯 및 그 부근의 11곳에서 발굴을 진행하여 殷墟의 범위와 배치를 분명히 알아냈다. 이번 발굴을 통하여 殷墟의 범위는 약 44㎢ 이상이고, 洹河 南岸의 殷代 왕궁을 중심(지금의 小屯村 부근)으로 하여 그 주위는 거주지와 수공업 공장과 墓葬 등이 둘러싸고 있고, 洹河 北岸은 武官村과 侯家莊의 북쪽 일대를 중심으로 殷王의 陵墓와 귀족의 墓葬, 그리고 수천 개의 殉葬坑이 있으며 주위는 역시 殷代의 취락과 墓葬등 있음이 밝혀졌다. 이번 발굴에서는 점을 치는데 사용된 갑골 648편이 발견되었다. 글자가 있는 卜骨은 大司空村의 灰坑 한 곳에서만 2편이 발견되었는데, 한 편에는 "辛貞在衣"라는 네 글자(원래의 탁본이 보이지 않는데, 原物이 혹 없어졌다고도 한다)가 새겨져 있고, 다른 한편에는 "文貞"이라는 두 글자만 새겨져 있다.[13]

이 몇 차례의 발굴을 통해하여 유적지와 墓葬 등의 분야에서는 커다란 수확을 얻었지만, 갑골문은 단지 6편만이 출토되었다. 그러나 출토된 수량은 비록 적었지만 무출토 지점이라는 관점에서 본다면 매우 중요한 의미를 지닌다. 즉 이 6편의 갑골문 중 1편만이 小屯에서 발견된 것이고 나머지는 이전에 발견된 적이 없는 四盤磨村과 大司空村에서 1편과 4편이 발견된 것으로, 그 文例 또한 기존에 발굴된 것들과 달라서 매우 귀중한 자료라고 할 수 있다.

여기서 주목할 만한 점은 1953년에 鄭州 二里岡 殷代 유적지에서 많은 占卜用 갑골이 발견되었다는 점이다. 이 중에는 한 글자가 새겨진 어깨뼈 殘片과 글자 새기기를 연습한 소의 갈비뼈 1편이 있는데, 이 갈비뼈에 새겨진 갑골문은 비록 문장을 이루지는 못하고, 글자 또한 명확하지 않은 것이 있지만 총 10개의 글자가 새겨져 있다. 이것은 갑골문이 安陽에서만 발견되는 것이 아니라, 安陽 殷墟 이외의 지역에서도 발굴될 수 있다는 사실을 설명해주는 중요한 발견이었다.

70년대에도 연이어 많은 갑골문이 출토되었다. 1971년 12월 8일, 考古硏究所 安陽 작업팀은 小屯 서쪽의 殷墟 중점보호구역 내에서 발굴을 진행하여, 제1호 탐사갱 내에서 완정한 소 어깨뼈 卜骨 21편을 발견했는데, 이 중 글자가 새겨진 것은 10편이었다. 稱謂와 字體를 가지고 고찰해보면 이 卜骨들은 비교적 늦은 시기의 것으로 생각된다.

이 10편의 卜骨은 다음의 두 방면에서 가치가 있다. 있다는 점인데, 卜辭 중의 豕·豚·牛·羊·犬 등의 글자 대부분이 글자 머리부분의 한 두 획이 깎인 흔적이 명확하게 있다는 점이고, 둘째, 일부 卜骨들은 刻辭한 후에 다시 깎아버린 흔적이 있다는 점인데, 예를 들어

---

13) 中國科學院考古硏究所安陽發掘隊,「一九五八――九五九年殷墟發掘簡報」,『考古』1961년 제 2기

18호 卜骨은 "兹用"의 좌측에는 원래 한 행의 刻辭가 있었으나, 이를 깍아낸 흔적이 명확하게 남아 있다.14)

같은 해, 考古硏究所 安陽작업팀은 後崗에서 발굴을 진행했는데, 제48호 묘에서 刻辭 殘骨 1건이 발굴되었다. 평평하고 길쭉한 형태로 양 끝이 잔결되어 두 글자만이 남아 있으며, 이 중 '又'字만이 굵고 강한 필획으로 완정하게 ㋡로 쓰여있다.15)

1973년 3월 하순에서 8월 10일까지, 그리고 10월 4일에서 12월 4일까지, 考古硏究所 安陽작업팀은 小屯村 남쪽에서 두 차례에 걸쳐 발굴을 진행했다. 총면적 430평방미터에 달하는 21개 지역을 발굴하여 글자가 새겨진 갑골 5,041편(을 발굴하였다. 이 숫자는 綴合하기 전의 숫자이며, □이 포함된다. 이것은 해방 이후에 가장 많은 갑골문을 발견한 것으로, 고고학자의 기록에 의하면 이번 갑골문 출토 상황은 대략 3가지로 요약된다.

1. 근대에 어지러이 파헤쳐진 層·坑·우물과 隋墓의 墳土에서 출토된 것 : 모두 작은 조각의 卜甲·卜骨인데, 총 1,847편으로 출토된 갑골의 36.6%를 차지한다. 이 갑골들은 隋唐시기와 근대에 묘를 파고 우물을 만들고 하수도를 뚫고 길을 닦는 과정에서 殷代의 窖穴(움집)과 문화층이 파괴되면서, 晩期의 墳土에 散佚된 殷代 갑골들이다.
2. 殷代 문화층과 집터에서 출토된 것 : 역시 작은 조각의 卜甲·卜骨이 많은데, 모두 150편으로 전체의 3%를 점한다.
3. 殷代의 灰坑에서 출토된 것 : 이번 발굴에서 총 123개의 灰坑을 발견했는데, 이 중 58개 坑에서 刻辭 갑골이 나왔다. 적은 것은 1편에서 많은 것은 수백 편에서 천 편 이상이 나온 것도 있는데, 발견된 전체 刻辭 갑골은 3,044편으로 전체의 60.4%를 차지한다.16)

발견된 갑골은 대부분 작은 조각들이어서, 온전한 것은 100편 정도에 불과하지만, 발굴된 지층이 명확하고 또한 많은 陶器들이 함께 출토되었기 때문에 갑골문의 分期와 斷代 연구분야에서 중요한 가치를 지닌다. 考古硏究所는 이 갑골들과 1971년 출토된 10편, 그리고 1975년에서 1977년에 小屯村 일대에서 채집된 13편의 갑골을 정리하여 『小屯南地甲骨』에 함께 수록하였는데, 그 도판부분(上冊)은 1980년에 이미 출판되어 갑골문 연구의 최신자료로 사용되었다.

---

14) 郭沫若,「安陽新出土的牛胛骨及其刻辭」,『考古』, 1972년 제 2기. 이 논문에서는 이 갑골들을 '武丁시대의 유물'이라고 확정했으나, 재고의 여지가 있다.
15)「一九七一年安陽後岡發掘簡報」,『考古』, 1972년 제 3기.
16) 中國社會科學院 考古硏究所,『小屯南地甲骨·前言』, 1980년, 中華書局.

1977년 이후 고고학자들은 殷墟 이외의 지역인 陝西省 岐山縣과 扶風縣 사이의 周原 유적지에서 두 차례에 걸쳐 대량의 갑골문자를 발견하였다. 보도된 바에 의하면, 1976년 2월, 周原 考古팀은 유적지 내의 岐山 鳳雛村에서 西周 초기의 대형 宮室(宗廟) 건축터를 발견하였고, 다음해 4월에는 그 유적지의 西廂 2호 방의 제11호 窖穴(움집)에서 대량의 占卜用 갑골을 발굴했는데, 글자가 있는 것이 200여 편에 달했다. 1979년 5월에 고고팀은 다시 西廂 2호의 제 31호 窖穴에서 占卜用 갑골을 발굴했는데, 글자가 있는 것이 10편이었다. 이 두 차례의 발굴로 갑골 21,000편이 발굴되었는데, 이중 卜甲은 20,800편, 卜骨은 200편이었다. 여러 번의 정리와 세척을 거쳐 총 293편의 字甲을 발견했는데, 매 편의 글자 수는 모두 달라서, 적은 것은 1字, 가장 많은 것은 30여字로, 이를 모두 합하면 약 천여 자가 된다. 이 周原 갑골문들은 크기가 좁쌀만큼 작아서 확대경으로 보아야 분명하게 보이며, 글자체에는 直筆·圓筆·粗體·細體 등의 구분이 있고, 기록된 내용은 대략 제사·전렵·정벌·출입 등으로 나눌 수 있다. 이 갑골문의 시대적 상·하한선에 대해서 학술계에서는 여전히 토론 중인데, 더 깊은 연구를 거쳐야만 일치된 결론이 나올 수 있을 것이다. 하지만 총괄적으로 말하자면, 이 갑골문들은 대부분 殷墟 晚期, 즉 帝乙·帝辛시기에 해당된다고 볼 수 있다.

4. 80년간 출토된 갑골문의 총수량 및 향후 갑골문 출토에 대한 전망

1899년 갑골문이 발견된 후 이미 80여 년이 지났는데, 과연 지금까지 출토된 갑골은 모두 얼마나 될까? 이것은 갑골문 연구의 중추적인 전문가라고 하더라도 정확하게 대답하기 힘든 매우 어려운 문제이기 때문에, 아직까지는 출토된 갑골문의 총수에 대한 정확한 통계는 나오지 않고 있는 실정이다. 그렇다면 출토된 갑골문의 총수를 계산하기 어렵게 만드는 원인은 무엇인가? 다음에서 이에 대해서 살펴보기로 한다.

(1) 과학적인 발굴이 시작되기 이전인 1899년에서 1928년까지의 30년간과 이후 1937년에서 1949년까지의 12년간 출토된 갑골 중 많은 양은 개인에 의해서 소장되었거나 혹은 중국 밖으로 흩어졌는데, 비록 이들 중 일부가 수록되었다고는 하지만 여전히 발표되

지 않은 것들이 있기 때문에, 이들을 정확하게 통계내기가 어렵다.

(2) 갑골은 쉽게 깨지기 때문에 한 편의 갑골이 깨져 여러 조각이 되는 것은 매우 흔한 일이다. 이 때문에 한 편의 갑골은 종종 여러 번에 거쳐 분산되기도 하는데, 만일 갑골 소장자의 소장 숫자만을 계속 더해나간다면, 통계가 정확할 수 없다. 예를 들어『佚』287[17])은 본래 史密施가 小屯村에서 발굴한후 콜럼비아 대학 도서관에 기증한 것으로, 본래는 한 편이었으나 후에 3조각으로 깨졌다. 그러나 周鴻翔은 이를 다시『美錄』에 수록하면서 이 3편을 붙여 놓지 않고 따로 수록하였다. 만일 이러한 숫자로 통계를 낸다면 없는 3편을 다시 더하는 것이 된다.

(3) 출토된 갑골은 여러 번 주인이 바뀌기도 했는데, 각자 갑골을 수록했기 때문에, 동일한 한 편의 갑골이 여러 번 중복되어 수록되는 경우가 있었고, 또 각종 갑골문 수록집들도 서로 중복되는 현상이 있었다. 예를 들어『鐵』139·1[18]은 본래 劉鶚이 소장했던 것이지만, 이후 주인이 바뀌면서 다시 네 번이나 중복되어 수록되었다. 즉『佚』832,『南北·無想』462,『續存』上 1498 및『冬飮廬』1 에 모두 실려있는데, 이처럼 한 편의 갑골을 5차례 수록하면, 어느새 한 편이 5편으로 둔갑하므로, 만일 수록된 숫자들을 더해나간다면, 總數의 5분의 4는 허수가 된다. 또 羅振玉은 1933년『殷虛書契續編』을 발간하면서 탁본 2,016개를 수록했으나, 대부분이 이미 다른 책에 실렸던 것이거나 혹은 羅振玉 스스로가 중복해서 실은 것으로, 중복되지 않은 것은 400편 미만이었다.[19] 또한 많은 갑골들을 우선 모본으로 수록하고, 이후 다시 탁본이나 사진으로 수록하였기 때문에, 만일 각 책에서 수록한 갑골의 숫자를 더하면서 중복되는 것을 제외시키지 않는다면, 그 통계는 당연히 믿을만 한 것이 될 수 없다.

이상에서 말한 세 가지 가운데 첫 번째는 총수를 실제보다 적게 만드는 원인이고, 두 번째와 세 번째는 총수를 실제보다 훨씬 많게 만드는 원인이다. 따라서 정확한 총수르 ㄹ게 산하려면 다음의 세 가지 작업이 선행되어야 한다.

(1) 조사 : 중국과 외국의 갑골문 소장 및 수록 상황을 정확히 알아야 한다.
(2) 綴合 : 깨진 갑골편들을 整版으로 복원해야 한다.
(3) 중복 제거 : 각 책에서 중복 수록된 것들을 빼야 한다.

---

17)『殷墟佚存』을 지칭하는 것으로, 이후 다른 서명도 모두 약칭으로 표기하며, 이에 대한 내용은 제2장 부록에 있다.
18) 제 139쪽 제 1편을 지칭하는 것으로, 이후 모두 이처럼 표기한다.
19) 曾毅公의「殷虛書契續編校記」와 胡厚宣「讀曾毅公君殷虛書契續編校記」(『甲骨學商史論叢』初集) 참조.

이상의 세 가지 작업이 완성되기 전에는 출토된 갑골의 총수를 정확하게 계산하는 것은 불가능하며 기껏해야 실제 총수와 근접한 추정만을 할 수 있을 뿐이다. 일부 전문가들이 말하는 '통계'도 어느정도는 '추정'의 성분을 지니고 있으므로, 각각의 '추정' 결과는 어느 정도 차이가 있을 수밖에 없다.

1950년 胡厚宣은 『五十年甲骨文發現的總結』의 서론에서 "우리의 대략적인 통계에 의하면, 50년이라는 짧은 기간동안 출토된 갑골은 총161,259편이다.[20]"라고 했는데, '대략'이라고 한 만큼, 정확한 것은 아니다. 이 숫자에 대해서 董作賓은 1955년 『甲骨學五十年』에서 "대단한 과장이다.('了不得'的誇張.)", "진실과의 거리가 너무나 멀다.(距離眞實性太遠.)"[21] 라고 비판하였는데, 이러한 결과의 주된 원인은 중복되는 것이 너무 많다는 점에 있다.

董作賓은 이미 수록된 것은 약 42,005편인데, 이중 탁본이 28종 29,020편, 사진이 6종 331편, 모본이 20종 12,654편이며, 아직 수록되지 않은 것은 약 54,113편인데 이중 6,630편은 이미 편찬되었으며, 기관에서 수집한 것이 15,652편, 개인이 소장한 것이 25,525편, 해외에 소장된 것이 6,306편이라고 통계를 냈다. 董作賓은 "총계를 낸 결과, 현존하는 갑골재료는 모두 약 96,118편이므로 10만 편이 되지 않지만, 그래도 10만 편이라고 말할 수 있다. 왜냐하면 이것은 劉(體智)·羅(振玉)·明(義士) 3인이 소장한 갑골의 총계이고, 그 밖의 수 천 편의 갑골은 계산되지 않았기 때문이다. 또한 우리는 앞에서 언급한 것처럼 갑골을 수록한 각 책들이 얼마나 많은 양의 갑골을 중복해서 실었는가를 잊어서는 안된다. 이 문제 역시 갑골의 총수를 증감시켜 통계에 어느 정도의 오차를 있게 한다.[22]"라고 했다.

이처럼 胡厚宣의 총수는 너무 많고 董作賓의 총수는 너무 적어서, 두 사람 사이의 차이는 6만여 편이나 된다

陳夢家 역시 1899년부터 50년간 출토된 갑골의 총수량을 통계 낸 적이 있는데, 1954년에 그가 낸 통계는 ① 현재 공공기관에 소장된 것이 약 5만여 편, ② 현재 개인이 소장하고 있는 것이 약 5천여 편, ③ 현재 대만에 소장된 것이 약 2만 5천여 편, ④ 해외에 흩어져 소장된 것이 약 1만 5천여 편으로, 총수는 약 10만 편이며, 비교적 사실에 근접한 숫자이다.[23]

---

20) "據我們粗略的統計, 在這短短的五十年裏, 出土的甲骨共有十六萬一千二百五十九片."
21) 董作賓, 『胛骨學五十年』, 187쪽 참조.
22) 앞 책, 184~185쪽 참조.
23) 陳夢家, 「解放後甲骨的新資料和整理硏究」, 『文物參考資料』, 1954년 제 5기.

그는 실물을 가지고 통계를 냈는데, 결과는 董作賓의 통계와 대체적으로 같다. 1956년 출판된 『殷墟卜辭綜述』에서는 갑골의 총수량을 약 9만 8천 편이라고 하면서, "이로써 출토된 갑골의 총수량은 약 10만 편임을 알 수 있다."라고 했다.24)

그러나 董作賓과 陳夢家의 통계숫자도 실제 숫자보다는 여전히 많다고 할 수 있다. 왜냐하면 이 두 사람은 중복된 것이 명확한 것들만 제외했을 뿐, 분산되어 수록된 대량의 갑골은 제외하지 않았고, 또 한 편의 갑골이 깨져 여러 개의 갑골편으로 나뉘어졌다는 점도 고려하지 않았기 때문이다. 따라서 96,118편이라는 숫자는 여전히 허수를 포함하고 있다.

우리는 80년간 출토된 갑골의 총수량을 통계낼 때, 董作賓의 통계를 기초로 하고, 여기에 1949년 이후에 새롭게 출토된 갑골의 수를 더해도 무방하다. 1949년 이후에 출토된 갑골은 앞에서 언급한 바와 같이 1966년 이전에는 鄭州 二里岡의 2편을 포함한 8편만이 발굴되었고, 1971년 이후에는 周原에서 출토된 字甲 293편 포함한 5,358편이 발굴되었으므로, 이 둘을 합하면 모두 5,366편이 된다. 1949년 이전의 갑골 총수에 이 둘을 합하면 총수량은 101,484편이 되므로, 80년간 출토된 갑골문의 총수량은 여전히 10만 편이라고 통계낼 수 있다. 10만 편이라고 했을 때 남게 되는 1천여 편은 대체적으로 각 책에서 서로 중복하여 수록한 것들과 한 편의 갑골이 깨져 여러 편으로 계산된 것으로 보고 총수량에서 빼도 무방하다.

80년간 安陽 小屯과 그 부근에서 10만여 편의 갑골이 출토되어 우리에게 매우 풍부한 연구자료를 제공해 주었다. 그렇다면 小屯村 땅속에는 얼마만큼의 갑골이 아직 발견되지 않고 있는 것일까? 小屯의 갑골은 완전히 다 발굴해내지 못한 것일까? 물론 갑골 발굴의 역사는 아직 끝나지 않았으므로 이후에도 여전히 계속 小屯에서 출토될 가능성이 있지만, 출토될 수량은 그다지 많지 않을 것으로 보인다. 해방 이전, 歷史語言硏究所는 小屯에서 2만 5천여 편의 갑골을 발굴했지만, 해방 후에는 30년간 거의 매년 치밀하게 발굴 작업을 벌였어도 발굴해 낸 갑골은 그 수가 그다지 많지 않았다. 아마도 殷墟 갑골의 절대 다수가 이미 발굴되었기 때문에, 계속 출토되기는 한다 하더라도 그 수가 그리 많지는 않을 것으로 보인다.

우리는 이제 갑골문이 河南 安陽 이외의 지역에 있을 수 있다는 점--즉 다른 지역에 있는 商代 유적지나 당시 商나라의 제후국와 주변 국가의 땅에서 출토될 수 있다는 점에 주목해

---

24) 陳夢家, 『殷墟卜辭綜述』, p.47쪽 참조.

야 한다. 이와 같은 추측이 가능한 것은 歷城의 城子崖·濬縣의 大賚店·旅順의 羊頭窪·濟南 城南郊·濟南 大辛莊·滕縣 安上村·永城黑孤堆 등과 같은 小屯 이외의 지역에서 占卜用 갑골이 해방 전에 이미 발굴되었고, 해방 이후에도 安陽 四盤磨村, 大司空村, 輝縣 琉璃閣, 邲縣, 鄭州 二里岡, 濟南 大辛莊, 洛陽 東關泰山廟 등지에서 발굴되었다는 점 때문만이 아니라, 1977년과 1979년 陝西 周原 유적지에서도 이미 두 차례에 거쳐 갑골문이 출토되었기 때문이다.

周原에서 출토된 갑골문은 최소한 商왕조만이 甲骨文을 향유했던 것이 아니고, 또 갑골이 殷墟에만 묻혀 있는 것이 아니라는 것을 증명해 준다는 점에서 매우 중요한 의미를 지닌다. 이미 발표된 자료 분석에 의하면 周原 갑골의 대부분은 小屯 제 5기인 帝乙·帝辛 卜辭와 동일한 시대의 것인데, 당시 周나라는 商나라의 한 제후국이었다. 周나라에서도 글자를 갑골에 새겼으므로, 당시의 다른 제후국 역시 갑골을 사용했을 가능성이 있고, 이에 따라 앞으로 계속 발굴될 가능성이 있다. 周原 갑골문의 출토는 시사하는 바가 매우 커서, 학자들의 시야를 넓힘으로써 갑골문 발굴의 역사가 아직 끝나지 않았고 또 殷墟 이외의 지역에서도 갑골문이 대량으로 출토될 수 있다는 점을 믿게 해 주었다.

제2장
갑골문의 저록·고석 및 자전의 편찬

1. 갑골문 저록의 형식과 방법

십만여 편의 갑골문은 이미 대부분이 다음의 세 가지 형식으로 저록되어 발표되었다.

(1) 탁본
(2) 사진
(3) 摹本

탁본은 墨本이라고도 하며, 중국에서 古器物 및 銘文을 저록했던 전통적인 방법으로, 잘 만들어진 탁본은 실물의 원모양과 문자의 구조와 풍격을 분명하고 정확하게 반영해 준다. 탁본의 형식으로 갑골문을 저록한 첫 번째 책은 앞서 언급했던 것처럼 1903년에 線裝本 6책으로 출판된 『鐵雲藏龜』인데, 천여 편의 갑골을 수록하였지만, 탁본 상태가 그리 좋은 편이 아니어서 불분명하고 모호한 탁본들이 많았고, 이러한 탁본들은 도리어 사람들로 하여금 갑골을 잘못 인식하도록 하였다. (1931년 富晉書社가 復印한 것은 이러한 점이 더욱 심하다.)

9년 후인 1912년에 羅振玉이 일본에서 편찬한 『殷虛書契』 8권 4책(『前篇』으로 간칭함)은 탁본의 장점을 충분히 살린 것이었다. 이 책은 콜로타이프로 영인하여 탁본이 매우 정교했는데, 세련되고 힘이 있거나, 가늘고 섬세하면서 아름답거나, 혹은 정연하면서 균형이 잡혔거나, 혹은 거치면서 급히 쓴 것 등 각 시기별 갑골문의 각종 字體가 모두 종이 위에서 살아 움직이는 것처럼 매우 분명했다. 갑골문이 발견되고 나서 급속히 세상 사람들의 중시를 받게 된 데에는 이 책의 출판과도 밀접한 관계가 있었다. 80년간 출토된 갑골문의 대부분은 탁본의 형식으로 저록되었는데, 그 중 중요한 책은 40여 종이며, 수록된 갑골문의 총 수는 대략 6만 편이었다.(附表 참고)

사진은 '影本'이라고도 하며, 갑골문의 실물 사진을 수록하여 갑골의 아주 작고 미세한 부분까지 반영함으로써 독자들에게 마치 실물을 보는 것과 같은 느낌을 준다. 그러나 녹이 슬거나 잡물질이 갑골표면에 들러 붙어있는 것들은 종종 문자가 모호하고 분명하지 않아서 卜辭를 판별할 수 없고 연구에 불리하다는 중대한 결점이 있기 때문에, 흑백이 분명한 탁본보다 좋은 방법이라고는 할 수 없다. 그렇기 때문에 사진으로 갑골을 수록한 책은 그 수가 비교적 적어서, 『殷虛書契菁華』 등 7종만이 있고, 수록된 갑골문도 단지 300여편에 불과하지만, 그 중에는 중요한 자료가 많이 포함되어 있기 때문에 이를 결코 경시할 수는 없다.

예를 들어 『菁華』에는 4개의 큰 어깨뼈(大胛甲)의 正面과 反面이 수록되어 있는데, 온전한 장편의 卜辭가 많고, 중요한 史料와 관련된 것이 많은 구하기 어려운 精品이며, 『河南』에 수록된 것에도 제사·생육 등의 방면에서 중요한 자료가 있다. 이러한 사진들은 보기에는 편리하지만, 이것을 가지고 갑골문자를 연구하는 데에는 분명히 한계가 있다. 예를 들어 『菁華』 3쪽 윗 부분의 글자는 알아보기가 매우 어렵지만, 『書道全集』 제 1책에 탁본으로 수록된 도판 2는 윗 부분의 글자가 매우 분명하다.

摹寫本은 '寫本'이라고도 한다. 갑골문을 摹本으로 수록하는 방식은 캐나다의 明義士가 시작했는데, 1917년 출판된 『殷虛卜辭』에는 갑골문 2,300여 편이 摹本으로 수록되어 있다. 摹寫로 갑골을 수록하는 것은 탁본을 떠 주는 사람이나 사진을 찍어주는 사람의 도움이 필요 없고, 시간도 많이 걸리지 않으며, 붓과 먹, 종이와 벼루만 있으면 할 수 있는 매우 간편하고 쉬운 방법이다. 특히 새로운 자료를 얻은 후 빠른 시간 내에 이를 세상에 알려야 할 때는 摹本을 그리는 방법 밖에 없기 때문에, 외국학자들은 자주 이 방법을 사용하였다.

80년간 摹本으로 갑골문을 저록한 책은 20여 종이 있으며, 저록한 갑골문은 11,000여 편이다. 摹本은 또한 저록자의 연구 수준과 학식을 반영하는데, 다시 말해서 摹寫하는 사람이 학식이나 경험이 부족하여 자형을 잘못 인식하면, 摹本을 만들 때 이러 저러한 오류가 생기게 되고, 본래 글자 순서에 따라 쓰여진 卜辭를 무슨 내용인지 알 수 없게끔 변화시켜 읽을 수 없게 만든다. 이러한 예는 『庫方二氏所藏甲骨卜辭』에서 찾을 수 있는데, 僞片은 제외하더라도 眞片 갑골을 잘못 摹寫한 것이 여러 곳에 보인다. 摹寫한 사람이 중국의 干支紀日法과 天干地支의 결합 원칙을 몰랐기 때문에 癸丑을 癸午라고 잘못 摹寫했고, 또 文例를 몰랐기 때문에 羊을 편방으로 하는 窜를 上과 甲의 합문형식인 田으로 잘못 摹寫하여, 결국 五窜가 五上甲이 되어 버렸기 때문에 의미가 통할 수 없었다.[1] 摹寫가 잘 된 摹本은 자형을 정확하게 옮겨 적을 뿐만 아니라 정확하게 갑골문자의 모양을 반영하여 갑골문의 풍격과 운치까지도 표현해 내지만, 사실 이러한 摹寫本은 결코 많지 않다.

일반적으로 말해서 摹本으로 갑골문을 저록하는 것은 탁본이 없거나 탁본을 뜨지 못하는 상황에서의 일시적인 조치로서, 摹本 역시 연구의 참고자료가 될 수 있을 뿐 立論의 근거는 되기 어렵다. 이와 같은 이유로 일부 갑골은 종종 摹本으로 먼저 발표된 후 나중에 다시 탁본으로 발표되기도 한다. 예를 들어 『新獲卜辭寫本』과 董作賓의 여러 摹本들은 후에 다시 탁본의 형식으로 『殷虛文字甲編』에 수록되었고, 胡厚宣의 『戰後平津新獲甲骨集』은 『戰後京津新獲甲骨集』으로 다시 발표되었으며, 미국 카네기박물관에 소장된 갑골 400여 편은 먼저 摹本으로 『庫房二氏所藏甲骨卜辭』에 저록되었다가 후에 다시 탁본으로 『美國所藏甲骨錄』에 저록되었다.

탁본, 사진, 摹本, 이 세 가지를 비교하면, 일반적으로 당연히 탁본이 가장 좋지만, 항상 그러한 것은 아니다. 탁본 역시 결점이 있으며 또한 탁본에 모호하고 불분명한 부분이 있는 것은 오히려 초기의 摹本보다도 더 나쁜 경우가 있다. 예를 들어 위에서 말한 카네기박물관에 소장된 갑골 중에는 方法斂의 摹本이 탁본보다 나은 것이 10여 편이 되는데, 즉 『庫』의 1006, 1007, 1049, 1074, 1075, 1079, 1108, 1117, 1129, 1131, 1229, 1386은 각각 『美錄』의 31, 53, 77, 102, 103, 107, 128, 137, 145, 147, 232, 391 보다 상태가 좋아서 독자들로 하여금 탁본에서 모호하고 불분명했던 문자들을 판별하는데 도움을 준다. 예를 들어 『庫』의 1117에는 '征雀'이라는 두 글자가 있으나, 『美錄』 137에는 이 글자들이 없는데, 이것은 아마도 글자들이 깎여 버렸기 때문인 것 같다. 이처럼 갑골은 수 십 년간 여기저기 옮겨 다니면서 마모되고 손상되어 글자의 흔적마저도 모호해질 수 있기 때문에, 탁본이 도리어 이른 시기의 摹本보다도 분명하지 않을 수도 있다.

---

[1] 「讀『美國所藏甲骨錄』」, 『學術研究』, 1980년 제 3기 참조.

또 일부 갑골의 경우에는 사진이 탁본의 부족한 부분을 보충해 줄 수도 있다. 예를 들어 『乙編』7731은 武丁시기의 큰 거북 腹甲의 위쪽 부분으로, 左右對貞의 형식으로 武丁의 后妃인 婦好의 生育에 대해 새긴 2條로 된 卜辭이며 모두 驗辭가 있다. 右辭에서는 "31일째 되는 甲子일에 해산했지만 사내아이가 아니라 여자아이였다.(三旬史(又)一日甲子寅(娩), 不妨(嘉), 隹(唯)女.)"라고 했으나, 左辭에는 '唯女'라는 두 글자가 없어서 文例가 맞지 않다. 그러나 사진에는 左辭에도 '唯女'라는 두 글자가 있다.[2]

가장 이상적인 것은 탁본이 摹本이나 사진과 함께 있어서 한 편의 갑골을 두 가지 형식으로 저록하는 것인데, 이렇게 하면 서로를 비교하여 각각의 장점을 취하고 단점을 보충하기가 편리하다. 明義士의 『柏根氏舊藏甲骨文字』는 새로운 형식의 甲骨文集으로, 柏根이 소장한 갑골 74편을 저록했는데, 탁본을 위주로 하고 摹本을 첨부해서 독자들이 매우 편리하다. 『殷墟文字外編』·『甲骨綴合新編』·『鐵雲藏龜新編』 등도 모두 이러한 형식을 취하여 摹本을 탁본 뒤에 첨부했는데, 직접 실물을 접할 수 없는 연구자의 입장에서 보자면 이러한 저록 형식은 가장 만족스러운 형식이다.

갑골문 저록서의 내용을 보면, 저록자의 주관과 선호도에 따라 편집 방법이 모두 다른데, 일반적으로 말해서 편집 방법에는 대략 다음의 네 가지 방식이 있다.

(1) 임의 편집
(2) 내용과 事類에 따른 편집
(3) 소장 순서나 출토 번호에 따른 편집
(4) 시대의 선후를 순서를 삼고, 分期·分類하여 편집

早期의 갑골서적들은 첫 번째 방법인 임의 편집의 방법을 많이 채용하였다. 즉 갑골의 크기에 따라 순서를 정하여 가장 큰 갑골을 첫 번째로 놓거나, 또는 글자수의 많고 적음을 순서로 정하여 글자가 가장 많은 것을 첫 번째에 놓거나, 혹은 卜辭의 중요성을 가지고 순서를 정하여 편집자가 가장 중요하다고 생각하는 것을 전체 책의 가장 앞부분에 놓기도 했다. 예를 들어 『殷墟書契菁華』는 몇 편의 큰 어깨뼈를 앞부분에 수록했는데, 외부에서 온 災禍 및 方國과의 관계를 기록한 것으로, 글자수도 가장 많고 또 가장 중요한 한 편을 책의 맨 앞에 놓고, 나머지 60편의 깨진 갑골 조각들은 큰 어깨뼈의 뒤에 배열하였다.

---

2) 胡厚宣, 『甲骨續存』의 附圖 8 참조.

가장 처음으로 卜辭의 事類에 따라 갑골을 배열한 것은 王襄으로, 그의 『簠室殷契徵文』은 天象·地望·帝系·人名·歲時·干支·貞類·典禮·征伐·游田·雜事·文字의 12종류로 나누어져 있다. 이후 많은 학자들이 광범위하게 이 방식을 채용했는데, 한 편의 갑골에 단지 한 條의 卜辭만이 새겨진 것이 아니고, 또 '天象'을 기록한 갑골에 종종 '典禮'나 '游田'의 기록이 함께 보이기도 하며, '游田'이나 '典禮'를 기록한 갑골에 '雜事'의 占卜이 함께 보이는 등 卜辭의 내용은 매우 복잡하기 때문에, 이 방식으로 갑골을 배열하는 것은 쉬운 일이 아니다. 王襄은 이러한 난점을 해결하기 위해서 占卜 내용이 여러 가지인 갑골의 탁본을 여러 편으로 자른 다음, 각 세목별로 분류하였는데, 이로써 한편의 온전한 갑골은 여러 편으로 쪼개졌고 원래의 모습이 없어지게 되었다.³⁾

王襄 이후 이러한 갑골 배열 방식은 더이상 보이지 않는다. 학자들은 갑골을 내용에 따라 대략적으로 분류하는 방식을 택하였는데, 이 방식에 설사 불합리한 부분이 있다하더라도, 최소한 여러 개로 쪼개서 원래의 모양이 없어지게 되는 일은 피할 수 있기 때문이었다. 예를 들어 郭沫若의 『卜辭通纂』은 갑골을 干支·數字·世系·天象·食貨·征伐·畋游·雜纂의 여덟 종류로 나누었는데, 자세하게 살펴보면 문제가 역시 적지 않다. 예를 들어 '干支'에 수록한 간지표는 본래 卜辭라고 할 수 없는 것이고, '數字'는 그 내용이 대부분 '畋游' 卜辭에 속하며, '天象'에 수록된 갑골은 순수하게 '天象'에 속하는 卜辭가 많지 않다. 하지만, 설사 이런 문제가 있다고 하더라도 이처럼 대체적인 유형을 나누는 것이 임의로 순서를 정하는 것보다는 훨씬 나은 것이다.

소장 순서나 출토 번호에 따라 순서를 정하는 것도 갑골을 저록하는 중요한 방법이다. 商承祚는 『殷契佚存』에 천 여 편의 갑골을 탁본이나 실물을 수집한 순서대로 저록했는데, 수집한 순서가 같은 것들은 다시 의미순으로 배열해서 중요한 것을 앞에 놓고 덜 중요한 것은 뒤에 수록했다. 15차 과학발굴에서 얻은 자료는 모두 출토된 순서대로 『殷墟文字甲編』·『殷墟文字乙編』에 수록했는데, 탁본마다 발굴 차수·갑골의 종류·출토 번호를 명기했다.

함께 출토된 갑골을 함께 저록하고 같은 구덩이에서 출토된 갑골 역시 함께 저록하는 방식은 斷代 연구나 부서진 갑골의 綴合에 매우 도움이 된다. 그러나 출토 당시의 번호는

---

3) 이 책에 수록되었던 갑골은 후에 대부분이 羅振玉의 『殷虛書契續編』에 수록되었고, 일부는 商承祚의 『殷契佚存』에 수록되었다.

연구를 거치지 않은 임시적인 기록이고, 한 갑골이 여러 조각으로 깨진 경우에는 여러 개의 번호가 붙게 되며, 또 그 번호들이 서로 이어지지 않고 앞뒤로 나뉘는 경우도 있다. 저록할 때 편찬자도 綴合을 하긴 하지만 그 양이 많지는 않다.

이처럼 세트를 이루는 卜甲과 卜骨은 본래 함께 있어야 하는데도, 출토번호가 어지럽게 뒤섞여 있기 때문에, 세심하게 연구하는 독자가 아니고서는 쉽게 발견하기 어렵다. 예를 들어 『續存』下 388, 389, 6877, 6878, 727, 728은 한 세트의 卜甲 제 2·3·4판의 정반면(『續存』附圖1~6 참조)을 갈라놓은 것이고, 『乙編』 3323, 3341, 3274는 한 세트의 卜甲 제 1·3·4판을 나누어 놓은 것이다. 이러한 예는 너무 많아서 일일이 열거하지는 않겠다.

또 『美國所藏甲骨錄』에서는 우선 저록한 갑골의 첫 번째 글자의 字母로 순서를 삼고, 같은 종류의 字母 안에서는 다시 소장번호의 선후로 순서를 삼았는데, 형식적인 면에서 보면 조리가 분명하지만 내용적인 면에서는 어수선한 느낌을 준다. 예를 들어 『美錄』 34와 81에 대해 저자는 한 세트의 卜骨 제1· 제3판이라는 것을 알았음에도 불구하고, 소장번호에 얽매였기 때문에 함께 배열하지 못하였다.

가장 이상적인 갑골 저록 방법은 시대적 선후을 순서로 하고, 동일 시기의 갑골은 事類에 따라 다시 나누어 저록하는 것으로, 『京津』·『南北』·『寧滬』·『續存』 등 胡厚宣이 『甲骨六錄』 이래 편집한 갑골저록 서적은 모두 이러한 방식을 채용하고 있다. 하지만 分期와 分類의 기준에 대해서는 단지 自序에서만 대략적으로 언급해 놓았기 때문에, 갑골 하나 하나가 어떤 시기 어떤 유형에 속하는 것인지는 독자가 스스로 판단해야 하는 어려움이 있다.

貝塚茂樹가 편집한 『京都大學人文科學研究所藏甲骨文字』는 갑골을 시대순으로 나누고 다시 내용에 따라 순서를 정했을 뿐만 아니라 매 도판의 아래에 시기와 내용을 분별하여 표기하고, 갑골문 매 편마다 甲(S) 혹은 骨(B)로 표기해 놓아서 독자들의 비교 연구에 매우 편리하다. 비록 이 책의 分期와 分類에 문제가 조금있고, 수록된 갑골 중에는 부서진 것이 많기는 하지만, 그 저록 방식은 충분히 취할 만한 것이다. 許進雄이 편찬한 『明義士收藏甲骨』 역시 이 방식을 채택하고 있어서 독자들이 편리하게 볼 수 있다.

갑골문 저록의 형식과 방법은 대략 상술한 바와 같다. 형식면에서 보면 탁본을 위주로 하면서 摹本으로 보충하는 방식이 가장 좋고, 방법면에서 보면 分期와 分類가 연구에 가장 도움이 된다. 현재까지 각종 형식과 방법으로 발간된 갑골문 저록집은 대략 백여 종으로, 이 중 중복되는 것을 제외한다고 해도 70여 종이나 된다. 이들 갑골 저록집에 저록되어 공포된 갑골은 약 7만 1천여 편으로 중요한 갑골문 자료는 이미 대부분이 공포되었다고 할 수 있다.

아직 저록되지 않은 2만 9천여 편(조각난 殘片들이 대부분임)은 이미 편집이 끝났으나 아직 출판되지 않은 것도 있고, 여전히 국내외의 개인들이 소장하고 있어서 저록과 발간을 기다리고 있는 것도 있다. 독자의 입장에서 볼 때, 향후의 갑골문 서적은 『前編』・『甲編』・『乙編』과 같이 섬세한 탁본과 『京都』처럼 과학적인 편집순서를 채용하여 더욱 좋아지기를 희망한다. 이것은 반드시 해내야 할 일이며, 또한 그리 어렵지도 않은 일이다.

(附) 주요 갑골 저록집 및 간칭표

I. 탁 본

1	鐵雲藏龜 六冊	劉 鶚	1903년	1,058편	『鐵』
2	殷虛書契(前編) 8권	羅振玉	1912년	2,229편	『前編』
3	鐵雲藏龜之餘 1권	羅振玉	1915년	40편	『鐵餘』
4	殷虛書契後編 2권	羅振玉	1916년	1,140편	『後編』
5	戩壽堂所藏殷墟文字 1권	王國維	1917년	655편	『戩』
6	龜甲獸骨文字 2권	林泰輔	1921년	1,023편	『龜』
7	簠室殷契徵文 12권	王襄	1925년	1,125편	『簠室』
8	鐵雲藏龜拾遺 1권	葉玉森	1925년	240편	『拾遺』
9	殷墟文字存眞 1~8집	關百益	1931년	800편	『眞』
10	福氏所藏甲骨文字 1권	商承祚	1933년	37편	『福』
11	殷契佚存 1권	商承祚	1933년	1000편	『佚』
12	殷契卜辭 1권	容庚・瞿潤緡	1933년	874편	『契』
13	卜辭通纂 1책	郭沫若	1933년	929편	『通纂』
14	殷虛書契續編 6권	羅振玉	1933년	2,016편	『續編』
15	鄴中片羽初集	黃濬	1935년	245편	『鄴初』
16	鄆齋所藏甲骨拓本	金祖同	1935년	26편	『鄆』
17	栢根氏舊藏甲骨文字	明義士	1935년	74편	『柏』
18	甲骨文錄 1권	孫海波	1937년	930편	『錄』
19	殷契粹編 2책	郭沫若	1937년	1,595편	『粹』
20	鄴中片羽 2집	黃濬	1937년	93편	『鄴二』
21	天壤閣甲骨文存 1권	唐蘭	1939년	108편	『天』

22	鐵雲藏龜零拾 1권	李旦丘	1939년	93편	『零』
23	殷契遺珠 2책	金祖同	1939년	1,459편	『珠』
24	誠齋殷墟文字 1권	孫海波	1940년	500편	『誠』
25	殷契摭佚 1권	李旦丘	1941년	118편	『摭』
26	鄴中片羽 3집	黃濬	1942년	215편	『鄴三』
27	甲骨六錄 1권 (『甲骨學商史論叢』3집에 있음)	胡厚宣	1945년	659편 (摹本도 있음)	『六錄』
28	龜卜 1책	金祖同	1948년	125편	『龜卜』
29	殷墟文字甲編 1책	董作賓	1948년	3,942편	『甲編』
30	殷墟文字乙編 3책	董作賓 上冊 中冊 下冊	1948년 1949년, 1953년	총 9,105편	『乙編』
31	殷契拾掇 2권	郭若愚	1951, 1953년	1,045편	『掇』
32	戰後京津新獲甲骨集 4권	胡厚宣	1954년	5,642편	『京津』
33	甲骨續存 3책 (摹本 998편 포함)	胡厚宣	1955년	3,753편	『續存』
34	殷墟文字外編 1책 (摹本도 있음)	董作賓	1955년	434편	『外』
35	甲骨文零拾 1권	陳方懷	1959년	160편	『拾』
36	京都大學人文科學研究所藏甲骨文字	貝塚茂樹	1959년	3,246편	『京都』
37	歐美亞所見甲骨錄存 1책 (일부는 사진임)	饒宗頤	1959년	200편	『歐美亞』
38	北美所見甲骨選粹考釋 1책	李棪	1970년	42편	『北美』
39	殷虛卜辭後編 2책	明義士 著 許進雄 편집	1972년	2,805편	『明後』
40	明義士收藏甲骨 1책	許進雄	1972년	3,176편	『明』
41	美國所藏甲骨錄 1책	周鴻翔	1976년	681편	『美錄』
42	懷特氏等所藏甲骨文集 1책	許進雄	1979년	1,915편	『懷特』
43	小屯南地甲骨(上冊, 모두 2책)	中國社會科學院 考古研究所	1980년	4,536편	『屯南』

Ⅱ. 사 진

1	殷虛書契菁華 1권	羅振玉	1914년	68편	『菁華』
2	殷墟古器物圖錄 1권 (탁본1편 포함)	羅振玉	1916년	4편	『圖錄』
3	傳古別錄 제2집	羅福頤	1928년	4편	『傳』
4	周漢遺寶 1책	原田淑人	1932년	5편	『周漢』
5	殷墟甲骨相片 1책	白瑞華	1935년	104편	『白』
6	河南安陽遺寶 1책	梅原末治	1940년	149편	『河南』
7	雙劍誃古器物圖錄	于省吾	1940년	4편	『雙劍誃』

Ⅲ. 摹 本

1	殷虛卜辭 1책	明義士	1917년	2,369편	『殷』
2	新獲卜辭寫本 1권	董作賓	1928년	381편	『사본』
3	갑골문 (木刻으로, 『續安陽縣志』에 실려 있다)	王子玉	1933년	172편	『安志』
4	庫方二氏所藏甲骨卜辭 1책	方法斂 摹 白瑞華 교정	1935년	1,687편	『庫』
5	甲骨卜辭七集 1책	方法斂 摹 白瑞華 교정	1938년	527편	『七集』
6	金璋所藏甲骨卜辭 1책	方法斂 摹 白瑞華 교정	1939년	484편	『金璋』
7	骨的文化 1책	懷履光	1945년	24편	『文化』
8	武丁日譜	董作賓	1945년	237편	『日譜』
9	戰後平津新獲甲骨集	胡厚宣	1946년	538편	『平津』
10	戰後寧滬新獲甲骨集 3권	胡厚宣	1951년	1,143편	『寧滬』
11	戰後南北所見甲骨錄 3권	胡厚宣	1951년	3,276편	『南北』
12	巴黎所見甲骨錄 1책	饒宗頤	1956년	26편	『巴黎』
13	日本所見甲骨錄	饒宗頤	1956년	53편	『日本』
14	書道博物館藏甲骨文字	靑木木菟哉	1958-1964년	353편	『書道』
15	日本散見甲骨文字蒐彙	松丸道雄	1959-1967년	484편	『散』

Ⅳ. 新編·綴合·合集

1	鐵雲藏龜新編 1책(精裝)	嚴一萍	1975년		『新編』
2	方法斂氏所慕甲骨卜辭三種		1966년		『方慕』
3	甲骨綴存 1책	曾毅公	1939년		『綴存』
4	甲骨綴合編 2책	曾毅公	1950년		『綴』
5	殷墟文字綴合 1책	郭若愚 曾毅公 李學勤	1955년		『殷綴』
6	殷墟文字丙編上中下 3집 6책	張秉權	1957-1972년		『丙編』
7	甲骨綴合新編 2합 10책	嚴一萍	1975년		『新綴』
8	甲骨綴合新編補 1책	嚴一萍	1976년		『綴補』
9	甲骨文合集(11책이 이미 나옴)	郭沫若 주편	1979년-		『合』

2. 갑골문 고석의 발전

갑골문 저록의 목적은 1차 자료를 전파시켜 연구의 대상으로 삼는 것이며, 연구의 최상 과제는 문자를 고석해 내는 것이다. 학자들마다 모두 갑골문의 성질에 대해서 이해하는 것이 다르기 때문에 문자 고석의 방법 역시 서로 완전히 같을 수 없으며, 각기 일장일단이 있다. 자형을 중시하는 학자는 갑골문의 의미가 대부분 자형과 관련있다고 여겨 자형을 중심으로 글자를 고석하고, 자음을 중시하는 학자는 갑골문을 음을 기록하는 부호의 일종, 즉 '음을 나타내는 것(表音)'이지 의미를 나타내는 것은 아니라고 여겨 고석할 때 자음 방면으로부터 찾아간다.

갑골문(및 기타 고문자)을 고석하기 위해서는 물론 여러 방법과 수단을 채용할 수 있지만 고석 방법에 일정한 규칙이 있어야 한다. 우리는 기존 학자들의 고석방법을 연구하고 총결하여 좋은 것을 택하여 받아들이고 더욱 발전시켜야 한다.

역사적 관점에서 보면, 기존 학자들의 갑골문 고석 방법은 초기단계, 확립단계 그리고 발전단계로 나뉘어지는데, 다음에서 이 세 단계에 대해서 간단히 분석해 보기로 한다.

(1) 초기단계

처음으로 갑골문을 발견하고 수집한 王懿榮은 저명한 금석학자였다. 그는 갑골문을 鐘鼎彝器의 銘文보다 더 오래된 것이라고 판단하고 조금의 의심도 없이 갑골문을 연구하였지만, 갑골문과 관련된 저작이 세상에 나오지는 못했다. 현재 볼 수 있는 초기단계의 저작 중 가장 이른 것은 1903년『鐵雲藏龜』책머리에 실린 羅振玉과 吳昌綬, 그리고 劉鶚의 序이다. 그러나 羅振玉의 序는 단지 갑골의 중요한 가치를 언급했을 뿐 문자고석의 문제에 대해서는 언급하지 않았다. 吳昌綬의 序는 문자문제를 거론하면서 龜甲고문에 "상형자가 많으며, 또 祖乙·祖辛 등 여러 稱號가 있다.(中間多象形字, 復有祖乙祖辛諸稱.)"고 했고 또 "지금 刻文이 명백한 것은 덧붙일 만한 것이 없지만, 판별할 수 있는 것은 '日辰'이 많다.(今刻文明白, 非可傅託, 所能辨者日辰爲多)"고 했다. 그러나 그가 얼마나 많은 상형자를 식별했고, 얼마나 많은 '日辰', 즉 간지자를 '판별'해 냈는지에 대해서는 상세히 설명이 없기 때문에 알 수가 없다. 稱謂는 祖乙과 祖辛을 예로 들었는데, 이밖에 식별이 가능한 것이 더 있었을 것이다. 劉鶚은 自序에서 갑골을 소장하게 된 경로 이외에 주로 문자고석의 문제를 언급했는데, 다음과 같다.

> 六書의 원리로 鐘鼎文을 탐구하면 맞지 않는 것이 많고, 鐘鼎文의 글자체로 거북판의 문자를 탐구하면 또 맞지 않는 것이 많다. 상고시기와 많이 떨어져 있을수록 문자는 더욱 그 근원을 찾기가 어려운 것같다.
> 거북판에서 판독이 가능한 것은 간지자 뿐이다. 예를 들어 甲申·乙酉·丙寅·丁卯·戊午·己亥·庚戌·辛丑·癸未 등인데, 유독 '巳'字만이 보이지 않는다.···
> 거북판은 비록 모두 깨졌지만, 다행히도 그 점친 내용이 매우 간단하여 종종 대략적인 내용을 알 수 있는 것이 있는데, 예를 들어 "丁酉卜大問角丁亥彤日(22·3)"과 "庚戌卜哉問雨帝不我□"와 같은 것들이다. 127쪽 左行에서 "庚申卜厭問歸好之子"라고 하고, 左行에서 "辛丑卜厭問兄於母庚"이라고 했으므로 이 두 단락은 온전한 것이다. '兄'字는 '況'字인 것으로 생각된다.
> 물어보는 방식에는 哉問, 厭問, 復問, 中問의 네 가지가 있다.··· 甲子를 칭한 것중에 後人들과 다른 것이 있는데, 예를 들면 "乙子卜", "今己子月不雨", "癸子卜厭問爬父卜"같은 것들로, 乙子·己子·癸子는 모두 후세에는 없는 것들이다.
> 상형자가 있는 鐘鼎은 商代의 기물이라고 세상이 모두 정했는데, 車·馬·龍·虎·犬·豕·豚은 모두 상형이다. 이 밖의 상형자는 매우 많고, 鐘鼎에는 戈를 세운 자형이 있는데, 戊와 戌은 모두 戈를 따라 만든 것이므로, 戈를 세워 만든 글자들은 '변방을 지키

다(戍邊)'라는 의미가 있으며, 또한 戊와 戌 두 글자는 모두 戍에서 나온 것이다.
⻗는 '雨'字로, 상형이다. ⻆는 '角'字로 역시 상형이다.…"

…祖乙과 祖辛에게 물어보는 것을 보면, "乙亥卜祖丁十五牢, 辛丑卜厭問兄於母庚"등과 같이 祖乙·祖辛·母庚이 天干으로 이름을 삼았는데, 이것은 실로 殷人들이라는 확실한 증거이다.

⺈는 杞伯每父敼에 보이고, ㄹ는 살모사를 상형한 것 같은데, 鼎彝의 虺와 비슷하다. 虺父는 점치는 것을 주관하던 사람의 이름이므로, 虺父가 점을 쳤다고 한 것이 매우 많다. 卜과 占은 종종 日을 덧붙여 구분하였으나, 상세한 것은 잘 모르겠다.⁴⁾

이상 劉鶚의 序에서 언급한 갑골문자를 보면, 당시에 劉鶚이 고석해 낸 글자는 실제로 그리 많지 않았음을 알 수 있다. 序에서 언급한 것은 55개의 낱글자로, 이 가운데 정확한 것은 甲·乙·丙·丁·戊·己·庚·辛·癸·丑·寅·卯·辰·午·未·申·酉·戌·亥·占·卜·大·日·雨·帝·不·我·祖·好·子(子女의 子)·兄·于·母·車·馬·龍·虎·犬·豕·豚·五·十과 같은 42字이며, 여기에는 간지자 19字와 숫자 2개(五十의 合文을 十五로 오인)가 포함되어 있다. 잘못 판독한 글자는 子(巳)·問(貞)·厭(殻)·歸(帚-婦)·中(告)·虺(旬)·父(亡)·卜(⊠--禍, 인쇄의 편리함을 위해서 다음에 나오는 ⊠는 모두 禍로 해석한다)·角(翌)·哉(爭)·肜(易)·月(夕)·復(韋)과 같은 13字인데, 이처럼 자주 쓰이고 중요한 13字를 잘못 판독했기 때문에 설사 그가 42字를 판독했다고 하더라도 한 條의 卜辭도 완전히 해석해 내지를 못했다.⁵⁾ 즉 ⺕가 辰巳의 巳인 것을 몰랐기 때문에 "오직 巳

---

4) "以六書之恉推求鐘鼎多不合, 再以鐘鼎體勢推求龜版之文又多不合, 蓋去上古愈遠, 文字愈難推求耳."
　　"龜版可識者干支而已, 如甲申·乙酉·丙寅·丁卯·戊午·己亥·庚戌·辛丑·癸未. 唯巳字不見…"
　　"龜版雖皆殘破, 幸其卜之繇辭文本甚簡, 往往可得其槪. 如'丁酉卜大問角丁亥肜日(22·3)', '庚戌卜哉問雨帝不我囗'之類. 若百卄七葉左行曰 '庚申卜厭問歸好之子', 左行曰 辛丑卜厭問兄於母庚', 凡兩段, 皆完好也. 兄疑卽況字."
　　"凡稱問者有四種, 曰哉問, 曰厭問, 曰復問, 曰中問. … 其稱甲子有與後人不同者, 如'乙子卜', '今己子月不雨',' 癸子卜厭問虺父卜'之類, 其稱乙子·己子·癸子皆後世所無也."
　　"鐘鼎凡有象形者世皆定爲商器, 此於車馬龍虎犬豕豚皆象形也. 其他象形之字甚多, 鐘鼎有立戈形, 此戊戌二字皆本之, 然則立戈者有戍邊之意, 戊戌二字幷由戍字來也."
　　"⻗雨字, 象形.⻆角字, 亦象形.…"
　　"…觀其曰問之于祖乙·問之于祖辛, 乙亥卜祖丁十五牢, 辛丑卜厭問兄於母庚, 祖乙祖辛母庚以天干爲名, 實爲殷人之碻據也."
　　"⺈字見杞伯每父敼, ㄹ字疑其象虺形, 以與鼎彝虺文相近也. 虺父當是掌卜者之名, 故稱虺父卜者甚多, 其卜占二字往往加日以爲識別, 未詳其誼."
5) 序에서 인용한 卜辭도 정확하게 해석해낸 것이 한 條도 없다.

자가 보이지 않는다.(唯巳字不見.)"라고 하고, 乙巳를 乙子라고 읽었으며, 己巳夕을 己子月로, 癸巳를 癸子로 읽고 "(이러한 간지법은) 모두 후세에는 없었다.(皆後世所無.)"고 했으며, "旬亡禍"를 "㐫父卜"으로 고석했기 때문에 수많은 卜辭 역시 완전히 읽어내지 못했다. 劉鶚의 序文 자세히 읽어보면 갑골문 고석의 초기시기에 얼마나 많은 어려움이 있었는지를 알 수 있다.

『鐵雲藏龜』가 세상에 알려지자 당시의 유명한 학자 孫詒讓이 연구에 착수하여, 1904년 『契文擧例』2권을 저술했다.6) 이 책은 갑골문을 연구한 첫 번째 저서로, 모두 10장으로 나누어져 있는데, 卷上에는 1. 月日, 2. 貞卜, 3. 卜事, 4. 鬼神, 5. 卜人, 6. 官氏, 7. 方國, 8. 典禮가 있고, 卷下에는 9. 文字, 10. 雜例가 있다. 이 중 제 9장 文字 부분은 形과 義의 고석을 명백하게 논술하는 것에 중점이 있으며, 편폭도 앞의 여덟 장을 모두 합한 것 보다 길다.

초기시기 갑골문 고석의 전문저서인『契文擧例』는 1년 전의 劉鶚의 自序와 비교하여 우수한 점이 많이 있다. 孫詒讓은 劉鶚이 말한 哉問・厭問・復問・中問의 四問의 주장에 대해서 "劉鶚이 말한 問은 모두 貝로, 貞의 생략된 자형이다."라고 했고, 를 '復'字로 해석하는 것은 잘못된 것이고, 를 '厭'字로 해석하는 것은 틀린 것으로 '殼'字로 해석해야 한다고 했다. 그는 문자형체에 대한 초보적 연구를 근거로 갑골문은 "분명 商・周의 교체기에 나온 것으로, 劉鶚이 정한 시기는 틀린 것이 아니다.(必出于商周之際, 劉君所定爲不誣)"라고 했고, "망일된 商代의 書名을 찾고 倉頡 이후 籒文 이전의 문자 변화의 흔적을 찾는다.(用補有商一代書名之佚, 兼以尋求倉後籒前文字流變之迹.)"라는 목적으로 문자를 고석하였는데, 이 점은 劉鶚이 "고대와 멀리 떨어질수록 문자를 탐구하는 것이 더 어렵다.(去古愈遠, 文字愈難推求耳.)"고 한 것과 비교하면 커다란 발전을 한 것이다.

오늘날의 관점에서 이 책을 보더라도 문자의 고석면에 있어서는 취할 만한 이론이 적지 않다. 앞에서 언급한 殼・韋 외에 예를 들면 을 '羌'字로 고석하였다.

> … 羌은 모두 로 썼다. 『說文』에서는 "羌은 西戎의 양의 종류이다. 羊과 人으로 이루어졌고, 羊은 성부를 겸한다."고 했는데, 이 글자는 과 人으로 이루어진 글자로, 羊을 생략한 자형을 따른다. 金文 鄭羌伯鬲에서는 로 썼고, 羌鼎에서는 로 썼는데, 이것들과 자형이 대략 비슷하다. 『詩經・商頌・殷武』의 "저 氐羌族, 감히 享하러 오지 않을 수

---

6) 이 책은 1917년 吉石盦叢書와 1927년 8월 上海蟫隱石印本 2책에 실렸다.

없고, 조공을 바치지 않을 수 없네.(自彼氐羌, 莫敢不來享, 莫敢不來王.)"에 대한 『鄭箋』에서 氐羌夷는 모두 서방에 있었고, 商代에 西羌 종족이 매우 흥성했기 때문에 龜文에도 보인다고 했다.7) (卷上 38쪽)

이 글자는 후에 羅振玉이 羊으로, 郭沫若은 ⌇로 고석했지만, 모두 학자들의 공인을 받기 어려웠다. 1963년 于省吾는 「釋羌苟敬美」에서 문헌과 고고자료를 근거로 ⌇을 羌이라고 논증하고, 양의 뿔로 장식했던 羌人의 형상이라고 하면서 孫詒讓이 "羊의 생략된 자형을 따른다.(從羊省.)"고 한 것을 '근거로 삼을 수 없는 것(不可據)'이라고 비평하였다.8) 사실 자형 면에서 논하자면 卜辭 중에 羊을 편방으로 하는 글자들이 牢는 ⌇로, 蜂는 ⌇로 쓴 것처럼 羊을 생략하여 ⌇로 쓴 것이 많기 때문에 ⌇을 羊의 생략된 것을 따른다고 하는 것은 완전히 틀린 것은 아니다. 또한 岳을 고석하면서

··· 이상의 여러 岳은 모두 ⌇으로 쓰거나 혹은 ⌇·⌇·⌇으로 썼다.『說文』山部의 嶽에서 古文은 ⌇로 쓰고, 높은 형상을 본 뜬 것이라고 했다. 윗 부분은 ⌇·⌇·⌇을 따른 것으로, 즉 높은 형상을 본 뜬 것이고, 아래 부분은 ⌇을 따른 것으로 山을 상형한 글자이다. 殷의 수도는 朝歌였고, 中岳인 嵩高가 바로 畿內에 있었으므로, 岳은 처음에 嵩高를 가리킨 것이 아니겠는가?9) (卷上 20쪽)

후에 羅振玉은 이 글자를 羔으로 고석하고, 火와 羊으로 이루어진 글자라고 했는데, 자형상으로는 맞다고 볼 수도 있겠지만, 문맥으로 보면 통하지 않는다. 즉 "⌇于⌇(⌇에게 ⌇제사를 올릴까요)", "⌇年于⌇(⌇에게 풍년을 기원하는 ⌇제사를 올릴까요)"같은 卜辭가 자주 보이고, 또 "⌇于河(河神에게 ⌇제사를 올릴까요)" "⌇年于河(河神에게 풍년을 기원하는 ⌇제사를 올릴까요)"처럼 對貞의 형식으로 같은 판에서 보이기 것이 많으므로, 이 글자가 山岳의 의미임은 분명하다. 郭沫若은『卜辭通纂』을 쓰면서 이 글자를 ⌇로 고쳤

---

7) "··· 羌字皆作⌇.『說文』羊部云 "羌, 西戎羊種也. 從羊人, 羊亦聲." 此從⌇從人卽從羊省也. 金文鄭羌伯鬲作⌇, 羌鼎作⌇, 此與彼略同.『詩經·商頌·殷武』"自彼氐羌, 莫敢不來享, 莫敢不來王."『鄭箋』云氐羌夷皆在西方, 卽商時西羌種族甚盛, 故亦見于龜文."
8)『吉林大學學報』, 1963년, 제 1기 참조.
9) "··· 以上諸岳字皆作⌇(卅三之一)或作⌇ 或作⌇(四十五之二)或作⌇(二百七十四之二),『說文』山部嶽古文作⌇, 象高形. 此上從⌇⌇⌇卽象高形, 下從⌇卽象形山字也. 殷都朝歌, 中岳嵩高正在畿內, 此岳殆卽指嵩高與?"

는데, 몇 년 후에 『殷契粹編』을 쓸 때는 이것 역시 타당하지 않다고 여겨 孫詒讓의 고석을 따라 岳이라고 했다. 이외에 ☒를 去로, ☒를 射로, ☒를 效로, ☒을 得으로, ☒을 乘으로 고석했는데, 역시 매우 정확한 것들이다.

그러나 『契文擧例』는 분명 성숙되지 않은 초창기의 저작으로, 잘못된 부분이 많이 있다. 문자 고석면에서 '王'字를 몰랐기 때문에 ☒과 ☒을 立으로 고석하고 ☒을 玉으로 보았고, ☒을 正으로, ☒을 獵으로 고석했다. 또 ☒·☒ 와 ☒을 몰랐기 때문에 갑골문에 "巳·午 두 글자만이 보이지 않는다."라고 했다. "十牢又九"를 "十牢之蠱"으로 읽고, ☒을 十月로 읽었다. 눈에 띄는 것이 다 이러하니 일일이 열거할 수 없다. 전서를 총괄하면 거의 매 쪽마다 잘못된 것들이 있다. 심지어 정확한 부분에도 잘못된 것들이 섞여 있어서, 王國維는 과연 "전서에 거쳐 옳은 부분이 없음을 마침내 알았다.(遂覺全無是處.)"라고 하면서 이 책에서 "채택할 만한 것이 없다.(無可採.)"고 여겼다.[10]

귀납해보면, 孫詒讓의 주된 오류는 다음의 네 방면에 있다.

첫째, 文例를 잘 모르고 마음대로 정했다. 즉 右行의 卜辭를 左行으로 읽거나(卷上 34쪽), 左行의 卜辭를 右行으로 읽었고(卷下 17쪽), 혹은 "乙卯卜. ☒卯史(을묘일에 ☒가 점쳐 묻습니다. 어사가)"(『鐵』183·4)에서 '卜☒' 두 字를 이어 읽고는 "卜☒는 卜師로 읽어야 한다."(卷上 30쪽)고 하거나 기수자를 貞文으로 잘못 읽는 등(卷上 34쪽) 序辭(前辭)와 命辭를 이어 읽기도 했다. 이 같은 오류는 모두 文例를 잘 몰라서 생긴 것들이다.

둘째, 조각 편의 殘辭를 근거로 억지 해석을 했다. 예를 들어 月日章에서 "며칠에 점을 쳤다(某日卜)고 하는 것은 某月을 일률적으로 겸하는 것이 아니어서, 紀日이 紀月을 겸하는 것은 하나 밖에 없는데, "三月貞□卜韋貝"라고 한 것은 흔히 보이지 않는 變例일 뿐이다."[11] 라고 했다. 사실 『鐵』77·4에는 殘辭 하나가 있는데, 각각 3字가 쓰여진 2行만이 남아있다. "□□卜韋貞□三月邑□(韋가 점쳐 묻습니다. 3월에 나라에)"라고 좌에서 우로 읽어야 하며, 마지막 글자는 □와 □로 이루어진 ☒로 '邑'字이지 '丁□' 두 字가 아니다.(附圖 1 참조). 또 『鐵』23·4에는 ☒라고 쓴 殘字가 있는데, 孫詒讓은 이 글자를 온전한 글자로 여겨 ☒로 고석하고, "☒을 ☒라고 쓰는 衆의 편방과 비교해보니, ☒인 것 같다.(此☒以衆作☒, 偏旁較之, 似卽☒字.)"고 했는데, ☒는 衆의 잔결된 글자임이 분명하므로 이와 같은 주장은 긍정

---

10) 陳夢家, 『殷虛卜辭綜述』, 제 55쪽 참조.
11) 凡云某日卜者率不冠以某月, 其紀日兼紀月者惟一事, 云'三月貞□卜韋貝', 爲僅見之變例.(卷上 5쪽)

하기 어려운 것이다.

셋째, 자형에 구애받고『說文』을 고집했다. 甲骨文과 小篆·金文을 대조하여 서로 참고하는 것은 본래 매우 좋은 방법으로, 孫詒讓은 기본적으로 이 방법을 사용하였는데, 그가 일부 글자를 정확하게 해석해 낼 수 있었던 원인은 바로 이 점에 있었다. 그러나『說文』에 대해서는 비판적인 태도를 가져야 하고『說文』만을 고집하거나 거기에 속박되어서는 안되는데, 孫詒讓은 바로 이 점에서 오류를 범하여『說文』을 지나치게 신봉한 결과, 지금 보면 아주 일반적인 글자들을 알아보지 못했고, 일부 글자들은 완전히 잘못 해석하여 사람들을 혼란에 빠지게 하였다.

예를 들어 ▩을 西로 해석하지 않고 甾로 해석했고, ▩를 取가 아닌 氏로 해석했으며, ▩를 隻으로 보고 도리어 "奪의 생략된 자형이다."라고 여겨서 "奪의 本義는 失奪이며, 인신되어 爭奪이 되었다.(奪之本義爲失奪, 引申爲爭奪.)"고 했는데, 이것은 획득하여 취하다[獲取]라는 의미의 '獲'의 本字임을 몰랐기 때문이다. 이와 마찬가지로 母·女가 通假되는 예를 잘 몰랐기 때문에 女丁·女丙·女己·女庚을 알아내고도 이것이 祭祀를 올리는 사람의 모친에 대한 稱謂라는 것을 몰라서 "모두 親屬의 칭호이다."라고 統言하였는데, 이것 역시 애석한 점이다.

넷째, 생략되어 변화했다는 설명을 많이 사용하고, 자신의 뜻에 따라 억지로 뜯어 맞추었다. 예를 들어 ▩은 水와 步로 이루어진 '涉'字라는 것이 분명하지만 孫詒讓은 "'歲'字인 것 같다.『說文』步部의 歲는 형부는 步, 성부는 戌이고, 金文은 ▩鼎에서 ▩라고 썼는데, 이 글자는 역시 步를 편방으로 하고, 戌에 생략된 戈를 따르고 있다. … 또 散氏盤의 '涉'字는 ▩으로 썼는데, 즉 步는 이와 같이 쓴 것도 있었다. 거북판에 새겨진 문자들은 생략하거나 간단히 쓴 것들이 많고, 歲를 步로 써도 통할 수 있으므로, 자연적으로 통할 수 있다.…12)"(卷上 5쪽)라고 하면서 水와 步로 이루어진 ▩을 歲에서 생략된 자형이라고 하였다. 또 ▩는 조개를 상형한 것이라는 것이 분명하지만, 孫詒讓은 "▩를 가지고 증명해 보면, 臾의 생략된 자형임을 알 수 있다.(卷下 15쪽)"라고 하면서, 이 글자를 臾에서 생략된 자형으로 만들었다. ▩은 鄧에서 생략된 것이고, ▩은 遹에서 생략된 것이며, ▩은 ▩에서 생략된 것이라고 하는 등, '생략'과 '변화'된 것이라고 설명하는 것이 매우 많은데, 정확한

---

12) "疑是歲字.『說文』步部歲從步戌省. 金文▩鼎作▩. 此文亦從步, 但省戌之戈形…又散氏盤涉字作▩, 則步字亦有如是作者. 然龜文多省簡, 或卽以步爲歲, 自可通…"

영문을 모르겠다. 이 책에서 '생략되어 변화한 것'이라고 설명하는 것은 마치 만병통치약과 같은 것으로, 판독이 어려운 글자가 나오면 모두 어떤 글자에서 생략된 것인 것 같다고 말하고, 또 "이에 字例가 통할 수 있다.", "항상 이러한 예가 있다."라고 설명하였다.

孫詒讓은 自序에서 "40년간 古文과 大篆을 연구했고, 살펴본 彝器款識는 2천 種이 넘는다."고 했다. 그의 고문자학에 대한 기본이 얕다고 말할 수는 없지만, 그렇게 넓은 학문으로 갑골문을 연구하고 새로운 정원을 개간하였음에도 '王'字를 모르고, 또 '巳'字도 몰라서 많은 오류가 생겨나, 맞는 것이 11이라면 틀린 것은 19였고, 몇 條의 卜辭는 읽어내지도 못했다는 것은 새로운 학문을 시작한다는 것이 얼마나 어렵고 힘든 것인지를 보여주는 것이다.

(2) 확립 단계

갑골문 고석방면에 중대한 공헌을 하여 기초를 다진 것은 羅王學派의 창시자인 羅振玉과 王國維였다.

羅振玉(1866~1940)의 字는 叔言, 號는 雪堂이며 浙江 上虞사람으로, 1906년 갑골 수집과 연구를 시작했다. 1910년 考史·正名·卜法·餘說의 네 항목으로 구성된 『殷商貞卜文字考』 1권을 썼는데, 편폭이 길지는 않지만 고증이 상세하고 새로운 성과가 많아서, 이전의 劉鶚과 孫詒讓 보다는 훨씬 뛰어났다. 그는 自序에서 이 책의 저술 이유에 대해 다음과 같이 밝혔다.

> …이미 세상을 뜬 孫詒讓도 문자를 연구하여 손수 원고를 쓰고 부쳐 왔지만, 애석하게도 깊고 심오한 것을 분명하게 해석할 수가 없었다. 이후 남북으로 돌아다녔으나 5,6년간 직접 눈으로 볼 수 없었는데, 작년에 林泰輔가 상세히 고석하여 『史學雜誌』(「淸國河南陽陰縣發現之龜甲獸骨」을 지칭함)에 揭示하고는 멀리서 우편으로 부쳐왔다. 널리 폭넓게 근거를 수집하여 내가 앞서 쓴 序(「鐵雲藏龜序」)에서 소홀히 한 것들을 보충하여 바로 잡아주었으나, 여전히 해결되지 않은 점들이 남아 있었다. 그런 까닭에 나는 밤낮으로 소장하고 있는 탁본들을 탐구하고, 또 中州에서 온 골동상을 따라 귀갑수골 천 枚를 널리 보고, 그 중 특이한 것 7백 개를 가려 뽑았다. 또 갑골이 발견된 지점은 安陽縣에서 서북쪽으로 5리 되는 지점인 小屯이지, 湯陰이 아니라는 것을 알아냈는데, 그 땅은 武乙시기의 폐허이다. 刻辭 중에서 帝王의 이름과 시호 10여 개를 알아냈는데, 이로써 이 卜辭가 정말로 殷 왕실의 유물이라는 것을 깨달았다. 그 문자는 비록 간단하지만 역사가의 잘못을 바로잡을 수 있고 小學의 원류를 찾을 수 있으며 古代의 점치는 방법을 알아낼 수 있는 것이었다.

이에 이 세 가지를 3개월의 노력을 통하여 『殷商貞卜文字考』라는 한 권의 책으로 만들었
다. 林泰輔가 미쳐 깨닫지 못한 것들을 여기서 하나 하나 명백하게 밝히고, 바로 林泰輔에
게 서신을 보냈으며, 오늘날 고고학을 연구하는 사람들에게 이 책을 소개하게 되었다.
…13)

이 책은 문자 고석면에서 기본적으로 하나의 원칙과 방법을 구성하고 있는데, 뚜렷한 특
징은 『說文』을 참고하여 갑골문자를 고석하면서도 『說文』에 속박되지 않고 도리어 『說文』
의 오류를 바로 잡기도 했다는 점이다. 羅振玉은 "卜辭에 기록된 문자는 대부분이 중복되
어서 모두 천 字를 넘지 않으며, 이 천 字를 『說文』과 견주어보면 대략 다음과 같은 중요한
사실을 알 수 있다. 첫째, 史籀大篆은 古文으로, 따로 만들어낸 글자가 아니다. 둘째, 옛
상형문자는 복잡한 자형이나 간단한 자형 모두 대체적으로 필획에 얽메이지 않고 사물의
형상을 대략적으로 그린 것이다. 셋째, 옛 金文과 서로 이어진다. 넷째, 『說文』의 오류를
바로 잡을 수 있다.14)"라고 했는데, 이 말은 당시 羅振玉의 갑골문 고석 방법을 총결한 말
로, 이를 다시 살펴보면 대략 다음과 같다.

첫째, 갑골문과 古籀文을 서로 비교하면 籀文이 곧 古文이라는 것을 증명할 수 있고, 또
四·匚·登·系·妣·子 등과 같은 일부 갑골문을 고석하는데 도움을 준다.

둘째, 이체자를 최대한 식별한다. 자형 중에는 복잡한 자형과 간단한 자형이 있고, 편방
의 구조도 증가된 것과 감소된 것, 그리고 변하고 바뀐 것이 있음을 인정하고, 『說文』과
자형이 다른 갑골문들을 고석했다. 羅振玉은 羊·馬·鹿·豕·犬·龍의 6字를 예로 들면
서 "양은 모두 그 휘어진 뿔과 넓은 이마를 상형한 것이고, 말은 모두 그 풍성한 꼬리와
긴 머리를, 사슴은 모두 갈라진 뿔을, 돼지는 모두 그 짧은 꼬리를, 개는 모두 길다란 몸을,
용은 모두 그 꿈틀대는 모양을 상형한 것으로, 한 번 보면 모두 구분할 수 있어서 서로 혼

---

13) "…亡友孫仲容徵君詒讓亦考究其文字, 以手稿見寄, 惜未能洞析奧隱. 嗣南北奔走, 五六年來都不復寓
目, 去歲東友林學士泰輔始爲詳考, 揭示『史學雜誌』(按卽「淸國河南湯陰縣發現之龜甲獸骨」一文), 且遠
道郵示. 援據賅博, 足補正予鶚序(按卽「鐵雲藏龜序」)之疏略, 固尙有懷疑不能決者. 余乃以退食餘晷, 盡
發所藏拓墨, 又從估人之來自中州者, 博觀龜甲獸骨數千枚, 選其尤殊者七百. 幷詢知發現之地乃在安陽
縣西五里之小屯而非湯陰, 其他爲武乙之墟. 又于刻辭中得帝王名諡十餘, 乃恍然悟此卜辭者實爲殷室王
朝之物. 其文字雖簡略, 然可正史家之違失, 考小學之源流, 求古代之卜法. 爰本是三者, 以三閱月之力, 爲
考一卷. 凡林君所未達, 至是乃一一剖析明白, 亟寫寄林君, 且以詒當世考古之士.…"
14) "卜辭中所藏文字, 汰其重複, 殆不逾千字, 而就此千字中以考許書, 所得至巨. 一, 知史籀大篆卽古文,
非別有刱改. 二, 知古象形文字第肯物形, 不必拘拘于筆劃, 繁簡略同. 三, 可與古金文字相發明. 四, 可糾
正許書之違失."

동되지 않기 때문에, 간격과 앞·뒤가 더해지거나 빠지거나 바뀌거나 옮겨져도 무방하다. 이러한 예를 가지고 살펴보면, 모든 상형과 회의가 모두 그러하다.15)"라고 했다. 이 원칙을 근거로 그는 ▨·▨을 圂로, ▨·▨을 牢로, ▨·▨을 逐으로, ▨·▨을 逆으로, ▨·▨을 畢(사냥용 채)로 고석하는 등 많은 글자를 고석하였다. 그는 또한 "옛 사람들의 문자는 닮은 형상으로써 의미를 표시하였기 때문에 필획 하나 하나에 구애 받지는 않았으나, 후세로 오면서 점차 필획에 구속되면서, 본래의 형태가 없어지고 의미는 도리어 분명하지 않게 되었다. 옛 金文에도 이러한 현상이 나타나지만 卜辭만큼 분명하지는 않으며,『說文』만을 보면 이러한 사실을 알 수 없다.16)"라고 하였다.

셋째, 金文을 참고하여 갑골문자를 고석한다. "『說文』에 수록된 古籒文으로 金文을 증명하면 부합되는 것이 매우 적다.(以許書所載古籒證以古金文字, 合者殆寡.)", "그러나 金文으로 卜辭를 증명하면 부합되는 것이 6,70% 정도이다.(而以古金文證卜辭, 則合者十六七.)"라고 하였는데, 金文과 부합되는 자주 보이는 90여 字를 제외하고, 자주 보이지 않는 글자들은 역시 金文을 근거로 고석할 수 있다.(예를 들어, 余·于·鬯·每·戈·遣·韓·攸·斁·封·郭·周·諫·吉 등이다) 이와 반대로 羅振玉은 獸骨刻辭의 간지표를 근거로 ▨를 巳로 고석하고, 金文 중의 乙子·丁子·己子·辛子·癸子는 모두 즉 乙巳·丁巳·己巳·辛巳·癸巳라는 것을 증명했다. 그는 "宋으로부터 지금까지 수 백년 동안 의심되고 풀리지 않았던 것들이 한꺼번에 모두 확실한 답을 얻었다.(有宋至今數百年間懷疑不能決者, 一旦渙然得確解.)"라고 했다.

넷째, 갑골문이 진정한 古文이고 籒文과 篆文은 단지 갑골문이 변한 것이라는 것을 인정한다. 이렇게 하여『說文』과 자형이 다른 갑골문들을 밝혀 내고 또 이를 근거로『說文』의 오류를 지적했다. 羅振玉은 '古籒文의 오류' 40여 條와 '小篆의 오류' 30여 條를 교정하였는데, 그 독창적인 견해와 탁월한 식견은 사람들로 하여금 감탄을 금치 못하게 한다. 한가지 예를 들어 보자.

'中'字의 설명에 古文 ▨이 실려있다. 段玉裁는 注에서 "이 글자는 淺人들이 '中'字의

---

15) "羊均象其環角廣顙, 馬均象其豐尾長顱, 鹿均象其岐角, 豕均象其竭尾, 犬均象其修體, 龍均象其蜿勢, 一見可別, 不能相混, 而其疏密向背, 不妨增損移易. 推是例以求之, 凡象形會意諸字莫不皆然."
16) "古人文字肯形以示意, 而不拘拘于一筆一劃, 逮後世拘于筆劃, 形失而意反晦, 于古金文字尙可窺見此恉, 而不如卜辭之昭然易明, 若僅觀許書, 固不能知此矣."

가운데를 구부린 '虫'字를 여기에 넣은 것으로 의심된다."고 했다. 卜辭 중의 中仲丁의 中 및 다른 '中'字가 모두 ⊕이므로, 篆文의 中이 가장 오래된 '中'字라는 것을 알 수 있다. 金文에서 ᠄·᠄·᠄라고 쓴 것은 나중에 생긴 글자들이다.(살펴보니 이 여러 형태들도 갑골문에 보인다). 이 'ᠵ'字는 淺人들이 함부로 넣은 것임이 틀림없다.

'車'字의 설명에 주문 ᠄이 실려 있는데, 卜辭에서는 車를 ᠄로 썼고, 金文에서는 ᠄로 썼다. 戔을 편방으로 하는 것은 없다.

ᠵ는 "牛와 冬의 생략된 자형으로 이루어진 글자이다." 卜辭에서는 牛를 편방으로 삼아 ᠄로 쓰거나, 羊을 편방으로 삼아 ᠄로 쓰거나, 혹은 ᠄·᠄(이 두 자형은 후에 沉으로 다시 고석하였다)라고 쓰거나 또는 ᠄·᠄로 썼다. 대개 울타리 모양을 본 뜬 것으로, 冬의 생략된 자형을 따르는 것이 아니다. ᠄를 따르는 것은 ᠄가 변화된 것으로, 지금의 예서와 같으며, 지금의 예서 중에는 古文에서 나온 것들이 있는데, 이 글자가 바로 이러한 예이다.

ᠵ는 注에서 "翊이다. ᠄와 ᠄와 山으로 이루어진 글자이다. 산이 높으므로 높이 받들다는 의미이다."라고 했다. 卜辭에는 사람이 ᠄의 안에 있는 형상을 따르는 ᠄가 있는데, ᠄을 따르고 위에 있는 사람이 ᠄안에 있는 사람에게 무언가를 주는 모양을 본 뜬 것으로, 지금 ᠄이라고 쓰는 것은 人을 ᠄로, ᠄을 ᠄으로, ᠄을 山이라고 잘못 여긴 것이다. 丞의 본래 뜻은 '구원(救援)하다'로, 拯의 本字이다. 『文選·羽獵賦』의 注에서 『聲類』를 인용하여 "丞은 拯이다. 이 글자는 『說文』을 근거로 하는데, 자형이 합당한 바를 잃었다."라고 했다.

貞의 注에서 "점을 쳐서 묻는 것으로 卜과 貝로 이루어진 글자이다. 鼎의 생략된 자형을 성부로 한다고도 한다."라고 했다. 卜辭에서 貞은 ᠄으로 많이 썼고, 혹은 ᠄이라고도 썼는데, 貝를 따르지 않은 것 같다. 卜辭에서 貝와 貝를 편방으로 하는 글자들은 모두 ᠄로 썼지 ᠄라고 쓴 것은 없으므로 또한 鼎의 생략된 자형을 따른 것도 아니다.

獲의 注에서 "사냥에서 획득한 것이다. 형부는 犬이고 성부는 ᠄이다."라고 했다. 卜辭에서 獲은 모두 ᠄으로 써서, 손으로 새를 잡고 있는 모양을 따르는데, 잡는다는 의미가 매우 명확하게 드러난다. 犬과 ᠄으로 이루어진 獲은 나중에 생겨난 것이다. 獲을 사용하고, 隻을 '새 한 마리'라는 의미로 풀이하는 것은 본래의 합당한 바를 모르는 것이다.17)

---

17) "中下出古文ᠵ. 段君注 "此字可疑, 殆淺人誤以屈中之虫入此." 今卜辭中仲丁之中及他中字皆作⊕, 知篆文之中卽最古之中字. 金文作᠄᠄᠄乃後起之字(按此數形亦見于甲骨文). 此ᠵ字爲淺人竄入無疑也."

"車下出籒文ᠵ, 今卜辭車作ᠵ, 金文作ᠵ, 無從戔者."

"ᠵ"從牛, 冬省." 今卜辭或從牛作ᠵ, 或從羊作ᠵ, 或作ᠵᠵ(按此二形後改釋沉), 又作ᠵᠵ, 蓋象闌防之狀, 非從冬省. 其從ᠵ乃由ᠵ而變, 與今隸同. 今隸有出于古文者, 此其一也."

"丞, 注 "翊也. 從ᠵ, 從ᠵ, 從山. 山高, 奉承之義." 今卜辭有ᠵ字從人在ᠵ中, 從ᠵ象一人在上而援ᠵ中之人, 今作丞, 誤人爲ᠵ, 誤ᠵ爲ᠵ, 誤ᠵ爲山也. 丞之本誼訓救援, 卽拯之本字. 『文選·羽獵賦』注引『聲類』"丞亦拯字也. 此字據許書所載, 形誼俱失矣.""

"貞, 注"卜問也. 從卜貝. 一曰從鼎省聲." 今卜辭貞字多作ᠵ, 或作ᠵ, 似非從貝. 卜辭中貝字及從貝之

羅振玉의 글자 고석 방법은 간단히 말해서 '分析'과 '比較'라는 네 글자로 요약된다. 연구방법의 발전으로 羅振玉의 갑골문 고석은 삼가 조심스러우면서도 대담(물론 전혀 잘못된 것이 없다고 말하는 것은 아니지만)해서, 『契文擧例』와 비교하면 같은 시대의 것이라는 느낌이 전혀 없다. 羅振玉은 이 책에서 2,3백 개의 낱글자를 고석하였는데, 貞・王・隻(獲)・巳・亡・災 등과 같이 매우 중요한 글자들이 모두 해결되었고, 이러한 노력을 거쳐 많은 卜辭들도 조금씩 읽히기 시작했다. 羅振玉은 여러 부류의 卜辭 134條를 열거했는데, 이 중 '확정할 수 없는 글자'는 단지 30여 字였다.

또한 羅振玉은 4년 후 일본에서 그의 기존의 연구성과를 『殷虛書契考釋』 3권으로 썼다. (永慕園石印本一册). 모두 6만여 字로, 都邑・帝王・人名・地名・文字・卜辭・禮制・卜法의 8장으로 나뉘어져 있고, 내용은 『殷商貞卜文字考』에 비해서 훨씬 풍부해졌다. 이 책은 갑골문에 대해서 체계적인 고증과 논술을 했는데, 후세 학자들이 여러 방면으로 갑골문을 연구하도록 새로운 길을 열어 주고 단단한 기초를 다져주었다. 특히 문자부분의 고석은 후세의 자전 편찬을 위한 條件을 만들어주었다.

羅振玉은 "하루에 여러 문자를 판별하거나, 혹은 여러 날 동안 반밖에 알아내지 못하거나, 칠흙같은 밤길을 걷다가 잠깐 희미한 불빛을 보아, 그 불빛을 따라가면 또 가시밭길을 만나고, 멍하니 생각에 잠겨 천둥번개 소리마저도 들리지 않았다. 항상 원고를 손에서 놓지 않았으며, 침식을 폐하는 날도 있었다.(或一日而辨數文, 或數夕而通半義, 譬如冥行長夜, 乍覩晨曦, 旣得微行, 又蹈荊棘, 積思如痗, 雷霆不聞. 操觚在手, 寢饋或廢.)"라고 하였다. 이러한 노력을 통하여 마침내 자형과 자음, 그리고 자의를 모두 알 수 있는 것 485字를 밝혔고, 또 1916년에는 판독되지 않은 1,003字를 『待問編』에 수록했으며, 총 1,488개의 낱글자를 隷定했는데(1927년에 증보판을 낼 때는 판독 가능한 글자가 560字로 늘었다), 판독된 글자가 증가됨에 따라 通讀이 가능한 卜辭도 크게 늘었다.

卜辭는 8종류로 나누었는데, 卜祭는 306條, 卜告는 15條, 卜𠦪는 4條, 卜出入은 177條, 卜田漁는 130條, 卜征伐은 35條, 卜年은 22條, 卜風雨는 77條로 모두 766條의 卜辭가 실려 있다.(1927년 증보판에서는 雜卜類를 추가했는데, 수록된 모든 종류의 卜辭는 1,204條에 달했

字皆作⿱, 無作⿳者, 亦非從鼎省也."
　"獲, 注"獵所獲也. 從犬, 蒦聲." 今卜辭獲字皆作⿰, 從又持隹, 獲之意已明, 此從犬從蒦乃後起之字. 獲行而隻乃用爲訓"鳥一枚"之隻, 幾不復知其本誼矣."

다) 郭沫若의 말처럼 이 책은 "갑골문자학을 한 눈에 볼 수 있도록 해준다. 갑골을 논할 때 바로 여기서 시작하지 않을 수 없고, 또 중국 古學 역시 여기서 시작하지 않을 수 없다. (使甲骨文字之學蔚然成一巨觀. 談甲骨者固然不能不權輿于此, 卽談中國古學者亦不能不權輿于此.)"18)

王國維도 고문자학의 각도에서 이 책을 평가했는데, "三代이후 고문자를 논한 것 중 이 책처럼 훌륭한 것은 없었다.(自三代以後言古文字者, 未嘗有是書也.)"(初印本『跋』),라고 했고, 또 "이 책은 3백년 간 小學의 총결이다.(此三百年來小學之一結束也.)", "이후에 古文을 연구하는 사람은 이 책에서 그 방향을 찾을 것이며, 『說文』을 연구하는 사람 역시 이 책을 깊이 연구하지 않을 수 없을 것이다.(後之治古文者于此得其指歸, 而治『說文』之學者, 亦不能不探源于此.)"(增訂本『序』)라고 했다.

이 책은 淸代 小學의 총결로써, 지하에서 출토된 고문자료가 연구의 중심이 되는 새로운 학문이 마침내 흥기되었음을 알리고, 前代의 것을 이어받아 앞길을 개척하는 역할을 하였다.19)

王國維(1878년~1927년)의 字는 靜安, 號는 觀堂으로, 浙江 海寧사람이다. 그는 羅振玉과 매우 친밀한 師友 관계였고, 갑골문자 고석에 있어서는 羅振玉 만큼 걸출한 공헌을 하여, 기초를 단단히 세우는 역할을 했다. 羅振玉은 『殷虛書契考釋』을 쓸 때, 여러 번 王國維의 설을 인용하면서 여러 모로 우러러 받들었다. 예를 들어 羅振玉은 '王'字에 관하여 "卜辭에서는 ▲으로도 썼고, 王國維 역시 이를 王이라고 했는데, 매우 정확하다. … 또 책에 실린 여러 문장들을 보면 서로 내용이 부합되지 않는 것이 없다.(卜辭或徑作▲, 王國維謂亦王字, 其說甚確…且據編中所載諸文觀之, 無不諧也.)"라고 했다. 王國維가 해석해 낸 글자 중 『殷虛書契考釋』에 보이는 것은 朝·邦·冬·翌·舉 등이고, 나머지는 모두 『戩壽堂所藏甲骨文字考釋』과 『觀堂集林』에 실려 있다. 비록 새로운 글자를 고석한 것은 적지만, 그가 고석해낸 글자는 모두 매우 중요한 것들인데, 예를 들어 釋旬·釋天·釋䪿·釋朋·釋上甲의 合文 등은 정밀하고 완벽한 정론들이다. 그의 연구방법은 羅振玉과 같으며 그들 모두 2중 증거법을 주장하였다. 『說文』에 대해서는 모두 비판적 태도를 견지했고, 판독되지 않은 글자와 잘 통하지 않는 의미에 대해서 모두 경솔하게 판단하지 말고 남겨두어야 한다고 주장

---

18) 郭沫若, 『中國古代社會研究·卜辭中的古代社會』 참조.
19) 陳煒湛과 曾憲通의 「論羅振玉和王國維在中國古文字學領域內的地位和影響」 참조. (『學術研究』, 1980년 제 5·6期와 『古文字研究』제 4 집)

하면서 억지해석을 반대하였다.[20] 王國維는 2중 증거법에 보다 뛰어났는데, 지하에서 출토된 실물자료와 전해져온 문헌자료를 서로 비교하여 증명하는 것에 뛰어났기 때문에 갑골문 고석 방면에서도 종종 세상 사람들을 놀라게 하였다. 羅振玉의 『殷虛書契考釋』 이후에 王國維가 쓴 「殷卜辭中所見先公先王考」와 「續考」라는 두 편의 저명한 논문은 王亥는 殷의 先公으로 『山海經』과 『竹書紀年』에서 말한 것이 틀린 것이 아니고, 문헌에서 기록한 胲 · 核(『世本』) · 該(『楚辭』) · 王冰(『呂氏春秋』) · 振(『史記』) 및 垓(『漢書』)가 실제로는 모두 한 인물이었다는 것을 증명했을 뿐만 아니라, 『楚辭 · 天問』의 "該秉季德, 厥父是臧"과 "恒秉季德"에서의 '該'는 王亥고, '恒'은 王恒이며, 卜辭에서 '季'는 즉 王亥의 父인 冥임을 밝혔고, '甲'나 '畓'는 上甲 微이고, '夒'는 帝嚳임을 밝혔다. 또한 체계적으로 商代 先公先王의 名號를 고증하고, 믿을 만한 世系를 만들어 냈는데, 또한 이를 가지고 『世本』과 『史記』에서 서술한 商史가 결코 허구가 아니라, 대부분이 믿을 만한 실제 기록이었다는 것을 밝혔다. 王國維의 갑골문에 대한 고석과 연구 성과는 그가 스스로 직접 말한 것처럼 "쟁론의 여지가 없는 것이다.(是無可爭議的.)"[21].

갑골문에 대한 王國維의 論著가 후세학자들에게 미친 영향 역시 매우 컸는데, 그의 영향이 얼마나 큰 것이었는지는 두 가지 예만 들어도 충분할 것이다. 王國維는 世系 칭위에 대한 연구를 통해 갑골의 구체적인 시대를 확정하였는데, 예를 들어 『後編』 上25 · 9에는 父甲 · 父庚 · 父辛의 이름이 있으므로 王國維는 이를 武丁시대에 점을 친 것이라고 확정했고, 같은 책 상권의 7 · 7, 7 · 9, 19 · 14에는 父丁 · 兄庚 · 兄己의 이름이 있으므로 王國維는 이를 祖甲때 점을 친 것이라고 확정하였다. 그가 구체적인 시기를 정한 갑골은 비록 그 수는 많지 않지만, 후대의 갑골문 단대 연구에 중대한 단서를 제공하여 후학들에게 커다란 계시를 주었다. 王國維는 또한 처음으로 두 조각으로 깨진 갑골을 綴合하여 본래의 모양으로 복원하였는데, 이것이 바로 그 유명한 『後編』 上8 · 14와 『戩』1 · 10의 綴合이다. 이 綴合으로 商代 世系에 대한 중요한 문제를 해결하였을 뿐만 아니라 『史記 · 殷本紀』의 '微(上甲) · 報丁 · 報乙 · 報丙'의 순서는 틀린 것으로, 마땅히 '上甲 · 報乙 · 報丙 · 報丁'으로 해야한다는 것을 증명하였다. 이것은 이후의 갑골 綴合의 귀중한 先例가 되었고, 후세 학자들에게도 많은 영향을 주었다. 羅振玉과 王國維 이후 斷代와 綴合은 갑골문 연구에 있어서

---

20) 각주 8) 참조.
21) 「燕南園中訪王力」, 『隨筆』(叢刊) 제 10집, 1980년 8월.

두 가지 중요한 분야가 되었다.

결론적으로 羅振玉과 王國維 두 사람의 노력으로 갑골문이 어느 시대의 것인지가 정해졌고, 갑골문자가 대체적으로 판독되고 통독되어질 수 있었다. 또한 卜辭의 내용도 기본적으로 이해되었고, 商代의 역사적 사실과 商王의 世系도 대략적인 윤곽이 들어 났다. 羅振玉과 王國維의 연구는 이처럼 갑골문의 고석과 연구에 기초를 다지는 역할을 했다. 郭沫若은 "중국의 舊學은 갑골문이 출토되면서 새로운 기원이 시작되었고, 羅振玉과 王國維의 갑골문 고석의 업적으로부터 또 하나의 새로운 기원이 시작되었다고 말하는 것은 결코 지나친 것이 아니다.(謂中國之舊學自甲骨之出而另闢一新紀元, 自有羅王二氏考釋甲骨之業而別闢一新紀元, 決非過論.)"라고 했다.22)

(3) 발전 단계

羅振玉과 王國維 이후, 갑골문을 연구하는 학자들이 날로 늘어나 갑골문 고석은 발전단계로 진입하였다. 羅振玉과 王國維의 연구성과 위에서 봉건적인 잔재를 타파하고 새로운 국면을 열 수 있었기 때문에 갑골문 고석은 크게 발전할 수 있었는데, 그 선두주자는 마땅히 郭沫若이라고 해야 한다.

郭沫若(1893년~1978년)의 字는 鼎堂으로 四川 樂山사람이다. 중국의 유명한 시인이자 문학가이며, 또한 혁명가이면서 학식이 깊고 재능이 탁월한 학자이다. 그는 마르크스주의의 고문자학자로서 중국에서 마르크스주의를 고문자연구에 적용한 첫 번째 인물이기도 하다. 蔣介石의 박해를 피하기 위해서 郭沫若은 1928년 봄에 중국을 떠나 일본에 잠입하여 유랑생활을 하였다. 매우 어려운 상황에서 郭沫若은 "일본 형사(즉 경찰)와 헌병의 이중 감시 하에서 고대사회 연구를 시작하였고"23), 또한 고문자 연구를 시작하였다. 당시 王國維는 이미 세상을 떠난 지 1년 되었고, 羅振玉의 갑골문에 대한 주요 논저 역시 출판된 상황이었다. 郭沫若의 갑골문 및 金文과 石刻 등에 관한 논저 중 대부분은 일본에 있던 기간에 쓰여졌다. 그가 고문자를 연구한 것은 단지 수단이었을 뿐, 그 목적은 고문자 연구를 통하여 중국 고대사회를 연구하는 것이었다. 그는 마르크스와 엥겔스의 학설을 따랐는데, 특히 엥겔스의 『家庭・私有制和國家的起源』을 따라 연구하여 1930년 획기적인 저작 『中國古代

---

22) 각주 7) 참조.
23) 郭沫若,「十批判書・後記」

社會硏究』를 출판했다. 이 책에 일부인 「卜辭中的古代社會」라는 글은 갑골문 재료를 가지고 商代 사회의 경제기반과 상층구조를 서술한 것인데, 결론이 비록 정확하지 않았고 작가 역시 나중에 수정(商代를 노예사회라고 확인함)하였지만, 갑골문 연구의 새로운 단계가 이미 시작되고, 마르크스주의 연구방법이 이미 갑골문 연구의 영역 속으로 들어왔음을 알려주는 지표가 되었다.

갑골문 고석면에서 郭沫若은 변증유물론적으로 접근하였기 때문에 乾嘉학파의 문헌 중심의 고증이 안고 있는 결점을 극복하였고, 羅振玉과 王國維의 봉건적 관념도 폐기하여 앞선 시대를 훨씬 뛰어넘는 발견을 했는데, 1931년 출판된『甲骨文字硏究』는 이 같은 사실을 증명해 준다.[24] 이 책에 실린 「釋祖妣」라는 문장이 대표적인데, 인류사회발전의 보편적인 규율을 근거로 하고, 과학적인 태도로 祖(且)와 妣(匕)의 本義를 고석함으로써 상고시대의 생식신 숭배와 종교적인 기원을 증명하고, 또한 이를 가지고 고문헌의 일부 기록에 대해서 이전에 없었던 창조적인 해석을 했다. 「釋五十」 역시 대표적인 논문으로, 여기서 郭沫若은 갑골문 숫자의 나눠 쓰기와 합쳐 쓰기 현상을 분석하고, 羅振玉이 🏃와 🏃을 모두 十五로, 🏃을 十六으로 고석한 잘못을 수정하여 🏃는 五十, 🏃은 六十이라고 확정하였는데, 매우 정확하고 확고한 정론이다. 물론 당시 볼 수 있던 재료가 제한되어 있었기 때문에, 어떤 결론들은 현재 이미 보충되거나 수정되었지만,[25] 결코 이 논문의 중요한 학술적인 가치를 떨어뜨리지는 못한다. 또 「釋臣宰」라는 논문에서는 계급과 계급투쟁이라는 관점을 적용하여 고문자 중의 臣과 民을 모두 '옛날의 노예', '宰 역시 臣과 같다'고 고석하였고, 「釋秳」는 농업을, 「釋朋」은 무역을, 「釋歲」와 「釋干支」는 천문과 역법을 논한 것으로 모두 이전의 羅振玉과 王國維가 인식하지 못했거나 혹은 밝혀 낼 수 없던 많은 중요한 사실들을 제시한 논문들이다.

郭沫若의『卜辭通纂』과『殷契粹編』의 고석 부분은 독창성이 매우 돋보이는 부분으로, 羅振玉과 王國維의 주장을 보충하여 발전시킨 것도 있고, 羅振玉과 王國維의 잘못을 수정하거나, 이들이 미처 주의하지 못했던 것들을 지적한 것도 있다. 商代 世系를 고증하는데 있어서의 郭沫若의 독특한 創見은 戔甲을 河亶甲으로, 羌甲(郭沫若은 🏃甲으로 해석했다)을 沃甲으로, 🏃甲을 陽甲으로 해석한 데에서 보인다. 戔甲과 🏃甲은 羅振玉과 王國維 모두

---

24) 이 책은 본래 17편의 논문을 수록하였으나, 1952년 重印하면서 9편을 빼고 새로 1편을 추가하여 9편만이 수록되어 있다.
25) 「郭沫若"釋五十"補說」 및 「再補」,『中華文史論叢』, 1980년 제 3・4집.

해석하지 못했고, 羌(ᠰ)甲은 羅振玉과 王國維는 羊甲으로 해석하고 『史記』의 陽甲이라고 여겼다.(羅·王은 孫詒讓이 羌甲이라고 고석한 것들도 陽甲이라고 여겼다.) 郭沫若은 『通纂』118(『通纂·別二』10·4), 『粹』250, 『簠室·帝系』39(『續編』1·9·9)와 117(『續編』3·19·2), 146(『續編』3·29·3), 151(『續編』1·50·5)등에서 기록한 殷의 先王 世次를 근거로 반복해서 논증하여 마침내 㕥甲은 河亶甲, ᠰ甲은 澳甲, ᠲ甲은 陽甲으로 확정했다. 郭沫若이 ᠰ을 ᠲ로 해석한 것이 반드시 옳다고는 할 수 없지만, ᠰ甲을 澳甲으로 고석한 것은 이미 정론이 되었다.

이와 관련된 것으로 先妣特祭의 문제가 있다. 先妣特祭는 王國維가 처음으로 발견한 것으로, 商代 先王의 배우자 역시 제사대상에 포함시킨 것을 말하는데, 이것은 殷代에 모권을 매우 중시했다는 것을 말해주는 것이다. 郭沫若은 王國維에 이어 "特祭를 올린 先妣는 父子 승계의 혈통과 관련이 있어서, 직계 선왕의 배우자에게는 特祭를 올렸어도 형이 죽어 왕위를 물려받은 방계 왕들의 배우자에게는 제사를 지내지 않았다.26)"라고 했는데, 이로써 殷代에 이미 적장자 세습제도가 싹트고 있었음이 증명되었다.

羅·王 이후, 갑골문 고석 방면에서 공헌한 학자는 郭沫若 외에 于省吾·唐蘭·商承祖·丁山·徐中舒·胡厚宣·葉玉森·楊樹達 등이 있다. 이 중 가장 많은 글자를 고석한 사람은 于省吾로써, 그의 『甲骨文字釋林』(『雙劍誃殷契駢枝』 및 『續編』과 『三編』의 문장 중 반 이상이 이 책에 수록되었다)에는 문자를 고석한 190편의 논문이 수록되어 있다. 梁啓超의 표현대로 설사 『觀堂集林』처럼 '매 문장마다 모두 새로운 발견이 있는 것'은 아니었다고 하더라도 대부분이 믿을 만한 것이었다. 이 중 「釋屯」·「釋萅(春)」·「釋氣」·「釋大蟲風」·「釋不糸耳雨」·「釋尼」·「釋工」·「釋雄」 등은 견해가 매우 뚜렷한 논문들이다. 이외 唐蘭의 「釋璞」, 「釋春秋」, 「考白兒」, 商承祖의 「釋齒」, 「釋長·老」, 「釋肆聲」, 「說解」와 丁山의 「釋疾夢」, 「釋亡尤」, 徐中舒의 「釋耒耜」와 「探士王皇三字之原」, 胡厚宣의 「釋兹用·兹御」, 「釋我王」, 「釋余一人」, 「釋刖刑」, 葉玉森의 「釋昔」, 「釋㐭」, 「釋妻」, 楊樹達의 「釋過」, 「釋登」 등은 정확하고 틀림이 없는 것으로 羅·王이 미처 밝히지 못했던 것을 밝히거나 혹은 羅·王의 잘못된 해석을 바로 잡았다.

---

26) "又發現了所特祭的先妣是有父子相承的血統關係的, 便是直系帝王的配偶雖被特祭, 而兄終弟及的傍系帝王的配偶則不見祀典."

갑골문 고석의 3단계는 대략 상술한 바와 같다. 80년간 학자들의 부단한 노력으로 현재 1,700여 字의 갑골문자가 판독되었는데, 이 중 『說文』에 보이는 것은 약 1천여 字로, 羅·王의 시기와 비교하여 커다란 발전을 한 것이지만, 아직 밝혀지지 않은 2,900여 字가 여전히 남아있다. 고석을 하긴 했으나 일치된 의견이 나오지 않은 것도 있고, 形·音·義를 모두 모르거나, 혹은 의미는 알 수 있으나 음을 전혀 모르는 것도 있고, 혹은 자주 보이는 글자이기도 하고, 혹은 우연히 나오는 것도 있고, 찾을 수 있는 문구가 있는 것도 있고 깨진 조각의 잔결된 刻辭를 이은 것도 있다. 이처럼 판독되지 않은 글자들이 우리의 연구대상이며, 우리들 연구의 임무이기도 하다. 아직 판독되지 않은 글자들을 고석하기 위해서는 반드시 이미 판독된 글자들을 완전히 알아야 하고, 그 결합구조의 규율을 연구하고, 그 편방의 변화를 분석하여야 한다. 즉 기존 학자들의 고석방법을 학습하고 부지런히 탐구하고 진취적인 정신을 갖추어야 한다. 이러한 점은 갑골문을 연구하는 것은 진실로 할 만한 일이고, 앞으로 얼마든지 연구할 만한 여지가 있음을 말해준다. 于省吾은 "고문자는 객관적으로 존재하는 것으로, 인식할 형태가 있고, 읽을 음이 있으며, 찾을 수 있는 의미가 있다. 그 형과 음과 의미는 서로 연계되어 있고, 또한 모든 고문자는 고립적으로 존재하는 것이 아니다. 우리가 고문자를 연구할 때는 매 글자의 형과 음과 의미 세 방면이 서로 관련되어 있다는 것에 주목하여야 하고, 매 글자와 시대가 같은 다른 글자와의 횡적인 관계와 그 글자의 시대적인 발생과 발전, 그리고 변화라는 종적 관계 역시 고려해야 한다. 이러한 관계를 전면적으로 깊이 있게 구체적으로 분석하면 객관적으로 부합되는 결론을 얻을 수 있다.[27]"라고 했는데, 적절한 말인 것 같다.

3. 갑골문자전의 편찬
―『簠室殷契類纂』에서 『甲骨文字集釋』까지

갑골문 고석이 일정 단계에 도달하면서 자전을 편찬할 수 있게 되었고,

---

27) "古文字是客觀存在的, 有形可識, 有音可讀, 有義可尋. 其形音義之間是相互聯繫的. 而且, 任何古文字都不是孤立存在的. 我們研究古文字, 旣應注意每一個字本身的形音義三方面的相互關係, 又應注意每一個字和同時代其他字的橫的關係, 以及它們在不同時代的發生發展和變化的縱的關係. 只要深入具體地全面分析這幾種關係, 是可以得出符合客觀的認識的."

출토된 자료가 증가하고 판독된 글자가 늘어남에 따라 자전도 나날이 확대되고 완비되어 져 갔다. 80년간 7부의 갑골문자전이 출판되었는데, 1.『簠室殷契類纂』, 2.『殷墟文字類篇』, 3.『甲骨學文字編』, 4.『甲骨文編』, 5.『續甲骨文編』, 6.『甲骨文編』(改訂本), 7,『甲骨文字集釋』이다. 우선 이 7부의 공구서에 대해서 간단히 평론하고, 다음으로 자전 편찬과 관련된 문제들을 토론해 보기로 한다.

(1) 『簠室殷契類纂』

正編 14권과 附編 1권, 存疑 14권, 待考 1권으로 구성되어 있다. 天津의 王襄이 지은 것으로, 1920년 天津 박물관이 手寫石印本의 線裝本 4책으로 편찬했으며 책머리에 自序와 王守恂, 華石硺의 「書後」가 각 1편씩 실려 있다. 판독 가능한 글자 873자를 모아 正編에 수록했고, 『說文』에 없거나 확실히 판독하기 어려운 글자 1852자를 存疑에 수록했으며, 또 142자를 待考에 수록하고 合文 243자를 附編에 수록했다. 이것은 갑골문 출토이래 처음 나온 공구서로, 『說文』의 순서에 맞추어 글자를 배열하고, 매 글자 아래에 해석을 붙이고 卜辭의 문구를 수록하여 증거로 삼았다. 그러나 인용된 卜辭의 출처가 없어서 다시 확인할 수가 없고, 또 글자가 잔결된 부분이 많아서 문맥을 이해하는데 어려움이 많다. 敎·壬·狼·쁄 등처럼 문자 해석이 매우 주도면밀한 것도 있지만, 잘못된 것이 분명한 것도 매우 많다. 예를 들어 上(ᑐ)과 下(ᑐ), 各(ᑐ)과 出(ᑐ), 周(ᑐ)와 魯, 皿(ᑐ)과 骨(ᑐ)은 구분되지 않고 서로 섞여 있고, 告(ᑐ)와 缶(ᑐ)는 모두 吉에 넣었고, ᑐ(ᑐ)와 生(ᑐ)은 之에 넣었다. 또 合文을 한 글자로 보거나(田을 田으로 여겼다), 한 글자를 合文으로 잘못 본 것(珡을 車와 戌의 合文이라고 보았다)도 있다. 1929년에 수정본이 나왔는데, 存疑와 待考에 있던 글자 중 84자를 正編에 수록했고, 正編 중의 잘못된 글자 13자를 빼거나 고쳤으며, 11자를 새로 넣었고, 수정본의 序를 첨가하였다.

(2) 『殷虛文字類篇』

14권과 待問編 13권, 그리고 부록으로 글자색인이 있다. 番禺의 商承祚가 지었는데, 1923년 決定不移軒刻本 4책이 나왔고, 羅振玉이 書名을 썼으며, 책머리에는 王國維의 序와 自序가 있다. 商承祚는 羅振玉의 제자였는데 이 책을 편찬할 당시 그의 나이는 弱冠에 불과했다. 이 책은 주로 羅·王의 고석을 근거로 갑골문자를『說文』의 순서에 따라 배열했는데,

낱글자 790字와 이체자 3,340字를 수록하였다. 글자 풀이는 羅·王을 근거로 했는데, 본인이 고석한 약 10-20%는 '내가 보건데(祚案)'라고 별도로 표시를 했으며, 매 글자 아래에 인용한 책의 권수와 페이지를 밝혔는데 『類纂』과 비교하여 뛰어난 점이 많았다. 또한 『殷虛書契考釋』의 앞 4장을 『待問編』 13권과 합하여 1책으로 만들었으며, 갑골문자의 刻寫가 매우 정교하다. 自序는 저작 과정을 간략히 서술한 것이고, 王國維의 序에서는 이 책을 "세상에 전할만 하다.(可以傳世.)"라고 평하면서, "세밀하고 신중하며, 이치에 맞지 않는 것을 억지로 둘러맞추지 않은 설명이다.(精密矜愼, 不穿鑿附會之說.)"라고 칭찬했다. 王國維의 序는 公(兆)·衙·杻·壬·犴·歐의 6字를 들어 고석이 "모두 매우 정밀하고 확실하다.(均極精確.)"라고 했는데, 이 중 杻·壬·犴 3字는 『類纂』의 고석과 완전히 일치하는 것이었다. 王國維가 해석하지 않은 글자도 많이 보이는데, 예를 들어 周·登·齒·主·阱·罷·函·老·長·憲·淵·妊·直 등은 모두 羅·王이 고석하지 않은 것으로, 앞서 나온 책들에서도 보이지 않던 것들이다.

(3) 『甲骨學文字編』

14권과 부록 2권으로 구성되었고, 醴陵의 朱芳圃가 편찬했는데 1933년 商務印書館에서 上·下 2책으로 출판하였다. 이 책은 殷墟의 과학적 발굴 4년 후에 편찬되었으나 새로운 재료는 매우 적게 실렸고, 『殷墟文字類篇』에서 오려온 것이 90% 이상이었으며, 낱글자 845字와 이체자 3,469字를 수록하였다. 여러 학자의 설을 옮겨 적었기 때문에 처음 배우는 사람에게는 다소 편리하지만, 여러 설들이 잡다하게 섞여 있어서 가치가 그다지 높지는 않다. 合書·分書·倒書를 모아 부록 上에 수록하였고, 羅·王의 「殷虛書契考釋序」와 容庚의 『甲骨文字之發現及其考釋』(節錄), 郭沫若의 「甲骨文字硏究序」, 董作賓의 「甲骨文硏究之擴大」(節錄)를 부록 下에 수록했다. 1934년 재판 인쇄 때 補遺 1권을 더하여 80字를 추가하여 수록했다.(이미 正編에 수록되었던 것은 계산하지 않았다)

(4) 『甲骨文編』

14권과 合文 1권, 附錄 1권, 備査 1권으로 구성되 있다. 潢川의 孫海波가 편찬하고 1934년 하버드 燕京學社가 石印本 5책으로 출판했다. 책머리에 唐蘭·容庚·商承祚의 序와 自序, 그리고 凡例가 있다. 『鐵』·『鐵餘』·『拾遺』·『前編』·『後編』·『菁華』·『龜』·『戩』의

8종의 서적에서 자료를 취했는데, 모호하고 분명하지 않은 것을 뺀 나머지를 모두 摹本으로 써서 『說文』의 순서에 따라 배열하였고, 여러 학자의 설을 취하여 문자를 고석하되 필요한 경우에는 자신의 주관대로 정하였다. 수록된 1,006字중에서 『說文』에 보이는 것은 813字이며, 合文에는 156字를 수록하고 附錄에는 1,110字를 수록했다. 매 글자 아래에 어떤 책 몇 페이지의 어느 편에서 인용한 것이라는 것을 명확히 밝혀 놓았기 때문에 살펴보기에 매우 편리하다. 容庚은 "이 책의 쓰임은 형체가 다른 것들을 모두 갖추어 놓았고, 여러 책들을 한꺼번에 볼 수 있어서 자형을 통해 의미를 탐구하는데 많은 도움이 되는데에 있다. 다만 備查 1권은 별로 쓰임이 없으므로 빼도 될 것 같다.28)"라고 하였다.

(5) 『續甲骨文編』

14권과 부록 2권으로 구성되어 있고, 책 끝에 글자색인이 있다. 海寧의 金祥恒이 편찬했고 1959년 대만에서 4책으로 출판되었다. 책머리에 실린 自序에서, 편찬 과정을 서술했다. 이 책의 체례는 『甲骨文編』과 대체적으로 같은데, 갑골문 재료를 인용한 38종의 서적 중 『甲編』・『乙編』・『通纂』・『粹』・『佚』・『珠』・『續存』등 30편은 『甲骨文編』에 수록되지 않았던 것들이다. 金祥恒은 董作賓의 지도로 이 책을 편찬했는데, "孫詒讓이 잘못 옮겨 적거나 잘못 고석한 글자를 모두 이 책에서 바로 잡았다. 표제자는 2,500여 字이며, 총 5만여 字를 수록했다.29)" 隸定한 글자를 보면 『甲骨文編』보다 약 300여 字가 증가했다. 合文과 상용 단어는 附錄 1에 수록했고, 아직 판독되지 않았거나 혹은 편방 분석이 불가능한 글자를 附錄 2(待問編)에 수록했다. 이 책은 자료를 풍부하게 채택했는데, 殷墟 발굴 이후 새로 출토되고 공포된 갑골문자가 많다는 것과, 자주 보이는 단어를 모아 수록하는 것에 주의를 기울였기 때문에 사례 비교연구에 많은 도움이 된다는 것이 이 책의 두 가지 특징이다. 그러나 이 책은 또한 두 가지 결점이 있는데, 하나는 摹寫가 분명하지 않아서 원래의 글자 모양이 살아나지 않는다는 점이다. 즉 많은 글자를 楷書의 필법으로 썼는데 글자에 운치가 없고 전혀 갑골문 같지가 않으며, 표제자인 篆文도 잘못 쓴 것이 적지 않다. 두 번째는 상세한 설명 없이 『說文』을 그대로 옮겼다는 점이다. 편집 범례에서는 "글자 고석은 널리 여러 사람의 설을 고증하여 교정했는데, 간혹 내 생각을 넣은 것도 있다.(字之考訂博採通人,

---

28) "此書之用, 不僅備形體之異同, 且可爲各書之通檢, 由字形而探求字義, 得藉此以爲梯階. 但備查一卷, 多而無用, 似可刪去." 容庚, 「甲骨學槪況」, 『嶺南學報』, 1947년 제 7권 제 2기.

29) "凡孫氏誤摹誤釋之字, 皆于編中糾正. 計字首二千五百餘文, 共錄五萬餘字."

間或參以己意..)"고 했지만 책에서는 어떤 글자에 대해서도 '고증하여 교정(考訂)'한 바가 없이 단지 大徐本 『說文解字』의 篆文과 설명을 그대로 옮겨 놓았을 뿐이며, 도대체 무엇이 '通人'이고 무엇이 '자신의 생각'인지를 일반 독자가 참고하여 가려낼 만한 것이 없다. 더욱이 大徐本 『說文』은 의심스러운 부분이 많고, 許愼의 주장 역시 틀린 것이 많은데, 이것을 그대로 옮겨 적고 아무런 분석도 하지 않았기 때문에 잘못된 것이 그대로 잘못 전해지고, 그릇된 것이 널리 퍼지게 되었다. 이 책에서 자형을 고증하여 확정한 것에도 재론의 여지가 있는 것이 많은데, 예를 들어 郭沫若은 ▨을 寇로 고석하고 남의 종묘를 훼손하여 중요한 기물을 훔치는 모양을 본 뜬 것이라고 했었으나, 1952년 『甲骨文字硏究』를 重印하면서 이 설을 버리고 「釋寇」란 문장 자체도 삭제했다. 그러나, 이 책은 郭沫若의 옛 주장을 그대로 따랐다. 『佚』426의 ▨는 분명 小인데, 이 책은 八十의 合文으로 고석하여 附錄에 수록했고, 권12 제 19쪽의 "▨" 밑에 나열한 ▨·▨·▨ 등의 글자는 모두 '災'字이므로 권11 '災'字에 넣어야 한다. 이와 같은 오류는 일일이 열거하지 않겠다.

(6) 『甲骨文編』

14권과 合文 1권, 附錄 2권, 글자색인 1권으로 되어 있다. 中國科學院 考古硏究所가 편집하고 1965년 中華書局이 精裝本 1책으로 영인했다. 이 책은 1934년에 나온 『甲骨文編』의 改訂本으로, 역시 孫海波가 편찬했다. 첫 번째 것과 비교하여 갑골문 재료를 인용한 서적이 8종에서 40종으로 늘었는데, 물론 빠진 것이 하나도 없다고는 할 수 없지만 대체적으로 모두 갖추었다고 볼 수 있다. 문자를 고증하여 교정하면서 새로운 연구 성과를 많이 흡수하였는데, 고석한 글자는 1,006자에서 1,723字로 늘었고, 『說文』에 있는 글자는 941字로, 갑골문 고석의 새로운 수준을 어느 정도 반영했다고 할 수 있다. 또 合文 371字를 수록했고, 판독이 불가능하거나 혹은 여러 학자가 고석했으나 아직 정론이 없는 글자들을 附錄 上에 수록했으며, 교정할 때 正編과 附錄에서 나온 글자 및 다 쓴 다음 새롭게 보충하면서 받아들인 글자들을 附錄 下에 수록하였다. 부록에 수록된 글자는 모두 2,949字로, 正編과 附錄을 모두 합하면 총 4,672字가 되므로, 갑골문 중 이미 판독된 글자와 아직 판독되지 않은 글자들이 대체적으로 모두 이 책에 수록되어 있다고 할 수 있다. 책머리에 있던 唐蘭·容庚·商承祚의 序와 自序는 모두 삭제했고, 인용한 책의 약칭표에서 羅振玉과 董作賓이 쓴 책은 모두 이름을 달지 않았다. 다만 羅振玉의 설을 인용한 것은 본래 27條라고 스스로 밝혀놓았지만, 이름을 빼면서 8條의 卜辭에는 여전히 羅振玉의 이름이 남아있는데, 이는 분명 타당하지 않은 것이다.

이 책은 현재 가장 많이 사용되는 갑골문자전이지만, 글자 고석·의미 해석·재료의 인용 등의 방면에 뚜렷한 착오나 결점이 있고, 체계도 통일되지 않았다는 점 등 문제점도 매우 많다. 문자 고석에서는 山과 火, 丞과 承, 刺·乑처럼 다른 글자를 함께 섞어 놓거나, 혹은 冓와 遘, 卅과 丗, 臭와 䑕 처럼 함께 묶어도 되는 이체자들을 여러 글자로 나누어 놓기도 하였고, 癹처럼 『說文』에 이미 수록된 글자를 『說文』에 없는 글자라고 잘못 보기도 했는데, 이처럼 다시 고려해야할 글자들이 적지 않다. 또 附錄에 수록된 글자 중에는 正編에 수록될 수 있는 글자들이 많이 있다. 의미 해석에서 있어서는 喪·衆·羌·雉 등과 같이 일반적으로 卜辭에서의 각 글자의 실제적인 함의를 주목했지만, 종종 本義, 引伸義, 假借義의 구분을 소홀히 했다. 즉 어떤 글자는 인신의와 가차의 만을 나열하고 본의를 나열하지 않거나, 혹은 이 세 가지 의미를 모두 빠뜨리기도 했다. 예를 들어 '天'(권1)은 『說文』에서 "정수리이다. 매우 높아서 위에 아무 것도 없는 것이다. 一과 大로 이루어진 글자이다.(顚也. 至高無上. 從一大.)"라고 했고, 段玉裁는 注에서 "顚은 사람의 정수리(頂)이다. 모든 높은 것의 명칭으로 쓰였다.(顚者人之頂也. 以爲凡高之稱.)"라고 했다. 卜辭에서의 '天'도 사람 머리의 정수리 모양을 본 뜬 것이지만, 이 책은 '天'의 注에서 "의미가 大와 같다.(義與大同.)"라고만 하면서, 天邑商·天戊·天癸를 증거로 들었다. 사실 卜辭에도 『乙編』9067의 "弗疾朕天(짐의 머리가 아프지 않을까요)"과 같이 '天'의 본의를 사용한 것이 있지만, 이 문장을 수록하지 않았기 때문에 갑골문에서 '天'과 '大'는 서로 구분되지 않았던 것으로 오해하기 쉽다. 또 '自'(권4)의 본의는 코인데, 인신되어 자기, 자신이라는 의미가 되었고, 가차되어 허사로 쓰였다. 卜辭에는 본의와 인신의, 그리고 가차로 사용된 예가 모두 있지만 이 책은 이를 밝혀 놓지 않았기 때문에 독자들은 책에 쓰여져 있는 것만을 알 뿐 자세한 내용을 알지 못하게 되었다. 이러한 것들은 종종 독자들을 착각하게 만들어 결국 잘못된 결론을 도출하도록 만든다. 자료 인용에 있어서는 권수나 페이지를 잘못 인용하거나, 자형을 잘못 옮겨 적거나, 卜辭를 잘못 인용하거나, 骨片을 중복되게 인용한 것들이 책에서 많이 보이는데, 비록 기술적인 오류이긴 하지만 매우 중요한 것과 관련된 것이 있기도 하다. 예를 들면 권1의 '祖'에 수록한 『鐵』48·4의 日은 본래 祖辛의 合文인 組으로 써야 한다. 권8의 '仁'에는 ꓘ(『前錄』2·19·1)을 수록했는데, 이것은 殘片에 남아있는 殘字임에도, 楊榮國은 이를 근거로 갑골문에 '仁'字가 있었다고 단언했고, 또 商代에 이미 '仁'의 관념이 있었다고 추론했으니, 오류가 점차 더 커졌다고 말할 수 있다. 合文 '十四月'에서는 ꛮ (『前

編』8·11·3)을 수록했는데, 이것은 ꔃ을 잘못 옮겨 적은 것이다. 권13의 '彝'에서는 『乙編』 4548을 인용하여 "西方曰彝風"라고 하여 마치 卜辭에 '彝風'이란 단어가 있는 것처럼 보이지만, 사실 이 편은 『乙編』4794 등과 綴合되어져야 하는 것으로, 전체 卜辭는 "貞, 帝(禘)于西方曰彝, 風曰王, 秦年?(묻습니다. 서방의 신 彝와 바람신 王에게 禘제사를 올리는데, 풍년이 들까요)"으로 읽어야 한다. 결론적으로, 이 책은 비록 많은 것을 갖추긴 했으나, 사용할 때 매우 조심해야 하며 이론을 세우는 근거로 삼을 수는 없다.

(7) 『甲骨文字集釋』

14권과 補遺 1권, 存疑 1권, 待考 1권으로 되어 있다. 常德의 李孝定이 편찬했고, 1965년 대만에서 平裝本 16책으로 출판되었는데, 책머리에 屈萬里·張秉權의 序와 自序, 그리고 범례, 목록, 색인 및 後記가 있다. 이 책은 갑골문의 고석을 집대성한 것으로 1959년 10월부터 2년 반에 거쳐 자료를 수집하여 1962년 5월에 寫定을 시작했고, 다시 3년 후에 완성되었다. 체례는 역시 『說文』을 따라 '一'로 시작하여 '亥'로 끝나며, 매 글자의 밑 가장자리에 먼저 篆文을 쓴 후, 각 글자의 여러 이체자를 썼고, 다음에는 유명한 학자들의 고석을 인용하면서 각 출처의 이름과 페이지를 상세히 밝혔다. 마지막으로 본인의 말을 덧붙여 각 설의 正誤와 是非를 밝히고 무엇을 취할 것인지를 결정하여 자신의 생각을 정했다. 屈萬里의 序에서는 "奇字와 이체자를 모두 나열하여 비교 고찰을 편리하게 하고, 정론과 기이한 주장도 모두 나열하여 검색하는 수고로움을 줄였다.(奇字異體幷陳, 得比勘之便, 定論歧說駢列, 省檢索之勞.)"라고 했고, 張秉權의 序에서는 "많은 유형들을 깊고 넓게 귀납하여 여러 학자들의 주장을 모두 모아서 집대성하였다.(歸納衆流, 有若淵海, 蓋欲存諸家之異說, 集近賢于大成.)"라고 했다. 고석해 놓은 글자 중 『說文』에 보이는 글자는 正文 1,062字와 重文(이체자) 75字이고, 『說文』에 없는 것은 567字였으며, 存疑는 136字로 총 1,840字가 수록되었다. 59명의 논문과 전문 서적 171종을 모아 수록하였는데 이는 갑골문 고석과 관련된 중요한 자료를 거의 모두 수록한 것이다. 이 책을 보면, 갑골문자의 고석에 대해서 그 결과를 알 뿐만 아니라, 그렇게 된 원인까지도 알 수 있어서 독자들이 매우 편리하다. 그러나 자형을 摹寫하여 기록한 것이 분명하지 않고, 刻辭가 꼼꼼치 못하고 거칠며, 여러 학자들의 설을 중복되고 지루하게 인용해서 오늘날의 독자들이 번잡한 느낌을 갖게 된다. 金文에서 증거를 찾은 것들도 단지 『金文編』을 그래도 옮겨 적은 것이어서 종종 형식만 갖추었지 필요한 분석이 빠진 것이 있다. 편찬이나 인쇄 작업에서의 오류도 적지 않은데, 그 「後記」를 보면 명확히 알 수 있다.

위에서 언급한 7부(실제로는 6부이지만)의 갑골문 자전들은 한 사람의 말을 서술한 것도 있고 여러 학자의 설을 모아 논 것도 있으며, 자형의 變異를 중시한 것도 있고 자세한 앞뒤 과정의 고석을 중시한 것도 있는데, 모두 나름대로의 장단점이 있는 것으로, 그 공통점을 논하자면, 다음의 세 가지이다.

(1) 『甲骨學文字編』을 제외한 나머지는 모두 판독되지 않았거나 쟁론의 여지가 있는 글자들을 '存疑'·'待問' 혹은 '附錄'에 수록하여 후학들의 진일보된 연구를 위한 참고자료를 제공하였다. 각 책들의 正文 뒤에 있는 이 '存疑'·'待問'·'附錄'들을 비교하면 갑골문 고석이 수 십년 간 얼마나 많은 발전을 했는지를 알 수 있고, 향후 연구의 방향도 알 수 있다.(물론 正編에 수록된 글자들은 다시 연구할 필요가 없다는 것은 아니다)

(2) 모두 『說文』의 부수 순서에 따라 글자 배열 순서를 정했지만, 이러한 것이 합리적이고 과학적인 것이냐에 대해서는 논하지 않고, 각 책의 범례에서 거의 모두 "서로 나누어 부수로 세운 것은 모두 『說文』을 근거로 한다.(分別部居悉依『說文』.)"라고만 설명하였다. 이러한 글자 배열은 갑골문 자체의 형체적인 특징을 충분히 드러내지 못하는 것으로, 이러한 원칙으로 자전을 만들면 전문가나 『說文』을 잘 아는 사람들은 사용하기가 비교적 편리하지만, 많은 독자들은 사용하기가 어렵다.

(3) 모두 글자를 대상으로 논한 것이다. 의미 고석에 중점을 둔 것이 있기는 하지만, 역시 本義·假借義·引伸義가 종종 구분되지 않았고, 『說文』을 그대로 옮기고 해석을 하지 않은 것도 있다. 모두 언어학적 관점이 결여되어 있으며, 단어라는 각도에서 문제를 고려하지 않았다. 따라서 각 글자(단어)가 문장에서 어떠한 역할과 작용을 하느냐를 언급한 것은 매우 적고 근본적으로 그 글자가 속한 詞類에 대해서 언급한 것도 없다. 이리하여 갑골문의 一字多義와 一字多類 현상은 자전에서 충분하고 정확하게 반영되지 못하였다.

첫 번째는 공통적인 장점이고 두 번째와 세 번째는 공통적인 단점이다.

이밖에 일본학자 島邦南이 편찬한 『殷虛卜辭綜類』(東京, 大安, 1967년, 精裝 1책)가 거론할 만한데, 이 책은 갑골문의 형체에 따라 편방과 부수를 확정하고 순서를 정하여 매 글자와 관련된 辭例를 나열하였고, 매 해석마다 卜辭를 증거로 옮겨 적어 놓았다. 이 책의 취지는 글자보다는 단어에 있으나, 해석이 없어서 전문가에게는 도움이 되지만 일반 독자들에게는 편리하지 못하다. 이 책의 장단점 및 재론할 부분에 대해서 李棪作은 「讀『殷虛卜辭綜類』與島邦南博士商榷」을 써서 비교적 상세히 논하였고, 姚孝遂도 「『殷虛卜辭綜類』簡評」

이란 논문에서 공평하고 타당하게 논하여 독자들이 참고할 만하다. 이외에도 더 있으나 열거하지는 않겠다.30)

상술한 책들은 각기 다른 시대, 다른 지역에서 출판되었는데, 어떤 것은 이미 절판되었고, 어떤 것은 널리 퍼지지 못했다. 다만 1965년에 출판된 改訂本『甲骨文編』만이 현재하고 통용되고 있는데, 앞에서 서술한 것처럼 이 책 역시 만족스럽지 못한 부분이 많다. 따라서 연구작업의 편리를 위하여 현재 가지고 있는 기초 위에 각 책의 장점을 더하여 새로운 갑골문 공구서를 편찬하는 것이 매우 필요하다. 어떻게 하면 자전이 비교적 과학적인 체계를 갖추고, 여러 방면의 학자들의 학술적 연구성과를 충분히 반영하며, 번잡스럽지 않고 사용하기에 편리하도록 만들 수 있는가 하는 것은 실로 탐구할만한 가치가 있는 과제이다. 필자는 갑골문 자전을 다시 편찬할 때는 아래의 세 가지를 반드시 고려하고 또 해결해야 한다고 생각한다.

(1) 배열 체계

　　許愼의『說文解字』는 부수법을 채용하여, 9천여 字의 篆文을 540部에 귀납시키고, 각 부수는 據形系聯의 원칙으로 배열하였다. 이것은 許愼이 창조한 것으로써 후인들이 참고할 만한 가치가 있는 것이었지만, 참고한다는 것은 그대로 옮기는 것과는 다른 것이다.『說文』의 불합리한 부수 나누기와 불편한 檢字는 이미 여러 사람들에 의해 지적된 것이고,『說文』을 연구하거나 사용한 적이 있는 사람은 모두 체험한 것이다. 小篆 공구서인『說文』이 一로 시작해서 亥로 끝나며 14권으로 되어있다고 해서, 小篆 보다 1천여 년이나 앞선 시기의 문자인 갑골문의 공구서도 14권이 아니면 안되고, 또 一로 시작해서 亥로 끝나지 않으면 안되는 것인가? 갑골문(및 기타 각 유형의 고문자)의 공구서를 편찬할 때, 부수를 적용해도 되지만(이것이 소위 참고한다는 것임), 반드시 갑골문 본연의 형제적 특징에 따라 그에 상응하는 부수를 귀납·정리해낸 후 각 部의 형체나 의미상의 관계를 근거로 繫聯하여 배열하여야 한다. 이 점에서 島邦南의 시도는 매우 귀중하고 유익한 것이었다고 할 수 있다.

(2) 고증과 의미 해석

　　갑골문과 小篆의 형체가 서로 같은 것은 눈으로 한번 보면 모두 알 수 있어서, 고증이 필요 없다. 그러나 형체가 서로 다른 것들도 매우 많기 때문에, 어떻게 이 두 글자가 같은 글자인지와 그 증거가 어디 있는지를 설명해서 독자들이 그 결과만을 아는 것이 아니라 그 과정 또한 알 수 있도록 해야 한다. 정론이 있는 것은 정론을 취하고, 이견이

---

30) 李棪作의 논문은 홍콩의『中文大學中國文化硏究所學報』(1969년 제 2권 제 1기)에 실렸고, 姚孝遂의 논문은『古文字硏究』제 3집에 실려 있다.

있는 것은 한 두가지 이설을 취하되 '여러 설들을 널리 취할(博採衆說)' 필요는 없고, 또 여러 설들이 어지러이 진열되어 쓸데없이 지면을 낭비할 필요도 없다. 자형면에서는 이체자의 수집에 힘쓰고, 斷代의 관념을 가져야 한다. 예를 들어 시대적인 선후가 자형 차이의 원인이 되기 때문에 자형을 나열할 때는 반드시 早·中·晚의 순서로 하되 앞뒤가 바뀌지 않도록 해야한다. 자음면에서는 음독을 확정할 수 없는 글자를 제외한 나머지에 대해서 모두 注를 달아 밝혀야 한다. 中古音의 反切을 그대로 쓰거나, 拼音方案으로 음을 밝히거나, 두 가지를 모두 사용하는 것 모두 가능하다. 의미 해석면에서는 각 글자의 갑골문 중에서의 실제적인 의미를 해석해야 하는데, 본의, 가차의, 인신의 순서로 해석해야 하며 卜辭를 증거로 함께 수록해야 한다.

(3) 품사의 분류

단어는 언어 중의 가장 작은 문장성분인데, 古漢語를 논하자면 한 글자가 한 단어인 것이 많았고 連綿字처럼 두 글자가 한 단어인 것은 적었기 때문에, 『馬氏文通』 이전의 학자들은 글자와 단어를 구분하지 않았고, 심지어 連綿詞도 분리하여 해석하기도 했다. 기존의 갑골문자전은 단어에 대한 주목이 부족하였는데, 향후에 새로 편찬할 때는 의미를 해석하는 동시에 단어의 성격을 구분하여야 하며, 어떤 품사에 속하는 것인지도 밝혀야 한다. 한 단어가 여러 품사에 속하는 경우에는 반드시 나누어서 밝히고, 卜辭의 辭例를 함께 증거로 수록해야 한다.

하나의 공구서가 완벽하여 결점이 없도록 하는 것은 물론 매우 어려운 것이다. 그러나 위에서 언급한 세 가지는 반드시 해야 할 일이며, 또 충분히 해결할 수 있는 문제이다.

제3장
甲骨의 占卜과 刻寫

1. 甲骨의 종류와 來源

甲骨은 글자 그대로 거북의 껍질(龜甲)과 짐승의 뼈(獸骨)를 지칭한다. 商代에 占卜 혹은 記事의 용도로 사용되어진 거북의 껍질과 짐승의 뼈가 어떤 종류이고 또 어디서 공급되었는가 하는 문제는 갑골 자체와 커다란 연관성이 없지만 적지 않은 학자들의 주의를 끌만큼 흥미로운 문제였다.

대량의 고고학적 자료는 이미 占卜이 商代에 시작된 것이 아니라는 것을 증명하였다. 즉 신석기시대 말기의 유적에서 단지 문자만 새겨져 있지 않은 많은 卜骨이 발견되었는데, 이처럼 문자가 새겨지지 않는 卜骨이 만들어진 이유 중 하나는 문자가 생성된 맹아시기에는 글자수가 매우 적어서 卜辭를 기록하거나 사건을 서술하기에 부족하였다는 점이다. 商代에 이르러서야 卜骨의 표면에 卜辭를 새기기 시작하였는데 소의 어깨뼈는 형태가 불규칙해서 다듬기 어려운 반면(뒤에 상술함), 거북의 腹甲은 비교적 균형적이고 보기에도 좋으며 처리하기 쉬웠기 때문에 거북의 腹甲이 소의 어깨뼈와 비슷한 정도로 점차 전문적인 占卜의 재료로 광범위하고 대규모로 사용되었다. 安陽에서 출토된 甲骨文은 전체적으로 보면 거북의 껍질이 짐승의 뼈보다 많다. 前 中央研究院 歷史語言研究所가 安陽에서 15차에 걸쳐 진행하였던 과학적 발굴결과에 따르면, 字甲은 22,718片이나 되지만 字骨은 겨우 2,200片에 불과하였다. 특히 13차 발굴에서는 17,700여片의 字甲을 얻은 반면, 字骨은 단지 48片밖에 발굴되지 않았다. 河南省博物館이 1929년 10월과 1930년 2월 安陽에서 두 차례에 걸처 발굴한 결과 2,600여 片의 字甲을 얻었지만 字骨은 불과 1,000片이 되지 않았다(1장을 자세히 보라). 몇 차례 걸친 출토에서 字甲과 文骨의 비율은 커다란 차이가 있었다. 여러 서적에 수록된 상황에 따르면 과학적인 발굴 이전 安陽에서 출토된 갑골은 字甲과 字骨의 수량이 대체적으로 같거나 字甲이 약간 많다. 예를 들면 『契』에는 字甲 643편과 字骨 233편이 수록되어 있으며, 『庫』에는 字甲 1,016편과 字骨 671편이 수록되어 있고, 『鐵』에는 字甲 950편과 字骨 108편이 수록되어 있으며, 『拾遺』에는 字甲 212편과 字骨 28편이 수록되어 있어서, 수록된 갑골 중 龜甲이 獸骨보다 훨씬 많다. 그러나 어떤 책에서는 獸骨을 주로 수록하고 소수의 龜甲만을 수록한 것도 있는데, 예를 들면 『戩』에는 字甲 67편과 字骨 588편이 수록되어 있고, 『金璋』에는 字甲 84편과 字骨 400편이 수록되어 있으며, 『珠』에는 字甲 500편과 字骨 959편이 수록되어 있고, 『粹』에는 字甲 320편과 字骨 1,275편이 수록되어 있다.[1]

출토된 龜甲과 獸骨의 수량 차이 때문에 서방의 학자들은 "거북껍질의 수량이 貞卜의 수요를 충당할 수 없었을 때 소의 어깨뼈를 대용품으로 사용하였다"[2]는 착각을 하였는데 이는 문제를 전도한 것이었다. 역사시기 이전에 이미 소의 어깨뼈를 占卜에 사용하는 것이 성행하였고, 商代에 이르러서도 소의 뼈를 계속하여 사용하였는데, 이것은 전통과 관습을 유지하고 계승한 것이지 결코 거북껍질의 '대용품'으로 쓴 것은 아니었다.

고대 문헌에서 전통적인 占卜을 서술할 때, 종종 龜卜이라 하였지만 獸骨이라고 쓴 것은 보이지 않는다. 예를 들면 『詩·大雅·綿』에서는 "처음으로 점을 치네, 나의 거북의 계문을 보네(爰始爰謀, 爰契我龜.)"라 하였고, 『荀子·王制』에서는 "거북에 鑽을 하여 괘상을 나열한다(鑽龜陳卦.)"고 하였으며, 『莊子·外物』에서는 "거북을 죽여 점을 치니, 길하다(殺龜以卜, 吉.)"라 하였고, 『韓非子·飾邪』에서는 "거북에 鑿을 뚫어 점을 친다(鑿龜數筴.)"고 하였는데 모두 '龜'라고 하였지 '骨'이라고는 하지 않았다. 『史記·龜策列傳』에 "왕이 의문스러운 것을 판단할 때 점을 쳐서 참고하고 시초와 거북으로 결정하였는데 이는 바꿀 수 없는 도이다(王者決定諸疑, 參以卜筮, 斷以蓍龜, 不易之道也.)"라 하였고[3] "대저 일들을 받들어 순서를 정함에 거북에 불을 쬐어 卜兆를 관찰하는데 변화가 무궁하다(夫撓策定數, 灼龜

---

1) 胡厚宣의 통계에 근거, 「殷代卜龜之來源」, 『甲骨學商史論叢』初集을 보라.
2) "龜甲的數量不能滿足貞卜的需要時, 牛胛骨便是十分好的代用品"(懷特, 『古代中國骨的文化』 (W.C. White: Bone Culture of Ancient China). 25쪽.)
3) 내 생각에는 이는 거북점(龜卜)과 시초점(蓍筮)을 의미한다.

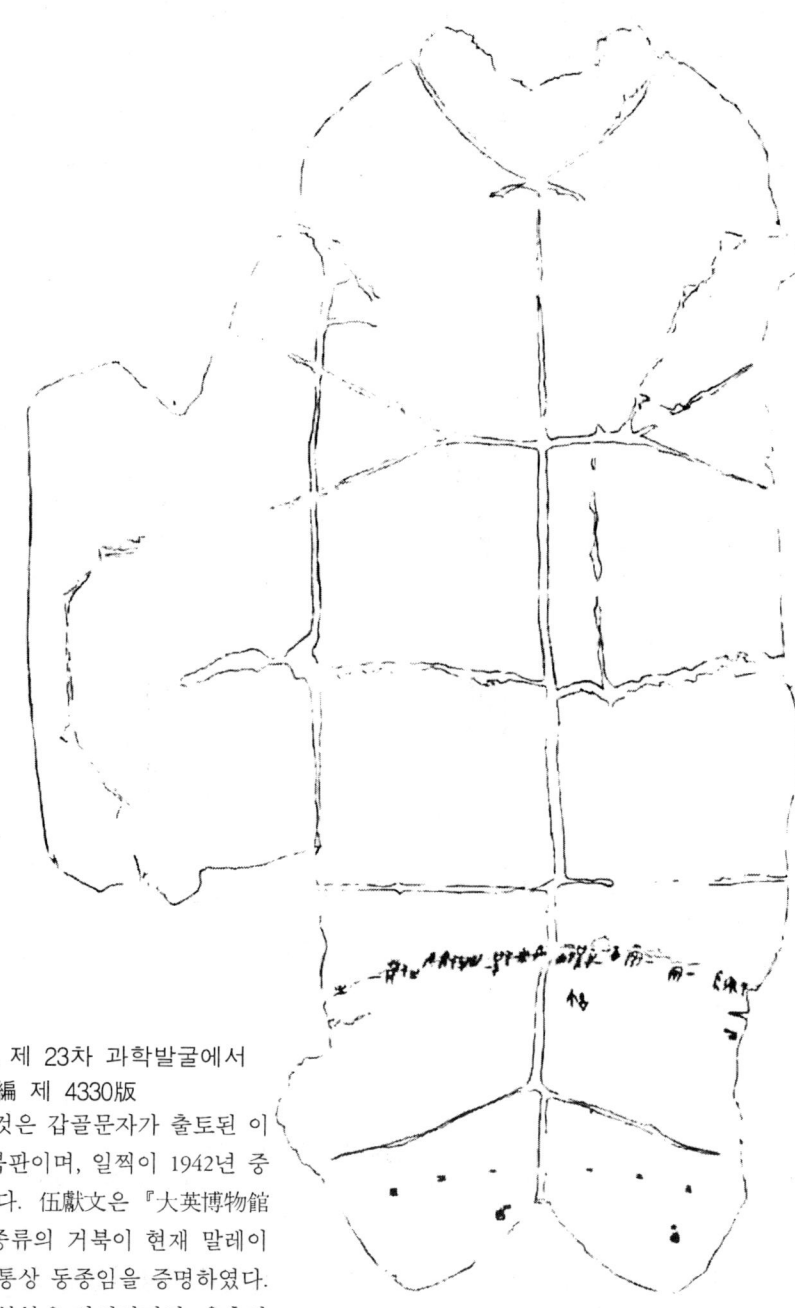

[圖 1] 武丁大龜 제 23차 과학발굴에서 출토. 乙編 제 4330版

董作賓에 의하면 이것은 갑골문자가 출토된 이래 발굴된 가장 큰 거북판이며, 일찍이 1942년 중경(重慶)에서 전시되었다. 伍獻文은 『大英博物館龜類志』를 근거로 이 종류의 거북이 현재 말레이시아 반도의 거북과 계통상 동종임을 증명하였다.

또한 이 거북판의 대부분은 완전하지만, 우측의 1/5정도가 잔결되었는데, 全版의 길이는 440㎜, 너비는 350㎜이며, 背面에 鑿이 있는 곳(대칭으로 복원하여서)은 모두 240군데로, 불에 지진 부분은 하반부 5열의 50군데뿐이다.

1974년 7월 8일 陳煒湛이 康樂에서 摹本을 만들고 기록하다.

觀兆, 變化無窮.)"⁴⁾라 하였으며, 『史記・太史公自序』에서 "三王은 각기 다른 거북을 써서 四時에 각각 따로 점을 쳤고 이후 각각의 길흉을 판단하였다(三王不同龜, 四時各異卜, 然各以決凶吉.)"는 문장에서도 거북껍질이 占卜의 유일한 재료로 서술되었다. 현재 安陽에서 출토된 대량의 卜骨은 문헌상의 이러한 부족한 부분을 보충해 줄 수 있다.

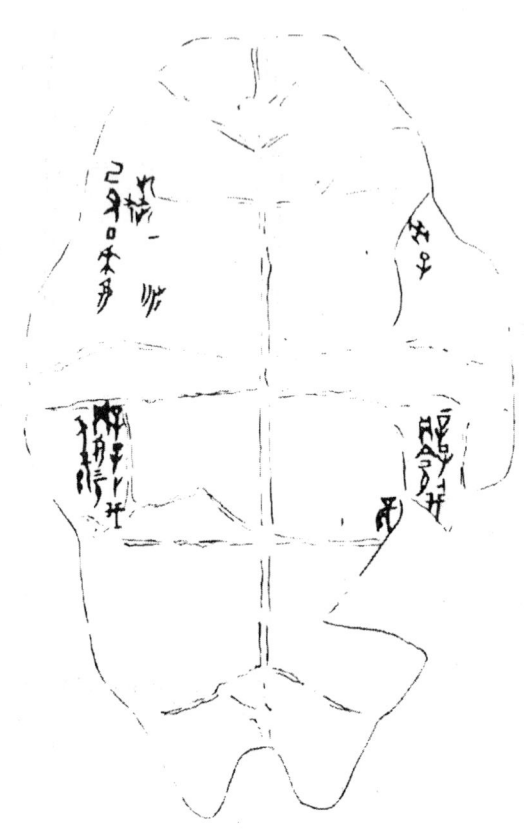

[圖 2] 『乙編』4577
이 龜甲은 은허에서 출토된 龜甲중 가장 작은 것이다.

殷墟에서 출토된 실물을 분석한 바에 따르면 商代에 사용되었던 龜甲의 절대 다수는 거북의 腹甲이며, 거북의 背甲이나 손질을 거친 背甲은 소량만이 사용되었다. 또 완전한 龜甲의 형태를 지닌 것으로 가장 큰 것은 13차 과학발굴에서 출토된 것으로 길이가 44cm이고 너비는 약 35cm이고(『乙編』4330, 圖 1)⁵⁾, 일반적으로는 길이가 20cm정도이고 제일 작은 것

---

4) 撻은 양손으로 시초(蓍草)를 집어 그것을 나누어서 손가락에 끼는 것을 말한다.

은 길이 11.3cm, 너비 5.2cm밖에 되지 않는데(甲橋는 계산하지 않았다.『乙編』4577, 圖 2), 이로써 당시 거북의 크기에는 구애되지 않고 모두 사용하였음을 살펴볼 수 있다. 그러나 이러한 크고 작은 거북이 모두 동일한 종류에 속하는지 각기 다른 종류인지는 확신하기 어렵다.

거북의 종류에 대해서는『周禮·春官·龜人』에 "龜人은 각기 다른 이름의 6가지 거북의 종류를 관장한다. 각각 그 명칭이 있다(龜人掌六龜之屬, 各有名物.)"라 하였는데, 이 6가지는 천령(天靈)·지역(地繹)·동과(東果)·서뢰(西靁)·남렵(南獵)·북약(北若)을 말한다.『爾雅·釋魚』에서 "거북은 머리를 숙이고 다니는 것을 靈이라 하고, 위로 치켜 뜨고 다니는 것을 謝라 하며, 앞부분이 긴 것을 果라 하고, 뒷부분이 긴 것을 獵이라 하며, 좌측으로 머리를 들고 다니는 것은 類가 아니고, 우측으로 머리를 들고 다니는 것은 若이 아니다(龜: 俯者靈, 仰者謝, 前弇諸果, 後弇諸獵, 左倪不類, 右倪不若.)"라 하였는데 '六龜'의 설과 부합되는 것 같다. 그러나 이것은 단지 한 종류의 거북을 '六屬'으로 나눈 것이지 거북의 진정한 분류를 설명한 것은 아니다.『爾雅·石魚』에 또 "十龜"의 설이 있는데 神龜·靈龜[6]·攝龜·寶龜·文龜·筮龜·山龜·澤龜·水龜·火龜이 그것이다. 그 중에서 神·靈·寶·筮 4가지 종류는 실재하는 것이 아니며 진짜로 구별할 수 있는 것은 6가지 종류에 지나지 않는다. 褚少孫이 보충한『史記·龜策列傳』에 또한 '八名龜'의 설이 있는데 北斗龜·南辰龜·五星龜·八風龜·二十八宿龜·日月龜·九洲龜·玉龜이 그것이다. 이러한 8가지 거북의 이름은 陰陽五行에 따라 분류한 것으로 허무맹랑하여 요점을 파악할 수 없다. 근대 의학은 거북을 水龜·山龜·攝龜·蚊蠵龜·綠毛龜·鶚龜·賁龜·瘧龜의 여덟 종류로 나누고, 동물학에서는 水龜·山龜·澤龜·呷蛇龜·綠毛龜·鶚龜·黃龜·綠龜·髭龜·鼉龜·錢龜·象龜의 12종으로 나눈다. 이렇게 많은 여러 종류의 거북 중에서 商代에는 그 중 어떠한 종류를 사용하였을까? 이것은 전문적인 연구를 요하는 문제이다. 董作賓은 "점치는데 사용되는 거북은 水龜를 제외한다면 어떠한 것도 없을 것이다"[7]라 하였고, 또한 "점치는데 사용되는 거북은 당연히 水龜 한 종류에 속하며, 그 증거는 첫째 몸길이가 5·6寸에서 7·

---

5) 우측의 잔결된 부분이 약 1/5로, 이는 董作賓의 계산에 의거한 것이다. 만약 탁본에 근거하여 재어보면 길이는 36cm, 너비는 약 28~29cm정도이다.

6) 郭璞의 注에 "涪陵郡에서 커다란 거북껍질이 나는데 점을 칠 수 있다. 緣에 있는 무늬는 대모와 비슷한데 세속에서는 靈龜라고 부른다. 지금의 觜蠵龜이며 靈蠵라고도 부르는데 울 수 있다(涪陵郡出大龜甲, 可以卜, 緣中文似瑇瑁, 俗呼爲靈龜, 卽今觜蠵龜, 一名靈蠵, 能鳴.)"라 하였다.

7) "卜用之龜, 舍水龜蓋莫屬矣"

8寸정도이고, 둘째 배 껍질이 모두 9조각이며, 세째 배의 아래의 비늘이 12개이고, 네째 강、호수、연못、늪에서 잡힌다"8)라 하였다. 董作賓은 직접 殷墟발굴에 참가하여 실물을 보았으므로 그가 말한 것은 비교적 믿을 만하다. 그러나 殷墟에서 발굴된 龜甲의 몸길이가 1尺이상인 것과 혹 4寸 이하가 되는 것은 모두 5·6寸 내지 7·8寸의 범위를 벗어나는 것인데 이를 모두 강、호수、연못、늪에서 나온 것이라 볼 수 있을 것인가? 따라서 水龜 외에도 당연히 다른 종류의 거북을 포함시켜야 한다. 甲骨중에도 거북의 종류와 관련된 기록이 있는데, 예를 들면 ■와 ■이다.

    貞: 禽來王? 唯來, 允至. 氏(致)龜: ■八, ■五百十. 四月. (묻습니다. "禽에서 왕에게 바쳐 오겠습니까?" "바쳐올 것이다." 과연 이르렀다. 거북을 바쳐왔는데 ■ 8마리, ■ 510마리 이다. 때는 4월이다.) (『續存』下 57)

"來王"은 『詩·殷武』의 "어찌 왕에게 바쳐오지 않으리(莫敢不來王.)"와 같이 해석되며, "來"의 의미는 공물을 바쳐온다는 의미와 같다. 이 자료에서 "禽"으로부터 2가지 종류의 거북인 ■ 8마리와 ■ 510마리가 공납되었음을 알 수 있다.

    □入五十□婦井氣■, 自□. 耳十五. (□에서 50마리를 공납해 왔고, 婦井은 □로부터 ■를 바쳐왔다. 耳는 15개이다.)(『續編』4.26.5)

    乙巳卜, 賓貞: 今夕■不■. (을사일에 賓이 점쳐 묻습니다. "오늘밤에 ■에서 ■를 바쳐오지 않을까요?")9) (『乙編』8414)
    □卜習■, 一卜五□. (■를 사용하여 習의 방법으로 점쳤는데, 한번 점치는데 다섯□.)10) (『粹』1550)

饒宗頤는 복사중의 ■는 天靈(天龜之靈)이며, ■는 地繹(地龜之繹)이라 하였다11).
앞에서 언급한 가장 큰 거북판을 『대영박물관 龜類志』에 근거하여 이처럼 커다란 거북은 현재 말레이시아 반도의 거북과 같은 종류라고 증명한 사람도 있는데, 이 주장이 믿을

---

8) "卜用龜之應屬于水龜一類, 常有積極之四證: 一、體長五六寸至七八寸. 二、腹甲共九枚. 三、腹下之鱗片十二. 四、産于河湖池沼" 董作賓,「商代龜卜之推測」,『安陽發掘報告』제 1기.
9) 【譯註】이 문장은 다음과 같이 해석할 수도 있다. "■제사를 지내는데 ■를 사용하지 말까요?"
10) 【譯註】『甲骨文簡明辭典』302p. 習一卜의 해석을 참조.
11) 饒宗頤,『殷代貞卜人物通考』11쪽.

만하다면 이것과 형태가 비슷한 거북껍질은 크기와는 상관없이 종류가 같을 것이다.

거북껍질의 형태와 크기에 비교적 큰 차이가 나는 이유는 産地와 관계가 있는 것으로 殷墟의 거북껍질의 來源은 여러 제후국에서 공납한 공물인 것이다.

중국의 고대 중원지역은 기후가 온난하여 각종 동물들이 번식하기 적합하였고 거북도 예외는 아니었지만 安陽 및 그 부근에서는 거북이 나지 않았다. 고대의 經籍들에서 뿐 아니라 近代의 지방지의 기록에 의하면 중국의 거북의 주산지는 주로 양자강 유역과 珠江유역이었다. 하남성의 근대의 지방지에 기재된 거북의 산지로 18개의 懸이 있지만 모두 安陽 이북이거나 이남으로 유독 安陽에서는 거북이 나지 않았다.[12]

각 제후국들이 商王朝에 공납한 거북판들은 갑골문 자체를 통해서 증명할 수 있는데, 卜辭중에 "來龜", "氏龜"와 관련된 점친 기록이나 기록이 자주 보인다.

    戊戌卜, 殼(殼)貞. 旳祀? 六來龜三. (戊戌일에 殼이 점쳐 묻습니다. "旳제사를 드리는데
    六에서 거북 3마리를 바쳐올까요?")(『佚』991(『續存』下44)

'六'은 지명이다. 『春秋』文公 五年의 "가을에 초나라가 六을 멸하였다(秋, 楚人滅六.)"란 구절의 杜預의 注에서 "六은 지금의 廬江 六縣이다(六國, 今廬江六縣.)"라 하였는데, 지금의 安徽省 六安지방으로 양자강과 淮水의 사이에 있고 安陽과는 약 500여 리 떨어져 있다. 또 다른 예를 살펴보자.

    丁巳卜, 爭貞: [氏龜]?
    貞: 不其氏龜?
    (丁巳일에 爭이 점쳐 묻습니다. "거북을 바쳐올까요?")
    (묻습니다: "거북을 바쳐오지 않을까요?") (『庫』624)
    貞: 龜不其南氏? (묻습니다. "거북을 南에서 바쳐오지 않을까요?")(『前編』4·54·5 (『龜』
    2·18·8)
    丙申卜, 㱿貞: 龜氏? (丙申일에 㱿가 점쳐 묻습니다. "거북을 바쳐올까요?")(『續存』下64)
    有來自南氏龜? (南에서 거북을 바쳐오겠습니까?)(『乙編』6670)
    貞: 䚄不其氏龜? (묻습니다. "䚄에서 거북을 바쳐오지 않을까요?")(『南北·輔仁』1)

---

12) 각주 1)을 참고.

모두 남방에서 거북을 공물로 헌상할 것인지를 묻는 말이다. 卜辭에서의 '氏'는 모두 ꝺ 또는 ꝭ로 쓰여있다. 于省吾는 卜辭의 '氏'字는 마땅히 '厎'로 써야 한다고 하였는데, '厎'는 '이르다(致)'라는 뜻이다. 卜辭의 '氏'字는 모두 '이르다'는 의미를 지닌다. 남방에서 중원의 商王朝에 거북을 공물로 바쳤는데, 이는 문헌상의 유관 기록과도 일치한다. 일례로 『書·禹貢』에서 "九江에서 큰 거북을 바쳤다(九江納錫大龜.)"13)라 하였고, 『史記集解』에서는 孔安國이 말한 "1尺 2寸인 것을 大龜라 하며, 九江에서 난다. 거북은 상용하는 것이 아니라, 命을 하사받아 공납한다(尺二寸曰大龜, 出于九江水中, 龜不常用, 賜命而納之.)"는 구절을 인용하였다. 또 『詩·魯頌·泮水』에 "저 淮水의 오랑캐를 깨우쳐 주니 찾아와 보물을 헌상하네. 거북과 상아, 荊揚의 좋은 금을 전하여 주네(憬彼淮夷, 來獻其琛. 元龜象齒, 大賂南金.)"14)라 하였고, 今本 『竹書紀年』의 周 厲王 元年에서는 "초나라 사람이 거북과 조개를 헌상하였다(楚人來獻龜貝.)"라 하였다. 이로써 또한 당시에 북방에서는 거북이 나지 않았음을 알 수 있다. 元龜 또는 大龜는 모두 九江、淮水 내지는 楚 - 지금의 양자강 유역에서 헌상된 것이다.

약 500여 건의 記事와 刻辭에 占卜用 거북을 헌상한 내용이 기록되어 있다. 이러한 내용은 일반적으로 甲橋에 썼는데, "某入若干"、"某來若干"、"某氏若干"의 형식이며, 지속적으로 공납하고 수량이 비교적 많은 方國과 개인은 我、雀、貯、周、奠(鄭)、冉、夫、亘、永、文、喜、禽、易、逆、小臣、牧、老、般、唐、㠱、㕢、義 및 婦井、婦好、婦內、子商 등이다. 매번 공납의 수량은 적게는 수 개에서 수십、수백、천 여 개에 이르기까지 일정하지 않았고(5장 3절 "非卜辭"를 참고), 공납 회수가 가장 많은 나라는 '雀'으로, "雀入二百五十(雀에서 250개를 공납하였다.)"라 기재된 甲橋의 刻辭가 수십 條가 있다(예로 『乙編』 754, 978, 3031+3032, 3289, 3300, 3397, 4541, 4607, 4659, 6389, 6423, 6637, 6704, 7050, 7123, 7153, 7491, 7673 등등). 많은 갑골판에 똑같이 反面의 甲橋에 기재되어 있는 것으로 보아, 이것은 일차로 공납된 數일 가능성이 있다.15) 그 다음으로는 '我'이다. 이 나라는 한번에 商王에게 1,000마리의 거북을 공납하였다(『乙編』 1053, 2684, 『丙編』 268에 모두 "我에서

---

13) 『史記·夏本紀』에는 納자가 入으로 쓰여있다. 曾運乾의 『正讀』에 따르면 '錫'은 '하사하다'는 의미의 賜자로 옛날에는 상하 구분없이 통칭으로 쓰였다. '命을 내리다'의 錫命이 아니다.
14) 憬은 '깨닫다'는 뜻이다. 琛은 보배이다. 元龜는 1尺 2寸인 거북이다. 賂는 '전한다'는 뜻이다. 南金은 荊揚의 금이다.
15) 董作賓, 『殷墟文字乙編自序』를 참고.

1,000개가 도착했다.(我氏千)"라 쓰여있다). 이외 "我에서 거북 50개가 공납되었다.(我[來]龜五十.)"(『乙編』 4948), "我에서 40개가 공납되어 왔다(我來四十)"(『乙編』 2694, 5367), "我에서 30개가 공납되어 왔다(我來三十)"(『乙編』 3527, 『丙編』 42), "我에서 10개가 공납되어 왔다(我來十)"(『乙編』 2306, 8316, 8467, 『丙編』 125), "我에서 10개가 도착했다(我入十)"(『乙編』 3810) 등의 기재가 있다. 주목할 만한 나라는 '周'인데, 멀리 陝西 岐山縣에 있으면서 商王에 거북을 공물로 바쳤다. 『乙編』 5452에 "周入十"이라 기재되어 있고 『丙編』 274에도 "周入"이라 쓰여져 있다. 불완전한 초보적 통계에 의하면 武丁시기의 商王朝가 공물로 받은 龜甲의 총수가 12,000판 이상이 된다.

殷墟에서 출토된 실물을 고찰한 결과 商代에 사용된 卜骨은 주로 소의 어깨뼈이며, 사슴, 양, 돼지와 말의 뼈도 약간 있다. 고생물학가인 楊鐘健은 殷墟의 卜骨을 감정하여 다음과 같은 결론을 내렸다.

(1) 占卜에 사용된 어깨뼈에는 사슴(각 종류의 사슴), 말, 돼지, 양, 소 등 여러 종류가 있지만, 어깨뼈는 일단 占卜에 사용되거나 글자를 새긴 뒤에는, 후에 그것들이 출토될 때 종종 부분적으로 파손되는 경우가 많아 어느 동물의 어깨뼈에 속하는지 판별하기가 어렵기 때문에 개별적으로 판정할 수밖에 없다.

(2) 갈비뼈는 소 이외에도 사슴 등 다른 동물도 사용하였지만 일단 재단하여 작게 자르는 과정을 거치고 나면 그것이 어떤 종류에 속하는지 감정하기 어렵다. 특히 소의 갈비뼈는 어느 종류의 소인지 분별하기 어렵다.

(3) 상술한 소는 소(Bos exiguns mats)와 물소(Bubalus mephistopheles Hopw) 두 종류의 소를 포괄하지만, 이 두 종류의 소는 습성으로만 구별된다. 소는 산과 들에서 생활하고, 물소는 늪지에서 주로 생활하며 산이나 들에서는 별로 활동하지 않는다. 당초의 용도가 어떠하였는지는 알 길이 없다.16)

陳夢家는 "근래 여러 재료가 발견됨으로써 殷代에 소의 갈비뼈를 占卜에 사용하지 않았다고 확신하게 되었다. 安陽 小屯과 鄭州 二里岡에서 출토된 소의 갈비뼈는 모두 習刻用으로 사용되었던 것이며, 소수는 記事에 사용되었다"17)라 하였다. 이미 발표된 탁본을 보면

---

16) 陳夢家, 『殷墟卜辭綜述』 5쪽에서 전제

소 갈비뼈 卜辭는 확실히 극소수이지만 그의 말대로 완전히 없는 것은 아니다.『美錄』10、11에 소 갈비뼈의 正·反面 위에 10行의 복사가 새겨져 있는데, 비교적 짧을 뿐 아니라 문법도 일반적인 것과는 다르다.

어깨뼈, 갈비뼈 외에도 商나라 사람들은 사슴의 두개골、사람의 두개골 및 호랑이 뼈 등을 記事의 재료로 사용하였지만 그 수량이 매우 적다.(5장 3절 非卜辭 참고)

龜甲과 마찬가지로 獸骨도 어디에서 왔는지가 문제가 된다. 소의 뼈는 의심의 여지없이 그 지방에서 채집된 것이었고, 商나라 사람이 사용한 소의 수량은 놀랄 정도로 매우 많다. 농사에 소를 사용하였는지와 어떻게 사용하였는지에 대해서는 아직 확실하게 알 수는 없지만, 대량으로 제사에 사용되었다는 것은 甲骨文 자체를 통해서 알 수 있다. 제사용 소는 어떤 때는 한번에 수백 두에서 천 두를 넘기도 하며, 수십 두를 한번에 사용하기도 하는 등 이루 헤아릴 수 없다. 어떤 때는 '牛'라고 칭하지 않고 '牢'라고 칭하기도 하였는데, '牢'를 제사에 가장 많이 사용한 것은 한번에 500 牢에 이르는데, 一牢를 두 마리의 소(수컷과 암컷)[18]로 계산하면 1,000마리의 소가 된다. 그 다음으로 300牢가 있고 그 외 100牢, 55牢, 50牢, 30牢, 20牢, 15牢, 10牢, 6牢, 5牢, 4牢, 3牢, 2牢, 1牢를 사용한 것이 보이며 '牢와 한 마리의 소(牢又一牛)'라 쓴 것도 누차 드물지 않게 보인다. 대략적으로 계산해보면 '牢'라고 하는 제사에 사용된 소만도 근 10,000두에 이르므로, 이로써 당시 목축이 성대했음을 알 수 있다. 제사에 사용된 대다수의 소는, 물에 빠뜨리거나 땅에 매장하거나 불에 태우는 소수의 예를 제외하고 대부분 제사 후 식용으로 쓰였을 것이고, 어깨뼈(소수의 갈비뼈)는 저장해 두었다가 엄선하여 占卜에 사용되었을 것이다. 占卜에 사용된 소량의 양과 돼지의 뼈는 대개 식용 후에 남겨둔 것이었고, 소와 양、돼지 3가지 희생물은 주로 목축을 통해 얻은 것이었으며, 사슴、외뿔 들소、호랑이 같은 기타 동물들은 수렵으로 획득한 것이다. 사람의 두개골은 전쟁포로의 것이거나 노예의 것임이 틀림없다.

---

17) "近來由於新舊材料的出現, 確定了殷代無用牛肋骨占卜的. 安陽小屯和鄭州二里岡出土的牛肋骨, 都是習刻, 少數的也用以記事"(陳夢家,『殷墟卜辭綜述』6쪽.)
18) 胡厚宣,「釋牢」,『歷史語言研究所集刊』 8本 2分.

2. 占卜 이전의 준비와 占卜의 순서

오늘날 우리가 商나라 사람이 어떻게 점을 쳤으며, 그 순서는 어떠하였는지를 상세하게 알기는 어렵다. 중국에서도 오래전부터 거북에 대해 연구를 하였고, 거북과 거북점과 관련된 저작도 적지 않다.『漢書·藝文志』에는『龜書』52권,『夏龜』26권,『南龜書』28권,『巨龜』36권,『雜龜』16권 등 거북점에 대한 책 다섯 종류가 기록되어 있지만, 이미 隋·唐시기에 없어졌다.『隋書·經籍志』에는 "晉의 掌卜大夫 史蘇가 편찬하다(晉掌卜大夫史蘇撰)"라고 기록된『龜經』1권과『史蘇沉思經』1권,『龜卜五兆動搖決』1권이 수록되어 있다.『隋志』에 의하면 梁나라에는『史蘇龜經』10권, 葛洪이 편찬한『龜決』2권,『管郭近要決』、『龜音色』、『九宮蓍龜序』각 1권,『龜卜要決』、『龜圖五行九親』각 4권이 있었고 이외에도 周子曜가 편찬한『龜親經』30권이 있었다고 한다. 元나라 때는 陸森의『玉靈聚義』5권이 있었고, 明나라 때는 楊時喬의『龜卜辨』이 있었으며, 淸나라때는 康熙년간에 胡煦가 저술한『卜法詳考』4권이 있었다. 지금은 楊時喬、胡煦의 책이 남았을 뿐 다른 책들은 모두 없어져 버렸다. 楊時喬와 胡煦는 후대 사람이므로, 근거로 삼기에는 충분하지 않다. 骨卜의 방법에 대한 기록은 羊骨卜、牛骨卜、鹿骨卜、猪骨卜 등 문헌에 기록된 것이 비록 적지는 않지만 모두 소수민족과 관련된 것이며,[19] 전문적으로 저술된 것은 없다. 현재 商代의 占卜의 순서를 토론함에 있어서 가장 믿을 만한 자료는 당연히 殷墟에서 출토된 갑골 실물이지만, 사람들마다 모두 갑골 실물을 구할 수 있는 것이 아니고, 또 직접 접할 수 있는 것도 매우 적기 때문에, 단지 탁본의 도움을 빌리거나 실물을 연구한 학자의 연구성과를 참고하여 문헌기록과 결합함으로써 추측하고 판단할 수밖에 없다.

殷墟에서 출토된 갑골 실물을 분석한 결과, 占卜 이전에 龜甲이나 獸骨 모두 재료수집(取材)、잘라내기(鋸削)、다듬기(刮磨)등의 준비작업을 거쳤음이 밝혀졌다. 갑골을 다듬는 공구는 주로 鋸、錯、刀인데, 이러한 공구들이 무슨 재질이었는지는 여전히 커다란 의문으로 남아있지만, 商代에는 철기가 없었으므로 청동기가 사용되었을 가능성이 비교적 높다.

---

19) 각주 18)을 참고.

(1) 재료수집

소의 어깨뼈는 식용으로 쓰이는 소에서 떼어내면 되지만, 龜甲은 거북을 죽이는 문제, 즉 내장을 발라내는 문제가 있었다.『周禮·春官·龜人』에 "거북을 잡는 것은 가을에 하고, 거북을 죽이는 것은 봄에 한다(取龜用秋時, 攻龜用春時.)"는 구절이 있지만, 이것은 漢나라의 제도로, 龜甲에 새겨진 날짜를 보면 商나라 사람은 일년 사계절 모두 거북을 사용하였고, 거북을 가을에 잡고 봄에 쓴다는 구분은 없었다는 것을 알 수 있다. 董作賓은 '瀧'를 '龜'라고 잘못 보았기 때문에 거북을 죽이기 전에 소로써 燎祭를 드렸다고 했지만(『寫本』381 "燎瀧三牛"는 3마리의 소로 "瀧에서 燎祭를 지내다(燎于瀧)"의 의미이다), 商나라 사람들에게 이러한 '필요한 수속'이 반드시 있었다고는 할 수 없다. 褚少孫이 보충한『龜策列傳』의 "길일에 그 腹甲을 발라낸다(以吉日剝取其腹下甲.)"는 구절에서도 단지 '吉日'이라고 하였을 뿐이다. 총괄하면 거북을 잡아서 그 내장을 발라내야 비로소 占卜用 재료가 되었다. 살아있는 거북은 占卜에 사용할 수도 없었고 보존하기에도 불편하였기 때문이다.

(2) 잘라내기

占卜用 龜甲으로는 일반적으로 腹甲을 사용하였는데, 소수의 背甲이나 다듬은 背甲도 사용되었다. 거북을 죽이고 내장을 발라낸 후 배와 등을 양분했는데, 갈라낼 때, 거북의 앞뒤 다리사이의 껍질인 '甲橋'는 腹甲에 남겨놓았다. 그 뒤에 다시 甲橋의 바깥부분을 다듬어서 정돈된 타원형 모양으로 만들었는데, 이 腹甲을 평평하게 놓으면 마치 漢代의 귀달린 그릇과 같은 모양이 된다. 占卜用 背甲은 종종 척추를 중심으로 둘로 나누어 부채모양으로 만들기도 하였다(『乙編』5281, 6093, 6667 등). 비교적 작은 背甲의 경우에는 가운데 척추의 울퉁불퉁한 곳을 깎아내고, 머리와 꼬리의 끝부분을 잘라내어 기러기 알의 형태로 만들었다(『乙編』4679, 4682, 4683, 4747, 4750, 5241, 5321, 5451, 6382 등. 圖 3을 보라).

占卜에 사용했던 어깨뼈도 잘라내기 과정을 거쳤는데, 주로 骨脊과 骨臼 부위를 깎아냈다. 陳夢家는 殷墟 卜骨 다듬기의 특징을 다음과 같은 4가지로 제시하였다[20]

(1) 骨臼의 일부분을 긴 부분에서 반 내지 1/3을 잘라내어 초승달 모양으로 만든다.

---

20) "(甲)將骨臼部分從長的一面切去一半或三分之一, 成爲月牙形; (乙)將臼角向下向外切去, 成爲一近乎正角的缺口; (丙)將直立的脊骨連根削去幷削平之; (丁)削平骨臼下部的隆起部分." (陳夢家,『殷墟卜辭綜述』10쪽.)

(2) 骨臼의 모서리를 바깥쪽 아래로 잘라 직각에 가까운 형태로 깎아낸다.
(3) 곧추 선 骨脊의 뿌리를 잘라내어 평평하게 만든다.
(4) 骨臼 아랫부분의 융기된 부분을 잘라낸다.

이것은 일반적인 것을 말한 것으로, 이외에도 骨脊을 깎아내지 않고 사용한 경우도 있는데, 그 예로 『美錄』40은 소의 어깨뼈의 중간부분으로 뒷쪽면의 骨脊이 완전하게 남아있고, 뼈의 표면에 불규칙적으로 干支의 명칭이 새겨져 있다. 董作賓은 초기 殷墟발굴기간에 제37호 갱에서 출토된 "대다수 천연 뼈에 새겨진 문자들"에 주의를 기울였지만 예로 들은 것이(『寫本』 261, 265, 267, 271. 즉 『甲編』 430, 435, 436, 437) 모두 잔편이어서 설득력이 약하였다. 보도된 바에 의하면 1973년 小屯 南地에서 출토된 甲骨 중에는 다듬기 과정을 거치지 않고 占卜에 쓰인 소 어깨뼈도 있다고 한다.

당시 사람들이 어떻게 잘라내기(鋸削)를 하였는가는 매우 흥미로운 문제이다. 미국 캘리포니아대학 로스앤젤레스 분교(UCLA)의 周鴻翔 부교수는 작은 황소의 어깨뼈를 가지고 시험을 하였는데, 길이가 17cm이고 너비가 0.25cm인 현대 합금으로 만든 활톱을 공구로 사용하였지만, 肩胛骨 위의 骨脊과 骨臼의 돌출부분을 잘라내기 위해 4시간을 소비하였고, 톱날 두 개가 파손되었다.[21] 오늘날에도 어깨뼈 잘라내기가 이처럼 어려운데, 당시의 어려움은 상상만 해도 알만하다.

[圖 3] 乙編4683
개조한 거북의 배갑

---

21) 周鴻翔, 「中國的甲骨文」, 『科學的美國人』刊 1979, 4기.

(3) 다듬기

어깨뼈는 書刻의 편리함을 위해서 正面을 평평하게 깎고, 표면은 갈아서 매끈하게 하였다. 거북의 腹甲은 끈끈하게 붙어있는 비늘을 제거하고, 갈리진 무늬를 평평하게 깎아 냈으며, 두껍고 튀어나온 면을 갈아내어 전체 판을 평평하게 만든 후에 다시 갈아내서 광택이 나게 하였다. 출토된 龜甲이 평평하고 고르며 광택이 나는 이유는 이러한 과정을 거쳤기 때문이다.

甲骨은 다듬기 과정을 거친 후에야 占卜 재료가 된다. 占卜 과정은 대체적으로 찬착(鑽鑿)、작조(灼兆)、각사(刻辭) 도식(塗飾)、각조(刻兆) 등의 항목으로 나누어 설명할 수 있다.

① 鑽鑿.: 占卜에 있어서 가장 먼저 해야할 사항으로, 불에 그을리기 편리하게 하기 위해서 먼저 갑골의 背面에 鑽鑿을 한다(극소수는 骨面에 鑽鑿을 한 경우도 있다). 鑽이라는 것은 송곳을 가지고 구멍을 뚫는 것으로 구멍의 형태는 원형이고 비교적 깊다. 鑿은 끌을 가지고 구멍을 파는 것으로 구멍은 타원형이며 대추모양으로 그 깊은 부분은 일직선의 ❶모양이 된다. 鑽과 鑿을 단독으로 한 것도 있고, 鑿의 측면에 다시 鑽을 가하여 鑽鑿를 병용한 것이 있는데 ❸ 또는 ❸의 형태가 되며, 모자의 윗부분과 모양이 비슷하다. 甲骨 鑽鑿의 형태에 관해서는 최근 캐나다 국적의 중국학자인 許進雄이 전문적으로 연구하였고, 저서로는 『甲骨上鑽鑿形態的硏究』[22]와 이 책의 축약판인 『鑽鑿硏究畧述』이 있다. 許進雄의 견해에 의하면 기다란 鑿 옆에 있는 원형의 구멍 중 대다수는 후벼파서 만든 것이고, 불태울 적에 화력이 너무 강하여 균열되어 이루어진 것도 있으며, 극소수는 鑽의 방식으로 만들어진 것이라고 한다. 이처럼 鑽鑿은 단독의 작은 원형의 鑽(圓鑽)、길죽한 鑽의 측면에 반원의 구멍이 있는 것(圓鑿)、몸체가 길쭉한 것(長鑿) 등 3가지 종류로 분류될 수 있다. 許進雄은 또 鑽鑿의 모양 및 갑골에서의 위치를 근거로 鑽鑿을 단독적 長鑿形, 원형의 鑿에 긴 鑿形을 포함하는 둥근 형태의 鑿, 작은 圓鑽形, 긴 鑿의 측면에 둥근 鑿이 부가된 것, 뼈의 표면의 아래 부위에 鑿을 만든 것 등 5가지 유형으로 분류하였는데, 그는 첫 번째 방식을 정상 형태로 보았고, 나머지 4가지 형태는 비정상적인 형태라고 여겼다. 또한 그는 시기가

---

22) 許進雄, 『甲骨上鑽鑿形態的硏究』, 1979.3. 藝文印書館出版.

다르면 鑽鑿 형태도 다르므로, 鑽鑿 형태를 갑골문 斷代연구의 보조적 표준으로 삼을 수 있다고 여겼다. 그는 "鑽鑿 형태의 시대성은 전통적인 斷代法에 의거하여 확정하여야 한다. 전통적인 斷代法을 사용하여 각 시기의 鑽鑿형태를 분석하면 각 시기마다 독특한 특징이 있다는 것을 발견할 수 있으므로, 斷代연구의 증거로 확실히 삼을 수 있다. 다른 한편으로는 鑽鑿 형태는 전통적 斷代法을 분석하는데도 쓰여 논증을 강화시키거나 부족한 부분을 보충할 수 있다"23)고 하였는데 許進雄의 방법과 의견은 중시할 만한 가치가 있다. 1980년 9월에 거행된 中國古文字硏究會 제 3차 정기학술회의에서 북경도서관의 于秀卿、賈雙喜、徐自强은 「甲骨的鑽鑿形態與分期斷代硏究」라는 논문을 발표하면서 30片의 대표적인 갑골의 鑽鑿 형태에 대해 구체적인 분석과 고찰을 통해 각 시기별 鑽鑿 특징을 서술하였다. 그들 역시 "갑골의 背面의 鑽鑿은 고대 占卜과정의 중요한 절차 중의 하나로 갑골문자와 밀접한 관계가 있다"24)고 여겼고, "鑽鑿 형태의 연구는 갑골학 연구의 불가결한 항목으로, 특히 갑골 鑽鑿 형태의 변화는 갑골문자의 分期와 斷代에 있어서 매우 중요한 측면이다"25)라고 인식하였다.

개별 갑골의 鑽鑿 수량은 일정하지 않다. 적은 것은 단지 수 개에 지나지 않고, 많은 것은 거의 수 십개에서 일 이백 개에 이른다.『莊子・外物』에서 "이에 거북을 가르고, 72개의 鑽을 만들었으나 기록은 없다(乃刳龜, 七十二鑽而無遺策.)"라 한 것은 거북판 위에 72개의 鑽을 판 것을 말한 것이지만, 이것은 戰國時代의 상황일 뿐이다. 어떤 사람들이 이것을 근거로 고심하여 추산해서 腹甲의 72 鑽圖를 만들기도 했지만, 商代의 실제 상황과는 반드시 부합한다고는 할 수 없다. 현재 완전한 형태의 龜甲이 많이 출토되었지만 소위 '七十二鑽圖'로 배열된 것은 아직 발견되지 않았다. 일반적으로 龜甲은 鑽과 鑿을 함께 한 것이 대부분이고, 소의 어깨뼈에는 鑿이 많고 鑽은 적다.

② 灼兆(불로 지지기): 鑽과 鑿, 그리고 鑿하고 鑽을 함께 파놓은 것의 목적은 龜甲이나

---

23) "鑿鑽形態的時代性要依靠傳統的斷代法以確定, 用傳統的斷代法去分析各期的鑿鑽形態, 我們發現各期都有各自的特徵, 確實可以做爲斷代的依據. 反過來, 鑿鑽形態也可以用來分析傳統的斷代法, 以加强其論證或補充不足的部分." (許進雄,「鑽鑿形態畧述」,『屈萬里先生七秩榮慶論文集』刊.)
24) "甲骨背面的鑿鑽是古代占卜科程中的重要步驟之一, 與甲骨文字有密切的關係."
25) "對鑿鑽形態的硏究, 應該是甲骨學硏究中一個不可缺少的項目, 尤其是甲骨鑿鑽形態的變化, 對甲骨文字的分期斷代來說, 是一個十分重要的方面." (于秀卿、賈雙喜、徐自强,「甲骨的鑽鑿形態與分期斷代硏究」,『古文字硏究』第 6輯, 中華書局, 1981.11)

짐승 뼈를 얇게 만들어 兆璺(징조가 나타난 선)의 가로 세로선이 가지런하게 나타나게 함으로써 兆象(징조)이 쉽게 드러나게 하는데에 있었으므로, 鑽鑿후에는 다시 불에 지졌다.『周禮·春官·菙氏』에 "菙氏는 불에 지지고 새기는 일을 맡아 占卜의 일을 담당한다(菙氏掌共燋契, 以待卜事.)"라 하였고. 鄭玄은 注에서 "燋는 횃불로, 불이 남아있는 것이다(燋, 謂炬, 其存火.)"라 하였다.『說文』에서는 "燋는 계속 불이 지속되는 것이다(燋, 所以然持火也.)"라 하였는데, 段玉裁는 注에서 이것을 화톳불(燭)로 보았으며,『玉篇』에서는 "횃불이다(炬火也)"라 하였고, 董作賓은 "어떤 물건을 태우는 것으로 실제로는 지금의 목탄이다"26)라 하였다.『儀禮·士喪禮』에서 "楚焞을 燋에 둔다(楚焞置于燋)"라 하였는데, '楚焞'은 龜甲을 지지는 나무로, 이것을 燋에 놓는다는 것은 "柱于燋火"와 같은 말이며, '불 위에 올려 놓는다'는 뜻이다. 灼이라는 것은 불로 지지는 것으로 나무에 남아 있는 불씨를 이용하여 龜甲이나 獸骨의 鑽鑿한 구멍을 지지는 것인데 일반적으로 鑽의 가운데를 지지고 鑽이 없는 것은 鑿의 왼쪽이나 오른쪽을 불로 지진다. 董作賓은 "거북을 지질 때는 가시나무 가지를 쓰며, 鑽의 가운데를 지져서 兆璺이 나타나도록 한다"27)라 하였다. 어떤 사람은 小屯 갑골의 지진 흔적이 원형에 가깝다는 점에 주의하여, 당시 나뭇가지를 불에 구워 숯을 만든 후 다시 '불로 지졌다(灼)'라고 하였다.28)

    鑽鑿한 부분을 불에 구운 후에는 갑골의 정면에 균열된 종횡의 징조문양(兆璺)이 나타나는데 ㅏㅏㅏ의 형태를 띠며, 'pù'29)하고 갈라지는 소리가 난다. 卜辭 중의 '卜'자는 징조문양을 상형한 것으로('卜'자의 끝 획이 좌측 혹은 우측인가는 징조문양에 따라 정해진다. 징조가 ㄴ형태이면, 卜辭를 刻辭할 때 "卜"자를 ㄴ로 쓴다), 발음도 거북을 지질 때 균열되어 터지는 소리(『廣韻』: '卜, 博木切)를 형용한 것이다.

③ 刻辭(글자 새기기): 징조를 본 후에는 卜辭 - 占卜의 내용과 결과 -를 새긴다. 갑골의 징조는 정면에 있는 것이 많기 때문에 卜辭도 대부분 正面에 있으며, 反面에 새긴 것은 비교적 적다.(상세한 것은 다음 절을 보라) 1 條의 완전한 卜辭는 통상 前辭(혹은 序辭)、命辭、占辭、驗辭의 4부분을 포괄하지만(예로『菁華』1-8), 占辭와 驗辭가 없

---

26) "燋之爲物, 實卽今之木炭."
27) "灼龜, 蓋卽以荊支然火, 而燒所鑽之中, 以見兆文也." 董作賓의 설, 각주 9)를 보라.
28) 陣夢家의 설,『殷墟卜辭綜述』13쪽.
29) 【譯註】중국어 병음표기로는 bǔ이다.

는 卜辭도 많다. 당시 글자를 새겼던 칼은 청동으로 만들었는데 간혹 옥으로 만든 것도 있었다. 周鴻翔의 추정에 의하면 殷商시대때 글자를 새겼던 칼은 길이가 대략 11~15㎝이고 칼자루에 가로 또는 세로나 사선을 새겨 손과 칼자루의 흡착을 돕고 미끄러짐을 방지하였던 것으로 보이며, 칼자루의 직경은 대략 0.8~1.2㎝였다.30) 많은 학자들이 글자를 새기는 기술에 대해서 여러 가지 추측과 실험을 해보았는데, 근년에 趙銓、鍾少林、白榮金이 실행한 실험에서 "청동으로 만든 칼로 뼈 위에 글자를 새기는데 있어서 수분이 많이 함유된 신선한 뼈이든 혹은 이미 말라버려 오래된 뼈이든, 연화처리를 거치지 않고도 작업을 온전하게 실행 할 수 있고"; "처리되지 않은 뼈에 청동칼로 직접 글자를 새기는 것은 가능할 뿐 아니라, 옛 도법을 모방하여 비교적 비슷한 정도로 새기는 수준에 도달하였다"는 것을 증명하였다.31) 그들의 실험은 고대인들이 어떻게 갑골에 글자를 새겨 넣었는가 이해하는데 매우 도움이 된다.

④ 塗飽: 복사를 새긴 후에는 미관상 글자의 필획에 주사나 먹을 도포하여 장중하게 보이도록 하기도 하였다. 보통 큰 글자는 붉게 도포하고 작은 글씨는 검게 도포하였고, 혹은 正面은 검게 反面은 붉게 도포하기도 하였다. 그러나 탁본만 가지고서는 붉게 도포되었는지 검게 도포되었는지를 알 수 없으므로 반드시 실물을 보아야 한다. 현재 하나의 판에서 붉은색과 검은색이 함께 도포된 것은 武丁시기에만 있었던 독특한 습관이었는데, 그 예는 아래와 같다.

『乙編』6664(腹甲의 正面의 상반부) 큰 글씨는 붉게 칠하고 작은 글씨는 검게 칠함(大字塗朱, 小字塗黑).
『乙編』6665(6664의 反面) 큰 글씨는 붉게 칠하고 작은 글씨는 검게 칠함(大字塗朱, 小字塗黑).
『寧滬』2·25-26 正·反面의 큰글씨는 붉은색으로 메워 넣고 정면의 작은 글씨인 '二告'는 검게 칠함(正反面 大字塡朱, 正面 小字"二告"塗黑).
『寧滬』2·30-31 正面은 검게 칠하고 反面은 붉게 칠함(正面 塗黑, 反面 塗朱).
『寧滬』2·28-29 한쪽 면은 붉은 색으로 칠하고, 다른 한쪽 면은 검게 칠함.

---

30) 周鴻翔,「殷代刻字刀的推測」, 香港中文大學『聯合書院學報』第 6期.
31) "運用靑銅刀在骨料上刻字, 無論是含水較多的新鮮骨料, 或是已經乾硬的陳骨, 不經軟化處理完全可以進行"; "用靑銅道具直接向不可處理的骨料上刻字, 不僅是可能的, 而且經模倣古人刀法, 已經達到比較近似的程度."(趙銓, 鍾少林, 白榮金,「甲骨文字契刻初探」,『考古』, 1981, 第 1期.)

⑤ 刻兆: 이것도 武丁시기에만 다시 새기는 것을 말한다. 제 13차 발굴에서 출토된 완전한 龜甲에서 이러한 가공된 징조문양을 볼 수 있다. 이와 같이 한 이유는 명확하고 아름답게 보이기 위해서였다.

수많은 갑골의 卜兆 옆에 二告、小告、吉、大吉、不玄黽(혹은 不牾黽)、弘吉 등 하나 또는 세 글자의 단어를 새긴 것이 많은데, 兆語이거나 또는 兆側刻辭로 볼 수 있다. 商나라 사람은 매사에 반복해서 점을 쳤고, 어떤 때에 대해서는 한가지 일에 대하여 10번 이상 점을 친 적도 있으므로, 매 징조문양의 옆에 분별하기 위해 점을 친 횟수를 기록하였는데, 이것을 紀數字 혹은 序數字라고 한다. 『乙編』 7456과 같이 腹甲에 2條의 복사(左右對貞)만을 새겨 대표로 삼고, 나머지 점친 것들에 대해서는 단지 紀數字인 '一、二、三、四、五、六、七、八、九、十'만을 새겨 표시하였다. 또한 몇몇 龜甲 腹甲에는 단지 가공된 징조문양과 징조의 측면각사 및 기수자만이 있고 卜辭는 없는 경우도 있다. 예를 들어 『乙編』 6685, 7049, 7081은 모두 완전한 거북판인데 甲板에는 단지 紀數字와 兆側刻辭만이 있고 卜辭는 없다.(圖 4) 『乙編』 4067에도 단지 세 곳에 '四'字만이 새겨져 있고 卜辭는 없다.(圖 5) 이러한 紀數字는 아마도 灼兆 후에 새겨 넣은 것으로 대개 占卜할때 각 하나의 징조를 灼兆할 때마다 하나의 紀數字를 새겨 넣어 이번이 몇 번째 占卜의 징조인지를 나타낸 것이다. 腹甲에는 이러한 기수자가 복사 중간에 새겨져 있는 것을 자주 볼 수 있으며, 어떤 기수자는 글자를 모두 새긴 후에 다시 깎아내어 버린 흔적이 매우 분명한 것도 있다.[32]

이밖에 점을 칠 때에 종종 몇 개의 거북판이나 수골을 동시에 사용하면서 동일한 한 가지 일에 대해 점쳐 묻고는 점 친 후에는 卜辭를 몇 개의 갑골판에 나누어 세긴 것들도 있다. 이런 경우에는 매 판에는 모두 단지 기수자만이 새겨져 있다. 몇 개의 갑골을 서로 비교하면 복사의 내용이 자세한 것도 있고 복잡한 것도 있으며, 사용한 단어도 다르다. 특히 기수자는 각기 모두 달라서 분명하게 구분되는데, 이러한 것들이 바로 세트를 이루는 갑골과 卜辭이다. 현재 남아있는 재료를 가지고 보면 한 세트의 腹甲은 크기가 비슷한 5개의 거북의 腹甲으로 이루어진다. 현재 발견된 龜甲 세트 중에 비교적 완전한 것은 두 세트인데, 매 세트는 다섯 枚로 이루어져 있고, 그 중 어떤 거북판은 깨진 조각을 이어 맞추어(綴合) 만든 것이다. 이 두 세트의 거북 腹甲의 탁본은 『丙編』에서 보이는데, 도판 11、13、15、17、19 등 다섯 판의 거북 腹甲이 하나의 세트가 되고(즉 12, 14, 16, 18, 20판); 도판 3

---

32) 자세한 것은 張秉權, 「卜龜腹甲的序數」, 『歷史語言研究所集刊』 第 28本을 볼것

1、32、33、34、35 다섯 판이 다른 한 세트의 거북 腹甲이다(즉 제 34-38판). 이밖에『續存』의 附圖 1과2, 3과 4(『乙編』6877과 6878), 5와 6(『乙編』727과 728)도 세트를 이루는 거북 腹甲의 두 번째, 세 번째, 네 번째 판이다.

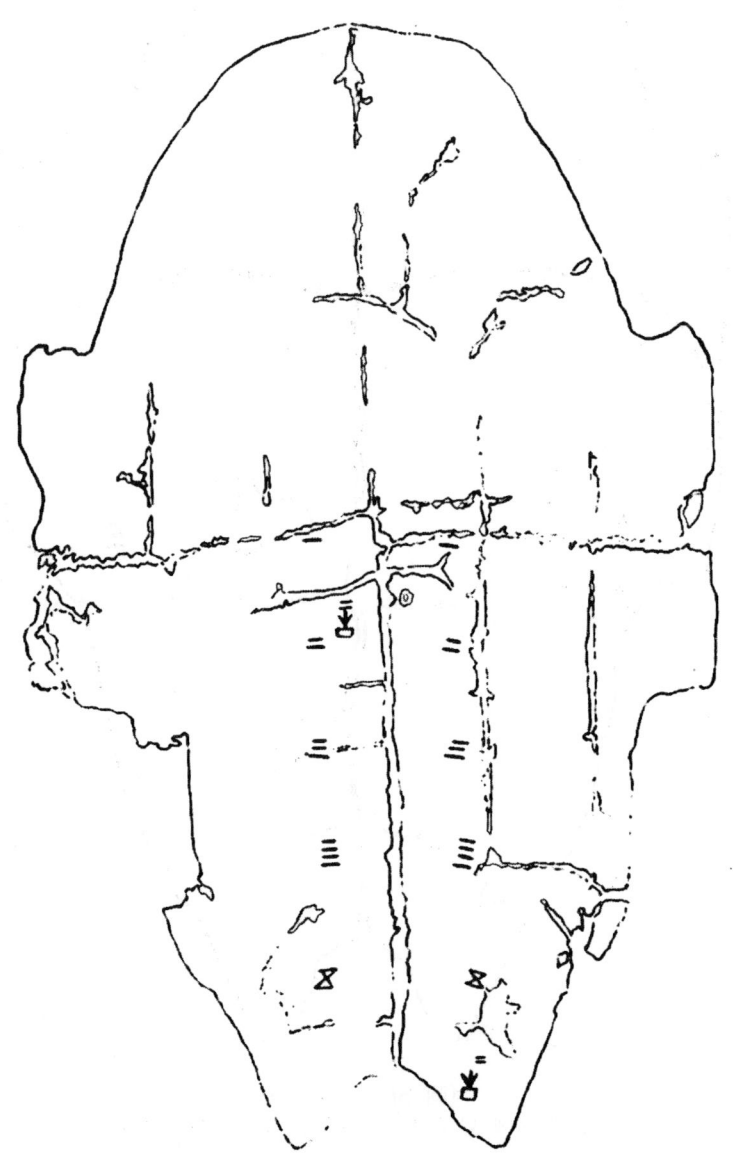

[圖 4]『乙編』7049.
이 판에는 正面에 卜辭가 없고 단지 서수자와 兆語만 있다.

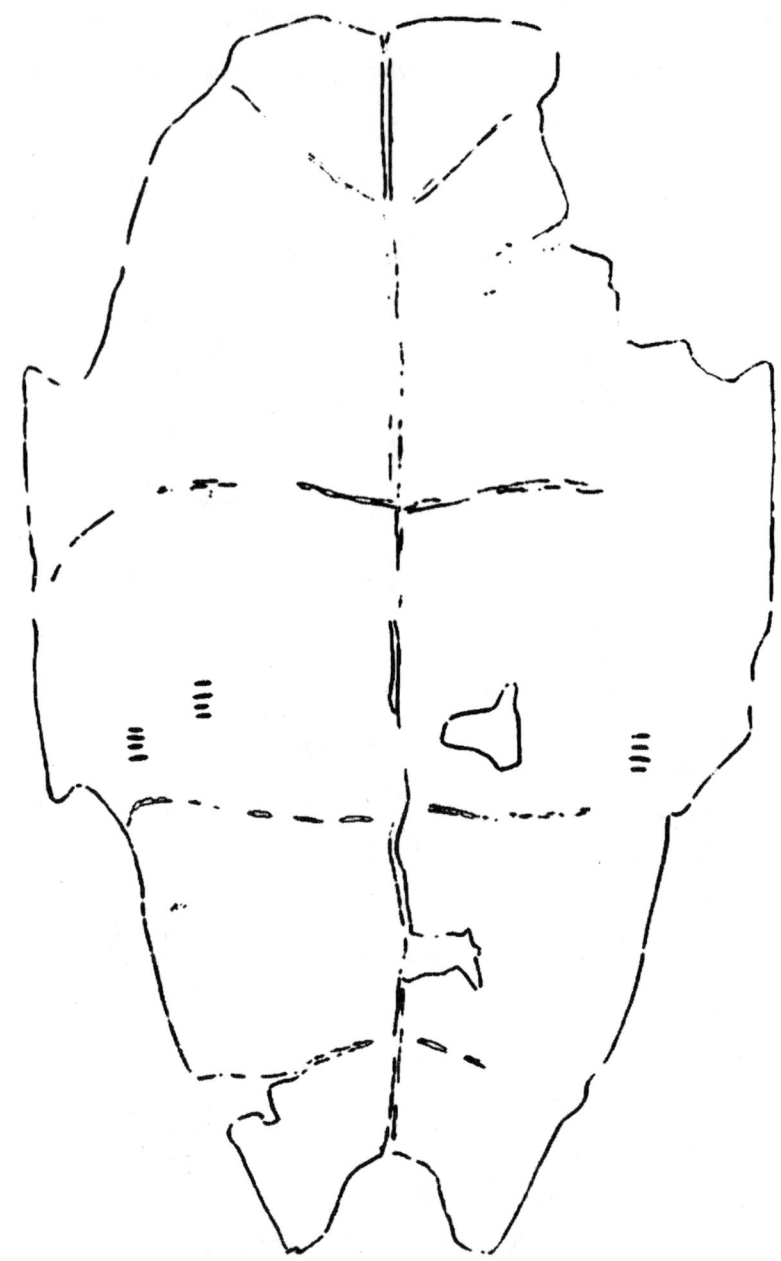

[圖 5] 『乙編』4067
전체 판에 단지 서수자인 "四"만 새겨져 있다.

『丙編』의 도판 69와 71은 두 번째와 세 번째 판만 남아있는 것이고, 도판 73 및 『考釋』의 附圖 6은 첫 번째와 다섯 번째 2판만이 남아있는 것이다. 흩어지고 부수어진 한 세트의 腹甲을 오늘날 다시 복원하고자 하는 것은 매우 어려운 일이다. 어떤 것은 심지어 商말기에 순서가 흐트러졌는데, 예를 들어 『乙編』8893, 8898은 한 세트의 腹甲의 두 번째와 세 번째 판(첫 번째 판은 『乙編』8712+8944+8946)이지만 HY251갱과 HY253갱에서 따로 출토되었고; 『乙編』8965, 8728, 8814도 한 세트의 腹甲의 첫 번째、두 번째、세 번째 판이지만 HY330갱과 HY251갱에서 따로 출토되었다. 이같은 사실을 통하여 세트를 이루었던 龜甲이 이미 商말기에 어지러이 흩어졌음을 알 수 있다.33)

세트로 된 肩胛骨은 현재까지는 매우 적게 발견되었다. 『美錄』34、『屯南』2534 및 『美錄』81(즉 이 책 圖 7)이 肩胛骨 한 세트의 첫 번째、두 번째、세 번째 판인데, 아직까지는 5매가 한 세트로 된 완전한 牛胛骨 복사는 발견되지 않았다.

3. 契刻과 讀法

갑골 복사의 契刻 형식은 매우 다양하여, 占卜의 순서, 징조문양의 방향과 매우 관계가 깊고, 또한 시기와 사람에 따라 다르다. 어느 한 시기의 契刻은 규칙이 완비되어 한 판의 卜辭의 선후가 질서정연한데 비하여 어느 한 시기의 契刻은 들쭉날쭉해서 한 판의 卜辭가 매우 어지럽고 복잡하여 질서가 없다. 어떤 史官(書手)은 수준이 높고 책임이 강해서 契刻 작업이 엄격하여 배열이 분명하지만, 어떤 史官은 수준이 비교적 떨어져 契刻된 卜辭가 어지럽게 얽혀있다. 어떤 卜辭는 배열이 분명하고 깨끗하게 깎여져 쉽게 판독할 수 있지만, 어떤 卜辭는 빽빽하게 몇 행의 복사가 교차되어 혼란스러워 어디에서부터 읽어야 할지 알 수 없는 것도 있다. 지금 卜辭를 읽으려면, 문자를 식별하는 것 외에도 한 판의 卜辭를 새긴 순서 및 글자 간격, 즉 문례를 확실히 파악하는 것이 매우 중요하다. 왜냐하면 문례를 잘 알지 못하면 읽기 어렵기 때문이다.

卜辭의 문례에 관해서는 일찍이 1928년에 胡光煒(小石)가 『甲骨文例』(中山大學 語言歷史學研究所 출판)를 썼다. 이 책은 形式과 辭例 두 편으로 나뉘어져 있는데, 형식편에서 28가지 배열 종류를 예로 들고 주로 卜辭의 배열에 대해 논하였다. 胡光煒가 이 책을 쓸 때 사

---

33) 白玉崢,「殷墟第十五次發掘成組卜甲」,『董作賓先生逝世十四周年紀念刊』을 참고.

용한 갑골문 자료는 여전히 한정적이고, 연구 방법도 정밀하지 못하였으며, 상세하게 분류하긴 했지만 귀납하지는 못하였고, 범례와 예외 또한 구분하지 않았기 때문에 綱目이 명확하지 못해 명료하지 못하다는 느낌을 준다. 이후 董作賓은『商代龜卜之推測』에서 卜辭 문례에 대해서 "실제로 살펴본 결과를 한 마디로 얘기하자면, 단지 左行과 右行이 있을 뿐이다"라고 했는데, 나중에 董作賓이「骨文例」[34]를 저술하면서는 胛骨에 새겨진 卜辭에 대해서 전문적으로 분석을 진행하여 실로 깊은 의미를 간단하게 풀이하였으니, 오늘날까지도 참고할 가치가 충분하다.

胡光煒의 분류는 너무 번잡하고(성립조차 되지 않은 것도 있다), 董作賓이 "한마디로 말하면(一言以蔽之)"이라 한 것은 너무 간략하여, 모두 타당치 않은 부분들이 있다. 사실 한 條의 刻辭(卜辭 혹은 非卜辭)는 龜甲이나 獸骨을 불문하고 배열된 契刻을 기본적으로 單列直行, 單列橫行, 左行, 右行의 네 가지로 귀납할 수 있는데, 다음에서 예를 들어 설명하도록 한다.

(1) 單列直行.

한 條의 刻辭가 위에서 아래로 일직선으로 쓰여진 것으로, 胡光煒는 '單列下行例'라 하였다. 다음과 같은 예가 있다.

[그림 6]『後編』下 3·8

① 『乙編』3409(제 5장 附圖 2)는 완전한 龜甲으로, 중간에 2개의 卜辭가 있다. 좌측 卜辭는 "貞. 西土不其受年"이란 한 행으로 된 卜辭가 아래로 새겨져 있고, 우측 卜辭 역시 "甲午卜, 賓貞: 西土受年"이란 1行으로 된 卜辭가 위에서 아래로 새겨져 있다. 단지 '受'字를 尾甲에 새겼기 때문에 '年'字를 '受'字 우측에 새겨놓았다.

② 『甲編』2905(제 5장 附圖 5)는 큰 胛骨로 일곱 개의 卜辭가 새겨져 있다. 매 卜辭는 모두 위에서 아래로 내려 세긴 1行인데, 이 중 네 개의 卜辭는 완전하다.

③ 『乙編』3090(제 5장 附圖 15)은 완전한 龜甲으로 우측의 한 卜辭가 單列直行이다.

---

34) 董作賓,「骨文例」,『歷史語言硏究所集刊』第 7本 第 1分.

④『前編』7·44·1(제 5장 附圖 17)은 소의 어깨뼈인데, 비가 올지를 점친 6條의 卜辭가 새겨져 있다. 매 卜辭는 모두 위에서 아래로 내려 새긴 1행으로 된 卜辭이며, 이 중 완전한 것은 3條이다.

⑤『佚』945(제 5장 附圖 63) 역시 소의 어깨뼈로, 위에서 아래로 새긴 1행으로 된 卜辭 6條가 있으나(이 중 2條의 卜辭만 복사 마지막의 '十一月'이란 글자를 꼬리 끝의 우측에 새겨 놓았다.) 윗부분이 잔결되어 卜辭가 완전하지는 않다.

상술한 여러 예들은 갑골의 표면이 비교적 크고 卜辭가 비교적 적으며, 매 행의 문자가 비교적 간단하여 한 행으로 처리할 수 있다는 공통점이 있다. 이러한 배열은 記事刻辭에서도 보이며, 청동기 銘文、貨幣文、璽印、竹簡、神道闕文 등에서도 보인다.

(2) 單列橫行

1條의 卜辭를 가로로 된 1행으로 새긴 것을 單列橫行이라고 한다. 우측에서 좌측으로 새겨져 있기도 하고, 혹은 좌측에서 우측으로 새겨져 있기도 하는데, 두 가지 모두 예가 있지만 많지는 않다. 우측에서 좌측으로 새긴 것으로는『後編』下 3·8(圖 6), 『乙編』4330,『乙編』6385(제 5장 附圖 78)등이 있고, 좌측에서 우측으로 새긴 것으로는 『後編』下 36·1(圖 7),『乙編』4330,『乙編』6385등이 있는데, 이러한 문례도 간지표 및 후대의 화폐문、璽印 등에 보인다. 우측에서 좌측으로 가로로 쓰는 형식은 후대의 편액、牌坊、문루 및 서화、題簽 등의 방면에서 줄곧 끊임없이 사용되었고, 좌측에서 우측으로 가로로 쓰는 형식은 후대에는 거의 사용되지 않다가 '5·4'운동 전후 시기에야 비로소 중시되었고, 中華人民共和國

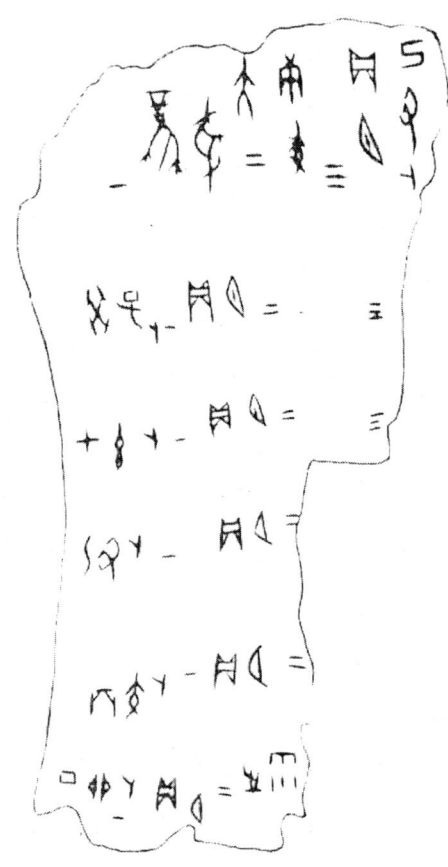

[圖 7]『後編』下 36·1

성립 이후에는 전국적으로 확대되어 각 방면에 보편적으로 사용되고 있다. 어떤 사람들은 '좌측에서 우측으로 가로로 쓰는 방식'을 서양에서 건너온 것이라고 잘못 여기기도 하지만, 이는 갑골문 시기의 중국에 이미 이러한 필기형식이 있었고, 좌에서 우로 가로쓰는 방식이 중국의 전통적 書寫형식의 하나임을 알지 못했기 때문이다.

(3) 左行

1條의 卜辭가 1행으로 끝나지 않으면 순서에 따라 두 번째 行, 세 번째 行 등으로 새겨야 하는데, 두 번째 行과 세 번째 行을 첫 번째 行의 좌측에 새긴 것을 左行이라 하고 우측에 새긴 것을 右行이라 한다. 左行은 卜辭에서 가장 많이 보이는 배열(胡光煒는 '複列右行例'라고 칭하였다)형식으로, 胡光煒가『戩』에서 예로 든 것들 외에도 다음과 같은 것들이 있다.

① 『後編』上 31·5(제 5장 附圖 65)는 1 條로 된 정벌卜辭로, 6行으로 나뉘어져 있다. 우측에서 좌측으로 새겼으며, 배열이 균등하다.
② 『通纂』375(제 5장 附圖 18)는 비가 올지를 점친 다섯 단락의 卜辭인데 모두 左行이다.
③ 『粹』1480(제 5장 附圖 72)은 한 條의 전렵卜辭가 새겨져 있는데, 3行으로 나뉘어져 있고 左行이다.
④ 『甲編』3342(제 5장 附圖 86)는 戌에서 공납하여 올 것인지에 대한 1 條의 복사인데, 4行으로 나뉘어져 있으며 左行이다.
⑤ 『前編』4·6·3(제 5장 附圖 93)은 왕이 衣에 들어갈 것인지에 관한 2條의 卜辭이다. 매 卜辭는 3行으로 되어있는데 모두 左行이다.
⑥ 『甲編』810(제 5장 附圖 66)은 1條의 台方에 관한 卜辭로, 4行이며 모두 左行이다.

이러한 문례는 셀 수 없이 많고, 현재 우리가 볼 수 있는 記事刻辭의 대부분이 左行으로 되어있다.(상세한 것은 5장을 보라) 이러한 배열형식 - 直行이면서 左行 - 은 후대에 통행되어, 銅器의 銘文、石刻、帛書의 기본형식이 되었으며, 또한 秦·漢 이후의 서적、관공문서、개인의 편지 등에서 정통 형식으로 쓰였다. 오늘날에도 일정한 범위 내에서 사람들에 의해 사용되고 있다.

(4) 右行

이 방식 역시 시기와 종류를 막론하고 卜辭 중에서 매우 많이 보이는 契刻형식이다.(胡光煒는 '複列左行例'라고 칭하였다) 胡光煒가 『戩』에서 든 예 외에도 아래와 같은 예가 있다.

① 『前編』 7·42·2(그림 8)는 雨를 "얻을 수" 있는가를 점쳐 물은 1條의 卜辭로, 7行이며 右行이다.
② 『佚』 62(제 5장 附圖 82)는 왕이 형인 戊를 꿈꿀 것인지를 점쳐 물은 1條의 卜辭로, 5行이며 右行이다.
③ 『後編』 下1·4(제 5장 附圖 70)는 1條의 전렵卜辭로, 6行이며 右行이다.
④ 『乙編』 3066(제 5장 附圖 80)은 왕이 아플 것인지를 점 친 2條의 卜辭가 위와 아래에 있다. 모두 右行이다.
⑤ 『續編』 5·2·2(제 5장 附圖 60)는 周를 칠 것인지에 관한 1條의 卜辭인데, 6行이며 右行이다.

[그림 8] 『前編』 7·42·2

이러한 문례 역시 헤아릴 수 없을 만큼 많다. 당시에는 右行이 左行과 거의 맞먹을 정도로 매우 성행하였지만, 후에는 臣又 尊(『愙』13·12)、降侯匜(『愙』16·21)、昶伯匜(『愙』16·22)、余㽬匜(『愙』16·26)、虞司壺(『愙』14·9 이상의 기물은 胡光煒의 책의 예) 및 齊太宰歸父殘盤(『愙』16·15)등의 銅器 銘文에서 보이기는 하지만 이미 매우 적었다. 秦·漢 이후로 右行은 거의 쓰이지 않게 되었고, 시간이 지나면서 도태되었다.

상술한 4가지 문례 중에서 특히 左行과 右行 2가지 형식은 甲骨 刻辭의 대부분을 차지하는 卜辭 契刻의 기본형식이다. 그러나 左行도 右行도 아니며, 거꾸로 쓰여지고 들쭉날쭉하기도 하고 배열이 난잡한 복사도 일부 존재하는데, 이러한 것들은 자세하고 꼼꼼히 살펴보아야만 해독이 가능하다. 예를 들어 『甲編』2407에는 2條의 卜辭가 새겨져 있는데, 1條는 "癸亥卜, 宂貞: 其登鬯于祖乙叀翌乙丑(癸亥일에 宂가 점쳐 묻습니다. "祖乙에게 울창주를 올려는데 다음 을축일에 할까요?")"라는 卜辭로 매우 쉽게 판독되었다. 그러나 다른 한 卜辭는 2行으로 나뉘어져 있고, 매 行은 네 글자로 되어있는데, 판독하기가 쉽지 않다. 만일 좌측에서 우측으로 읽으면 "禍亡旬貞壴卜卯癸"가 되어 무슨 말인지 알 수가 없고, 우측에서 좌측으로 읽어도 "壴卜卯癸禍亡旬貞"이 되어 역시 무슨 말인지 알 수가 없다. 이 卜辭는 원래 우측아래에서 위쪽으로 또 좌측아래에서 위쪽으로 거꾸로 읽어야 하며, 이렇게 읽으면 "癸卯卜, 壴貞: 旬亡禍?(계묘일에 壴가 점쳐 묻습니다. "열흘동안 재앙이 없을까요?")"(圖 9)라는 매우 보편적인 한 條의 貞旬卜辭가 된다.

또 다른 예로 『甲編』2770에도 壴가 점쳐 묻는 1條의 卜辭가 있는데, 좌우 2行으로 나뉘어지며, 좌측에는 "癸旬亡卜壴"라는 다섯 글자가 있고, 우측에는 "貞未禍"라는 세 글자가 있다. 좌측에서 우측으로 읽던 우측에서 좌측으로 읽던 아니면 아래서 위로 읽든 모두 의미가 통하지 않는다. 이 卜辭는 원래 엇갈리게 도치시켜 읽어야 하는 것으로, 그러면 "癸未卜, 壴貞: 旬亡禍?(계미일에 壴가 점쳐 묻습니다. "열흘간 재앙이 없을까요?")"(圖 10)"라는 일반적인 貞旬卜辭가 된다.

이처럼 판독하기 어려운 卜辭를 접하게 되면 매우 골치가 아프지만, 일단 판독하고 나서 당시의 무질서했던 契刻 상황을 상상해 보는 것은 흥미로운 일이 될 것이다.

주의해야 할 사항은 1條의 卜辭가 종종 두 곳에 나뉘어 새겨졌다는 점인데, 즉 일부분은 龜甲이나 獸骨의 正面에 있고 다른 한 부분은 反面에 있는 경우가 있다. 이러한 卜辭는 새겨 넣을 당시에 갑골에서의 위치 문제로 인하여 正面과 反面을 서로 잇거나 떨어뜨린 것이기 때문에 오늘날 우리가 갑골문을 읽을 때 이러한 점에 주의하지 않는다면 완전한 卜辭를 갈라놓아서 이해하기 어렵게 만들 수도 있다.

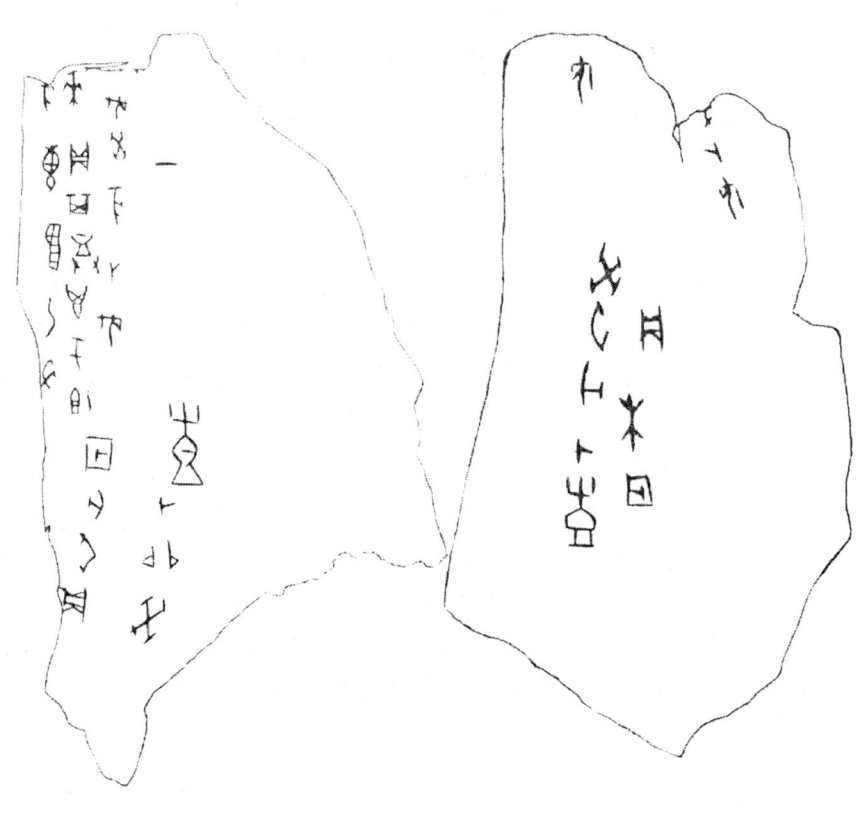

[圖 9] 『甲編』2407   [圖 10] 『甲編』2770

일반적으로는 龜甲에서의 占辭는 주로 反面에 새겼는데, 前辭(序辭)까지도 이어서 反面에 새긴 경우가 있다. 예를 들어『乙編』7456에는 좌우에 각각 하나의 卜辭가 새겨져 있고, 占辭는 反面에 새겨져 있다.(『乙編』7457은 제 5장 附圖 4를 보라) 위에서 언급했던『續存』附圖 1에서 6은 한 세트의 腹甲 중 두 번째, 세 번째, 네 번째의 正反面인데, 이 세 판은 모두 正面에는 4개의 卜辭가 두 개씩 對貞을 이루며 상하좌우로 교차되면서 새겨져 있으나 占辭는 모두 反面에 새겨져 있다. 다른 예로『乙編』3401의 좌측 상단의 卜辭는 단지 命辭 부분이고, 前辭와 占辭는 反面에 새겨져 있어서(『乙編』3402), 正面과 反面을 반드시 이어서 읽어야만 완전히 판독할 수가 있다. 우측 하단의 卜辭 역시 前辭와 占辭가 反面에 새겨져 있기 때문에 반드시 이어서 읽어야만 판독이 가능하다(해석문은 5장을 보라. 附圖 102). 이러한 문례는 『甲編』, 『乙編』에 적지 않게 있으니 읽을 때에 반드시 주의를 기울여야 한다.

어깨뼈에 새겨진 卜辭는 대부분 길이가 긴데, 正面의 한 부위에 모두 새겨 넣을 수 없을 때에만 反面까지 돌아가서 새겼다. 예를 들어 『菁華』5·6은 커다란 어깨뼈의 正反面인데, 正面 우측에 있는 한 條의 복사는 단지 앞단을 새긴 것이고, 후단은 反面에 새겨 놓은 것이다. 正面과 反面을 이어 놓으면 다음과 같다.

癸丑卜, 爭貞: 旬亡禍? 三日乙卯, [允]有娩(艱): 單丁人豊夅于彔□□[三日]丁巳罼子豊夅□□□□鬼亦得疾. (계축일에 爭이 점쳐 묻습니다. "열흘동안 재앙이 있을까요?" 삼일 후 을묘일에 과연 재앙이 있었다. 單의 丁人이 彔에서 豊·夅제사를 지냈다. □□. [삼일후인] 정사일에 罼子가 豊·夅제사를(드렸는데)□□□□ 鬼[35])에 역시 돌림병이 돌았다.)(이 단락은 正面에 새겨진 것임)

四日庚申, 亦有來娩自北. 子㛸告曰: "昔甲辰, 方征于蚁, 俘人十又五人. 五日戊申, 方亦征, 俘人十又六人." 六月, 在臺. (사일 후 경신일에 또 북쪽에서 재앙이 이르렀다. 子㛸가 고하길, "지난 갑진일에 方이 蚁를 침범하여 포로 15명을 사로잡아 갔습니다. 오일 후 무신일에 方이 또 침범하여 포로 16명을 사로잡아 갔습니다"라 하였다. 때는 6월이고 臺에 서이다.(이 단락은 反面에 새겨진 것임. 제 5장 附圖 24)

앞단은 41자이고 후단은 44자로 모두 85자이다. 『菁華』1、2도 커다란 어깨뼈의 正反面이며, 反面에 '王占曰'로 시작되는 긴 문장의 刻辭가 있는데 아무런 단서도 없다. 正面에는 몇 條의 완전한 卜辭를 제외하고도 "癸未卜殼"이란 네 글자가 右上角에 새겨져 있는데, '殼' 아래는 이미 잔결되어 사람들의 주의를 끌지 못하였다. 이전에 매번 反面에 새겨진 '王占曰'로 시작되는 문장을 읽을 때마다 아리송 했었는데, 최근에야 원래 1 條인 卜辭가 양면에 나뉘어 새겨진 것이라는 것을 알게 되어 이 둘을 합쳤더니 다음과 같은 문장이 된다.

癸未卜, 殼[貞: 旬亡禍?] (계미일에 殼이 [점쳐 묻습니다: "열흘동안 재앙이 없을까

---

35) 【譯註】여기서는 鬼를 인명으로 보아 해석하였으나, 地名·方國名으로도 자주 쓰인다. 崔恒昇, 『簡明甲骨文辭典』 235쪽 참조.

요?"])(이상은 正面의 刻辭)

　　王占曰: "有祟, 其有來嬄, 迄至." 九日辛卯, 允有來嬄自北. 奴 妻姘告曰: "土方侵我田十人." (왕이 卜兆를 보고 말하였다. "재앙이 있다. 재앙이 닥쳐올 것이다." 9일 후 신묘일에 과연 북쪽에서 재앙이 이르렀다. 奴의 妻姘이 고해 이르길, "土方이 우리 영토를 침범하여 열 사람이 잡혀갔습니다"라 하였다) (이상은 反面에 있다. 제 5장 附圖 23)

　　辛卯는 癸未 다음의 9번째 날이다.

　　이상은 1 條의 卜辭만을 가지고 배열 형식을 논한 것이다. 龜甲이나 獸骨의 전체판을 가지고 논하자면 卜辭는 종종 對貞형식으로 되어 있으며, 龜甲이나 獸骨 모두 사용한 기간이 긴 것도 있고 짧은 것도 있어서, 어떤 것은 심지어 사용 기간이 7·8개월이나 되는 것도 있기 때문에 동일한 판에 새겨진 卜辭들이 몇 개월씩 차이가 나는 것이 일반적이다. 동일한 판에 동시에 점을 친 對貞卜辭나 여러 시기에 거쳐 점을 친 여러 條의 卜辭를 같이 새겼기 때문에, 다시 契刻의 배열 또는 구성의 문제가 생겼다. 일반적으로 龜甲에 있어서는 동일한 판에 새겨진 동일한 내용의 2條의 卜辭는 그 배열이 서로 마주보게 되어있다. 즉 좌우 양측에서 가운데를 향하도록 새겼거나, 아니면 중간에서 좌우 양측을 향하여 서로 반대되도록 새겼다. 2條의 卜辭가 서로 마주보는 경우에는 좌측의 복사는 右行이 되고 우측의 卜辭는 左行이 된다. 예를 들면『乙編』865(제 5장 附圖 59),『鐵』244·2(제 5장 附圖 64),『乙編』764(제 5장 附圖 69), 3401(제 5장 附圖 102), 7731(제 5장 附圖 100) 등이 이러하다. 두 條의 卜辭가 서로 등지는 경우에는 좌측의 卜辭는 左行이 되고 우측의 卜辭는 右行이 되는데,『乙編』867(제 5장 附圖 1) 중간의 두 개 卜辭,『甲編』1654+2032(제 5장 附圖 33),『乙編』7456(제 5장 附圖 4)등이 모두 이러하다. 어떤 경우에는 쉽게 분별하기 위하여 종종 두 개의 卜辭 사이에 선을 그어서 경계를 짓기도 하였다. 獸骨에 있어서는 동시에 새겨 넣은 2 條의 卜辭나 동일 부위에 새겨 놓은 내용이 다른 2條의 卜辭에서 두 卜辭의 배열이 종종 서로 등지는 방향으로 되어 있다. 즉 좌측의 卜辭는 左行이고 우측의 卜辭는 右行이며, 역시 중간에 일반적으로 선을 그어 경계를 지은 것이 많은데,『前編』7·3·3(제 5장 附圖 52),『鐵』127·1(제 5장 附圖 101),『粹』36(제 5장 附圖 48),『甲編』903(제 5장 附圖 47) 및『菁華』1、3、5 등이 이러하다. 그러나 만약 한 獸骨에 여러 條의 卜辭가 있는 경우에는 占卜의 선후 순서에 따라 아래에서 위로 契刻하는 것이 통상적이므로, 오늘날 우리가 읽을 때도 아래에서 위로 읽어야 하는데, 이러한 문례도 셀 수 없이 많다. 예를 들어『鐵』244·1(제 5장 附圖 58)은 긍정과 부정 두 측면에서 "戉獲羌(戉이 羌族을 사로잡다)"과 "乎婦好

(婦好가 豊하기를 기원하다)"는 두 가지 일을 점쳐 물었는데, 아래부터 새겨 넣기 시작하였고 두 卜辭 사이에 모두 가로획을 그어 구분하였다. 『前編』 1·50·6(제 5장 附圖 50) 도 이것과 비슷하다. 이러한 유형의 卜骨은 매 단락의 卜辭에 대부분 날짜를 기록하였는데, 간지를 근거로 占卜의 선후를 알아낼 수 있기 때문에 비교적 쉽게 판별할 수 있다. 예를 들어 『甲編』 2502(제 5장 附圖 41)에는 다섯 條의 祭祀卜辭가 있는데 3 條는 '庚子'일에 점을 친 것으로 아래에 있고, 1 條는 '癸卯'일에 점을 친 것으로 중간에 있으며, 1條는 '丙午'일에 점을 친 것으로 위에 있다. 각 條의 卜辭 사이에 역시 가로선을 그어 구분하였다. 매 10일 마다 반드시 거행하여 거의 공식화되었던 貞旬卜辭는 몇 條의 卜辭가 하나의 獸骨에 같이 새겨졌는데, 역시 시간의 선후에 따라 순서를 매겼다. 즉 癸酉、癸未、癸巳、癸卯、癸丑、癸亥의 순서로 아래에서 위로 순서에 따라 契刻을 하였는데 예외가 거의 없다. 갑골 刻辭에서의 契刻 배열과 배열의 특징을 완전하게 이해하는 것은 卜辭를 통독하는 것 뿐만 아니라 갑골을 綴合하는데에도 편리하다.

4. 契刻과 書寫의 관계

갑골에 있는 문자는 절대 다수가 칼로 새긴 것이지만 붓으로 쓴 것도 아주 조금 있다. 검은색이나 붉은색으로 썼는데 『甲編』과 『乙編』에 모두 약간의 예(『甲編』870, 2636, 2902, 2940; 『乙編』514, 566, 643 6422, 6423, 6666, 6667)가 있다. 商代에 붓으로 글자를 썼다는 사실은 도기 조각을 통해서도 증명할 수 있다. 1932년 제 7차 殷墟 발굴 때 출토된 도기 조각에 검은 글씨로 쓴 '祀'字가 있는데 약 3.3㎝의 방형으로 필획이 크고 굵으며 글자체의 풍격이 銅器의 명문과 비슷하다.36)(圖 11을 보라) 그렇다면 契刻과 書寫 두 가지는 어떤 관계가 있는 것인가? 아니면 아무런 상관이 없는 것인가?

[圖 11] 1932년 제7차 발굴

---

36) 胡厚宣, 『殷墟發掘』 圖版 15를 볼 것.

이 문제를 가장 먼저 제기한 사람은 殷墟 발굴에 참여했던 董作賓이었다. 그는 占卜에 사용된 소의 어깨뼈에서 쓰기는 하고 새기지는 않은 문자를 발견하고는 "卜辭 중에는 붓으로 쓰기만 해놓고 새기지 않은 것이 있고, 또 전체를 단지 直劃만 새겨 놓은 것도 있는데, 이를 통하여 먼저 쓴 후에 새겼다는 것을 알 수 있다"[37]고 하였다. 이후『乙編』의 序에서 그는 다시 이 문제를 다음과 같이 다시 한번 강조하였다.

……『甲編』에 수록된 세 개의 獸骨판은 현재 알려진 바로는 文武丁시기의 유물이며,『乙編』에 수록된 것은 대부분 武丁시기에 쓰여진 卜辭이다. 이러한 것들은 분명히 쓰고 난 후에 새기는 것을 잊어버린 것이다. …… 기억으로는 미술전람회에 背骨 하나가 전시된 적이 있는데,『乙編』에는 번호 13·0·14048로 수록된 것으로, 背甲의 우측 반쪽이며 좌측은 잔결되어 있다. 正面(『乙編』6666)의 卜兆는 모두 새겨 놓은 것이고, 左上角의 "壬申卜, 㱿貞: 帝命雨?(임신일에 㱿가 점쳐 묻습니다. "상제께서 비를 내리시겠습니까?")"라는 복사는 새겼던 것으로, 필획이 가늘지만 힘차다. 反面(『乙編』6667)의 右上角에는 壬申으로 시작한 복사와 상대되는 곳에 "貞: 帝不其命雨?(묻습니다. 상제께서 비를 내리시지 않겠습니까?)"라는 복사가 쓰여져 있는데 새기지는 않았으며 필획이 풍만하고 부드럽다. 이것은 사관인 㱿가 직접 쓴 것임이 분명하며, 붓으로 위로 아래로, 왼쪽에서 오른쪽으로 썼다는 것을 알 수 있는데, 현재의 필순과 전혀 다르지 않다. 그리고 새기는 방식은 먼저 매 글자의 세로획을 먼저 새기고 나중에 가로획을 새겼는데 이는 쓰는 것과는 다른 방식이다. 이 판의 背面에 있는 또다른 네 단도 쓰기만 하고 새기지 않았는데, 색이 적갈색인 것으로 보아 아마도 붉은 글씨에 잘못하여 검은색이 섞여 들어갔던 것 같다. 또한 '貞乎' 두 글자는 글자체가 매우 거칠며 안쪽 부분이 가늘게 새겨져 있으나 미완성된 것이다. 이와 같은 예들은 먼저 글씨를 쓰고 나중에 새겼다는 것의 예가 된다.

『乙編』에 번호 13·0·13536으로 수록된 腹甲판도 전시된 적이 있는데, 正面(『乙編』6422)에 卜兆를 새기고 다시 검은색으로 칠하였다. 卜兆의 紀數字는 모두 붉은색으로 칠하였고, "辛巳卜, 爭貞: 豪不其受年?(신사일에 爭이 점쳐 묻습니다: "豪에 수확이 많지 않을까요?")"와 "貞: 蜀不其受年? 二月.(묻습니다. "蜀에 수확이 많지 않을까요? 때는 2월이다.")"라는 두 단락의 문장 및 反面의 오른쪽 가장자리인 甲橋 부분에 새겨 놓은 "雀入二百五十(雀에서 250개를 보내오다)"등의 글자는 새긴 후에 다시 붉은색으로 칠하였다. 중간에 붓으로 쓴 "貞: 豪、蜀受年?(묻습니다. 豪와 蜀에 수확이 많을까요?)"과 "王占曰: 缶眔蜀受年(왕이 卜兆를 보고 말하였다. 缶와 蜀은 수확이 많을 것이다)"라는 두 행은 적홍색으로 쓰여져 있는데)" 두 면 모두 한 사람이 쓰고, 새긴 것들이다. (살펴보니『乙編』6423인 것 같은데, 글자의 흔적이 모호하여 판단하기 어렵다)[38]

---

37) "卜辭有僅用毛筆書寫而未刻的, 又有全體僅刻直劃的, 可見是先寫後刻" 董作賓,「甲骨文斷代研究例」,『慶祝崔元培先生六十五歲論文集』刊

陳夢家의 설은 董作賓의 설과는 크게 다르다. 그는 『殷墟卜辭綜述』에서 첨예하게 대립적인 입장에서 다음과 같이 말하였다.

…… 대다수의 卜辭는 갑골의 正面에 새겨져 있고 背面에 새겨진 것도 있다. 그러나 일부 卜辭와 占卜과 관련된 기록들은 背面에 쓰여져 있기도 하다. 龜甲과 獸骨의 正面은 콜로이드와 자성체가 많아 먹을 도포하기 어렵기 때문에 正面에는 붓으로 쓴 것이 적다. 붓으로 쓴 글자는 刻辭와 비교하면 굵고 크며 보통 刻辭와는 거꾸로 쓰여져 있다. 그러므로 붓으로 쓴 글자는 刻辭를 위해 쓴 것이 아니고, 또한 써 놓았다가 새기는 것을 잊은 것은 더욱 아니다. 刻辭는 매우 작기 때문에 손으로 쓴 후 다시 새기기가 어렵다. 하물며 卜辭에서 사용되는 글자는 그다지 많지도 않다. 새기는 관습상 자연히 세로를 먼저 가로를 나중에 한 것이지 먼저 붓으로 써서 모본을 만든 것은 아니다.39)

두 가지 설을 비교해 보면 董作賓의 설이 더 타당하다. 陳夢家는 주로 2가지 점에서 먼저 쓰고 나중에 새겼다는 것을 부정하였는데, 첫째 쓴 글자를 刻辭와 비교하면 굵고 크다는 점과 둘째 일반적으로 쓴 글씨는 刻辭와 서로 뒤집혀 있다는 점을 들었다. 그러나 자세히 살펴보면 이 두 가지 이유는 성립되지 않는다. 그 이유는 첫째, 이러한 卜辭나 記事 卜辭를 먼저 쓴 목적은 契刻의 모범과 근거로 삼아 좀더 편리하고 정확하게 새기기 위해서였다. 董作賓이 예로 든 『乙編』 6667의 '貞乎' 두 글자가 바로 먼저 쓰고 나중에 새긴 가장

---

38) "……『甲編』所收的三塊骨板, 現在知道是文武丁時的遺物, 『乙編』裏所收, 大部分是武丁時書寫的卜辭, 這些分明是寫了之後, 忘了契刻了. ……記得在美術展覽會曾展覽過一塊背骨, 在『乙編』號數是13·0·14048, 是背甲的右半, 左邊稍有殘缺. 正面(按卽『乙編』6666)卜兆均經刻劃, 左上角一辭"壬申卜, 㗊貞: 帝命雨?"是刻過的, 筆劃細而勁; 反面(按卽『乙編』6667)左上角壬申一辭相對處, 寫着: "貞: 帝不其命雨?" 未經契刻, 筆劃肥而柔, 這分明是史臣㗊的手蹟, 可以看得出他用筆是由上而下, 由左而右, 直與現代寫字的筆順無異; 而契刻的方法, 則是先刻每字的直畫, 後刻他們的橫畫, 和書寫是迥然不同的, 此版的背面, 另有四段也是寫而未刻的, 色作深楮, 似是朱書而誤屬入墨. 又有"貞乎"二字, 書體甚粗, 中有細畫契刻, 尙未完成, 這正是先寫後刻的一個實例.

又有腹甲一版, 『乙編』中號數13·0·13536, 也曾展覽過. 正面(按卽『乙編』6422)卜兆經刻劃, 又塗以黑色; 卜兆紀數字, 均塗硃色, 卜辭兩段, 文曰: "辛巳卜, 爭貞: 豙不其受年?" "貞: 蜀不其受年? 二月." 反面右邊甲橋有"雀入二百五十"等字, 刻後塗朱, 中間有毛筆書寫的文字兩行, 作暗紅色, 文曰: "貞: 豙、蜀受年?" "王占曰: 缶㓙蜀受年." 兩面爲一人手筆, 一書, 一契而已. (按卽『乙編』6423, 字迹模糊莫辨)"

39) " ……大多數的卜辭是契刻于甲骨正面的, 也有刻在背面的, 少數的卜辭與記卜辭的有書于背面的. 甲和骨的正面富膠質與磁質, 不容易上墨, 所以就很少書寫在正面的. 書寫的字旣然較刻辭爲粗大, 且常與刻辭相倒, 所以書寫并非爲刻辭而作的, 更不是寫了忘記刻的. 刻辭小如蠅頭的, 不容易先書後刻, 況且卜辭所常用的字并不多, 刻慣了自然先直後橫, 本無需乎先寫了作底子." (陣夢家, 『殷墟卜辭綜述』 15쪽을 볼 것.)

좋은 증거인데, 붓으로 쓴 글자의 필획은 두껍지만 중간에 새겨 넣은 필획이 비교적 가는 이유는 원래의 필획을 완전히 새기지 못하였기 때문일 것이다. 이 조각을 보면 쓴 글자가 刻辭에 비해 굵고 큰 것이 이해가 된다. 오늘날 도장을 팔 때 대다수가 붓으로 표본을 쓰고 나서 새기는 것과 같다. 소수의 사람들이 직접 칼로 새기는 경우도 있지만 먼저 쓰고 나중에 새기는 것과 모순되는 것은 아니다. 수많은 갑골의 큰 글자로 된 刻辭를 보면 필획이 크고 굵으며 웅혼하고 장중하여 거의 金文과 겨룰 만한데(4장에서 상술하겠다), 이러한 문자를 직접 칼로 새겼다고는 상상하기 어렵다. 둘째, 붓으로 썼으나 새기지 않은 것이 새겨진 글(刻辭)과 서로 뒤집혀 있는 예는 '자주' 보이지 않는다. 또한 陳夢家가 뒤집혀 쓰여져 있다고 여긴 『甲編』 2636도 실제로는 '뒤집혀'진 것이 아니니, 뒤집혀 쓰여지고 뒤집혀 새겨진 것들을 일반적인 卜辭에서 어찌 찾아낼 수 있을까? 이러한 점을 근거로 먼저 쓰고 나중에 새긴 현상을 부인하는 것은 납득하기 어렵다.

[圖 12] 『鐵』 112·4(『新編』897)
貞아래의 자는 涉의 가로획을 새기지 않은 것이다

董作賓이 주장한 먼저 쓰고 나중에 새겼다는 설은 부정할 수는 없는 것이지만, 모든 갑골문이 먼저 쓰여지고 나중에 새겨진 것이라고 할 수 있는가? 그것은 반드시 그러한 것은 아니다. 필자의 견해로는 아마도 커다란 글자는 먼저 쓰고 나중에 새겼을 것이나, 작은 글자는 직접 새겨 넣었을 것이다. 그 이유는 刻辭가 '콩알만큼 작기 때문에 먼저 쓰고 나중에 새기기가 어렵기' 때문이다. 큰 글자를 새기는 것도 힘들지만, 아주 작은 글자를 쓰는 것도 힘든 작업이며 오히려 직접 새기는 것보다 어렵다. 그러므로 전자는 먼저 쓰고 나중에 새기고, 후자는 쓰지 않고 직접 새긴 것이다. 이 점이 갑골문의 글자가 클수록 칼로 새긴 필획의 맛이 적고, 글자가 작을수록 칼로 새긴 필획의 맛이 오묘한가에 대한 이유가 된다.

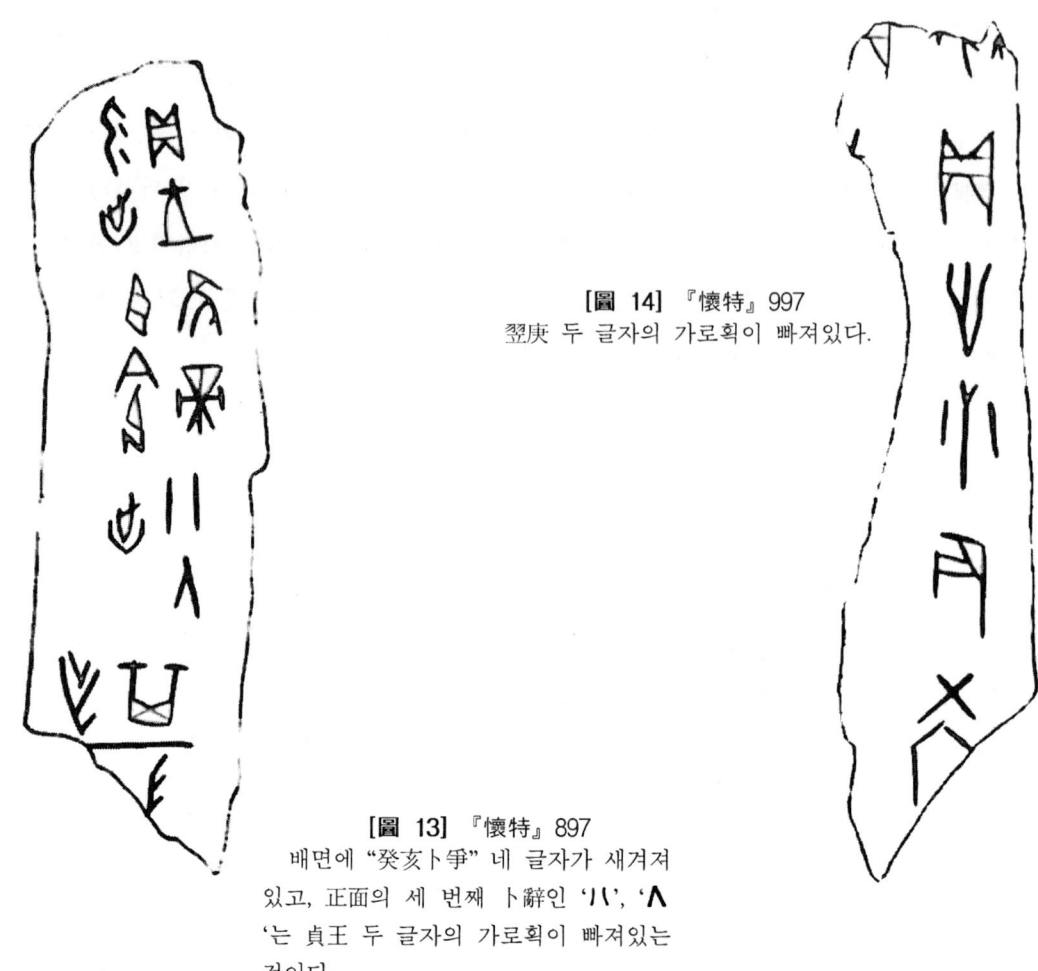

[圖 14] 『懷特』 997
翌庚 두 글자의 가로획이 빠져있다.

[圖 13] 『懷特』 897
배면에 "癸亥卜爭" 네 글자가 새겨져 있고, 正面의 세 번째 卜辭인 'ハ', 'ㅅ'는 貞王 두 글자의 가로획이 빠져있는 것이다

낱글자에 대해 논하자면, 契刻은 쓰는 것과 완전히 다르다. 칼로 새긴 필획의 맛 이외에 아마도 필순의 순서도 고려한 것 같다. 書寫는 일반적으로 좌에서 우로, 위에서 아래로의 순서를 따르는데, 가로, 세로, 원, 꺾임에 상관없이 순서를 따른다. 그러나 契刻은 書寫와 달리 먼저 세로획을 새기고 나중에 가로획을 새긴다. 현재 일부 갑골에서 몇몇 글자는 단지 세로획만 새겨져 있고 가로획은 새겨져 있지 않은 것을 볼 수 있는데, 다른 방증이 없으

면 어떤 글자인지 판독할 방법이 없다. 예로『鐵』112·4(圖 12)에 '㳇'로 새겨진 글자가 무슨 글자인지 모호한 이유는 글자를 완전히 다 새기지 않았기 때문이다. 즉 가로획을 빠뜨리고 새기지 않았는데, 완전하게 보충하면 '㳄'으로 '涉'字가 된다. 또 다른 예로『懷特』897의 중간 단락에 "貞王出" 세 글자 중 "貞王"두 글자의 가로획이 빠져있어 'ハ''八'로 새겨져 있는데, 같은 판에 나머지 글자는 모두 완전한 형태로 새겨져 있다.(圖 13)

같은 책 997의 '貞'字 아래에도 두 개 글자의 가로획이 새겨져 있지 않은데, 보충하면 "翌庚"이 된다.(圖 14) 이처럼 온전한 갑골판에서 낱글자의 가로획이 새겨져 있지 않은 경우는 종종 발견된다. 이외 刻辭의 절대 다수의 글자가 단지 세로획만 새겨지고 가로획은 새기지 않은 경우도 있는데,『後編』下1·5(『通纂』6, 제 5장 附圖 107)가 독특한 일례이다. 이 片은 모두 8행으로 아래로 내려쓴 右行이며, 정월에서 2월까지의 간지표이다. 제 2행은 丁丑 다음부터 가로획이 생략되어 있는데, 단지 2월의 '二'字만이 예외이다. 가로획이 새겨지지 않은 글자 하나만을 보면 혼동하기 쉬운데, 예를 들어 '王'字인 '王'을 '八'으로 새기면 '入'字가 되고, '甲'과 '壬'은 본래 '十'과 '工'으로 써야되는데 가로획이 생략되면 두 글자는 같은 모양인 'ㅣ'가 된다. 또 '丁'字의 가로획이 빠져서 'ㅣㅣ'으로 쓰고, '己'字의 가로획도 빠져서 'ㅣㅣ'로 쓰면 이 두 글자도 혼동하기 쉽다. 이런 글자는 상하 문맥에 근거하거나 같은 판에서의 다른 복사와 비교하여야 비로소 가로획이 빠진 어떤 글자라는 것을 단정할 수 있다.

세로획을 먼저 새기고 가로획을 나중에 새기는 것은 보편적인 현상이지만 가로획을 먼저, 세로획을 나중에 새기는 현상도 배제할 수는 없다. 앞에서 제시하였던 '己'字는 가로획이 생략되었지만, 단지 가로획만 있고 세로획이 생략된 것도 있다. 예를 들어『契』31은 "壬辰卜, 大貞: 翌己亥侑于兄? 十二月(임진일에 大가 점쳐 묻습니다. 다음 돌아오는 기해일에 兄에게 侑祭를 지낼까요? 때는 12월이다)"(圖 15)라는 내용의 완전한 한 복사가 있다. 己亥는 壬辰 다음 8번째 날인데, 己亥 두 글자를 '三豕'로 쓰고 있다. 이로써 옛 사람들이 왜 己亥를 三豕로 오해하였는지를 알 수 있다. 또『合』二·2366에는 '高妣己'가 두 번 보이는데 그 중 '己'字는 한번은 완전히 새겨져 있고, 하나는 세로획이 빠져있어 '三'字와 다르지 않다(圖 16). 그러나 이러한 예는 그리 많이 보이지는 않는다.

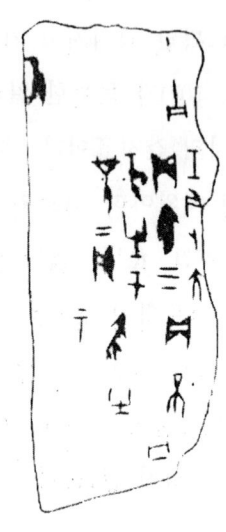

[圖 15] 『契』31

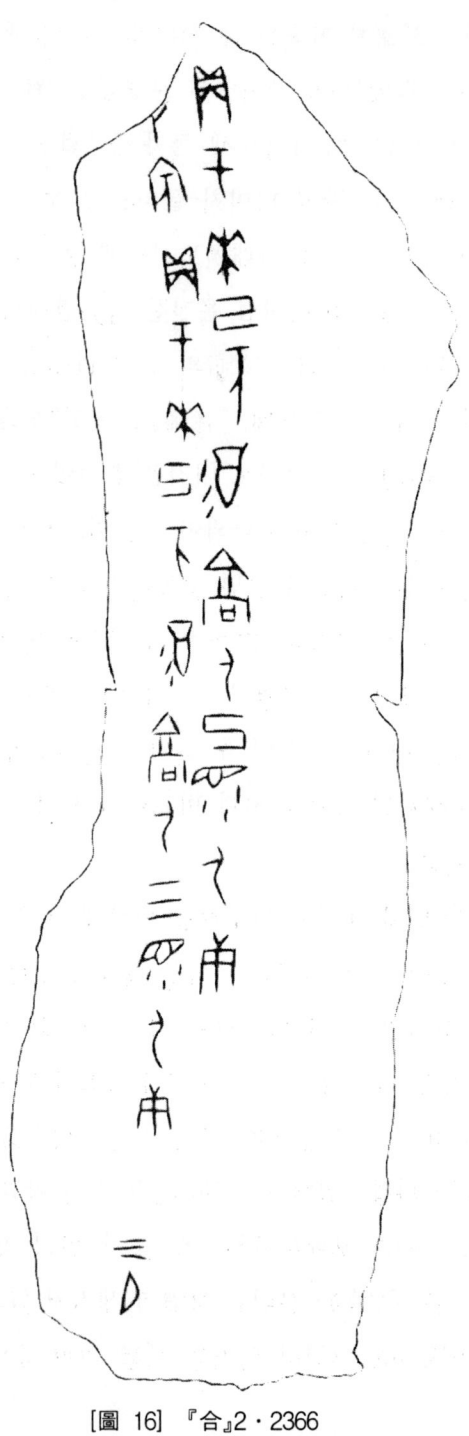

[圖 16] 『合』2・2366

契刻과 書法을 비교하면, 비슷한 점을 다음과 같은 세 가지로 귀납할 수 있다.

(1) 스승이 제자에게 전승하였기 때문에, 연습으로 새기거나 모방하여 새긴 것들이 있다.
(2) 글자를 잘못 쓰듯이 잘못 새긴 것들도 있다. 새기다가 틀리면 갈아내고 다시 새겼다.
(3) 글자에 빠진 부분이 있다. 빠진 부분이 있으면 빠진 부분을 보충하여 새겨 넣었다.

아래에서 위의 세 가지에 대해서 가각 예를 들어 설명하고자 한다.

(1) 習刻과 倣刻(연습 새기기와 모방하여 새기기)

郭沫若은『殷契粹編·序』에서 "卜辭는 龜甲과 獸骨에 글자를 새긴 것인데, 그 새긴 기술의 정교함과 글자의 아름다움은 수 천년이 지난 오늘날에도 후인들의 마음을 끌리게 한다. 문자의 풍격은 사람마다 시기마다 다른데, 武丁시기는 글자가 웅혼하고, 帝乙시기는 수려하고 아름답다. 세밀한 것은 사방 1寸안에 수십 자의 글자가 새겨져 있고, 커다란 것은 한 글자의 크기가 1寸이 넘는 것도 있다. …… 이러한 것들은 모두 기술에 정통하지 않고서는 절대로 할 수 없는 것들이다. 기술을 익혀 정화에 도달하려면 열심히 연습해야 한다는 것은 오늘날 서예를 하는 사람도 마찬가지인데, 하물며 글자를 칼로 뼈에 새기는 것은 더 말한 필요도 없을 것이다."[40]라 하였다. 연습으로 새긴 갑골문은 주로 干支表에서 자주 보이는데 그 이유는 干支字가 지금의 天地玄黃처럼 당시 가장 상용되었던 글자였기 때문이다. 郭沫若이 제시하였던 『粹』1468은 아주 훌륭한 예가 된다. 이 편은 소의 어깨뼈의 일부분인데, 正反 양면 모두 甲子에서 癸酉까지의 10간지가 새겨져 있고, 正面에 5행, 反面에 2행이 반복하여 새겨져 있다. 正面의 제 4행은 아주 정밀하고 세밀하여 칼을 쓴 법식이 매우 능숙한데, 이것은 당시 선생이 시범적으로 새긴 것이다. 다른 행들은 이리저리 삐뚤어지고 졸렬한데, 아마도 당시의 제자들이 새기는 연습을 했던 것으로 보인다. 그 중 제 3행은 완전히 선생의 시범을 본으로 모방하여 새긴 것인데, 다른 것들에 비해 새긴 상태가 상대적으로 양호하다. 연습으로 새긴 행 중에는 상당히 정밀하고 아름다워서 선생이 새긴 것도 별반 차이가 없는 것도 있는데, 이것은 아마도 선생이 옆에서 새기는 것을 도와준 것으로

---

40) "卜辭契于龜骨, 其契之精而字之美, 每令吾輩數千載後人神往. 文字作風且因人因世而異, 大抵武丁之世, 字多雄渾, 帝乙之世, 文咸秀麗. 細者于方寸之片, 刻文數十, 壯者其一字之大, 徑可運寸. …… 凡此均非精于其技者絶不能爲. 技欲其精, 則練之須熟, 今世用筆墨者猶然, 何況用刀骨耶?"

보인다. 이 편을 자세히 살펴보면 당시 선생과 학생이 마주 앉아 글자 새기는 것을 교학했던 모습을 상상해 볼 수 있다. 같은 책 1465, 1466, 1467, 1469, 1473 등도 연습으로 새긴 干支表이고, 1479편의 좌측 다섯 글자도 연습으로 새긴 것이다. 기타 여러 책들, 예로『甲編』、『乙編』、『前編』、『後編』、『佚』등에도 글자 새기기를 연습한 甲骨이 적지 않게 수록되어 있다.

(2) 誤刻과 重刻

갑골문을 잘못 새겨 놓은 것에는 다음의 세 가지 유형이 있다.

첫째, 필획을 첨가한 것인데, 예를 들어『乙編』1161(圖 17)에서는 "丁巳"의 '巳'字를 '杲'로 새겼는데, 이것은 '믁' 또는 '믁'에 두 획을 잘못하여 더 새겨넣은 것이다. 金祥恒의『續甲骨文編』에서는 "杲杲出日"의 '杲'字로 해석하였는데 이것은 이미 잘못된 것을 근거로 재차 잘못 해석한 것에 지나지 않는다.

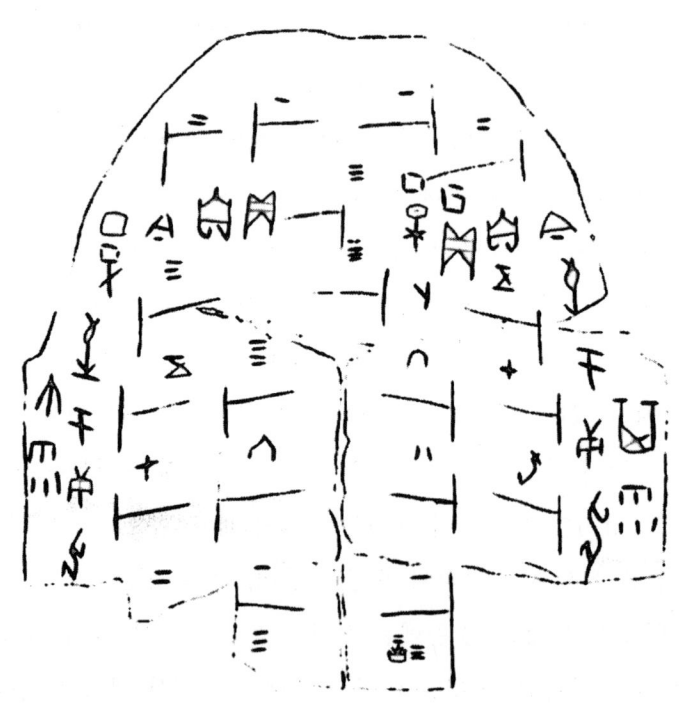

[圖 17] 乙編 261
우측 卜辭의 '巳'를 '杲'字로 잘못 새겼다. '杲'로 해석하는 것은 옳지 않다.

둘째, 필획이나 편방을 감소시킨 것인데, 예를 들어 『粹』959는 8개의 조각을 綴合하여 만든 것으로, 甲子에서 癸卯까지 전후 두 달에 거쳐 매일 "逐麋, 禽(사슴을 쫓아 사로잡을까요?)"라고 점을 친 기록인데, 현존하는 23개의 卜辭(23辭) 중 대부분은 '逐'字를 '豕'와 '止'가 결합된 '𧴄'으로 썼으나(고대에 止와 辵이 의미가 같아 한 글자의 形符로 사용된다), 6 條의 卜辭에서는 '逐'字를 편방 止가 생략된 '豕'로 새겨 놓아서 '逐'字가 '豕'字로 잘못 읽혀지고, "逐麋"는 "豕麋"로 잘못 통독되었다. 『後編』下43·5의 '逐'字도 '豕'로 잘못 새겨져 있다.

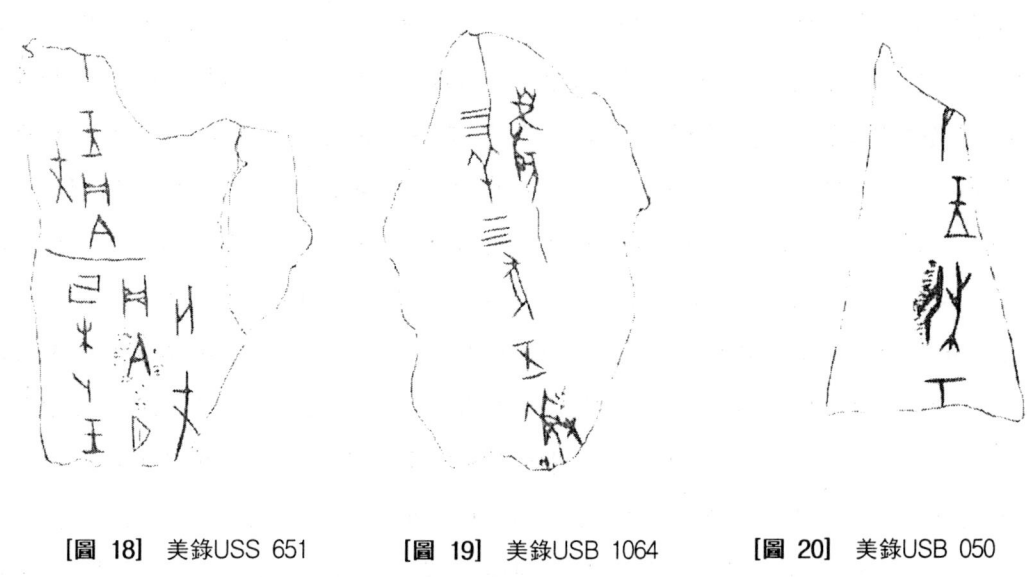

[圖 18] 美錄USS 651   [圖 19] 美錄USB 1064   [圖 20] 美錄USB 050

셋째, 편방의 구조가 완전히 달라져서 마치 다른 글자를 새겨 놓은 것 같은 것이 있다. 예를 들어 『契』388의 "往來亡災(가고 오는데 재앙이 없을까요?)"라는 卜辭에서는 '災'字를 '用'字로 잘못 새겼고, 또 1行의 卜辭만이 새겨져 있는 『前編』3·13·1의 "甲子乙卯丙辰丁☒"라는 복사에서는 甲子가 乙卯、丙辰과 연결되지 않는다. 여기서의 '子'字는 '寅'字를 못 새긴 것임이 분명하다. 이 글자들은 잘못 새긴 후에 다시 바로 새기지 않은 것들인데, 그렇기 때문에 오늘날 우리가 이러한 예들을 볼 수 있게 되었다.

이밖에 잘못 새겨진 글자들은 당시에 이미 발견되었기 때문에 모두 깎아내고 처음부터 다시 새겼을 것이다. 이처럼 깍아내고 다시 새겨 넣은 글자 주위에는 깍아낸 흔적들이 아직까지 남아있어서 가려낼 수가 있다. 예를 들어『美錄』651(圖 18)중 하단에 있는 卜辭에서 '今'字는 깍아낸 뒤에 다시 새긴 것이고,『美錄』92(圖 19)의 "羌"字도 마찬가지이다. 또『美錄』505(圖 20)의 '休'字의 좌측 반쪽도 깍아낸 뒤에 새로 새긴 흔적이 있으며,『乙編』4678 에도 새긴 후에 깍아내었던 흔적이 아직까지 남아있다.

(3) 漏刻과 補刻

『鐵』247·1의 卜辭 "癸丑卜, 殼貞: 旬亡禍? 王占曰: 有祟, 五丁巳阱禍. (계축일에 殼이 점쳐 묻습니다. "열흘동안 재앙이 없을까요?" 왕이 卜兆를 보고 말하길 "재앙이 있다."라 하였다. 오일째 정사일에 함정에 빠지는 재앙이 있었다.)"에서 '五丁巳'의 의미가 통하지 않는다. 내 생각으로는 丁巳가 癸丑 다음의 다섯 번째 날이고 '○日干支'의 형식은 驗辭에서 자주 보이는 예이므로, '五丁巳'라고 한 것에서 '日'字를 빠뜨리고 새긴 것 같다. 또 같은 책 253·1에 "癸丑卜, 賓貞: 旬禍?(癸丑일에 賓이 점쳐 묻습니다. "열흘동안 재앙이 있겠습니까?")"라는 卜辭가 있는데, 내 생각으로는 같은 片에 癸未、癸巳、癸卯일의 貞旬卜辭가 있고 모두 "旬亡禍"라 쓰여 있으므로, "旬禍"라고만 새겨진 이유는 '亡'字를 빠뜨렸기 때문인 것이 분명하다. 이 두 가지 예는 분명 글자를 잘못 빠뜨린 漏刻으로, 의도적으로 생략한 것과는 다르다. 漏刻된 글자를 보충하는 방법은 卜辭의 적당한 위치에 빠뜨린 글자를 보충하여 새기는 것이었다.『甲骨文例』에서는 이러한 방법을 '沾注'라고 하였는데, 예를 들어『後編』上9·3에서 '卜'字가 '丑'字의 우측 아래에 새겨진 것과『鐵』204·1에서 '卜'字가 '의'의 우측에 새겨진 것이 이러한 예이다. 또『粹』190의 "丙午卜翌甲寅酒……"에서는 '丙'과 '卜'이 연결되어 있고, '午'字는 '卜'의 좌측에 새겨져 있다. 같은 책 885의 "癸丑卜, 隹豆受……"에서는 '卜'字가 '丑'字의 우측 아래에 새겨져 있는데, 이러한 예들이 모두 빠뜨리고 새긴 다음에 빠진 글자를 다시 보충하여 새긴 것들이다.

『易·繫辭』의 "상고시기에는 結繩으로 다스렸는데, 후세에 성인이 書契로 그것을 대신하였다(上古結繩而治, 後世聖人易之以書契)"라는 구절을 근거로 이전의 어떤 학자들은 습관적으로 갑골문을 '殷墟書契'라 불렀고, 나도 예전에는 '書契'를 '칼로 새긴 文字'라고 이해하였기 때문에 書와 契, 즉 쓰는 것과 새기는 것을 같은 것이라고 알고 있었다. 그러나 엄밀하게 말하자면 書와 契는 서로 다른 두 가지이다. 갑골문에도 붓으로 쓴 것(書)도 있고 칼로 새긴 것(契)도 있는데, 먼저 쓰고 나중에 새긴 것도 있고, 쓰지 않고 새긴 것도 있다. 그러나 '쓰기'는 '새기기'의 기초이며 새기는 연습을 하기 전에 반드시 쓰기 연습부터 하였다. 쓰기와 새기기는 공구가 다르기 때문에 작풍 역시 차이가 나지만, 비슷한 부분도 조금 있으며 둘 사이에는 밀접한 관계가 있다. 굳이 나눈다면 '쓰기(書)'와 '새기기(契)'로 나눌 수 있지만, 개괄적으로 갑골문을 '殷墟書契'라고 하는 것도 틀린 것은 아니다.

제4장
甲骨文字의 특징 및 그 발전 변화

1. 甲骨文字와 六書 문제

六書는 漢代의 학자들이 小篆에 대한 분석을 근거로 귀납해낸 일종의 문자 이론으로, 古人들의 造字方法을 象形·指事·會意·形聲·轉注·假借의 6가지로 귀납한 것이다. 班固는 『漢書·藝文志』에서, 鄭衆은 『周禮·保氏』의 注에서 모두 六書 문제를 거론하였다. 그러나 이들은 단지 명칭을 배열했을 뿐 어떤 이론상의 설명도 한 바가 없다. 許愼은 『說文·叙』에서 六書의 함의에 대해 요점적으로 분석하였는데, 이들 세 학자는 六書의 명칭 및 배열순서에 대해 다음과 같이 각기 서로 다른 견해를 보였다.

班固	象形	象事	象意	象聲	轉注	假借
鄭衆	象形	會意	轉注	處事	假借	諧聲
許愼	指事	象形	形聲	會意	轉注	假借

명칭은 許愼의 설명이 합리적이고, 순서는 班固의 설명이 뛰어나다. 許愼 이후 六書는 中國文字學의 기초적인 이론이 되어 자형을 분석할 때에 항상 이용되곤 하였다. 甲骨文이 출토된 후에는 六書 이론을 甲骨文에 이용하는 것이 적합한가에 대한 문제가 자연스럽게 논의되기 시작하였다. 劉鶚은 『鐵雲藏龜序』에서 자못 한탄스러운 어조로 "六書의 뜻을 이용하여 鐘鼎文을 추측하면 합치되지 못하는 경우가 많고, 또 鐘鼎文의 字體를 이용하여 거

북판의 글자를 추측하면 역시 합치되지 못하는 경우가 많으니, 아마도 시대가 멀어질수록 추측하기가 더욱 어려워질 것이다."1)라 하였다. 그의 얘기는 小篆을 가지고 金文(즉, 鐘鼎文)을 '추측'하고 또 金文을 가지고 甲骨文을 '추측'하면, 아무리 이리저리 추측해봐도 '역시 합치되지 못하는 경우가 많다'는 것만 느끼게 된다는 것이다. 羅振玉과 王國維는 "추측[推](실제로는 틀에 맞추는 것[套])"의 방법을 채용하지 않고, 六書이론을 운용하여 甲骨文을 분석한 결과, 甲骨文에는 『說文』의 형체와 차이가 있는 글자가 많다는 것을 알게 되었다. 羅振玉과 王國維 이후, 수많은 학자들 역시 六書이론을 응용하여 偏旁구조를 분석함으로서 새로운 글자들을 적지 않게 고석하였다. 이러한 사실은 六書이론이 甲骨文에 기본적으로 어느 정도는 적용될 수 있고, 또 甲骨文을 분석하고 고석하는데 그래도 쓸모가 있음을 말해준다. 이것은 小篆이란 어찌되었거나 商周文字가 변화되어 생긴 것이고 전후의 계승관계가 존재하며, 형체구조상 일부 변화가 있기는 해도 문자의 성질 및 발전단계라는 근본적인 문제까지 변화시킨 것은 아니라는 점에 기인한다.

자형구조를 분석하면, 甲骨文字 역시 象形·指事·會意·形聲이라는 네 가지 구조방식에서 크게 벗어나지 않는다.

甲骨文에는 확실히 수많은 象形字가 보존되어 있고, 일부 글자들은 圖畫의 성질까지 지니고 있다. 小篆만 놓고 볼 때 "사물을 형체에 따라 구불구불하게 그려 만든다(畫成其物, 隨體詰詘.)"는 말은 약간 적절하지 못한 감이 있지만, 甲骨文과 古金文을 살펴보면 그 말의 의미가 일목요연하고도 분명하게 이해된다. "사물을 형체에 따라 구불구불하게 그려 만든다"는 이 말은 상형자를 아주 적절하게 개괄한 것이다. 예를 들어 '象'의 경우 小篆에서는 象으로 쓰기 때문에 보통 사람들은 그것을 실제 코끼리와 연계시키기 어렵지만, 甲骨文에서는

前編3.31.3   後編下5.11   乙編960

등의 형상으로 써서 기다란 코를 특별히 강조하고 있기 때문에 한번 보기만 해도 그것이 코끼리를 나타낸 글자라는 것을 알 수 있다. 또 '鹿'을 예로 들면, 小篆에서는 鹿으로 쓰면

---

1) "以六書之恉推求鐘鼎多不合, 再以鐘鼎體勢推求龜版之文又多不合, 蓋去古愈遠愈難推求耳."

서 象形이라고 설명하고 있으나 실제 모양을 본떴다고는 보기가 어렵다. 그러나 甲骨文에서는

佚383   甲編2941   甲編1395   甲編265

등의 형태로 써서 두 뿔과 긴 목을 중점적으로 그려냈기 때문에 사슴의 형태와 아주 닮아 있다. 이러한 예는 수도 없이 많다. 牛·羊·豕·犬·馬·虎·兕·鳥·魚·龜·貝……같은 동물의 이름이나 草·木·禾·黍·來(麥)……같은 식물의 이름, 山·川·水·日·月·雷·電·雨·星(晶)……같은 자연계의 이름, 弓·矢·舟·車·皿·鼓(壴)·角·爵·學·尊·壺·戈·戌……같은 도구나 기물의 이름, 人·女·大·天·首·面·長·目·自(鼻)·耳·口·齒·足……같은 인체 및 각 부분의 이름 등이 甲骨文에서는 모두 象形字이다. 이러한 글자들은 당연히 圖畵 그 자체가 아니라, 간략한 선으로 객관적인 사물의 주요한 세부적 특징을 형상화시켜 그려낸 것이다. 어떤 경우에는 전체 형상을 모두 본떴고, 부분적인 특징만으로 전체를 대표한 경우도 있으며, 거기에 특정 부분을 강조함으로서 다른 象形字와 구별한 경우도 있다. 예를 들어 牛와 羊은 모두 머리와 뿔의 형상을 본떴으나, ¥, ¥로 쓰는 牛는 뿔이 평평하게 뻗어 있고, ¥으로 쓰는 羊은 뿔이 굽어있다. 豕와 犬은 모두 옆으로 서 있는 형태를 본뜬 것이지만, 로 쓰는 豕는 살찐 배와 짧은 다리를 강조하였고, 으로 쓰는 犬은 마른 배와 굽은 꼬리를 강조하였다. 이와 같은 예들은 너무 많으므로 일일이 다 거론하지는 않겠다. 甲骨文에 '사물을 그린' 이런 종류의 글자들은 실제와 형태가 유사하기 때문에 비교적 쉽게 판별할 수 있으므로 비교적 이른 시기부터 고석되었다.

　象形의 기초 위에 일정한 부호를 더해 비교적 추상적인 개념을 표현함으로서 형상화 시킬만한 형태가 없는 비교적 복잡한 사물을 나타내는 것이 '指事'이다. 『說文序』에서 指事를 六書의 가장 첫머리에 놓은 것은 타당하지 않지만, 그것을 "보면 알 수 있고, 살피면 그 의미를 파악할 수 있다(視而可識, 察而見意)"고 해석한 것만큼은 아주 정확한 것이었다. 甲骨文에는 이런 유형의 글자 역시 적지 않은데, "보면 알 수 있다"는 것은 象形과 유사하고, "살피면 그 의미를 파악할 수 있다"는 것은 會意와 비슷하다.[2] 예를 들어 ⊗, ⊕로 쓰는

母는 '女'字에 두 점을 더하여 흉부의 두 유방을 나타냄으로서 여성이 이미 장성하여 남의 배필이 될 수 있음을 나타내고 있고(母에는 배필이라는 의미가 있다), 또 그것을 이용하여 자식을 낳은 여자를 가리키는데 사용되었다. 一을 하나의 수평선으로 하여 거기에 한 점을 더해 그 위나 아래를 가리키면 그것이 바로 二(上), 二(下)이며, 그 형태가 약간 변하면 ᄋ, ᄉ가 된다. 숫은 사람이 똑바로 서 있는 형태인데, 그 겨드랑이 아래에 두 점을 찍어 夾으로 쓰면 두 겨드랑이의 위치를 나타내게 되며, 이것이 바로 '亦'(腋의 本字)이다. 또 그 머리를 약간 기울이면 夨, 夭, 夭 등이 되는데 이것이 바로 '矢'[3]字이며, 그 팔을 구부려 大, 夭로 쓰면 天字가 되고, 그 다리를 교차시켜 交, 交로 쓰면 交字가 된다. 이 밖에 日・甘・未・血・刃 등등 역시 甲骨文에서는 모두 指事字이다.

甲骨文 중에서 會意字는 수량이 대단히 많고, 표현력도 가장 풍부하기 때문에 자세히 음미해 볼만한 가치가 있다. 『說文敍』에서는 "會意란 비슷한 것끼리 늘어놓고 뜻을 합쳐 가리키는 바를 드러내는 것으로, 武와 信이 그 예이다(會意者, 比類合誼, 以見指撝, 武信是也.)"라 했다. 甲骨文에는 '武'字는 있지만 '信'字는 없다. 戈, 戈, 戈 등으로 쓰는 武는 戈와 止를 편방으로 하는 會意字이며, 本義는 '정벌한다'는 의미이다. '戈'는 무력을 나타내고 '止'는 행동을 나타내므로, 이 글자는 무력의 상징인 것이다. 이와 관련 있는 伐(伐), 戍(戍), 戮(戮)과 같은 글자들 역시 會意字이다. 甲骨文에서 두 개 혹은 두 개 이상의 獨體象形字(및 指事字)로 구성된 글자들은 대개 모두 會意字인데, 대부분 여러 개의 文을 합쳐 하나의 글자가 되며, 의미는 그 안에 들어있다. 甲骨文에서 사람의 동작에 관련된 會意字만도 步・涉・各・出・陟・降・墜・丞・承・休・乘・弄・戒・兵・興・及・及・爲・取・隻(獲)・史・聿・盡・尸・爭・鬥・牧・旣・卽・射・韋(圍)・聖・見・奚・俘・祭・祝・祀 등이 있는데 적어도 백여 개가 된다. 그밖에 明・蠱・益・獸・羅・買・昔・集・剝・剡・初・多・夙・粗・寶・宗・麂・沉・埋・莫・朝 등도 모두 전형적인 會意字이다. 이러한 글자들의 의미는 約定俗成에 의해 그 글자를 구성하고 있는 각 부분의 象形字를 합침으로서 표현된다. 예를 들면 동굴을 나타내는 U와 가고 오는 모습을 나타내는 Ɣ가 합쳐짐으로서 '들어가다[各]'라는 개념과(各)과 '나오다[出]'(出)라는 개념을 나타내게 된다. 阝, 阝은 산언덕을 대표하는데, 여기에 두 발인 Ɣ을 위아래로 그림으로써 '陟'(陟)과 '降'(降)의 개념을 표시

---

2) 이는 원래 王筠이 『文字蒙求』에서 . 한 말이다.
3) 【譯註】원문 60쪽에는 矢로 되어 있으나 이 글자는 矢(녈)의 誤字로 생각된다.

한다. ✻, ⼎는 나무를 대표하는데, 나무에 대한 사람의 서로 다른 위치를 가지고 '休'(⽊)와 '乘'(⾡)의 개념을 나타낸다. 甲骨文에서는 會意字가 차지하는 비율이 가장 많다.

甲骨文에서 形聲字는 수량이 적지는 않지만, 차지하는 비율면에서는 象形字나 會意字에 훨씬 못 미친다. 『說文序』에서 "形聲이란 일로서 이름을 삼고 비유를 취해 서로 이루는 것(形聲者以事爲名, 取譬相成)"이라고 했다. 會意와 마찬가지로 이 역시 象形과 指事의 기초 위에 새로운 글자를 만들어내는 방법이다. 許愼이 내린 정의에 따르면 하나의 形符(일로서 이름을 삼는 것)과 하나의 聲符(비유를 취해 서로 이루는 것)을 함께 결합시킨 것이 바로 形聲字이다. 원래의 形聲字를 形符나 聲符로 삼고, 거기에 다시 聲符나 形符를 더하면 또다시 새로운 形聲字를 만들 수도 있다. 또한 동일한 形符는 聲符가 서로 다른 한 계열의 形聲字를 구성할 수 있고, 동일한 聲符 역시 形符가 다른 한 계열의 形聲字를 구성할 수 있다. 이처럼 '形符와 聲符를 서로 더해[形聲相益]' 끊임없이 파생되면 문자의 수량이 점차 증가되게 된다. 形聲字는 한자의 총 수량 중에서 절대다수의 우위를 차지하고 있지만 甲骨文에서는 아직 이러한 경향이 드러나지 않고 있다. 자주 보이는 形聲字에는 祐·春·歸·唐·效·學·湄·雉·雞·雇·啓(⿰)·伊·依·般·烄·河·汝·洹·洋·沚·漁·姜·妃·妹·娥·姘·嬪·媚……등 수십 개가 있다.

위에서의 간단한 분석을 통해, 우리는 六書이론이 기본적으로 甲骨文에 적용될 수 있음을 알 수 있었다.

그러나 갑골문자는 분명 小篆과는 다른 것이고, 小篆보다 천여 년이 앞서는 글자이다. 그렇기 때문에 小篆을 분석하는 방법을 곧이곧대로 甲骨文에 적용한다면 난관에 부딪혀 실패할 수밖에 없게 된다. 만약 小篆에 대한 분석방법을 근거로 甲骨文에서 그에 상응하는 글자를 찾는다면, 찾을 수 없거나 잘못 찾을 가능성이 있다. 이런 점에서 본다면 六書이론은 甲骨文에 완전히 적용되지는 않는다는 말도 가능할 것이다. 예를 들어 辰巳라고 할 때의 巳는 小篆에서 ⿳로 썼고 『說文·14下(30)』에서는 "다하는 것이다. 4월에는 양기가 이미 나오고 음기는 이미 숨어버려서 만물이 드러나 무늬를 이룬다. 그렇기 때문에 巳는 뱀의 형태를 본떠 만든 것이다.(巳也. 四月陽氣巳出, 陰氣巳藏, 萬物見, 成文章, 故巳爲蛇象形.)"라 했으며, '午'字는 小篆에서 ⿰로 썼고 『說文·14下(31)』에서는 "거스르는 것이다. 5월에 음기가 양기를 거슬러 땅을 뚫고 솟아 나온다. 이것은 화살[矢]과 같은 뜻이다.(牾也. 五月陰氣午逆陽, 冒地而出, 此予(與)矢同意.)"라 했다. 孫詒讓은 이러한 설명에 근거하여 甲骨文에서 巳·午 두 글자를 찾아보려고 하다가 찾지 못하자 "巳와 午 두 글자만이 보이지 않는다"4)고 했다.(자세한 것은 제 2장 제 2절 참고) 하지만 이것은 甲骨文에서 '巳'를 子女라고 할 때의 '子'와 동일한 형태인 ᗉ나 ᗊ로 썼고, '午'는 새끼줄을 둘둘 꼰 모양을 본뜬 ᗋ로 썼기 때문에, 비록 모두 象形에 속하긴 해도 『說文』의 설명과는 완전히 다르다는 사실을 알지 못했던 탓이다.

다음으로, 小篆의 形聲字는 甲骨文 시대에 會意字였던 경우가 많기 때문에, 六書이론을 甲骨文에 적용하여 그에 상응하는 形符와 聲符로 이루어진 글자를 찾으려고 한다면 이 역시 헛된 노력이 될 수도 있다. 沉・埋・聞・䅈・獲・育(毓)・盪・妻 등의 글자들이 바로 그 예이다. 그 중 沉・埋・聞・䅈・獲・育은 이전 사람들이 고석하여 이미 정론이 나와 있으나, 盪・妻 두 글자는 葉玉森이 처음 고석한 이래 지금까지 논의가 계속되고 있다. 본인은 ᗌ과 ᗍ을 盪으로 고석하고, ᗎ, ᗏ을 妻라고 고석하면서 두 가지 모두 會意字라고 하는 葉玉森의 주장에 동의한다.5) 만약 '형부가 皿이고 성부가 湯(從皿湯聲.)'이라는 관점에서 '盪' 字를 찾으려고 하고 '형부가 女・ᗐ・又…이고 성부가 ᗐ(從女從ᗐ從又…… ᗐ聲)'라는 관점에서 '妻'字를 찾으려고 한다면 이 역시 헛된 노력이 되어, 결국에는 한탄만 하면서 '盪 字가 보이지 않는다'라거나 '妻字를 찾을 수 없다'라고 말할 수밖에 없게 될 것이다. 會意 字가 形聲字로 변화되는 것은 문자 발전 과정에 있어서의 하나의 규율이므로, 이 규율을 제대로 이해하고 파악해야만 정확하게 甲骨文字를 이해하고 고석할 때 도움을 받을 수 있다.

다른 한편으로, 甲骨文의 어떤 글자는 여러 가지 書法을 가지고 있기 때문에 동일한 글자가 六書의 서로 다른 유형으로 귀납되기도 하는데, '天'이 가장 분명한 例字 중 하나이다. 『說文』에서는 "天은 꼭대기이다. 지고무상한 것이다. 一과 大로 이루어졌다.(天, 顚也. 至高無上, 從一大.)"라 하여 會意로 보고 있다. 하지만 甲骨文에서는 天을 ᗑ, ᗒ, ᗓ등의 형태로 쓰고 있으므로, 象形인 경우도 있고 指事인 경우도 있다. 王國維는 "古文의 天字는 본래 사람 형태를 본뜬 것이다……卜辭와 孟鼎의 ᗑ・ᗒ 두 글자는 머리 부분을 특별히 돌출시킴으로써 본뜨려는 부분을 분명하게 강조한 것이다. 殷虛卜辭와 齊侯壺에서는 또 ᗓ로 써서 한 획을 그 본뜬 곳 위에 더해 썼다."6), "그렇기 때문에 ᗑ, ᗒ는 상형자가 되고 ᗓ은 지사자

---

4) "巳午兩字獨未見."
5) 이 盪・妻 두 글자에 관해서는 다른 글에서 전문적으로 고석하기로 한다.
6) "古文天字本象人形……卜辭・孟鼎之ᗑ, ᗒ二字所以獨墳其首者正特著其所象之處也. 殷虛卜辭及齊侯壺又作ᗓ則以一劃記其所象之處."

가 되며, 篆文에서 一과 大로 이루어진 글자는 회의자가 된다. 문자는 쓰는 방법이 다르면 그 글자가 속하는 六書 역시 달라지게 되는데, 이것을 알아야 소학을 논할 수 있다."7)라고 했다.

또 六書로는 모든 甲骨文字를 해석할 수도 없다.『甲骨文編』부록의 2,949字 중에서 일부 글자는 해석이 가능하고, 일부 글자는 해석이 되기는 했으나 여전히 이견이 있으며, 대부분의 글자는 현재까지 아직 해석되지 못한 것들이다. 그 글자들을 아직까지 해석하지 못한 까닭은, 완정한 문장 없이 글자만 단독으로 보이는데다가, 한두 번 밖에는 보이지 않는 등, 앞뒤 문장이라는 언어환경이 갖추어져 있지 않기 때문에 현재로서는 고석할 방법이 없는 것이다. 또한 구조가 괴상하기 때문에 六書로서는 근본적으로 분석이 불가능한 경우도 있다. 사실, 이미 고석되어 정론화 된 글자라 하더라도 六書로는 해석할 수 없는 것들이 있다. 于省吾가 지적한 대로 獨體象形字이면서 聲符를 지니고 있는 현상이 바로 六書를 가지고 원만하게 해석할 수 없는 것들이다.8)

결론적으로, 六書이론은 甲骨文에 부합되는 경우도 있고 부합되지 않는 경우도 있다. 그러므로 六書를 가지고 甲骨文을 분석하고 고석하려고는 할 수 있지만, 六書를 억지로 적용하려고 해서는 안될 것이다.

2. 甲骨文字의 형체 구조상의 특징

甲骨文은 이미 상당히 완비된 문자 체계이다. 商代는 문자가 처음 창조된 시대는 아니었지만, 그래도 문자는 여전히 계속해서 만들어지고 있었다. 甲骨文의 형체구조라는 각도에서 보자면, 문자의 형식은 아직 고정되지 않았기 때문에 각양각색의 복잡다단한 현상이 보인다.

기존의 책에서 甲骨文의 특징을 논술할 때에는 대부분 칼로 새긴다는 각도에서 고찰하여 청동기에 주조된 金文과 구별지었다. 물론 대부분의 甲骨文은 새긴 것이기 때문에 모난

---

7) "故呆, 天爲象形字, 夭爲指事字, 篆文之從一大爲會意字. 文字因其作法之不同而所屬之六書亦異, 知此可與言小學矣." 이상 王國維의 언급은『觀堂集林(권6)・釋天』에서 인용함.
8) 자세한 것은 于省吾,『甲骨文字釋林・釋具有部分表音的獨體象形字』참고.

필획[方筆]이 많고 둥근 필획[圓筆]이 적으며, 金文처럼 안을 채워넣는 두터운 필획[肥筆]은 더더욱 적어서 힘이 넘치고 칼로 새긴[刀筆] 맛이 풍부하게 느껴진다. 구조상으로 甲骨文을 金文과 비교해도 역시 수많은 차이점들이 있다. 하지만 이것은 그저 하나의 측면일 뿐이다. 이 문제를 논하는 사람들은 다른 측면의 문제, 즉 甲骨文에는 같은 시기의 金文과 아주 유사한 刻辭가 상당부분 존재하고 있고, 구조형태나 필획의 두께가 金文과 정말 아무런 차이가 없는 경우도 있다는 점을 간과하곤 한다. 사슴 머리에 새겨진 유명한 刻辭(『甲編』3940, 3941)나, 짐승의 肋骨에 새겨진 刻辭(『佚』426, 427, 518), 호랑이 뼈의 刻辭(『懷特』1915)와 같은 記事刻辭 중의 많은 글자들은 金文과 書法을 구별하기가 매우 어렵다. 특히 『佚』518(제5장의 그림 130)은 邑斝銘(『三代吉金文存』권13, 53쪽. 圖 1을 볼 것)과 아주 유사하다. 제 13차 발굴에서 얻은 武丁시기 복사인 『乙編』882, 1983, 6664, 6665, 6672, 6673 등의 복사는 문자의 풍격이 殷墟에서 출토된 청동기 명문과 전혀 차이가 없다. 특히 『乙編』6664, 6665(이것은 동일한 판의 正面과 反面임. 圖 2, 3을 볼 것)에서 둥근 필획으로 쓰인 星·明·鳥·酒·旣·乙·巳·夕·西 등의 수많은 글자들은 金文과 전혀 차이가 없다.

[圖 1] 『邑斝』三代 13·513

이 밖에도 『甲編』1978, 2486에서 '止'字는 가운데를 채운 ꔛ, ꔜ로 썼고, 『乙編』3093에서 '叀'字는 ꔝ로 썼으며, 『乙編』7285에서 '其'字는 朱書로 ꔞ로 썼는데, 모두 金文과 그다지 큰 차이가 없다. 이러한 刻辭들은 먼저 붓으로 다 쓴 후에 다시 칼로 새긴 것이고, 또한 아주 진지하고 세밀하게 공을 들여 그 원형과 부합되게끔 노력했던 것이 분명하다. 甲骨文 중에서 이러한 刻辭는 수량이 많지는 않지만, 그래도 자못 중요한 의미를 지닌다. 그것들은 甲骨文字의 형체구조에 두 가지 유형이 있는데, 하나는 金文과 차이가 비교적 큰 대다수의 글자들이고, 다른 하나는 金文과 대체적으로 동일하거나 차이가 별로 많지 않은 소수의 글자들이라는 것을 설명해준다.

그렇다면 甲骨文字의 형체구조는 대체 어떤 특징을 지니고 있는 것일까? 결론적으로 말

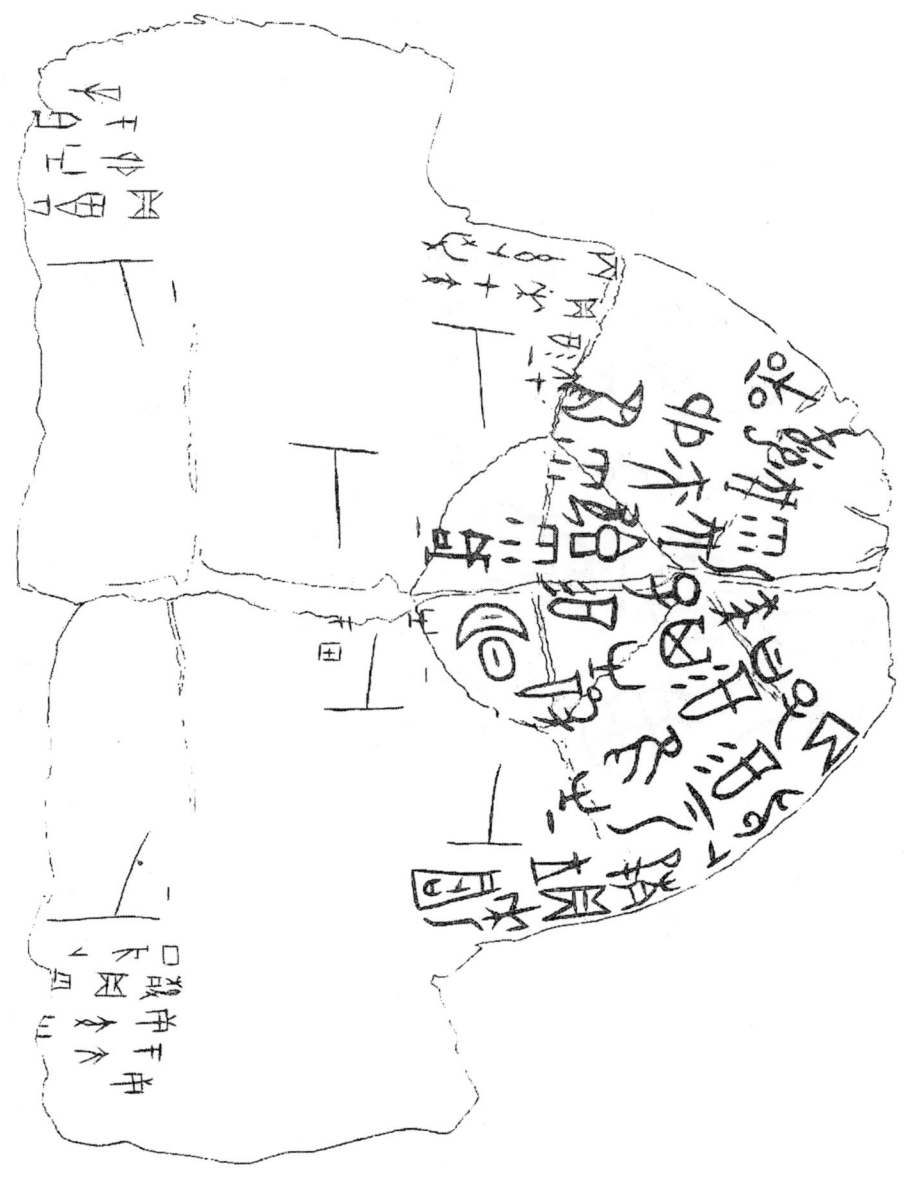

[圖 2] 『乙編』 6664

[圖 3] 『乙編』 6665

하자면, 구조가 고정적이지 않아서 獨體字의 형식에는 수많은 변화가 있고 合體字의 각 부분의 결합 역시 엄격하지 않으며, 구체적으로 書寫할 때에는 또 상당한 임의성을 지니고 있기 때문에 나뉘는 경우도 있고 합쳐지는 경우도 있으며, 똑바로 쓰기도 하고 거꾸로 쓰기도 하는 등 상당히 융통성이 있어서, 쓰여진 시기와 쓴 사람에 따라 종종 차이가 있다고 할 수 있다. 구체적으로 말하자면 다음의 네 가지 방면으로 나누어 설명할 수 있다.

(1) 合文(합쳐 쓰기)

이것은 甲骨文에 보편적으로 존재하는 현상으로, 중요한 특징 중 하나이다. 合文이란 合書라고도 하는데, 글자 하나를 쓸 자리에 두 개 혹은 세 개의 글자를 함께 쓰는 것이다. 두 글자의 合文이 다수를 차지하며, 세 글자의 合文은 비교적 드물게 보인다. 대부분 필획이 겹치지 않는 것이지만, 필획이 겹치는 것도 소수 있다. 두 글자의 合文 방식에는 두 가지가 있는데 하나는 좌우를 합치는 것이다. 예를 들면 다음과 같다.

　　(大甲)　　(祖丁)　　(祖乙)　　(十五)　　(七月)

다른 하나는 위아래로 합치는 것인데, 예를 들면 다음과 같다.

　　(十牢)　　(小牢)　　(五十)　　(二百)　　(八月)

세 글자의 合文인 경우에는 우선 위아래를 합치거나 좌우를 합친 후 다시 세 번째 글자를 합친다. 예를 들면 다음과 같다.

　　(十二月)　　(十三月)　　(七十人)　　(中母己)
　　(辛亥貞)　　(翌日庚)　　(上下峉)

甲骨文에서 合文형식은 주로 숫자를 나타내는 글자이거나 先公先王의 稱謂이거나 人名·地名·月名 등인 경우가 대다수이고, 그밖에는 다음과 같은 상용되는 숙어들에 사용된다. 예를 들면

存(亡聞)　𣥏(又聞)　㞢(亡𢆉)　𠂤(又𢆉)

등이 모두 그 예이다.

　기존의 연구자들은 모두 甲骨文의 이러한 특징에 주의했었지만, 合文의 구체적인 해석에 대해서는 각 연구자들마다 의견에 차이가 있었다. 예를 들어 羅振玉은 『殷虛書契考釋』을 지을 때 이미 숫자의 合文 문제에 주의했었지만, 그는 ⊠과 ⚭을 동일시하여 모두 十五라고 해석했고, ⚭은 十六이라고 해석했다. 한편 郭沫若은 「釋五十」이라는 글에서 羅振玉의 잘못을 수정하여 ⚭은 五十이고 ⚭은 六十이라 하였는데, 이는 정말 옳은 견해이다. 하지만 ⊠가 十五의 合文형식이라는 점을 부인했고, 또 숫자의 合文 원칙을 너무 절대적으로 이야기했기 때문에 지금에 와서 볼 때에는 역시 타당하지 못한 점이 있어서 어느 정도 보충과 수정이 필요한 실정이다.[9] 『甲骨文編』에서는 正編 14권 외에 별도로 合文을 모아 별도로 1권을 만들었는데, 잘못된 점이 너무 많아서 合體字의 일부도 合文으로 간주하여 수록하고 있다.

　한편, 甲骨文의 合文형식은 종종 글자를 한 글자씩 나누어 쓰는 일반 형식과 동시에 병존한다는 점에 주의해야 한다. 예를 들어 大甲·祖丁·五千·五十·多母는 모두 합쳐 쓸 수도 있고 나눠 쓸 수도 있다.

大甲　祖丁　五千　多母　五十

　또한 하나의 자형이 한 글자가 合文인지 아닌지를 판단하는 중요한 근거 중 하나는 그 두 개의 글자가 따로따로 쓰이는가 아니면 연용되는 형식으로 쓰이는가 하는 것이다. 月名은 合文의 형식을 주로 사용하며, 한 글자씩 나눠 쓴 경우는 비교적 드물게 보인다. 한편 十·百·千의 배수는 合文으로 쓰는 경우가 많지만 10 이하의 숫자는 나눠 쓰는 경우가

---

9) 이에 관한 자세한 설명은 陳煒湛, 「郭沫若「釋五十」補說」 및 「再補」, 『中華文史論叢』 1980년 제 3輯·제 4輯을 참고할 것.

비교적 많다.

(2) 一字異形(한 글자에 여러가지 형태가 있는 경우)

편방 위치가 고정적이지 않기 때문에 繁體와 簡體가 병존한다. 이 점은 제 2장 '甲骨文 고석의 발전'에서도 이미 언급한 바가 있다. 羅振玉이 바로 이 특징을 잘 파악하여 小篆과 다른 자형을 가진 甲骨文字들을 대담하게 고석했었다. 甲骨文字는 一字異形이 보편적인 현상이다. 관건이 되는 주요 부분만 동일하기만 하면 '편방구조의 증감에 변화가 있거나' 형상이 일치되지 않는다 해도 하나의 글자로 인정할 수 있는 것이다. 다음에서 『甲骨文編』권2에 수록된 異體字들을 예로 들어 분석해보기로 하자.

① 편방위치를 바꿔 쓴 경우

　　　　(牝)　　　　　(物)
　　　　(吾)　　　　　(延)10)

② 편방구조를 바꾸거나 더한 경우

　　　　(牢)　　　　　(各)
　　　　(登)　　　　　(逐)
　　　　(通)　　　　　(得)

③ 편방구조는 동일하지만 필획의 증감에 차이가 있는 경우

　　　　(告)　　　　　(介)
　　　　(單)　　　　　(金(途))

---

10) 하지만 이것은 한마디로 얘기할 수 있는 문제는 아니다. 편방위치를 임의로 바꿀 수 없는 글자들도 있는데, 예를 들어 女와 거꾸로 된 子로 구성되어 있는 (育·毓·后)는 좌우구조로 바꿀 수 없고 女와 子로 구성된 (好) 역시 상하구조로 바꿀 수 없다.

𝄞 𝄞 𝄞 (御)　　　𝄞𝄞𝄞𝄞𝄞 (齒)

일반적으로 말해, 異體字는 이 세 가지 범위를 벗어나지 않는다. 甲骨文의 이러한 특징을 인식하게 되면 본래 한 글자에 속하는 글자들을 여러 개의 글자로 나누는 오류를 범하지 않게 되어, 일련의 낱글자들을 합당하게 귀납할 수 있게 된다.『甲骨文編』은 이 방면에 있어 적지 않은 노력을 했지만, 안타깝게도 철저하지 못한 부분이 있어 하나로 귀납해야 할 글자들을 제대로 귀납하지 못한 경우가 적지 않다. 예를 들어 이 책의 권10에서는 𝄞, 𝄞 두 개의 자형을 '奚'字로 열거하고 있는데, 이것은 당연히 옳은 것이다. 하지만 이 밖에 女와 臼로 이루어진 𝄞, 𝄞, 𝄞, 𝄞, 𝄞, 𝄞 역시 모두 奚의 異體字인데도 이것은 따로 㜎인 𝄞, 𝄞(권12)로 고석하고 있다. 또 爪가 생략된 𝄞, 𝄞 등의 형태는 설사 奚로 고석하지 않더라도 𝄞나 𝄞로 隸定할 수 있음에도 불구하고 이 책에서는 모두 부록(下, 26쪽)에 수록하였다. 또 衒과 衍, 衙(권2), 𝄞과 承(丞)(권2), 𝄞(부록上, 42쪽)과 𝄞 (권3), 𝄞(권4)와 𝄞(권?) 등등은 모두 一字異形이므로 마땅히 한 곳으로 귀납해야 한다.

(3) 異字同形 (여러 글자의 형태가 같은 경우)

이것은 一字異形과 정반대 되는 현상이다. 각종 원인으로 인해 하나의 자형이 音義가 완전히 다른 두 개 내지 세 개의 글자를 대표하게 되었는데, 이것은 파생도 아니고 假借도 아니다. 그 수가 많지 않은 특수한 현상이기 때문에 甲骨文을 연구하는 사람들이 별로 언급하지 않았던 부분이다. 이체자의 식별은 문자를 고석하는데 도움을 주어 한 글자를 여러 개의 글자로 잘못 판단하는 것을 막아준다. 한편 同形字를 식별하는 것 역시 卜辭를 정확하게 파악하는데 중요한 관건이 되며 복사를 읽을 때의 착오를 방지해준다. 다음에서 두 가지 예를 들어 하나씩 살펴보기로 하자.

① 下와 入은 모두 ∧ 형태로 쓴다. 甲骨文의 '入'字는 ∧로 쓰는 경우가 많고, 下는 일반적으로 ⌒로 쓰기는 하지만 '入'字와 同形인 ∧로 쓰는 경우도 있기 때문에 쉽게 혼동된다.『甲骨文編』에서는 일률적으로 ∧을 入으로 고석하였다.(이 책의 권5, 18쪽과 합文 2-3쪽을 볼 것) 卜辭의 人名에는 下乙이 있는데 𝄞 혹은 𝄞로 쓰는 두가지 형태가 공존한다. 예를 들어『乙編』4549에서는 "乙酉卜, 㞢歲于下乙.(을유일에 점을 칩니다.

"下乙에게 㞢제사와 歲제사를 올릴까요?")"라 하면서 두 개의 卜辭가 對貞을 이루고 있는데, 한 쪽에서는 下乙을 ᠀로 썼고, 다른 한쪽에서는 ᠀로 썼다. 『京津』701에서도 역시 "又于᠀(下乙에게 侑제사를 드리다)"과 "又᠀(下乙에게 侑제사를 드리다)"이 한 판에 같이 보이므로 ∧은 下이며 ᠀은 入乙이 아님을 증명해 준다. 그밖에도 『乙編』 1783, 3478, 7512, 8670 등의 편에서도 모두 下乙을 ᠀로 쓰고 있다. 胡厚宣은 下乙을 祖乙이라 했는데[11] 옳은 설명이다. 卜辭에는 또 下己라는 이름을 ᠀로 쓰기도 했는데, 『乙編』1434에서 "丙辰卜, 于祖己牛一, ᠀☐(병진일에 점칩니다. "祖己에게 소 한 마리를, 下己에게 ☐…")"라 한 것 중 ᠀은 入己라고 볼 수 없다.

下를 ∧로 쓰는 것은 六과 비슷하면서도 차이가 있기 때문에 혼동하면 안 된다. 예를 들어 『佚』76(『粹』400에도 보임)에서 "᠀又祟, 不于妣禍?(다음 열흘간 재앙이 있을까요, 妣에게 화가 있지 않을까요?)"라 했는데, 예전에 ᠀을 六旬이라고 풀었지만 이것은 사실 下旬이라고 풀어야 옳다. 下旬은 來旬(앞으로 올 열흘)과 같고 今旬(지금의 열흘)과 상대적인 의미로, "下旬有祟"는 "旬亡禍"와 의미가 같다.

∧를 '下'字로 쓰는 것은 드문 현상이며, 대부분은 '入'字로 쓰인다. 그 辭例로는 入日·入商·王入·王勿入 등이 있는데 의미는 모두 出入이라는 의미의 '入'字이다. 예를 들어 『佚』407에서는 入日과 出日이 하나의 판에 함께 보인다. 혹은 某入이라고 쓴 것이 약간 있는데 甲橋刻辭에는 적어도 수백 개의 예가 보이며 의미는 '入貢'(공물을 바치다)과 동일하다. 한편 入이라고 할 때의 ∧은 '六'字로 오인되기도 한다. 예를 들어 『粹』757(新版에서는 888편의 乙)에는 ᠀라는 말이 있는데, 郭沫若은 이것을 六百이라고 고석하면서 "六百을 合文으로 쓰지 않는 유일하고도 특이한 예이다"[12]라 했는데, 내 생각에 이것은 사실 '入百' 두 글자라고 생각된다. '百'의 왼쪽 하단부의 亘은 史官의 서명이고, '入' 위의 한 글자는 잔결되어 있는데, 그것들을 보충하면 그 문장은 "☐入百. 亘(☐가 100개를 바치다. 사관 亘 적음)"으로 읽어야 한다. 또 『佚』370의 背面에 ᠀이 있는데, 이것 역시 '入百'으로 고석해야지 '六百'으로 고석하면 안된다.

결론적으로 말해, 甲骨文의 ∧은 出入이라는 의미에서의 入으로도 쓰이기도 하고

---

11) 胡厚宣, 「卜辭下乙說」, 『甲骨學商史論叢』 初集 참고.
12) "唯六百不合書, 爲一異例."

上下라는 의미에서의 下로도 쓰였지만, ⌒, ⌒, ⌒로 쓰는 六과는 차이가 있다.

② 山과 火는 모두 ⛰ 형태로 쓴다. 卜辭에서 '火'字는 여러 차례 보이는데, ⛰, ⛰처럼 화염이 위로 치솟는 모양을 본뜬 형태도 있고, ⛰, ⛰처럼 '山'字와 차이가 없게 쓰는 경우도 있다. ⛰는 산봉우리가 연결된 형태를 본뜬 것이지만, 화염의 형상을 본뜬 것일 수도 있다.『甲骨文編』에는 '火'는 있는데 '山'은 없고 山을 편방으로 해서 ⛰로 쓰는 嵒만이 수록되어 있을 뿐이다. 사실, 卜辭에 '山'字가 없는 것이 아니라 '山'字의 형태가 火와 동일하기 때문에『甲骨文編』에서는 그것을 '火'字에 집어넣었던 것이다. 일반적으로 하단부가 평평한 것은 山이고 둥근 것은 火라고 말해지는데, 이 둘은 종종 互用되기 때문에 기본적으로 두 글자는 同形이라고 봐야 한다. 즉, 앞뒤 문장을 근거로 하여 그 글자가 대체 山인지 아니면 火인지를 판단해야 하는 것이다. 다음 복사에서 쓰인 ⛰은 바로 '山'字이다.

    丁酉卜, 扶 : 尞⛰羊☐豕雨. (정유일에 扶가 점쳐 묻습니다. "산에 양과 ☐과 돼지로 尞 제사를 드리면 비가 올까요?") (『乙編』9103)
    壬午卜, 扶 : 奏⛰日☐吉雨. (임오일에 扶가 점쳐 묻습니다. "산과 태양에 ☐로 奏제사를 드리면 길한 비가 올까요?") (『乙編』9067)
    庚午卜, 其尞于⛰? (경오일에 점칩니다. "산에 尞제사를 드릴까요?") (『鄴三』38·4)
    ☐⛰尞 (산에 尞 제사를 ☐) (『乙編』2463)

'尞山'은 산에 尞제사를 드린다[尞于山]는 의미이고 '奏山'은 산에 奏제사를 드린다[奏于山]는 의미이다. '尞(奏)于山'은 '尞(奏)于岳'과는 의미가 같고 '尞(奏)河'와는 상대되는 말이다. 물론 다음의 卜辭처럼 ⛰이나 ⛰이 火로 쓰이는 경우도 있다.

    癸酉貞 : 旬亡⛰? (계유일에 점칩니다. "열흘간 재앙이 없겠습니까?") (『粹』1428)

'旬亡禍'는 卜辭에 자주 쓰이는 용어이다. 이 판에는 네 條의 貞旬卜辭[13]가 있는데 그 중 세 條에서는 '旬亡禍'라고 했고 위에 든 예에서만 '旬亡火'라고 했다. 이는 火와

---

13) 【譯註】열흘간[旬]의 일에 관해 묻는[貞] 卜辭를 貞旬卜辭라 한다. 卜辭에 자주 보인다.

禍가 음이 비슷하기 때문에 通假할 수 있고, 또 火에도 재앙의 의미가 있기 때문에 바꿔 쓴 것으로 보인다.

乙亥⚊.(을해일에 불이 났다.) (『前編』4·19·7)
貞 : 旬亡禍? ⚊, 婦妊子囚. (묻습니다. "열흘간 재앙이 없겠습니까?" 불이 나서 婦妊의 아들이 죽었다.) (『前編』6·49·3)
七日己巳夕⚊有新大星並⚊.(7일째 되는 기사일 저녁에 날이 무더웠는데 新大星과 火星에게 有제사를 지냈다.(『後編』下9·1)

이상의 예에서 火는 대부분 '불사르다, 불이 나다'라는 의미이다.『後編』下9·1에서 "新大星並火"라고 한 것은 天象을 말한 것이고, 그 밖의 예들은 人事에 관한 것으로 화재가 있을까 없을까를 점친 것이다.『左傳·宣公十六年』에 "사람이 일으키는 불은 火라고 하고 하늘이 내리는 불은 災라고 한다.(人火曰火, 天火曰災.)"라 했고, 또『左傳·昭公十八年』에서는 "陳나라는 화재를 막지 못했다.(陳不求火.)"라 했으며,『公羊傳·襄公九年』에서는 "큰 불은 災라 하고 작은 불은 火라 한다.(大者曰災, 小者曰火.)"라 했다. 이 예들은 모두 卜辭의 '火'의 의미를 방증하고 있다. 특히『前編』6·49·3은 열흘동안 재앙이 있는지 없는지를 점치면서, 驗辭에서는 "火, 婦妊子囚"라 했는데, 이 두 가지가 바로 자연이 주는 재앙이 특히 불길한 것임을 나타낸다.(만약 囚(⚊)를 死라고 고석한다면 婦妊의 아들이 화재 때문에 죽었다는 말이므로 더더욱 큰 재난이라 할 수 있다.) 이 몇 가지 卜辭를 통해 商代에도 '火'는 불길한 상징이었으며, 분명 재앙의 하나에 속했었음을 알 수 있다.

상술한 두 가지의 예 이외에도 母와 女를 모두 ⚊로 쓰고, 正과 足을 모두 ⚊으로 쓰고, 甲과 七을 모두 ⚊로 쓰고, 工과 壬을 모두 ⚊으로 쓰고, 子와 巳를 모두 ⚊로 쓰고, 月과 夕을 모두 ⚊ ⚊로 쓰고, 內와 丙을 모두 ⚊로 쓰고, 臣과 目을 모두 ⚊,⚊으로 쓰는 것 등등 역시 異字同形의 예이다. 甲骨文의 이러한 현상은 甲骨文 단계에서의 한자의 특징 중 하나이고, 한자 발전과정 중의 한 현상이긴 하지만, 이는 문자의 성질과는 모순되는 것이다. 그렇기 때문에, 시간이 점차 지나 문자가 날로 완전해지고 정밀해지면서 이러한 현상 역시 점차 감소·소실되게 된다. 兩周金文에서는 이러한 異字同形의 현상이 대폭 감소되어 七과 甲, 壬과 工 등의 극소수만 남게 된다. 그리고 小篆 단계에 오면 문자가 정형화·규범화되어 이런 현상은 완전히 자취를 감추게 된다.『說文』에서는 甲骨文에서의 異字同形이었던 글자들이 전부 뚜렷하게 구별지어지면서 완전히 다른 글자로 성립되게 된다.[14]

(4) 反書(거꾸로 쓰기)

甲骨文字 형체의 비고정성은 正書와 反書가 동시에 공존되면서 서로 충돌없이 통용되는 데서도 나타난다. 이것 역시 대량으로 존재하는 보편적인 현상이다. 獨體인 象形字는 正書와 反書가 모두 가능하며, 合體인 會意字와 形聲字 역시 대부분 反書가 가능하다. 예를 들어『甲骨文編』권3에 수록된 甲骨文字에는 反書가 아주 보편적으로 쓰이고 있다.

(尹) (及) (農)
(炅) (父) (友)
(啓) (臣) (卜)
(殷) (用)

『甲骨文編』에서 이처럼 反書와 正書가 동시에 병존하는 글자로는 56字가 있는데 대부분 상용자이다. 한편『甲骨文編』에서 正書와 反書에 구별이 없는 글자는 商・十・異・興・鬥・學・貞……등 총 43字이다. 그 밖의 90字는 대부분『說文』에는 수록되어 있지 않고, 卜辭에서는 보이는 횟수가 비교적 적으며, 反書가 보이지 않기도 하고, 개별적인 예외만 보이는 것도 있다.(畋・改・酘・斆 등이 그 예이다.)

反書의 글자는 일반적으로 다른 글자와 혼용될 리 없지만, ᄀ(又)의 反書는 ᄂ가 되어 左와 동일하기 때문에, 문장의 의미에 따라 판별해야만 한다.15)

3. 甲骨文字의 형체와 의미의 관계

甲骨文字의 본래 의미 즉 本義는 그것이 卜辭 속에서 실제로 쓰인 함의와 일치되는 경우보다는 일치되지 않는 경우가 많으므로 이 두 가지를 함께 논해서는 안된다.

---

14) 자세한 것은 陳煒湛,「甲骨文異字同形例」, 1980년, 中國古文字研究會 第三屆年會論文,『古文字研究』제 6집 참고.
15) 자세한 것은 陳煒湛,「甲骨文字辨析・卜辭ナ又說」,『中山大學學報』1980년 제 1기 참고.

그러므로 당시에 쓰였던 함의를 甲骨文字의 자형에만 근거하여 함부로 단언해서는 안되며, 또 단편적으로 그것에만 근거하여 商代의 사회생활을 추측해서는 더더욱 안된다. 우리는 반드시 개별 글자가 문장 혹은 단어 속에서 지니는 의미를 밝혀내야만 한다.

 물론, 甲骨文의 어떤 글자들은 비교적 원시적인 書法을 보존하고 있기 때문에 자형을 통해 本義 추정이 가능하고, 卜辭에서도 그 본의를 사용했거나 혹은 기본적으로 그 본의를 사용하고 있는 경우가 있다. 하지만 이런 유형의 글자는 수량이 그리 많지 않다. 牛・羊・豕・馬・虎・犬・兕・鹿・象・麋・上・下・舟・貝・雨・日・月(夕)・步・逐・涉・陟・降・舞・出・入・災・首・水・漁・牧・隻(獲)・曰・伐・受・禾・木……등이 그 예인데, 이들은 수량이 백여 字를 넘지 못하여 전체 甲骨文字 중에 차지하는 비율이 매우 적다.

 그리고『說文・叙』에서 "원래 그 글자가 없었는데 소리에 의거하여 사물을 기탁한 것(本無其字, 依聲託事.)"이라고 한 假借는 甲骨文에서 이미 상당히 보편화된 현상이다. 이것은 많은 글자들이 이미 본래의 의미를 사용하지 않게 되거나 아주 적게 사용하게 되면서 다른 글자로 假借되어 쓰이게 된 것이라고도 말할 수 있다. 예를 들어 郭沫若과 于省吾의 고증에 의하면 ⼽, ⼽로 쓰는 '歲'는 원래 도끼의 형상을 본뜬 것이며 본의는 '戉'와 동일하다고 한다.16) 하지만 卜辭에서는 假借되어 제사 이름으로 쓰이거나 희생물을 바치는 방법으로 쓰였고, 또 假借되어 '해[年歲]'라고 할 때의 '歲'로 쓰이기도 했지만, 정작 도끼의 의미로 사용된 예는 아직까지 보이지 않는다. ⊠, ⊠, ⊠ 등의 형태로 쓰는 '其'字는 본래 키의 모양을 본뜬 것이지만, 卜辭에서는 모두 虛詞로 假借되어 語氣를 강조하거나 추측이나 의문을 나타내는데 쓰였다. ⼽, ⼽로 쓰는 '我'字는 본래 병기의 형태를 본뜬 것인데(혹은 톱의 모양을 본뜬 것이라고도 한다), 卜辭에서는 모두 假借되어 제 1인칭 대명사인 我로 쓰이거나 方國名 혹은 人名으로 쓰였다. 郭沫若은 '且'・'匕' 두 글자를 남녀 생식기의 형태를 본뜬 것이라고 고증했지만,17) 卜辭에서는 모두 祖妣라는 글자로 假借되어 本義와는 의미가 상당히 달라져 버렸다. '隹'字는 본래 '꼬리가 짧은 새의 總名'이지만 卜辭에서는 대부분 語氣詞로 假借되어 '唯'와 같은 의미로 쓰였다. '⼽'는 본래 봉황새의 모습을 본뜬 것이지만 卜辭에서는 모두 假借되어 風雨라고 할 때의 風으로 쓰였다. '它(㞢)'字는 본래 살무사를 본뜬 것이지만 卜辭에서는 모두 勼・祟와 동일한 의미인 '재앙'을 나타냈다. '八'字는

---

16) 郭沫若의 주장은『甲骨文字研究・釋歲』를, 于省吾의 주장은『甲骨文字釋林・釋㦮』를 참고할 것.
17) 郭沫若,『甲骨文字研究・釋祖妣』참조.

본래 나뉘어 등진 형태를 본뜬 것이고 '九'字는 본래 '굴곡이 심한' 벌레 형태를 본뜬 것(혹은 팔꿈치의 형태를 본뜬 것이라고도 한다)이지만, 모두 假借되어 숫자를 나타내는데 쓰였다. 이러한 예는 정말 수없이 많기 때문에 일일이 다 예를 들 수가 없다.

구체적인 卜辭를 가지고 논하자면, 하나의 완전한 卜辭에서는 假借字의 수가 확실히 많고, 진정으로 本義를 사용하면서 字形과 字義가 일치되는 글자는 매우 적다. 卜辭가 길면 길수록 假借字는 많아지고 本義를 사용한 글자는 적어진다. 다음의 『粹』1480처럼 비교적 짧은 卜辭를 예로 들어 보자.

己未卜, 亘貞 : 逐豕, 隻(獲)? (기미일에 亘이 점쳐 묻습니다. "돼지를 쫓는데 잡을 수 있을까요?")

총 여덟 글자 중에서 本義로 사용된 글자는 逐·豕·隻(獲)의 세 글자 뿐이다. '卜'字는 비록 本義(卜兆의 모양)와 관련이 있기는 하지만, 여기에서는 引伸義(어떤 일에 관해 점을 치다)로 쓰였고, 그 밖의 己·未·亘·貞 네 글자는 본의와 전혀 관련이 없는 假借字로, 전체 수량의 반을 차지한다. 이번에는 『菁華』제3片(복사본 제1片) 우측의 卜辭처럼 비교적 긴 卜辭를 살펴 보기로 하자.

癸未卜, 殼貞 : 旬亡禍? 王占曰 : 往乃茲有祟. 六日戊子, 子㕢囚. (계미일에 殼이 점쳐 묻습니다. "열흘동안 재앙이 없겠습니까?" 왕이 판단하여 말하기를 "가면 재앙이 있을 것이다."라 했다. 육일째 되는 戊子일에 子㕢가 죽었다.)

총 23字 중에서 曰·日 두 글자만이 本義로 사용되었고, 卜·往·子·囚 네 글자는 자형과 그 자형이 나타내는 개념 사이에 약간의 차이가 있기 때문에 引申된 예에 속한다. 나머지 17字는 모두 假借된 것으로, 총 74%를 차지한다.[18] 가장 긴 卜辭는 正面과 反面을 연이어 읽는 『菁華』의 卜辭인데(제 3장 제 3절에 인용된 문장을 볼 것), 그 중 중복되는 것을

---

18) 이 卜辭에 대해서는 姚孝遂가 비교적 상세히 논한 바가 있다. 자세한 것은 「古漢字的形體結構及其發展段階」, 『古文字硏究』 제 4집을 참고할 것.

빼면 실제 존재하는 낱글자는 총 52자이다. 그 중 本義로 사용된 것은 고작 三·日·人·得·疾·四·曰·昔·十·月·俘의 11글자 뿐이고, 本義와 관련된 引伸義로 쓰인 것 역시 子·卜 두 글자 뿐이다. 나머지 39字는 모두 假借의 용법으로 쓰였는데 이것이 총 75%를 차지한다. 즉, 甲骨文字는 형체구조상으로는 象形·指事·會意·形聲의 구분이 존재하지만 구체적으로 사용될 때에는 대부분이 개별적인 음절을 기록하여 하나의 어음을 나타낼 뿐, 형체구조나 造字本意와는 아무 상관이 없음을 알 수 있다.

이 점을 이해하는 것은 아주 중요한 일이다.『甲骨文編』에 있는 글자니까 글자만 보고 대충 뜻을 짐작할 수 있다고 생각하여 추론을 당연시하면서 자신이 필요로 하는 결론을 뽑아내려고 해서는 안되기 때문이다. 그런 방법은 믿을만한 것이 아니기 때문에 결국 그 '결론'을 수정하지 않을 수 없게 된다. 예를 들어 中國哲學史를 연구하는 楊榮國은 '공자 비판[批孔]'을 위해『甲骨文編』에 수록된 豊과 德 두 글자를 근거로 孔子가 고쳐시켰던 禮와 德이 甲骨文에 이미 있었다고 단언한 바 있다. 물론, 甲骨文에는 豊과 德 (袖을 德이라고 해석할 수 있을지의 여부는 아직 더 고찰해 보아야 한다)이 있기는 하지만, 卜辭에서 豊(豐)은 醴로 가차된 경우가 많고, 袖의 실제의미는 '征'과 동일하여, 후세에 말하는 禮와 德의 관념과는 완전히 다르게 쓰였기 때문에 한데 묶어 논할 수가 없다. 楊榮國의 잘못의 근원은 甲骨文字의 本義(혹은 후에 부여된 함의)와 갑골복사에서 실제로 쓰인 의미를 구별하지 않았다는데 있다.

卜辭에 보이는 더욱 보편적인 현상은 本義와 假借義 혹은 引伸義가 병존한다는 것이다. 本義는 이미 사용되지 않지만 동시에 여러 개의 글자로 假借되어 동시에 몇 가지의 假借義가 존재하기도 하고, 또 假借義에서 다른 의미로 引伸되는 경우도 있다. 이처럼 동일한 글자가 서로 다른 문장이나 단어 속에서 서로 다른 의미를 지니는 경우가 있는데, 이러한 卜辭를 해석할 때에는 一字(詞)多義의 현상을 충분히 고려해야만 한다. 다음에서는 '來'와 '又' 두 글자를 예로 들어 설명해 보기로 하겠다.

來는 무期에는 ✹로 썼고 中期와 晩期에는 한 획을 더해 來, 來로 썼다. 보리의 형태를 본뜬 것이며 ∧∧과 ∧은 모두 까끄라기의 형태를 본뜬 것이다. 하지만 卜辭에서 來의 本義는 이미 사용되지 않게 되었으며, '往來(오고 가다)'의 來로 假借된 것이 자주 보인다. 예를 들면 다음과 같다.

乙亥卜, 永貞 : 令戌來歸? 三月.(을해일에 永이 점쳐 묻습니다. "戌더러 돌아오라고 명령

할까요?" 때는 삼월이다.) (『甲編』3442)

辛巳卜, 貞 : 王其田, 往來亡災? (신사일에 점쳐 묻습니다. "왕이 사냥을 나가시는데 오고 가는데 재앙이 없겠습니까?") (『甲編』1953)

往來라는 의미의 來는 또 外來라는 의미의 來로 인신되는데 卜辭에서는 來娃・來艱・來禍・來僞・來𢍰 등등이 모두 外患을 가리키는 의미로 쓰였다. 예를 들면 다음과 같다.

貞 : 其有來娃? 三月. (묻습니다. "재앙이 올까요?" 때는 삼월이다.) (『佚』386)
乙卯卜, □貞 : 今日亡來艱? (을묘일에 □이 점쳐 묻습니다. "오늘 재앙이 오지 않을까요?") (『前編』3・24・5)
其自卜, 又來禍. (스스로 점을 쳤는데 또 재앙이 왔다.) (『粹』1253)
貞 : 其有來[僞]? □亡其來僞? (묻습니다. "재앙이 올까요? □ 재앙이 오지 않을까요?") (『乙編』2595)
貞 : 亡來𢍰? (묻습니다. "재앙이 오지 않을까요?") (『乙編』2133)

往來의 의미는 다시 공물을 바쳐온다는 의미로 인신되는데, 그러한 辭例로는 來象・來舟・來犬・來馬・來白馬・來牛・來羌 등이 있다. 예를 들면 다음과 같다.

貞 : 不其來象? (묻습니다. "코끼리를 바쳐오지 않을까요?") (『合』四・9173(『後編』下5・11))
禽不其來舟? ("禽이 배를 바쳐오지 않을까요?") (『乙編』7203)
貞 : 㞢來犬? 㞢不其來犬? 㞢來馬? 不其來馬? (묻습니다. "㞢이 개를 바쳐올까요? 㞢이 개를 바쳐오지 않을까요? 㞢이 말을 바쳐올까요? 말을 바쳐오지 않을까요?") (『乙編』5035)
甲辰卜, 殻貞 : 奚來白馬? 王占曰 : 吉. 其來. 甲申卜, 殻貞 : 奚不其來白馬五? (갑진일에 殻이 점쳐 묻습니다. "奚가 백마를 바쳐올까요?" 왕이 판단하여 말하기를 "길하구나, 바쳐올 것이다"라 했다. 갑진일에 殻이 점쳐 묻습니다. "奚가 백마 다섯 마리를 바쳐오지 않을까요?) (『丙編』157)
奚不其來牛? ("奚가 소를 바쳐오지 않을까요?") (『乙編』1283)
丙子卜, 殻貞 : 今來羌率用?
丙子卜, 殻貞 : 今來羌勿用?
(병자일에 殻이 점쳐 묻습니다. "오늘 바쳐오는 羌人을 率法[19]으로 사용할까요?")
(병자일에 殻이 점쳐 묻습니다. "오늘 바쳐오는 羌人을 사용하지 말까요?) (『丙編』41)

---

19) 【譯註】率은 희생물을 사용하는 방법(用牲法)이다.

혹은 바치는 공물 종류는 밝히지 않고 공물의 수량만 기록하는 경우도 있다. 來 뒤에 약간의 수량을 적는데 甲橋刻辭에 자주 보인다. 예를 들면 다음과 같다.

  夌來十. (夌이 10개를 바쳐왔다.) (『乙編』2774)
  我來四十. (我가 40개를 바쳐왔다.) (『乙編』2694)

'來'字는 또 未來·將來의 來로 가차되었으며, 점친 후의 어떤 날을 가리키는데 자주 사용되었다. 예를 들면 다음과 같다.

  丙寅卜, 殷貞 : 來乙亥昜日? (병인일에 殷이 점쳐 묻습니다. "돌아오는 을해일에 해가 잠깐 나겠습니까?") (『乙編』5849)
  庚戌卜, 賓貞 : 來甲寅侑于上甲, 五牛? (경술일에 賓이 점쳐 묻습니다. "돌아오는 갑인일에 上甲에게 侑제사를 드리려고 하는데 소 다섯 마리로 할까요?") (『乙編』4747)
  辛卯卜, 殷貞 : 來乙巳王勿入? (신묘일에 殷이 점쳐 묻습니다. "돌아오는 을사일에 왕은 들어가지 말까요?") (『前編』2·2·1)
  戊子卜, 于來戊用羌? 齿今戊用? (무자일에 점칩니다. "돌아오는 戊日에 羌人을 사용할까요? 아니면 이번 戊日에 사용할까요?") (『乙編』5321)

乙亥日은 丙寅日 이후 10일째 되는 날이고, 甲寅日은 庚戌日로부터 5일째 되는 날이며, 乙巳日은 辛卯日로부터 15일째 되는 날이다. 돌아오는 戊日과 이번 戊日은 상대적으로 말한 것으로 마땅히 戊戌日을 가리키는 것이며, 이는 점을 친 후 제11일째 되는 날이다. 이상의 예에서의 來는 다음날을 전문적으로 지칭하는 '翌'과는 완전히 다르다. 혹은 來月이라고도 쓰였는데 예를 들면 다음과 같다.

  己卯卜, 千侯于來月至? (기묘일에 점칩니다. "千侯가 다음달에 올까요?") (『粹』1273)

의미는 "生月(다음달)"과 같은데 그 예가 많이 보이지는 않는다. 또 來歲라고 쓰인 경우도 있는데 예를 들면 다음과 같다.

  辛巳卜, 亘貞 : 祀岳耤, 來歲受年?

貞：來歲不其受年?
(신사일에 ䷀이 점쳐 묻습니다. "큰산에 秦제사를 드리면 내년에 수확이 많을까요?")
(묻습니다. "내년에 수확이 많지 않을까요?")(『乙編』6881)
戊寅貞：來歲大邑受禾? 在六月卜. (무인일에 묻습니다. "내년에 나라에 풍년이 들까요?"
6월에 점친 것이다.) (『鄴三』39·5)

현재의 來年·明年(내년)과 같은 의미로 쓰인 것이다. 이 밖에 卜辭에는 '來春'(『粹』881)으로 쓰인 경우도 있는데 의미는 明春(내년 봄)과 같다.

來는 지명으로도 쓰일 수 있는데, 그 예는 다음과 같다.

己未卜, 今日不雨? 在來. (기미일에 점칩니다. "오늘 비가 오지 않을까요?" 점친 곳은 來이다.) (『甲編』242)
己酉卜, 行貞：王其步自勳于來, 亡災? (기유일에 行이 점쳐 묻습니다. "왕이 勳에서부터 來까지 가려고 하는데 재앙이 없겠습니까?")(『後編』上12·12)

즉, 甲骨文의 '來'字는 최소한 ① 왕래하다·오다, ② 바깥에서 온 것, ③ 바치다, ④ 미래·장래, ⑤ 지명의 다섯가지 의미가 있음을 알 수 있다.[20] 그러므로 자형에만 근거하여 甲骨文의 '來'를 '보리'라고만 설명한다면 정말 우스운 일이 되고 만다.

또 '又'字를 예로 들어 보자. ᛯ로 쓰는 이 글자는 사람의 오른손을 본뜬 것이며, 사람의 왼손을 본뜬 ᛮ와 상대된다. 하지만 卜辭에서 이 글자의 구체적인 함의는 '오른손'이 아니라 다음과 같은 것들이다.

① 左右의 右로 引伸되었으며, 辭例로는 '又子族'·'又宗'·'又中左'·'又馬' 등이 있다.
② 어조사로 假借되었으며, 辭例로는 '十人又五(열 다섯명)'·'獲狐卅又七(여우 서른 일곱 마리를 잡다)'·'在十又一月(11월에)'·'在十又二月(12월에)'[21]·'三百又四十八(삼백사십팔)'·'牢又一牛(제사용 소와 소 한마리)' 등이 있다.
③ 有無의 有로 假借되었으며, 辭例로는 '又大雨'·'又小雨'·'又大風'·'又艱'·'又它'·'又子'·'又禍'·'又鹿'·'又豕'·'又事' 등이 있다.

---

20) 胡厚宣,「武丁時五種記事刻辭考」,.『甲骨學商史論叢』初集 참고.
21) 【譯註】원문에는 "在十月又一", "在十月又二"로 되어 있다.

④ 保佑의 佑로 假借되었으며, 辭例로는 '受又'·'受有又' 등이 있다.
⑤ 제사이름인 侑로 假借되었으며, 辭例로는 '又于小乙'·'又牛于丁'·'又于岳'·'又于大乙'·'又于祖辛' 등등이 있다.

一字(詞)多義와 상대적인 개념인 同義字(同義詞)도 존재한다. 假借나 引伸으로 인해 本義가 서로 다른 글자들이 同義字로 변하게 된 예로는 天과 大·元, 少와 小가 있다. 또 자음이나 자형의 편방 관계로 인해, 본래 의미가 달랐던 두 글자가 통용되면서 同義字가 된 예로는 齒와 事, 兄과 祝, 年과 禾, 司와 祀 등이 있다. 이러한 것들은 모두 甲骨文에 자주 보이는 것들이다. 그밖에 비록 자형이나 자음 방면에서는 아무런 관계가 없지만 辭例의 비교를 통해 추정 가능한 同義字도 있다. 예를 들어 妻와 母는 후에 각기 배우자와 어머니를 지칭하는 말로 쓰였으며 卜辭에서도 母庚·母辛·母壬 등의 용어가 자주 등장한다. 하지만 妻와 母 두 글자는 卜辭에서 모두 어떤 사람의 처를 가리키기도 하기 때문에 또다시 同義字가 된다. 두 가지 卜辭를 예로 들어 보기로 한다.

辛丑卜, 王 : 三月侑示壬母妣庚豕, 不用? (신축일에 왕이 점쳐 묻습니다. "삼월에 示壬의 처인 妣庚에게 돼지로 侑제사를 지낼까 하는데 돼지를 쓰지 말요?") (『甲編』460)
貞 : 侑于示壬妻妣庚牢☐☐牡? (묻습니다. "示壬의 처인 妣庚에게 제사용 소로 侑제사를 드릴까 하는데 ☐ 숫소로 할까요?") (『丙編』205)

殷代 사람들의 제사에 근거하면 妣庚은 분명 示壬의 처임을 알 수 있다. 한쪽에서는 "示壬母妣庚"이라 했고 한쪽에서는 "示壬妻妣庚"이라 한 것은 母와 妻 두 글자가 같은 의미임을 증명해준다. 이 밖에 卜辭에는 "大乙母妣丙"(『殷綴』5)이라는 말도 보이는데, 여기에서의 母 역시 妻와 같은 의미이다. 이를 통해, 祭祀卜辭에서 배우자를 나타내는 말로 자주 보이는 夾 외에 妻와 母도 있음을 알 수 있다. 한편 卜辭에는 "示壬夾妣庚"이라는 말도 보이므로, 이 두 가지 예를 볼 때 지금까지 이견이 분분했던 '夾'字 역시 그 의미가 妻라는 것이 증명된다.(『後編』上1·6, 1·7, 『庫』1221)

결론적으로, 甲骨文字의 형체구조가 보여주는 '本義'와 그것이 구체적인 辭例에서 사용된 실제적인 함의는 다르기 때문에 절대로 함께 논해서는 안된다. 더군다나 현대중국어의 개념으로 甲骨文字를 이해해서는 더더욱 안된다. 반드시 구체적인 사례에서 甲骨文字의 실제 함의를 분석하고 확정해야만 하는 것이다. 문장과 단어를 벗어나고 언어환경을 벗어나서 고립적으로 어떤 글자가 어떠하고 어떤 글자가 어떠하다고 말하는 것은 아무런 가치가 없는 일일 뿐 아니라 종종 오류를 범하게 되어 엄청난 실수를 하게 될 수도 있다.

4. 甲骨文字의 발전 변화

甲骨文은 한창 발전하고 변화되는 과정 중에 있는 문자체계이다. 따라서 우리들은 형이상학적인 관점에서 甲骨文을 봐서는 안되며, 반드시 발전적인 시각으로 그것을 분석해야만 한다.

甲骨文에는 변화가 많은 異體字가 풍부한데, 이 중에는 동시에 병존했던 것도 있지만, 시대의 선후에 따라 다르게 생겨난 것도 상당수 있다.

早期와 晚期를 비교해보면 甲骨文字의 형체 구조는 숫자 및 牛·羊·豕·犬·正·伐·大·小·木·禾·年·涉·步·田·文·祖·示·又·受·目·隻·亡 등등처럼 별 차이가 없는 것들도 있고, 필획이 증가 혹은 감소되거나 편방(形旁 혹은 聲旁)이 증가되거나, 象形字가 形聲字로 바뀌는 등 차이가 분명한 것들도 있으며, 시기의 전후에 따라 글자가 달라져서 음은 동일하지만 형체가 다른 글자도 소수 있다.

우선 각 시기마다 대량으로 사용되었던 干支字를 예로 들어 설명해보자. 일반적으로, 甲骨文은 武丁 / 祖庚·祖甲 / 廩辛·康丁 / 武乙·文丁 / 帝乙·帝辛의 다섯 시기로 나뉜다. 이것은 또 대략 早期·中期·晚期의 세 시기로 나뉠 수 있다.(구체적인 分期斷代의 표준과 방법은 제 6장을 참고할 것) 干支字의 사용상황으로 볼 때 제 1기(武丁)와 제 2기(祖庚·祖甲)의 書法은 기본적으로 동일해서 차이가 별로 없다. 제 3기(廩辛·康丁)부터 일부 글자의 書法이 점차 달라지기 시작해서, 자형이 변화된 것도 있고, 필획이 증가된 것도 있다. 제 1기와 제 5기(帝乙·帝辛)의 書法을 비교해보면 차이가 상당히 뚜렷한 글자들도 있다. 낱글자를 예로 들어 말하자면 甲은 ✝으로 썼고 乙은 ⌐로, 丙은 ⋈으로, 丁은 ▢으로, 己는 ⌐로, 壬은 工으로, 卯는 ⫸로, 亥는 ⪽로 썼는데, 이 글자들의 書法은 전후 시기가 동일해서 별다른 변화가 없다고 말할 수 있다. 하지만 戊·辛·癸·丑·申·戌 등의 글자는 전후 시기에 약간의 차이가 보인다.

干支字	戊	辛	癸
早期	〔갑골〕	〔갑골〕	〔갑골〕
中期	〔갑골〕	〔갑골〕	〔갑골〕
晚期	〔갑골〕	〔갑골〕	〔갑골〕

干支字	丑	申	戌
早期	〔갑골〕	〔갑골〕	〔갑골〕
中期	〔갑골〕	〔갑골〕	〔갑골〕
晚期	〔갑골〕	〔갑골〕	〔갑골〕

전후 시기에 비교적 큰 변화를 보이는 글자로는 庚・子・寅・辰・巳・午・未・酉가 있다.

干支字	庚	子	寅	辰
早期	〔갑골〕	〔갑골〕	〔갑골〕	〔갑골〕
中期	〔갑골〕	〔갑골〕	〔갑골〕	〔갑골〕
晚期	〔갑골〕	〔갑골〕	〔갑골〕	〔갑골〕

干支字	巳	午	未	酉
早期	〔갑골〕	〔갑골〕	〔갑골〕	〔갑골〕
中期	〔갑골〕	〔갑골〕	〔갑골〕	〔갑골〕
晚期	〔갑골〕	〔갑골〕	〔갑골〕	〔갑골〕

이 글자들은 전반적으로 필획이 증가되고 복잡한 형태로 변화되는 경향을 보이는데, 그 중 '酉'字가 특히 그러하다. 酉는 본래 술동이의 형태를 본뜬 것으로 상단부는 목과 입 부

甲骨文字의 특징 및 그 발전 변화 · 137

분을 본뜬 것이고 하단부는 배 부분을 본뜬 것이다. 武丁시기의 ☐, ☐가 가장 간단하다고 할 수 있는데 입 부분이 과장되어 있고 바닥은 둥글며 목 부분은 가느다랗다. 祖庚·祖甲 시기에는 또 ☐나 ☐로 많이 썼는데, 배 부분에 평행선 하나가 추가되어 마치 한 줄의 무늬를 상징하는 듯하다. 廩辛·康丁 이후에는 또 여러 필획이 증가되어 점차 ☐, ☐, ☐ 등의 형태로 변화되어 갔다. 帝乙·帝辛 시기에는 또 ☐, ☐, ☐ 등의 형태로 써서 ☐와는 더욱 차이가 심해졌는데, 상단부는 목을 본떴을 뿐만 아니라 뚜껑처럼 보이는 것까지 더해졌다. 또한 中期의 ☐는 金文의 ☐, ☐ 및 小篆의 ☐와 유사하다.

다음에서는 시기의 전후에 따른 상용자의 변화 상황에 대해 보다 더 분석해보기로 하자.

(1) 필획을 더한 경우

董作賓은 "문자의 변화는 아주 미세한 것에 달려 있다. 한 필획의 미세한 차이가 우연히 증가되는 경우가 있는데, 이것이 계속 후대로 이어지면서 約定俗成으로 쓰이면 절대로 원래 형태로 돌아가지 못하게 된다."[22]라 했다. 이 말은 필획이 증가되는 것은 우연한 현상이지만, 이것이 약정속성으로 쓰이게 되면 새로운 규범으로 변화된다는 뜻이다. 甲骨刻辭를 살펴보면 이 말은 대체적으로 믿을만하다.

예를 들어 '尞'字를 보자. 제 1기에는 ☐로 쓰였는데, 땔나무를 때는 형태를 본뜬 것이다. (『說文·十上(41)』에서는 "尞는 하늘에 땔나무를 태워 제사드리는 것이다.(尞, 柴祭天也.)"라 했고, 『說文·1상(6)』에서는 "柴는 땔나무로 제물을 태워 천신에게 柴 제사를 드리는 것이다.(柴, 燒柴焚尞以祭天神.)"라 했다) 제 2기와 3기에는 또 火가 더해져 ☐나 ☐로 쓰였으며, 제 4기에는 ☐, ☐, ☐ 등의 형태로 많이 쓰였는데 땔나무를 태울 때 불꽃이 사방으로 튀는 형상까지 추가한 것이다. 제 5기에는 다시 ☐의 형태로 되돌아가서 제 2기·3기의 형태와 동일해졌다.

또 '雨'字를 예로 들어 보자. 제 1기에는 모두 ☐로 쓰였는데, 상단부는 구름을 본떴고 하단부는 빗방울을 본뜬 것이다. 제 2기에는 ☐의 형태로 쓰는 경우가 일부 보이는데, 구름이 겹겹이 쌓여 있으면서 빗방울이 이리저리 튀는 모양을 본뜬 것이며,(예를 들어 『京都』 S·1460에 있는 제 2기 田獵卜辭에서는 雨를 ☐로 썼다.) 제 3기 이후에는 ☐과 ☐이 병존한

---

22) "文字演變, 在乎幾微, 有時一筆一劃之細, 偶然增加, 便師弟相傳, 約定俗成, 永遠不會復原了." (董作賓, 「甲骨文斷代研究例」, 『慶祝蔡元培先生六十五歲論文集』)

다. 제5기에는 다시 ⾬에서 ⾬로 변화되었는데, 중간의 두 빗방울이 이어져 하나의 세로선이 되었으며, 이것은 金文의 ⾬ 및 小篆의 雨에 상당히 접근한 것이다.

또 '其'字를 예로 들어 보자. 早期 및 中期에는 대부분 ⊠로 썼는데, 키의 형태를 본뜬 것이며, 필획 하나를 더해 ⊠로 쓰는 경우도 소수 보인다.(『甲編』1611의 廩辛시기 卜辭의 '其'字가 그러하다) 晚期에 이르면 일반적으로 ⊠로 쓰게 된다. 金文에서는 ⊠로 쓰는 것이 통례이며 ⊠로 쓴 것은 드물게 보인다.

또 '王'字를 예로 들어 보자. 제 1기에는 모두 ⼤, ⼤으로 쓰였는데, 徐中舒의 說에 의하면 사람 하나가 단정하게 두 손을 맞잡고 앉은 형태를 본뜬 것이다. 제 2기, 특히 祖甲 이후부터는 상단부에 횡선 하나가 더해져 ⼤으로 쓰였으며, 제 5기 중엽에 이르면 양쪽의 두 필획이 다시 점차 가까워져서 ⼤, ⼤으로 쓰게 되었으며, 마지막에는 아예 한 획으로 합쳐진 王이 됨으로서 金文이나 小篆과 차이가 없게 되었다.

(2) 편방이 증가된 경우

形符가 증가된 글자로는 '冓'字가 있다. 早期에는 ⊠로 썼는데 祖甲 시대에 '止'를 더해 ⊠로 쓰거나 '彳'을 더해 ⊠, ⊠로 썼고, 廩辛 이후에는 다시 '辵'을 더해 ⊠, ⊠, ⊠로 썼다. '賓'字는 早期에는 ⊠로 썼고, 晚期에는 '止'를 더해 ⊠로 썼다. '羌'字는 早期에는 사람 머리에 양 뿔을 쓴 형태를 본떠 ⼤로 썼는데, 中期 이후에는 다시 새끼줄 모양을 더해 ⊠, ⊠, ⊠ 등의 형태로 써서 羌人이 포로 혹은 노예였음을 나타냈다.

聲符가 증가된 글자로는 '雚'字가 있다. 武丁시대에는 ⊠(萑)으로 썼고, 祖甲 이후에는 다시 성부 吅 (讙처럼 읽는다)이 더해져 점차 ⊠, ⊠이 되었다. 또 風의 경우 甲骨文에서는 봉황새를 의미하는 鳳을 假借하여 썼는데, 早期에는 모두 ⊠, ⊠로 써서 봉황새의 형태를 본뜨고 있으나, 중기 이후부터 帝辛 시대까지는 봉황새를 나타내는 形符에 凡이라는 聲符가 더해짐으로서 形聲字가 되어 ⊠, ⊠, ⊠ 등의 형태로 쓰였다. 田獵卜辭에는 "不遘大風"·"其遘大風"이라는 辭例가 많이 보인다.

(3) 전후 시기의 글자가 다른 경우

'災'字의 변화가 눈에 띄는 예이다. '亡災'는 卜辭의 전체 5기에서 전부 상용되는 단어인데, '災'字의 書法은 早期와 中期·晚期의 변화가 아주 심해서, 필획이나 편방이 증감되는 수준이 아니라 자형이 완전히 달라졌다. 早期의 '災'는 象形字이고, 中期와 晚期의 '災'는 形聲字이다.

　　　　武丁에서 康丁시기까지　　　武乙·文丁시기　　　帝乙·帝辛시기

≋, 〣는 홍수가 범람하는 모양을 본뜬 것으로 본래 水災의 상징이었는데, 이것이 모든 불길한 재앙으로 引伸되었다. ᄊ와 ᄊ 및 ᄊ는 각기 戈와 〣, 川을 形符로 하고 있고, 모두 ᄉ(才)를 聲符로 하고 있으므로, 이것은 틀림없이 새로 만들어진 形聲字이다. 어떤 사람은 ᄊ, ᄊ 중의 ᄉ은 또 시내가 둑을 범람하여 재앙이 된 모양을 본뜬 것이기 때문에 會意兼形聲이라고도 하는데, 일리가 있는 말이긴 하다. 여하튼 ᄊ은 분명히 形符가 '戈'이고 聲符가 '才'인 글자이다.

또 제 3기·4기에 자주 보이는 숙어인 '叙(歸)贅'는 제 5기에 이르면 '征(延)贅'으로 바뀌게 된다. 早期의 祭祀卜辭에 자주 보이는 인명인 寅尹은 武乙시기에 이르면 伊尹로도 많이 쓰이는데, 이 역시 音義가 모두 동일하면서 자형이 달라진 경우이다. 이것은 아마도 이미 자형 변화의 범위를 벗어나 글자를 다르게 사용하게 된 것일 수도 있다.

상술한 각 예를 볼 때, 甲骨文字에서 낱글자의 구조는 273년 동안 점차 복잡해지는 경향을 띠고 있음을 알 수 있다. 즉, 간단한 구조에서 복잡화된 것이지, 복잡한 구조에서 단순화된 것이 아니다. 이것은 甲骨文 시대에는 한자가 끊임없이 창조되어 그 수가 풍부해지고 있었음을 설명해준다.

甲骨文字의 발전변화는 하루 아침에 갑자기 일어난 일이 아니라 장기간 누적된 결과라는 점은 특히 강조되어야 할 부분이다. 우리들은 그것의 단계성을 인정하는 동시에 그 변화의 점진성에도 주의해야만 한다. 甲骨文에 단계성이 있다는 점을 인정하지 않고, 전후시기의 서로 다른 書法을 함께 묶어 논하거나 한 글자를 두 글자로 달리 보는 것은 잘못이다. 하지만 그렇다고 해서 그 변화의 점진성에 주의하지 않고 지나치게 단계성만을 강조하면서 전후시기 字體가 교체되며 사용되던 상황을 홀시한다면 이 역시 잘못된 것이다. 앞 문장에서 언급했던 王字의 변화과정은 대체적인 단계성만을 지적했을 때는 옳은 것이다. 하지만 그렇다고 해서 그 변화 과정이 祖甲 이전과 帝乙 이후에는 '玉'字가 보이지 않고 王은 帝乙 이후에서야 출현되었다는 것을 말해 주는 것은 아니다. 사실 王을 ᄉ으로 쓰는 것은

廩辛卜辭까지도 간간이 발견된다. 예를 들어『前編』5·43·1에는 貞人 龏가 있고, 陳夢家는 이를 廩辛 시기의 사람으로 판정했는데, 그 갑골편에서의 王이 바로 ▲으로 쓰여 있다. 王을 ▲으로 쓰는 것은 물론 祖甲 이후에 성행되었지만, 祖庚卜辭에도 이미 그 예가 보이고 있다.『契』392와『後編』上13·7 및 14·3, 그리고『甲編』2679에서는 모두 '出'이 사냥에 관해 점치는 일이 기록되어 있는데, 그 중 "王其田(왕이 사냥하다)"이라는 辭例에서의 王은 모두 ▲으로 쓰여 있어서 방증이 된다. 王을 王으로 쓰는 것 역시 帝乙 시기부터 시작된 것이라고는 할 수 없다.『甲編』1659에서는 "□亥卜☐父甲王受☐王其又□."이라 했는데, 父甲이라 칭한 것으로 보아 이것은 廩辛이나 康丁 시기에 그 부친인 祖甲에 관해 칭한 것이 분명하며, 字體 및 文例로 볼 때도 武丁 시기에 그 부친인 陽甲을 칭한 것이 아님을 분명히 알 수 있다. 그런데 여기에서 '王'字가 두 번 보이므로 이러한 書法이 廩辛 혹은 康丁 시기에 이미 출현되었음을 증명할 수 있다. 또한『前編』2·6·6이나 2·10·1, 2·10·4, 2·19·5 및『甲編』3689의 갑골편에서처럼 설사 帝乙·帝辛 시기라 하더라도 '王'字를 ▲으로 쓰는 것 역시 때때로 발견되는데, 그러한 것들은 예외라고 할 수 있다. 따라서 '王'字의 세가지 書法인 ▲, ▲, 王은 사실 교체되며 사용되던 단계를 가지고 있었다고 볼 수 있다. 이를 도표로 나타내 보면 다음과 같다.

	武丁	祖庚·祖甲	廩辛·康丁	武乙·文丁	帝乙·帝辛
▲	———	———	———		
▲		———	———	———	———
王			———	———	———

전후시기에 형태가 다른 '災'字 역시 교체되며 사용되던 단계가 있었다. 예를 들어 廩辛·康丁 시기의 '災'字는 ≋, ⫴의 두 가지 형태 외에도, 소수이긴 하나 ⩣, ⩎, ⩎로 쓴 것도 나타나고 있다.『甲編』1252, 1575에서는 모두 ⫴과 ⩎, ⩎이 동일한 갑골판에서 보이고 있다. 또『甲編』1942, 2169와『粹』970에서는 災를 모두 ⩎로 쓰고 있다. 또『殷綴』34에는 田獵卜辭가 세 번 새겨져 있고, 貞人은 狄이며, 卜辭 마지막에는 모두 "往來亡災(오고 가는 데 재앙이 없겠습니까)"라고 묻고 있는데, 이 때의 災는 각기 ⫴, ≋, ⩣로 쓰여 있다. 이것만 보아도 廩辛·康丁 시기에는 사실 문자가 발전되는 과정에서 전후 시기가 교체되던 단계

였음을 알 수 있다. 즉, 전기의 자형이 후대로 계승되며 습관적으로 계속 사용되는 와중에, 후기에 성행되던 자형 역시 이 시기부터 만들어져 점차 사용되기 시작했던 것이다.

甲骨文字의 발전에 있어 이러한 변화의 점진성은 月과 夕의 전후 변화를 예로 들어 설명할 때도 적용될 수 있다. 종합적으로 말하자면, 甲骨文의 月과 夕 두 글자는 ☽과 ☽이라는 두 가지 書法이 있다. 시간의 선후에 따라 고찰하자면 月자는 점차 ☽에서 ☽로 변화되었고, 夕자는 ☽에서 점차 ☽으로 변화되어, 두 글자의 변화가 완전히 상반된 모습을 보이고 있다. 早期에는 月을 ☽로 쓰고 夕은 ☽으로 쓰는 것이 통례이며, 月을 ☽로 쓰거나 夕을 ☽으로 쓰는 것은 소수의 예외에 불과하다. 中期에는 月과 夕을 모두 ☽이나 ☽으로 구별 없이 통용하는 경우가 많았기 때문에 혼용된 시기라고 할 수 있다. 晚期에 이르면 원래 예외였던 것이 새로운 통례로 바뀌고, 早期의 통례는 거꾸로 예외가 된다. 이 시기에 月은 보통 ☽로 쓰고 ☽로 쓴 것은 극소수이며, 夕은 일반적으로 ☽으로 쓰고 ☽으로 쓴 것은 극소수이다. 月과 夕 두 글자는 200여 년간 변화되고 互用되면서 점차 이처럼 정형화되어 ☽은 月이 되고 ☽은 夕이 되었다. 이것은 商末에서 兩周시기의 金文에 보이는 月·夕의 書法과 일치되는 것이다. 『金文編』권7에는 '月'字로 100여 종류가 수록되어 있는데, 대부분이 ☽로 썼고, ☽로 쓴 것은 3번 밖에 보이지 않는다. 또 '夕'字는 10여 종류가 수록되었는데, 대부분 ☽으로 썼으며 ☽으로 쓴 것은 2번 밖에 보이지 않는다. 小篆에 이르면 月은 ☽로 쓰고 夕은 ☽으로 써서 완전히 구별되어진다. 하지만 사람들은 이미 月·夕 두 글자의 연원 관계를 분명하게 구별할 수 없게 되었다. 만약 甲骨文이 이 세상의 빛을 보지 못했더라면 우리들 역시 멍청하게 『說文』을 그대로 믿어 '夕'字를 "달이 반만 보이는 형상에서 온 것 (從月半見)"이라고 여길 수밖에 없었을 것이다.[23]

이 밖에 또 주의해야 할 점은, 비록 甲骨文字의 대다수가 전후시기의 계승관계가 있기는 하지만, 소수의 글자는 早期 혹은 晚期에만 보이기도 하며, 또 어떤 글자(단어·숙어)는 어느 한 시기에만 사용되었다는 사실이다. 예를 들어 伇·婋·妁·玄黽·疾·夢·夒 등의 글자는 早期卜辭에만 보인다. '娃' 혹은 '偉'은 早期의 貞旬卜辭에만 보이며 '有娃'·'有來娃' 등으로 사용되었다. 또 "艱"은 제 2기 卜辭에만 보이는데, 역시 '來艱'으로 사용되었고 의미는 娃·偉과 완전히 동일하지만 자형은 완전히 다르다. 앞에서 언급했던 '叙楚' 역시 제 1기와 제 2기에는 보이지 않는다. 또한 䌛(于省吾는 발음을 搖라고 읽었다)·羋·餘

---

23) 이에 관한 자세한 것은 陳煒湛, 「甲骨文字辨析·卜辭月夕辨」, 『中山大學學報』 1980년 제 1기 참고.

등의 글자 역시 제5기에 가서야 나타난다. 또 인명·지명 등은 어떤 한 시기에만 보이는 예가 많다. 이처럼 특정 시기에만 글자가 사용되는 상황은 각 시기의 占卜 범위의 차이, 事類의 수와 밀접한 관계가 있기 때문에 이 모두를 문자의 발전 변화상의 문제로 삼을 필요는 없다.

제5장
갑골문의 분류와 주요내용

1. 갑골문의 분류 연구
   ─여러 연구자들의 갑골문의 분류

십만 편 정도 되는 甲骨에는 어떠한 내용들이 새겨져 있을까? 그리고 그 내용은 어떤 측면을 포괄하고 있을까? 요컨대 갑골문에는 천문현상에서 인간사의 다양한 사회현상에 이르기까지 거의 모든 것이 반영되어 있다. 卜辭의 내용이 매우 풍부하고 광범위한 이유는 商代의 통치자들(특히 武丁)이 미신 특히 천명관념을 중시하여 어떤 일을 실행하거나 괴이한 현상이 발생한 경우마다 占卜을 시행하였기 때문이다. 갑골문은 시기、사건마다 占卜을 시행하여 사안의 크고 작음에 관계없이 모든 일을 卜辭로 기록한 것이 대부분이다. 갑골문에는 이러한 占卜의 기록과 관계없는 부분도 약간 있는데, 단순한 干支表이거나 龜甲의 공물헌상과 소장현황을 기록한 것도 있고 또 일부는 記事로 商王들의 중요한 활동 또는 왕과 관련된 사건을 기록하고 있다. 이러한 甲骨刻辭는 실제 商代 사회생활의 기록한 것이므로 商代의 사회와 역사를 연구하는 데 가장 중요한 자료이며, 商代 언어를 연구하는 데에도 일차적 자료가 된다.

심도있고 세밀하게 연구하기 위해서는 갑골문을 적절히 분류해야 한다. 그러나 이전의 여러 학자들은 대부분 갑골문을 '卜辭' 또는 '契文'이라 통칭하였고, 구체적 분류도 사람마다 각양각색이었다. 羅振玉은 갑골문을 祭、告、享、出入、田漁、征伐、年、風雨、雜卜의 9가지 유형으로 분류하였고, 王襄은 『簠室殷契徵文』에서 12가지 유형으로 분류하였으며, 郭沫若은 『卜辭通纂』에서 8가지 유형으로 분류(2장 1절을 참고)하여 사람마다 분류한 것이 다르다. 가장 세밀하게 분류한 사람은 胡厚宣으로『甲骨續存』의 서문에서 아래의 24가지 유형으로 갑골문을 분류하였다.

來源	氣象	農産	祭祀	神祇	征伐
田獵	芻魚	行止	卜占	營建	夢幻
疾病	死亡	吉凶	災害	諸婦	多子
家族	臣庶	命喚	成語	紀數	雜類

가장 간략하게 분류한 사람은 陳夢家로 "卜辭의 내용을 크게 나누면 6가지로 귀납된다"[1]라 하였는데 그 내용은 다음과 같다.

① 祭祀 선조와 자연신에 대한 제사와 기구(祈求) 등.
② 天象 바람、비、날이 개임、물 및 하늘의 변화 등.
③ 年成 작황과 농업 등.
④ 征伐 대외 전쟁과 변경의 침범 등.
⑤ 王事 왕의 사냥、왕래、질병、꿈、자녀의 출산 등.
⑥ 卜旬 다음 열흘(貞旬)과 당일 저녁의 길흉을 점치는 일 등.[2]

일본사람 貝塚茂樹는 아래의 12가지 유형으로 분류하였는데 비교적 적당하다.

祭祀	求年	風雨	旬夕	田獵	往來
方國	征伐	使令	疾夢	卜占	貞人	雜卜[3]

陳夢家를 제외한 대다수 학자들의 분류에는 雜卜 또는 雜事、雜纂의 항목이 들어가 있는데, '雜'이 가리키는 내용은 각자 다르다. 예를 들어 羅振玉이 雜卜으로 분류한 것들 중 대부분은 胡厚宣의 분류에서는 독립적인 유형으로 분류되었다.

郭沫若이 주편하고 胡厚宣이 책임 편집한『甲骨文合集』에서는 갑골문을 크게 계급과 국가・사회생산・사상문화・기타의 4가지 유형으로 분류하였다. 각각의 유형을 세부항목으

---

1) "卜辭內容大別爲六"
2) 陳夢家,『殷墟卜辭綜述』138쪽.
3) 貝塚茂樹,『京都大學人文科學硏究所藏甲骨文字』범례.

로 나누면 ① 奴隷와 平民, ② 奴隷主 貴族, ③ 官吏, ④ 軍隊、刑罰、監獄, ⑤ 戰爭, ⑥ 方域, ⑦ 貢納과 聚斂, ⑧ 農業, ⑨ 漁獵、畜牧, ⑩ 手工業, ⑪ 商業、交通, ⑫ 天文、曆法, ⑬ 氣象, ⑭ 建築, ⑮ 疾病, ⑯ 生育, ⑰ 鬼神崇拜, ⑱ 祭祀, ⑲ 吉凶夢幻, ⑳ 卜法, ㉑ 文字, ㉒ 其他로 총 22개의 유형이 된다. 이것은 수많은 학자들의 의견을 종합하여 나온 분류법으로 새로운 시도라 할 수 있는데 이러한 분류는 우리가 商代의 계급관계, 경제상황 및 사상과 문화 등의 측면을 연구하는 데 도움이 된다. 하지만 '奴隷主 貴族'항목(제 2책 제 1기)과 같이 매우 난잡하여 모든 것을 포괄하였다는 느낌을 주는 부분도 있어 완전히 타당하다고는 할 수 없다.

갑골문에 기재된 내용은 계급과 계급투쟁의 관점에 입각하여 고찰하여야 한다. 왜냐하면 商代는 노예제 사회였고 갑골문은 이러한 사회의 산물이므로, 계급과 계급투쟁의 관점에서 벗어나 갑골문을 판독하고 그 내용을 말한다면 결국에는 방향성을 상실하게 되기 때문이다. 그러나 갑골문이 순전히 계급과 계급투쟁만을 다룬 기록은 아니다. 각각의 계급은 구체적인 사건과 서로 연계되어 있으며, 또한 통치자와 피통치자가 1條의 卜辭 또는 하나의 갑골판에서 동시에 출현하는 경우가 많으므로, 계급을 구분하여 갑골문의 내용을 구분하는 방법은 적당하지 않으며 실제 상황에 입각하여야만 적당한 분류를 할 수 있다.

필자의 소견으로는 갑골문을 우선 크게 卜辭와 非卜辭의 두 범주로 나누어야지, 이 둘을 하나의 범주로 다루는 것은 타당하지 않다. 非卜辭란 占卜기록이외의 甲骨刻辭를 지칭하며, 간지표, 공납기록, 記事刻辭 등을 예로 들 수 있다. 卜辭의 실제내용에 관해서는 여러 학자들의 견해를 참고하여 ① 年歲(農業), ② 天象(風雨), ③ 旬夕(吉凶), ④ 祭祀, ⑤ 征伐(方國), ⑥ 田獵(漁牧), ⑦ 疾夢, ⑧ 使令, ⑨ 往來, ⑩ 婦事(婚娶)의 10개의 항목으로 분류하였는데, 수량이 비교적 적은 卜辭는 관련 항목 밑에 부가하였다. 물론 이와 같은 분류가 가장 적절하다고 할 수는 없지만 卜辭의 주요내용을 포괄하기에는 충분할 것이다. 여러 학자들의 분류가 복잡하고 다른 이유는, 첫째로 지나치게 세밀한 분류를 하여 하나로 통합될 수 있는 것을 몇 가지로 나누었고, 둘째로 조각에 남아있는 卜辭가 불완전하기 때문이다. 어떤 조각들은 단지 몇 글자만 남아있어 완전한 문장을 이루지 못하는데, 干支、貞人의 이름、方國名、地名、紀數字 등만이 남아있거나 또는 몇몇 先公이나 先王의 이름(廟號)만이 새겨져있을 뿐이다. 학자들은 이러한 갑골을 '적절하게 분류'하기 위해 地望、帝系(世系)、人名、干支、數字、占卜、貞人、文字 등의 항목을 세우기도 한다. 사실 이러한 조각에 남아있는 卜辭들은 다른 갑골문과 綴合을 한 뒤에야 구체적 내용을 파악할 수 있으며, 비로소

'분류'를 할 수 있게 된다. 따라서 근본적으로 이러한 조각에 남아있는 卜辭를 따로 분류할 필요는 없다.

여기에서 2가지 점에 대해 따로 설명할 필요가 있다. 첫째는 이것은 단지 대체적인 분류라는 점이다. 각각의 분류는 田獵을 獸(狩)、田、逐、射、羅、焚 등의 세부 항목으로 나눌 수 있는 것처럼 다시 하위의 작은 분류로 나뉠 수 있다. 둘째로 卜辭의 내용을 상술한 10개의 항목으로 분류한 것은 전체 갑골문을 분석한 총체적인 분류에 따른 것이지 각 시기의 卜辭가 이러한 열 가지 내용으로 귀납될 수 있다는 것은 아니라는 점이다. 실제로 占卜의 내용도 시기에 따라 다르고 각 시기마다의 고유한 특색이 있다. 武丁시기는 占卜 활동이 매우 활발하였던 시기로, 남아있는 卜辭도 가장 많고 내용도 가장 풍부하며, 각 분류상의 卜辭가 거의 다 포함되어 있으며 장편의 卜辭도 매우 많다. 祖庚시기까지는 占卜의 내용이 武丁시기와 거의 같지만, 祖甲시기에 이르면 占卜의 범위가 武丁시기에 비해 많이 축소된다. 祭祀、旬夕、往來등의 항목이 점쳐지는 것 외에 나머지 婦事、使令등의 항목은 일률적으로 폐기되어 다시는 점쳐지지 않았고, 심지어 일년 수확의 결과와 관련된 風雨、年禾 등의 항목도 아주 드물게 점쳐진다. 征伐과 田獵에 대한 卜辭도 많이 보이지 않는다. 祭祀卜辭의 비중이 매우 높긴 하지만, 구체적인 내용은 武丁시기와 매우 다르다. 예를 들면 武丁시기의 御(禦)、匚、舞、帝(禘)、告、祝 등의 제사는 모두 보이지 않고, 그 대신 翌、祭、眚、祐、登(烝) 등의 제사로 대체하였다. 卜辭도 간단해지고 驗辭는 소수의 卜辭에만 남아있다. 또한 "王占曰"로 시작되는 占辭는 한번도 나타나지 않는다. 廩辛・康丁시기는 祖甲시기와 占卜의 내용이 대체적으로 비슷하며, 단지 田獵、風雨등 항목의 占卜이 다시 점차 많아지는데, 특히 田獵을 나갈 때에 바람과 비와 같은 기후상황을 상세하게 물어보아 갈 것인가 가지 않을 것인가를 결정한다. 祭祀卜辭에서는 특히 제사에 쓸 희생물의 종류와 수량을 묻는 것에 주의하고 있다. 武乙은 재위기간이 『竹書紀年』에 의하면 35년이지만(古本과 今本이 상동) 현존하는 卜辭가 많지 않고 占卜의 내용도 앞선 두 시기와 거의 같다. 사학계에서 大丁이라 부르는 文丁시기에는 占卜의 내용이 다시 武丁시기와 비슷해지는데 (董作賓의 文丁復古說), 武丁이후에 점쳐지지 않던 事類가 이 시기에 다시 나타난다. 秦、寮、涉、降、韋、獸(狩) 등이 그 예이다. 그러나 현재로서는 확실하게 文丁시기의 卜辭로 여겨지는 것이 그다지 많지 않고 또 일부는 논쟁의 대상이 되고 있으므로, 보다 더 나은 연구성과가 나오길 기대한다. 帝乙・帝辛은 재위기간이 武丁보다 훨씬 길지만 현존하는

卜辭는 武丁시기에 비해서 수량도 적고 占卜의 내용도 풍부하지 못한데, 征伐、田獵、祭祀、旬夕 등에 관련한 卜辭의 비중이 비교적 크다. 또한 祖甲이래 보이지 않던 占辭 및 극소수 보이던 驗辭가 이 시기에는 자주 출현하고 1條가 5·60자 정도인 장편의 卜辭도 많아졌다.

2. 각 유형의 卜辭의 例

상술한 10가지 유형의 卜辭는 각각의 분류마다 전문적으로 연구를 할 만하며, 심지어 하나의 큰 분류 아래의 몇 개의 하위 분류도 심도있는 연구를 할만한 가치가 있다. 卜辭의 분류에 대한 연구는 꼭 필요한 작업이다. 여기에서는 대표적인 몇 개의 卜辭를 선택하여 예증으로 삼아 각각의 유형에 따라서 卜辭의 주요 내용을 소개하도록 하겠다.

(1) 年歲(農業)

商代 농업생산은 이미 상당한 발전을 이루어 수확의 좋고 나쁨 및 농업과 관련된 것을 점쳐 묻는 卜辭가 많다. 예를 들면 아래와 같다.

① 『乙編』867 (附圖 1)
    丙子卜, 韋貞: 我受年? 丙子卜, 韋貞: 我不其受年? (병자일에 韋가 점쳐 묻습니다. "我에 수확이 많을까요?" 병자일에 韋가 점쳐 묻습니다. "我에 수확이 많지 않을까요?")

완전한 龜甲위에 2條의 對貞卜辭가 새겨져 있는데 긍정과 부정 2가지 형식으로 "我"의 수확이 좋을지를 묻고 있다. '受年'은 '많이 거둔다'、'풍성한 수확'의 의미이다. 또는 『乙編』5307에 "癸未卜, 賓貞: 我受黍年? 貞: 我不其受黍年? (癸未일에 賓이 점쳐 묻습니다. "我에 기장의 수확이 많을까요?" 묻습니다. "我에 기장의 수확이 많지 않을까요?")"처럼 "我受黍年"이라 쓰기도 한다. 여기에서 '我'는 方國의 이름이며 일인칭 대명사인 '我'가 아니다.

② 『乙編』3409 (附圖 2)
    甲午卜, 賓貞: 西土受年? 貞: 西土不其受年? (甲午일에 賓이 점쳐 묻습니다. "서쪽

지역에 수확이 많을까요?" 묻습니다. "서쪽 지역에 수확이 많지 않을까요?")

이 문장은 西土(서쪽지역)에서의 수확이 좋을지 나쁠지를 묻고 있다. 갑골문에는 이외에도 東土、南土、北土에 수확이 많을 것인가를 묻는 卜辭가 있어 商王이 곡물의 수확에 얼마나 많은 관심이 있었는지를 보여준다.

③ 『粹』907 (附圖 3)

己巳王卜, 貞: [今]歲商受[年]? 王占曰: 吉. 東土受年? 南土受年? 吉. 西土受年? 吉. 北土受年? 吉. (기사일에 王이 점쳐 물었다. "올해 商에 수확이 많을까요?" 왕이 판단하여 말하였다. "길하다." "동쪽지역에 수확이 많을까요?" "남쪽지역에 수확이 많을까요?" "길하다." "서쪽지역에 수확이 많을까요?" "길하다." "북쪽지역에 수확이 많을까요?" "길하다.")

이 문장은 한꺼번에 商과 여러 지역의 수확이 많을지를 점친 내용을 담고 있다. 占자를 臥의 형태로 쓴 것은 후기 卜辭에서 나타나는 특수한 서법이다. "王占曰"은 왕이 직접 징조를 보고 길흉을 판단하여 말하는 것이다. 점친 결과 동쪽지역 외에는 모두 '吉'이라 하였는데 이는 복조에 의해 판단하면 올해에는 수확을 많이 거둘 것이란 뜻이다. 『契』493에 "癸卯卜, 爭貞: 今歲商受年? (계묘일에 爭이 점쳐 묻습니다. "올해 商에 수확이 많을까요?")"의 구절과 『丙編』243에 "丙寅卜, 敵(殼)貞: 今來歲我不其受年? (병인일에 殼이 점쳐 묻습니다. "내년에 我에 수확이 많지 않을까요?")"의 구절 등이 이와 비슷한 문례이다.

④ 『乙編』7456、7457 (附圖 4)

貞: 唯帝它我年? 二月. 貞: 不唯帝它我年? 二告. 王占曰: 不唯帝它, 唯吉. (묻습니다. "상제께서 我의 수확에 재앙을 내리실까요?" 때는 2월이다. 묻습니다. "상제께서 我에 수확에 재앙을 내리시지 않을까요?" 二告. 왕이 판단하여 말하길. "상제께서는 재앙을 내리지 않으실 것이다. 길하다."라 하였다.)

'占'字를 □를 편방으로 하는 '囚'으로 쓰고 있는데, 이것은 武丁卜辭의 특징 중 하나이다. "王占曰"은 武丁이 직접 조짐을 보고 길흉을 판단한 것으로 소위 占辭라 한다. 商나라 사람은 한 해의 수확의 좋고 나쁨이 上帝에 의해 결정된다고 생각하였는데, 즉 한 해의 수확이 좋으면 이는 上帝가 복을 내려주는 것이고 한 해의 수확이 좋지 않으면 上帝가 재앙을 내린 것이라 여겼다. 이것은 완전한 龜甲으로 단지 이 2개의 卜辭만이 새겨져 있고, 正·反面 양면에 반복해서 上帝가 '我'에 수확을 많이 내리지 않을 것인가에 대해 점쳐 묻고 있다. 왕이 직접 징조를 보고 내린 결론은 上帝는 재앙을 내리지 않을 것이며 길하리라는 것이다.

⑤ 『甲編』2905 (附圖 5)

　　　癸亥卜, 㞢貞: 秦年自上甲至于多毓(后)? 甲子卜, 㞢貞: 秦年自上甲? 九月. 己巳卜, 㞢貞: 其秦年于上甲, 尞? 九月. (계해일에 㞢가 점쳐 묻습니다. "上甲에서부터 여러 후손들에게 풍년을 기원하는 제사를 드릴까요?" 갑자일에 㞢가 점쳐 묻습니다. "上甲에서부터 수확을 기구할까요?" 때는 9월이다. 기사일에 㞢가 점쳐 묻습니다. "上甲에게 수확을 기구하려고 하는데 尞제사로 할까요?" 때는 九月이다.)(나머지는 생략)

'秦年'은 수확을 기구하는 것으로, 즉 돌아가신 先公과 先王에게 기도를 올려 하늘의 영험한 도움으로 풍성한 수확을 거두길 갈망하는 것이다. 商代의 先公과 先王은 上甲이후로 모두 十干(甲、乙、丙、丁……)의 명칭으로 이름을 삼았다. 上甲은 즉 『史記·殷本紀』에서의 上甲 微로 商의 先公이며, 卜辭에 매우 자주 보인다. 아마도 商나라 사람들은 先公의 시조로 생각했던 것 같다. 그러므로 수많은 卜辭에서 "自上甲至于多后"라 한 것이다. 商代의 이러한 先公과 先王의 명칭에 대해서는 생일이라는 설、죽은 날이라는 설 및 죽은 후에 간지에 따라 이름을 붙인 것이라는 설[追名]이 있다. 『史記·殷本紀』司馬貞의 『索隱』에서 "皇甫謐이 말하길 '微는 字가 上甲이다. 그의 어머니가 甲日에 낳았기 때문이다'라 하였다. 商나라에서 아들을 낳으면 태어난 날에 따라 이름을 지었는데 微에서부터 시작되었다. 譙周는 죽은 후에 묘의 신주를 '甲'이라 칭한다고 여겼다(皇甫謐云: '微字上甲, 其母以甲日生故也.' 商家生子, 以日爲名, 蓋自微始. 譙周以爲死稱廟主曰 '甲'也.)"라는 구절이 있다. 『白虎通·姓名篇』에서는 "殷나라 사람이 태어난 날로 자식의 이름을 삼은 까닭은 무엇인가? 殷나라 사람들은 성품이 질박하여 태어난 날로 자식의 이름을 삼았는데 『尙書』에서 '殷나라 太甲帝武丁'이라 하였다(殷人以生日名子何? 殷家質直, 故以生日名子也, 以尙書道殷家太甲帝武丁也.)"라 하였다. 王國維는 "商나라 사람이 날짜로 이름을 붙인 것은 아마도 成湯이후의 일이 아닌가 한다. 그 이전의 先公의 生卒日은 湯이 천하의 祀典의 명호를 정할 때에는 이미 알 수가 없었기에 십일간의 순서에 따라 이름을 붙인 것이다. 그렇지 않다면 이렇듯 잘 맞아떨어지지 못할 것이다"[4]라 하였다. 王國維의 追名說은 일리가 있지만 현재로서는 成湯 이후의 제왕의 이름이 생일인지 아니면 죽은 날인지는 확정하기 어렵다. 그러나 卜辭 중 先公과 先王에 제사를 지낼 때에 모두 그 이름에 따른 날에 제사를 지냈다. 甲이 이름인 자는 甲日에 제사를 지내고 乙이 이름인 자는 乙日에 제사를 지냈으니, '甲'·'乙'을 후세의 기일로 보는 死日說이 生日說 보다 좀더 유력한 것 같다.

⑥ 『甲編』712 (附圖 6)
    乙卯卜, 貞: 秦禾自上甲六示, 牛? 小示, 盩羊? (을묘일에 점쳐 묻습니다. "上甲에서부터 여섯 직계 先王께 풍년을 기구하는 제사를 드릴 때 소를 쓸까요? 방계의 先王에게는 양으로 盩제사를 드릴까요?")

'秦禾'는 '秦年'과 의미가 같고, 갑골문에서 年과 禾는 통용할 수 있다. '自上甲六示'는 上甲、大乙、大丁、大甲、大庚、大戊를 지칭하며, 上甲을 先公의 대표로 하고 나머지 다섯 선조(五示)는 직계 先王이 된다. '小示'는 방계의 先王을 지칭한다. 盩는 희생물 또는 인간을 제물로 삼아 피로써 제사를 지내는 것(于省吾의 설)이므로 盩羊은 양의 피로 제사를 지내는 것이 된다.

⑦ 『甲編』808 (附圖 7):
    丁丑卜, 叀(唯)寅往 秦禾于河, 受禾? (정축일에 점칩니다. "寅을 보내 河神에게 풍년을 기구하는 제사를 드리면 풍년이 들까요?") (나머지는 생략)

'河'는 '岳'과 상대적인 것으로 황하(黃河)를 지칭한다. 이 卜辭는 寅(인명)을 보내서 황하의 신에게 풍년을 기구하도록 할 것인가를 묻고 있다.
조어(曹圉)는 '河'가 商代 高祖의 이름이라고도 한다.

⑧ 『甲編』785 (附圖 8):
    乙卯卜, 貞: 秦禾于高, 尞九牛? (을묘일에 점쳐 묻습니다. "高에서 풍년을 기구하는 제사를 드릴 때 9마리의 소로 尞제사를 드릴까요?")

---

4) "疑商人以日爲號, 乃成湯以後之事, 其先世諸公生卒之日, 至湯有天下定祀典名號時已不可知, 故卽用十日之次以追名之, 否則不應如是巧合也." (王國維, 『戩壽堂所藏殷墟文字』 第一項 第十片 考釋.)

'寮'는 섶을 태우는 형상을 본뜬 글자로 제사의 명칭이다. "寮幾牛"는 희생을 사용하는 방법을 말한다.

⑨ 『新綴』609 (『綴』371, 附圖 9)
　　癸酉卜, 其 桒田父甲, 一牛? 癸酉卜, 于父甲桒田? 小王父己. (계유일에 점칩니다. "父甲에게 풍년을 기구할 때 소 1마리로 할까요?" 계유일에 점칩니다. "父甲에게 풍년을 기구할까요?" …小王父己…)

桒田은 농사의 일에 관해 점치는 것으로 의미는 '年(禾)'과 비슷하다. '父甲'은 廩辛 또는 康丁이 祖甲을 칭하는 것이다. "桒田父甲"과 "于父甲桒田"은 동일한 내용을 다른 문법형식으로 표현한 것이다.

⑩ 『前編』4・30・2 (附圖 10)
　　貞: 㞢(唯)小臣令衆黍? 一月. (묻습니다. "小臣이 여러 사람을 거느리고 기장을 심게 할까요?" 때는 1월이다.)(나머지는 생략)

이 條의 卜辭는 小臣이 뭇사람을 통솔하여 농사일에 종사하는 것을 기재하고 있는데, 시기는 一月이며 아마 봄 농사일 것이다. '小臣'은 商시기에 상당히 중요한 지위의 관직명이다. '衆'의 신분에 대해서는 노예라는 설과 자유민이라는 설이 팽팽히 맞서고 있다.

⑪ 『續存』下166 (附圖 11)
　　庚辰卜, 貞: 翌癸未㞢.西單田, 受有年? 十三月. (경진일에 점쳐 묻습니다: "돌아오는 계미일에 西單5)에 비료를 주면 풍년이 들까요?" 때는 13월이다.)

'㞢'字를 商承祚는 '㳒'字로, 唐蘭과 胡厚宣은 '屎'字로 해석하였는데, 사람이 대변보는 모습을 본뜬 것으로 여겼다. 胡厚宣은 이 條의 卜辭를 "서부의 평평한 토지에 비료를 사용하는 것을 점을 쳐 좋은 수확을 거둘 것인지를 묻는 것"6)이라 해석하였다. 張政烺은 '㞢'字

---

5) 【譯註】單에는 평평한 땅이라는 의미가 있다. 西單이 고유명사인지 일반명사(서쪽 평평한 땅)인지에 관해서는 현재로서는 알 수 없다.
6) "占卜在西部平坦的土地上施用肥料, 問將來能否得到好的收成." (胡厚宣,「殷代農作施肥說」,『歷史研

를 '肯'字로 해석하고 발음은 '趙'라고 하면서, '肯田'의 의미는 밭의 풀을 제거하는 것이라 보았다.7) 비료를 사용한다는 견해이든 제초라는 견해이든지 간에 모두 결국에는 '㠯田'이 수확의 풍성함과 관계된 것임은 분명하다.

(2) 天象(風雨)

농업생산과 기후여건은 밀접하게 연관되어 좋은 수확을 거두기 위해서 바람과 비가 순조롭기를 바라게 된다. 또 商나라 왕이 외출을 하거나 사냥을 나갈 때에도 날씨가 좋기를 바랬기 때문에 卜辭의 내용 중 많은 부분이 바람과 비나 맑고 흐림에 대한 占卜이다. 귀신이나 天命같은 미신을 믿어 별들의 변화가 인간세상의 재앙과 괴이한 일을 상징하는 것으로 여겼기에, 商나라 왕은 늘 점쳐 물은 후에 다시 관찰 결과를 기록해 두었는데, 갑골문에 이러한 측면의 卜辭도 적지 않다.

① 『佚』374 (附圖 12)
　　癸酉貞: 日月又食, 唯若? 癸酉貞: 日月又食, 非若? (계유일에 묻습니다. "일식이나 월식이 일어나면, 길할까요?" 계유일에 묻습니다. "일식이나 월식이 일어나면 길하지 않을까요?")

非자를 ㄓ로 쓴 것은 于省吾의 견해를 따른 것이다. 商承祚는 'ㄓ'字는 비록 알 수는 없으나, 글자가 '北'로 이루어져 있고, '北'는 '背'字이니 당연히 '그러하지 않다'는 의미가 된다"8)라 하였다.

② 『後編』下 9·1 (附圖 13)
　　七日己巳夕㽙□有新大星並火. (7일째 되는 기사일 저녁에 날이 무더웠다. 新大星과 火星에 有제사를 지냈다.)

'㽙'字의 의미는 명확하지 않다. 郭沫若은 일식으로 해석하였으나 후에 폐기하였다. 于省吾는 '亞(銎의 或體)'字를 뚜껑이 없는 술독으로 여기고 여기에서는 '覭'로 읽는다고 보았

　　究』, 1955年 第一期 및 『甲骨續存·序』
7) 張政烺, 「甲骨文"肯"與肯田」, 『歷史研究』, 1978년 第三期.
8) "ㄓ字雖不識, 其字從北, 北者背也, 當亦不若之意."

고, "눈이 잘 보이지 않는 것이다. 形符는 見이고 聲符는 '亞'로 兜와 같이 읽는다(目蔽垢也. 從見亞聲, 讀若兜)"9)는 本義에서 引伸되어 날씨가 흐리다는 의미로 된 것이라 여겼다.10)

③ 『新綴』1 (附圖 14)
    癸未卜, 爭貞: 旬亡禍? 三日乙酉夕, 月有食, 聞. 八月. (계미일에 爭이 점쳐 묻습니다. "열흘간 재앙이 없을까요?" 삼일째인 을유일 저녁에 월식이 있었다는 소식이 있었다. 때는 8월이다.)(이하 생략)

'聞'은 바깥지역에서부터 보고를 받는 것이지 도성에서 관찰한 것이 아니다. 董作賓은 '聞'을 공문양식의 일종으로 생각하여 方國의 제후가 왕조에 보내는 일종의 서면보고라 보았는데11), 만약 이 해석이 맞는다면 方國의 제후와 商왕조 간의 집권에 대한 관계 등과도 연관된다. 『契』632에도 유사한 기록이 있다.

④ 『乙編』3090 (附圖 15)
    戊子卜, 殼貞: 帝及四月令雨? 王占曰: 丁雨, 不啇(唯)辛. 貞: 帝弗其及今四月令雨? 旬丁酉允雨. (무자일에 殼이 점쳐 묻습니다. "상제께서 4월에 비를 내리실까요?" 왕이 판단하여 말하기를 "돌아오는 丁일에 비가 오고, 辛일에는 오지 않을 것이다."라고 하였다. 묻습니다. "상제께서 이번 4월에 비를 내리지 않으실까요?" 10일째 되는 정유일에 과연 비가 왔다.)

帝는 상제의 의미이고, 及은 이르다는 뜻이다. 이 卜辭는 4월에 상제께서 비를 내릴 것인지를 묻고 왕이 직접 복조를 보고 丁일에 비가 올 것이며 辛일에는 오지 않을 것임을 판단하는 내용이다. 결과적으로 10일후인 정유일에 하늘에서 과연 비가 내렸다. 정유는 무자일 이후 10일째 되는 날이다. 그러므로 "旬丁酉"라 한 것이다.

⑤ 『新綴』223 (附圖 16)
    及今[十月]雨? 貞: 弗其及今十月雨? 勿侑于寅尹? 貞: 勿秦于𣪘? 貞: 侑于寅尹? ("이번 [10월]에 비가 올까요?" 묻습니다. "이번 10월에 비가 오지 않을까요? 伊尹에게 侑

---

9) 『說文·八篇下 (18)』 覞자의 說解.
10) 于省吾, 『雙劍誃殷契駢枝續編·釋亞』, 이 글은 『甲骨文字釋林』에 미수록 되어있다.
11) 董作賓, 『甲骨文字甲編序』

제사를 드리지 말까요?" 묻습니다. "˘에게 기원하는 제사를 드리지 말까요?" 묻습니다. "伊尹에게 侑제사를 드릴까요?")

'寅尹'은 '伊尹'으로 湯의 중신이며 개국의 최대 공로자이다. 아마도 오랜 가뭄에 비가 내리지 않자, ˘에게 기원하고 伊尹에게 제사를 드리는 내용인 것 같다. '˘'字는 사람들의 해석이 분분하여 정론이 없다. 屈萬里는 "卜辭중의 '˘'字는 항시 河、岳、昌등과 같이 보이는데, 아마도 神일 것이며 殷의 선조는 아닐 것이다."[12]라 하였다. 侑는 제사의 명칭이다. 『周禮·宮正』에 "음악으로 음식을 권하다(以樂侑食)"는 구절이 있는데, 鄭玄은 "侑는 권하는 것이다(侑, 猶勸也)"라고 注하였다.

⑥ 『前編』7·44·1 (附圖 17)
  [丁未]卜, 旅: 翌戊申雨? 辛[亥]卜, 旅貞: 翌壬子雨? 允雨. 辛亥卜, 旅: 翌壬雨? 允雨. 壬子卜, 旅: 翌癸丑雨? 允雨. 癸丑卜, 旅: 翌甲雨? 甲允雨. 乙卯卜, 翌丙雨? ([정미일에] 旅이 점쳐 묻습니다. "다음 무신일에 비가 올까요?" 신[해]일에 旅이 점쳐 묻습니다. "다음 임자일에 비가 올까요?" 정말로 비가 왔다. 신해일에 旅이 점쳐 묻습니다. "다음 壬일에 비가 올까요?" 정말로 비가 왔다. 임자일에 旅이 점쳐 묻습니다. "다음 계축일에 비가 올까요?" 정말로 비가 왔다. 계축일에 旅이 점쳐 묻습니다. "다음 甲일에 비가 올까요?" 甲일에 정말로 비가 왔다. 을묘일에 점칩니다. "다음 丙일에 비가 올까요?")

이 片은 丁未、辛亥、壬子、癸丑、乙卯 이 다섯 날에 그 다음날 비가 올지를 묻고 있고, 그 결과를 보면 壬子、癸丑、甲[寅]일에 모두 "정말로 비가 왔다(允雨)"고 하였다.

⑦ 『合』五·12870 (『通纂』375, 附圖 18)
  癸卯卜, 今日雨? 其自西來雨? 其自東來雨? 其自北來雨? 其自南來雨? (계묘일에 점칩니다. "오늘 비가 올까요?" "서쪽에서 비가 올까요?" "동쪽에서 비가 올까요?" "북쪽에서 비가 올까요?" "남쪽에서 비가 올까요?")

이 片은 당일에 비가 올지를 묻는 내용으로 어느 방향에서 비가 올 것인지를 차례대로 묻고 있다. 문장에 문학적 색채가 있는데, 이것은 수사적인 방법으로 끼워 넣은 것이라 할 수 있다. 후대의 樂府중 『樂府詩集』 권26에 수록되어 있는 採蓮歌에 "강남에서 연을 캐네,

---

12) "在卜辭中 ˘ 常與河、岳、昌 等幷見于一辭, 疑乃神祇之類, 而非殷之先祖也." (『甲編考釋』 124쪽)

연잎이 얼마나 드넓은가! 물고기 연잎사이를 돌아다닌다. 물고기 연잎의 동쪽에서, 서쪽에서, 남쪽에서, 북쪽에서 돌아다니네(江南可採蓮, 蓮葉何田田! 魚戲蓮葉間. 魚戲蓮葉東, 魚戲蓮葉西, 魚戲蓮葉南, 魚戲蓮葉北.)"라 하였다. 여기에서 東·西·南·北 4자를 끼워 넣은 형식은 위의 갑골문과 비슷하며 수사적 효과가 매우 강렬하다.[13]

⑧ 『鐵』147·4 (附圖 19)
　　癸酉卜, 自今旬不其雨? (계유일에 점칩니다. "지금부터 열흘동안 비가 오지 않을까요?")

⑨ 『續編』2·15·3 (附圖 20)
　　甲戌貞: 其㝕(寧)風, 三羊, 三犬, 三豕? (갑술일에 묻습니다. "거센 바람을 멈추려고 하는데, 양 3마리를 희생으로 할까요? 개 3마리를 희생으로 할까요? 돼지 3마리를 희생으로 할까요?")

⑩ 『甲編』1340 (附圖 21)
　　其又大風? ("거센 바람이 불어 올까요?")

'又'字는 反書로 ⊁로 쓰여져 있다.

⑪ 『後編』上14·8(附圖74)
　　王往田, 湄日不遘大風? ("왕이 사냥을 가는데, 온종일 거센 바람을 만나지 않을까요?")

사냥 도중에 비바람을 맞지 않을지 점친 것이다. '湄日'은 '終日'과 뜻이 같고, '온종일'이라는 의미이다. '遘'는 만난다는 의미로,『楚辭·哀時命』에 "時命이 옛 사람에 미치지 못함을 슬퍼하네, 어찌 나 살아있는 동안 때를 만나지 못하였을꼬(哀時命之不及古人兮, 夫何予生之不遘時.)"의 구절을 증거로 삼을 수 있다.

---

13) 陳望道,『修辭學發凡』鑲嵌항목을 참조..

(3) 旬夕(吉凶)

역대 商王은 매 10일의 마지막 날에 다음 열흘동안의 길흉을 점쳐 물었고, 심지어는 낮에도 밤 동안에 안전하고 재앙이 없을지를 점을 쳤었다. 그러므로 갑골문에는 열흘간의 일을 묻고(貞旬) 저녁의 일을 묻는(貞夕) 卜辭가 특별히 많으며, 사례도 다양하다. 내용이 번잡하기도 하고 간략하기도 한데, 번잡한 것은 열흘동안에 발생한 사건을 상세히 기록하여 하나의 卜辭가 거의 100글자나 되며 간략한 것은 겨우 6자로 이루어져 있거나(干支貞旬亡禍) 심지어는 4자(干支貞旬)인 것도 있다. 이외에도 전문적으로 왕과 臣僚들의 안위와 길흉을 반복해서 물어보아 길함을 구하고 흉화를 피해 장수하길 바라기도 했다.

① 『菁華』3 (복사본 1, 附圖 22)

癸酉卜, 殼貞: 旬亡禍? 王二曰勾. 王占曰: 俞: 有祟, 有夢. 五日丁丑王賓中丁, 㚔阝企在䖒阜, 十月. 癸巳卜, 殼貞: 旬亡禍? 王占曰: 乃玆亦有祟, 若偁. 甲午, 王往逐兕, 小臣古車馬礎䪻王車, 子央亦隊(墜). 癸未卜, 殼貞: 旬亡禍? 王占曰: 往乃玆有祟. 六日戊子, 子弜 囚. 一月. (계유일에 殼이 점쳐 묻습니다. "열흘동안 재앙이 없을까요?" 왕이 거듭 재앙이 있을 것이라고 말하였다. 왕이 판단하여 말하기를 "그러하구나. 재앙이 있다, 흉화가 있다."라고 하였다. 5일째되는 정축일에 왕이 中丁에게 賓제사를 드리고, 䖒阜에서 넘어졌다. 때는 10월이다. 계사일에 殼이 점쳐 묻습니다. "열흘동안 재앙이 없을까요?" 왕이 판단하여 말하기를 "이에 또한 재앙이 있다."라고 하였다. 占辭대로 되었다. 갑오일에 왕이 외뿔들소를 사냥하러 가는데, 小臣 古가 마차를 몰다가 돌에 걸려 왕의 마차와 충돌하여 子央이 마차에서 떨어졌다. 계미일에 殼이 점쳐 묻습니다. "열흘동안 재앙이 없을까요?" 왕이 판단하여 말하기를, "앞으로 재앙이 닥칠 것이다."라고 하였다. 육일째되는 무자일에 아들 弜가 쓰러졌다. 때는 1월이다.)

이것은 武丁시기의 커다란 어깨뼈로 좌측·중앙·오른쪽에 각 1條의 완전한 貞旬卜辭가 새겨져 있고, 글자도 분명하여 잘 알아볼 수 있으나, 적지 않은 단어를 확실하게는 해석할 수 없다. 3條의 卜辭 모두 열흘동안 발생한 재난과 불길한 일들 즉 재앙을 기재하고 있다. 癸酉로 시작되는 卜辭에는 殷王인 武丁이 中丁에게 제사를 지내고 䖒阜에서 넘어지는 일을 기재하고 있다. '二曰'은 여러번 말하는 것이다. '勾'字는 '害'와 같이 읽는다. '㚔'字는 '蹶'과 같이 읽으며, '企'는 넘어진다는 의미이다. 계사일의 卜辭는 武丁이 밖으로 사냥을 가는 도중에 발생한 사고를 기록한 것이다. "小臣古車馬礎䪻王車"의 대체적인 의미를 살펴

보면 아마도 小臣 古의 마차가 왕의 마차를 들이받는다는 뜻일 것이다. 계미일의 卜辭는 "子耿 (武丁의 아들)囚"라 기재되어 있는데, '囚'字는 '血'로 쓰여져 있어 자형만으로 본다면 당연히 죄수란 뜻이지만 의미가 통하지 않는다. 혹 '죽다'의 의미로 해석하기도 하는데 의미는 통하지만 형체와는 맞지 않는다. 張政烺은 『說文·五篇上(49)』의 '瘟'字가 囚를 편방으로 하는 것을 근거로 이 글자를 '瘟'字로 판독해야 한다고 하였는데 일리가 있다[14].

② 『菁華』1 (복사본 2, 附圖 23)

癸巳卜, 殼貞: 旬亡禍?　王占曰: 有祟, 其有來嬉(艱), 氣(迄)至.五日丁酉允有來嬉自西. 沚馘告曰: 土方正(征)于我東鄙(鄙), 災二邑. 吾方亦侵我西鄙田. 癸卯卜, 殼貞: 旬亡禍? 王占曰: 有祟, 其有來嬉. 五日丁未允有來嬉. 飮御□□自尋圍. 六月. (계미일에 殼이 점쳐 묻습니다. "열흘동안 재앙이 없을까요?" 왕이 판단하여 말하기를 "재앙이 있다. 재난이 닥쳐오리라. 올 것이다."라고 하였다. 오일째인 정유일에 과연 재난이 서쪽에서 발생하였다. 沚馘가 보고하였다: "土方이 우리 교외 동쪽 지역을 침범하여 고을 두 곳이 재난을 입었습니다. 吾方이 우리 교외 서쪽 지역을 또한 침범하였습니다." 계묘일에 殼이 점쳐 묻습니다. "열흘동안 재앙이 없을까요?" 왕이 판단하여 말하기를, "재앙이 있다. 재난이 닥칠 것이다."라고 하였다. 오일째인 정미일에 정말로 재앙이 발생하였다. …… 때는 6월이다.)(이하 생략)

이것도 武丁시기의 커다란 어깨뼈에 새겨진 것으로 윗쪽에 수록된 두 개의 卜辭는 좌우로 나뉘어져 새겨져 있고, 글의 의미도 완전하다. 중간에도 1條의 卜辭가 있으나 단지 占辭와 驗辭만이 있을 뿐이다. 癸卯로 시작되는 卜辭의 驗辭부분에 두 글자가 파손되어 있어 글의 뜻이 분명하지 않다. 右上角이 癸未로 시작되는 卜辭의 잔결된 부분이 있는데, 占辭와 驗辭가 모두 反面(3장 3절 참조)에 새겨져 있다. '來嬉'는 재난이 온다는 의미로 외부에서 닥쳐오는 재해를 가리킨다.

③ 『菁華』5 (복사본 3, 附圖 24)

癸卯卜, 爭貞: 旬亡禍? 甲辰[有大愛(驟)風. 之夕禼,　乙巳□華□五人, 五月, 在□. 癸丑卜, 爭貞: 旬亡禍?　王占曰: 有祟, 有夢. 甲寅, 允有來嬉. 左告曰: 有往芻自益, 十人又二. (계묘일에 爭이 점쳐 묻습니다. "열흘동안 재앙이 없을까요?" 갑진일에 거센 돌풍이 불었다. 그 날 저녁은 무더웠다. 을사일에 華에서 5사람이……때는 5월이고 □

---

14) 張政烺, 「釋甲骨文俄、隸、蘊三字」, 『中國語文』 1965, 4期

에서이다. 계축일에 爭이 점쳐 묻습니다. "열흘동안 재앙이 없을까요?" 왕이 판단하여 말하였다. "재앙이 있다. 재앙이 있다." 갑인일에 과연 재난이 닥쳐왔다. 左가 고하여 말하기를 "益에서 곡식을 훔치러 온 자가 12명입니다.") (나머지는 3장 3절을 보라)

④ 『新綴』644 (附圖 25)

　　癸亥卜, [王]貞: 旬亡禍? 在十月, 不𢦏. 癸酉卜, 王貞: 旬亡禍? 在十一月. 癸未卜, 王貞: 旬亡禍? 在十一月. 癸巳卜, 王貞: 旬亡禍? 在十一月. 癸卯卜, 王貞: 旬亡禍? 在十二月. (계해일에 왕이 점쳐 묻습니다. "열흘동안 재앙이 없을까요?" 때는 10월이다. 𢦏제사를 드리지 않았다. 계유일에 왕이 점쳐 묻습니다. "열흘동안 재앙이 없을까요?" 때는 11월이다. 계미일에 왕이 점쳐 묻습니다. "열흘동안 재앙이 없을까요?" 때는 11월이다. 계사일에 왕이 점쳐 묻습니다. "열흘동안 재앙이 없을까요?" 때는 11월이다. 계묘일에 왕이 점쳐 묻습니다. "열흘동안 재앙이 없을까요?" 때는 12월이다.)

⑤ 『續存』上 1709 (附圖 26)

　　癸亥卜, 出貞: 旬亡禍? 癸酉卜, 出貞: 旬亡禍? 癸未卜, 出貞: 旬亡禍? 癸丑卜, 出貞: 旬亡禍? (계해일에 出이 점쳐 묻습니다. "열흘동안 재앙이 없을까요?" 계유일에 出이 점쳐 묻습니다. "열흘동안 재앙이 없을까요?" 계미일에 出이 점쳐 묻습니다. "열흘동안 재앙이 없을까요?" 계축일에 出이 점쳐 묻습니다. "열흘동안 재앙이 없을까요?")

⑥ 『後編』上 19·4 (附圖 27)

　　癸卯王卜貞: 旬亡禍? 在四月. 王占曰: 大吉. 甲辰肜大甲. 癸丑王卜貞: 旬亡禍? 在四月. 王占曰: 大吉. 甲寅肜小甲. [癸]亥王卜貞: 旬亡禍? 在五[月]. 王占曰: 大吉. (계묘일에 왕이 점쳐 묻습니다. "열흘동안 재앙이 없을까요?" 때는 4월이다. 왕이 판단하여 말하기를, "매우 길하다."라고 하였다. 갑진일에 大甲에게 肜제사를 드렸다. 계축일에 왕이 점쳐 묻습니다. "열흘동안 재앙이 없을까요?" 때는 4월이다. 왕이 판단하여 말하기를, "매우 길하다."라고 하였다. 갑인일에 小甲에게 肜제사를 드렸다. 계해일에 왕이 점쳐 묻습니다. "열흘동안 재앙이 없을까요?" 때는 5월이다. 왕이 판단하여 말하기를, "매우 길하다."라고 하였다.)

'禍'字를 𤔲로 썼는데, 초기의 'ㅂ'字와 같으며, 晩期 卜辭의 특수한 쓰기방식이다. '肜'은 제사의 명칭이다.

⑦ 『新綴』299 (附圖 28)

　　癸酉王卜貞: 旬亡禍? 王占曰: 弘吉. 在二月. 甲戌祭小甲, 叀大甲, 唯王八祀. 癸未王卜貞: 旬亡禍? 王占曰: 吉. 在三月. 甲申叀小甲, 魯大甲. 癸巳王卜貞: 旬亡禍? 王占

曰: 吉. 在三月. 甲午祭戔甲, 魯小甲. 癸卯王卜貞: 旬亡禍? 王占曰: 吉. 在三月. 甲辰祭羌甲,亘 戔甲. 癸丑王卜貞: 旬亡禍? 王占曰: 吉. 在四月.甲寅祭魯15)甲,亘羌甲魯戔甲. 癸亥王卜貞:旬亡禍?王占曰: 吉. 在四月. 甲子亘魯甲, 魯戔甲. [癸酉]王卜[貞: 旬]亡禍? [王占曰: 吉. 在]四月. 甲戌□祖甲, 魯虎16)甲. (계유일에 왕이 점쳐 묻습니다: "열흘동안 재앙이 없을까요?" 왕이 판단하여 말하였다. "매우 길하다."라고 하였다. 때는 2월이다. 갑술일에 小甲에게 제사를 지냈고 大甲에게 亘제사를 드렸다. 왕이 즉위한지 8년이다. 계미일에 왕이 점쳐 묻습니다. "열흘동안 재앙이 없을까요?" 왕이 판단하여 말하길 "길하다."라고 하였다. 때는 3월이다. 갑신일에 小甲에게 亘제사를 드렸고, 大甲에게 魯제사를 드렸다. 계사일에 왕이 점쳐 묻습니다. "열흘동안 재앙이 없을까요?" 왕이 판단하여 말하길, "길하다."라고 하였다. 때는 3월이다. 갑오일에 戔甲에게 제사를 드렸고, 小甲에게 魯제사를 드렸다. 계묘일에 왕이 점쳐 묻습니다. "열흘동안 재앙이 없을까요?" 왕이 판단하여 말하길, "길하다."라고 하였다. 때는 3월이다. 갑진일에 羌甲에게 제사를 드렸고 戔甲에게 亘 제사를 드렸다. 계축일에 왕이 점쳐 묻습니다. "열흘동안 재앙이 없을까요?" 왕이 판단하여 말하길 "길하다."라고 하였다. 때는 4월이다. 갑인일에 甲에게 魯제사를 드렸고, 羌甲에게 亘제사를, 戔甲에게 魯제사를 드렸다. 계해일에 왕이 점쳐 묻습니다. "열흘동안 재앙이 없을까요?" 왕이 판단하여 말하기를 "길하다."라고 하였다. 때는 4월이다. 갑자일에 魯甲에게 亘제사를 드렸고, 羌甲에게 魯제사를 드렸다. [계유일에]왕이 점쳐 [묻습니다. "열흘동안] 재앙이 없을까요?" [왕이 판단하여 말하기를, "길하다."라고 하였다. 때는] 4월이다. 갑술일에 祖甲에게 □제사를, 虎甲에게 魯제사를 드렸다.)

이것은 帝乙(帝辛?) 8년의 卜骨로 2월부터 4월까지 매 10일마다 한번씩 점을 친 다음 날인 甲日에 甲을 이름으로 하는 先王의 제사를 드린 것이다. 이것이 5기에 가장 많이 보이는 貞旬卜辭의 형식이다. '弘吉'은 卜辭에 종종 나오는 용어로 '大吉'과 의미가 같다. 또는 '引吉'로 해석되기도 하는데, 형태가 약간 다를 뿐 의미는 비슷하다. '亘', '魯'은 모두 제사의 명칭이다. 戔甲、羌甲、魯甲은 『史記·殷本紀』에서는 각각 河亶甲、沃甲、陽甲에 해당된다.(郭沫若의 견해)

이상의 모든 예는 열흘동안의 길흉을 점친 것인데, 첫 번째, 두 번째, 세 번째, 여섯번째의 예는 열흘동안의 사건과 활동을 병기하고 있다.

---

15) 【譯註】『甲骨文簡論』 원문에서는 '魯'자로 고석하고 있으나, 도판28의 摹本에서는 윗부분이 '象'字가 아닌 '虎'字의 형태로 되어 있는 '豦' 형태이다.
16) 【譯註】 원문에서는 '姜'으로 고석하고 있으나, 도판 28의 摹本에 근거하여 虎로 고친다.

⑧ 『粹』1333 (附圖 29)

戊戌卜, 殼貞: 今夕亡禍? 之□□ 庚子卜, 殼貞: 今夕亡禍? 辛丑卜, 殼貞: 今夕亡禍? 壬寅卜, 殼貞: 今夕亡禍? (무술일에 殼이 점쳐 묻습니다. "오늘밤 재앙이 없을까요?" 그□□. 경자일에 殼이 점쳐 묻습니다. "오늘밤 재앙이 없을까요?" 신축일에 殼이 점쳐 묻습니다. "오늘밤 재앙이 없을까요?" 임인일에 殼이 점쳐 묻습니다. "오늘밤 재앙이 없을까요?")

⑨ 『粹』1345 (附圖 30)

己亥卜, 旅貞: 今夕亡禍? 在十二月. (기해일에 旅가 점쳐 묻습니다. "오늘밤 재앙이 없을까요?" 때는 12월이다.)

같은 판에 庚子、辛丑、壬寅、癸卯、甲辰、乙巳、丙午일에 점친 7개의 卜辭가 새겨져 있는데, 모두 旅가 "今夕亡禍"라고 점치고 있으며, 복사의 끝에는 모두 "在十二月"이라고 기록되어 있다.

⑩ 『新綴』466 (附圖 31)

壬子卜, [貞: 今夕]自亡[禍? 寧?] 癸丑卜, 貞: 今夕自亡禍? 寧? 甲寅卜, 貞: 今夕自亡禍? 寧? 乙卯卜, 貞: 今夕自亡禍? 寧? 丙辰卜, 貞: 今夕自 亡禍? 寧? 丁巳卜, 貞: 今夕自亡禍? 寧? (임자일에 점쳐 [묻습니다. "오늘밤] 군대에 [재앙이 없을까요? 평안할까요?"] 계축일에 점쳐 묻습니다. "오늘밤 군대에 재앙이 없을까요? 평안할까요?" 갑인일에 점쳐 묻습니다. "오늘밤 군대에 재앙이 없을까요? 평안할까요?" 을묘일에 점쳐 묻습니다. "오늘밤 군대에 재앙이 없을까요? 평안할까요?" 병진일에 점쳐 묻습니다. "오늘밤 군대에 재앙이 없을까요? 평안할까요?" 정사일에 점쳐 묻습니다. "오늘밤 군대에 재앙이 없을까요? 평안할까요?")

이 片은 임자일로부터 정사일까지 연속해서 6일간 군대에 관한 일을 점친 내용이다. 自는 '師'字의 假借이다.

⑪ 『甲編』1654+2032 (附圖 32)

甲寅卜, 賓貞: 王唯有它? 六月. 甲寅[卜], 賓貞: 王亡它? 六月. (갑인일에 賓이 점쳐 묻습니다. "왕에게 해로운 일이 있겠습니까?" 갑인일에 賓이 [점쳐] 묻습니다. "왕에게 해로운 일이 없을까요?" 때는 6월이다.)

⑫ 『續存』下 442、443 (附圖 33)
　　戊午卜, 㞷貞: 般亡禍? 二告. 王占曰: 吉, 亡禍. 戊午卜, 㞷貞: 般其有禍? (무오일에 㞷가 점쳐 묻습니다. "般에게 재앙이 없을까요?" 二告. 왕이 판단하여 말하길, "길하다. 재앙이 없을 것이다."라고 하였다. 무오일에 㞷가 점쳐 묻습니다. "般에게 재앙이 있겠습니까?")

'般'은 '군대의 사령관(自般)'으로 혹은 武丁시기의 사령관인 '甘盤(師甘盤)'이라고도 한다.『書·君奭』에 "武丁이 재위에 있을 때, 당시에 甘盤이 있었다(在武丁, 時則有若甘盤.)"라는 구절은 이를 말한 것이다. 즉 武丁이 친히 군대의 사령관을 위해 길흉화복을 점친 것으로 "길하고, 재앙이 없다(吉, 亡禍)"는 결과가 나온 것이다. 이로 보아 卜辭에 나오는 '般(自般)'은 지위가 매우 높다는 것을 알 수 있다.

(4) 祭祀
『左傳』成公 13년에 "나라의 大事는 제사와 군대의 일이다(國之大事, 在祀與戎.)"라고 하였다. '戎'은 군대의 일을 말하고 '祀'는 제사를 말한다. 역대 선조와 선왕에게 제사지내는 내용의 卜辭는 각 시기의 卜辭마다 많은 비중을 차지하고, 제사의 종류도 매우 많으며 사람(노예나 포로)을 희생으로 쓴 경우도 많다. 각 시기마다 제사의 제도마다 차이가 있으며 제사의 대상도 다르다. 설사 각 시기에 통용되던 제사의 격식(祀典)이라 해도 그 구체적 내용(辭例)에는 분명한 변화가 있어 전후시기가 같지 않다. 다음에서는 위에서 제시한 祭祀卜辭 외에 여러가지 예들을 들어 일반적인 내용을 알아보도록 하겠다.

① 『佚』986 (附圖 34)
　　□未卜, 桒自上甲、大乙、大丁、大甲、大庚、大戊、中丁、祖乙、祖辛、祖丁十示, 率牡? (□未일에 점칩니다. "上甲으로부터 大乙、大丁、大甲、大庚、大戊、中丁、祖乙、祖辛、祖丁에 이르는 10명의 직계 선왕에게 桒제사를 드리려 하는데 수컷 양(牡)을 率法제을 써서 할까요?") (이하 생략)

② 『殷綴』325 (附圖 35):
　　己亥卜, 又自大乙至中丁六示, 牛? (기해일에 점칩니다. "大乙에서 中丁까지 6명의 직계 先王에게 소로 侑제사를 드릴까요?")

'又'는 '侑'자의 假借이다. "六示"는 大乙、大丁、大甲、大庚、大戊、中丁의 6명의 직계 先王을 말한다.

③ 『鐵』10·4 (附圖 36)
    貞: 乎伐羌? 貞: 㞢于九示? (묻습니다. "羌族을 정벌하도록 (군대를) 부를까요?" 묻습니다. "9명의 직계선왕에게 㞢제사를 드릴까요?")

'九示'가 어떤 先王들을 지칭하는지 알 수 없으나, 아마 上甲부터 祖辛까지 9명의 先王을 지칭하는지도 모르겠다.

④ 『美錄』686 (附圖 37) :
    甲申卜, 貞: 酒㞢自上甲十示又二, 牛, 小示, 羊? (갑신일에 점쳐 묻습니다: "酒제사 㞢제사를 드리려고 하는데 上甲부터 12명의 직계선왕에게 소를 희생으로 하고, 방계선왕에게는 양을 희생으로 할까요?")

'酒'는 제사의 명칭이다. '十示又二'는 '十又二示'이며, 예 ①로 미루어 보면 上甲、大乙、大丁、大甲、大庚、大戊、中丁、祖乙、祖辛、祖丁、小乙、武丁이다.

⑤ 『粹』112 (附圖 38)
    乙未酒㞢品上甲十, 匚(報乙)三, 匚(報丙)三, 匚(報丁)三, 示壬三, 示癸三, 大乙十, 大丁十, 大甲十, 大庚十, ⾕三, [大戊十, 中丁十, 戔甲三], 祖乙[十, 羌甲三.] (을미일에 酒제사와 㞢제사와 品제사를 드리는데, 上甲에게 10개, 報乙에게 3개, 報丙에게 3개, 報丁에게 3개, 示壬에게 3개, 示癸에게 3개, 大乙에게 10개, 大丁에게 10개, 大甲에게 10개, 大庚에게 10개, 小甲에게 3개, [大戊에게 10개, 中丁에게 10개, 戔甲에게 3개], 祖乙에게 [10개, 羌甲에게 3개]로 할까요?)

이 판은 3개의 작은 조각을 짜 맞추어 만든 것으로, 商代 선공과 선왕의 世系를 고증하여 『史記·殷本紀』의 오류를 정정하게 한 귀중한 자료이다. 王國維는 "…… (자형상) '田'이 上甲일 뿐 아니라, 匚·匚·匚은 곧 報乙、報丙、報丁이며, 示壬과 示癸는 主壬과 主癸임이 확실하다. 따라서 上甲이후의 여러 先公들의 순서는 당연히 報乙、報丙、報丁、主壬、主癸가 되며, 『史記』에서 報丁、報乙、報丙으로 순서를 정한 것은 사실과 위배된다"[17)]라 하였다. '㞢'은 혹 小甲의 合文으로 해석하기도 하는데 자형과 의미가 통할 수 있다. 先公과 先王의 이름 아래의 숫자인 '三', '十'은 희생으로 사용되는 제사용 소의 숫자이다.

⑥ 『粹』113 (附圖 39)
　　甲戌翌上甲, 乙亥翌匚, 丙子翌匞, [丁丑翌匟], 壬午翌示壬, 癸未翌示癸, [乙酉翌大乙, 丁亥]翌大丁, 甲午翌[大甲□□□□□]庚子翌大庚. (갑술일에는 上甲에 翌제사를, 을해일에는 報乙에게 翌제사를, 병자일에는 報丙에게 翌제사를, [정축일에는] 報丁에게 [翌제사를], 임오일에는 示壬에게 翌제사를, 계미일에는 示癸에게 翌제사를, [을유일에는 大乙에게 翌제사를, 정해일에는] 大丁에게 翌제사를, 갑오일에는 翌제사를 [大甲에게, □□□□, 경자일에는] 大庚에게 翌제사를 드린다.)

이 판도 3개의 작은 조각을 짜 맞추어 만든 것으로 제사의 족보로 보이며, 기록되어 있는 先公의 순서가 『粹』112와 같아 王國維 설의 증거가 된다. 翌은 새털을 들고 춤을 추며 드리는 제사이다. 마지막 行에 단지 '翌大庚' 3글자만 남아 있는데 앞 뒤 문장에 근거하여 '大甲', '庚子' 4글자를 보충할 수 있고, 글자의 배열형식에 의하면 大甲과 庚子사이에 5글자가 비어 있음을 알 수 있어, 郭沫若은 "논리적으로 따지면 당연히 '丁酉翌沃丁'이 되지만", "이 중요한 1행이 결손되어 있어 결과를 확인할 도리가 없으니, 너무 애석하다"[18]라고 하였다.

⑦ 『新綴』303 (附圖 40)
　　乙亥卜, 行貞: 王賓小乙䄆亡尤? 在十一月. 乙亥卜, 行貞: 王賓敉亡[尤]? 丁丑卜, 行貞: 王賓父丁䄆亡尤? 丁丑卜, 行貞: 王賓 敉亡尤? 己卯卜, 行貞: 王賓兄己䄆亡尤? 己卯卜, 行貞: 王賓敉亡尤? [庚辰]卜, 行[貞: 王]賓兄庚[䄆]亡尤? (을해일에 行이 점쳐 묻습니다. "왕이 小乙에게 䄆제사로 賓제사를 드리면 우환이 없을까요?" 때는 11월이다. 을해일에 行이 점쳐 묻습니다. "왕이 敉제사로 賓제사를 드리면 우환이 없을까요?" 정축일에 行이 점쳐 묻습니다 : "왕이 父丁에게 䄆제사로 賓제사를 드리면 우환이 없을까요?" 정축일에 行이 점쳐 묻습니다. "왕이 敉 제사로 賓제사를 드리면 우환이 없을까요?" 기묘일에 行이 점쳐 묻습니다. "왕이 兄己에게 䄆제사로 賓제사를 드리면

---

17) "不獨㞢卽上甲, 匚 匞 匟 卽報乙報丙報丁, 示壬示癸卽主壬主癸, 胥得確證; 且足證上甲以後諸先公之次當爲報乙報丙報丁主壬主癸, 而『史記』以報丁報乙報丙爲次, 乃違事實." (王國維, 「殷墟卜辭中所見先公先王續考」, 『觀堂集林』 9권)
18) "論理自當爲'丁酉翌沃丁'", "然此重要一行適缺, 終無由得其究竟, 殊覺可惜."

우환이 없을까요?" 기묘일에 行이 점쳐 묻습니다. "왕이 敫제사로 賓제사를 드리면 우환이 없을까요?" [경진일에] 行이 [점쳐 묻습니다. "왕이] 兄庚에게 [酓]제사로 賓제사를 드리면 우환이 없을까요?")

이 片은 小乙、父丁、兄己、兄庚 4사람에게 제사를 드리는 내용이다. 이 稱謂를 근거로 祖甲시기에 占을 쳤고 '行'도 이 시기의 貞人임을 단정할 수 있다. '敫'字는 奈를 편방으로 하여 敫'字로 쓰기도 하는데 『說文·三篇下(19)』에 "초나라 사람은 占卜으로 吉凶을 묻는 것을 일러 敫라 한다. 又와 祟로 이루어졌다. 贅와 같이 읽는다(楚人謂卜問吉凶曰敫, 從又祟, 讀若贅.)"라고 하였다. 尤는 다르다(異)는 뜻이다. '亡尤'는 卜辭에서 자주 보이는 말로 '재해가 없다', '不利하지 않다'는 의미이다.(丁山의 견해)

⑧ 『新綴』118 (『甲編考釋』 도판 110, 附圖 41)
　　　庚子卜, 宍貞: 翌辛丑其又妣辛, 鄕(饗)? 庚子卜, 宍貞: 其一牛? 庚子卜, 宍貞: 其⊠[19]? 癸卯卜, 宍貞: 翌甲辰其又丁于父甲, ⊠, 鄕? 丙午卜, 宍貞: 翌丁未其又升歲䄘(后) 祖丁? 丙午卜, 宍貞: 其⊠? 丙午卜, 宍貞: 其三⊠? (경자일에 宍가 점쳐 묻습니다. "내일 신축일에 妣辛에게 侑제사를 드리는데 鄕祭로 할까요?" 경자일에 宍가 점쳐 묻습니다. "소 1마리로 할까요?" 경자일에 宍가 점쳐 묻습니다. "제물용 양으로 할까요?" 계묘일에 宍가 점쳐 묻습니다. "내일 갑진일에 父甲에게 侑제사를 드리는데 제물용 양을 써서 鄕祭를 드릴까요?" 병오일에 宍가 점쳐 묻습니다. "내일 정미일에 武丁에게 侑제사와 升제사와 歲제사를 드릴까요?" 병오일에 宍가 점쳐 묻습니다. "제물용 양으로 할까요?" 병오일에 宍가 점쳐 묻습니다. "제물용 양 3마리로 할까요?")(이하 생략)

계묘로 시작되는 卜辭의 "又丁于父甲"부분에서 丁의 의미가 무엇인지 확실하지 않다. 혹은 갑골문 '□'를 "집안에서 이리저리 돌아다니며 선조에 제사를 지낸다(門內祭先祖所以彷徨)"는 의미의 '祊'(祟의 혹체)으로 해석하기도 한다. '䄘'字는 잘려진 부분에 걸쳐있어서 윗부분이 완전하게 탁본되지 않았다(또는 다 새기지 못한 것이라고도 한다). '宍'字는 'ㄓ'로 쓰여져 있는데 '何'字로 해석하기도 한다.

---

19) 【譯註】 책의 원문에는 牢로 고석하였으나, 附圖41 摹本에는 ⊠로 되어 있다. ⊠를 牢의 다른 형태로 보기도 하지만, 여기에서는 소와 대비되게 양을 희생으로 한 것이므로 摹本에 의거하여 글자를 바꾼다.

⑨ 『後編』上 7・8 (附圖 42)

    庚辰卜, 貞: 王賓妣庚日𢽴亡尤? 庚辰卜, 貞: 王賓𢽴亡尤? 庚辰卜, 卽貞: 王賓兄庚歲亡尤? (경진일에 점쳐 묻습니다. "왕이 妣庚에게 日제사와 𢽴제사로 賓제사를 드리려고 하는데 우환이 없을까요?" 경진일에 점쳐 묻습니다. "왕이 𢽴제사로 賓제사를 드리려고 하는데 우환이 없을까요?" 경진일에 卽이 점쳐 묻습니다. "왕이 兄庚에게 드리는 歲제사로 賓제사를 드리려고 하는데 우환이 없을까요?")

兄庚이라 稱謂하였으니 祖甲시기에 점친 것이다.

⑩ 『美錄』658 (附圖 43)

    于高祖乙又升歲? 丁巳卜, 其又歲于大戊, 二牢? ("大乙에게 侑제사와 升제사와 歲제사를 드릴까요?" 정사일에 점칩니다. "大戊에게 제물용 소 두 마리로 侑제사와 歲제사를 드릴까요?")

'升'과 '歲'는 모두 제사의 명칭이다. '高祖乙'은 武乙・文丁시기에 大乙을 칭한 것이다.

⑪ 『新綴』580 (附圖 44)

    甲午貞: 乙未酒高祖亥□□□□大乙, 羌五, 牛三; 祖乙, 羌□□□, 小乙, 羌三, 牛二; 父丁, 羌五, 牛三, 亡它? 玆用. (갑오일에 묻습니다. "을미일에 酒제사를 드리는데, 王亥(高祖亥)에게 □□□□ 大乙에게 羌人 5명、소 3마리로; 祖乙에게 羌人□□□로, 小乙에게 羌人 3명、소 2마리로; 父丁에게 羌人 5명、소 3마리로 한다면 재앙이 없을까요?" 이대로 시행한다.)

武乙시기의 占卜으로 高祖亥는 殷의 先公인 王亥이며, 父丁은 康丁이다. 이 卜辭는 王亥、大乙、祖乙、小乙、父丁에게 제사를 지낼 때 쓰이는 羌人과 소의 숫자가 재앙이 없게 하는 데 적당한가를 묻는 내용으로 占卜의 결과가 시행할만 하다고 생각하여 '玆用'이라 한 것인데 현재 중국어의 '照辦'이란 말과 같다. 문례에 의하면 高祖亥 아래 잔결된 부분은 '羌五牛三'일 것이고, 祖乙 아래부분은 '羌三牛二'로 희생물의 수가 小乙과 동일할 것이 분명하다. '羌'字는 羌族인 노예로 제사 때에 인간희생으로 많이 사용되었으므로, '羌五'는 5명의 羌族 노예를 죽인다는 의미가 된다.

⑫ 『新綴』126 (『殷綴』47, 附圖 45)
    癸丑卜, 尤貞: 其又于夒? 癸丑卜, 尤貞: 于河? (계축일에 尤가 점쳐 묻습니다. "帝嚳(夒)에게 侑제사를 드릴까요?" 계축일에 尤가 점쳐 묻습니다. "河神에서 드릴까요?")
(이하 생략)

'夒'字는 성성이의 모습을 본뜬 글자로 王國維의 해석에 의하면 이 글자는 '嚳[kù 픔은 酷]'字로 즉 '帝嚳'이다.

⑬ 『新綴』543 (附圖 46)
    丁巳貞: 庚申尞于𡥀, 二小牢, 宜大牢? 丁巳貞: 酒升歲于伊尹? 丁巳卜, 又出日? 丁巳卜, 又入日? 己未貞 : 尞于𡥀, 二小牢, 宜大牢, 雨? (정사일에 묻습니다. "경신일에 𡥀神에게 제사용 양 2마리와 제사용 소를 이용하여 宜제사로 尞제사를 드릴까요?" 정사일에 묻습니다. "伊尹에게 酒제사와 升제사와 歲제사를 드릴까요?" 정사일에 점칩니다. "떠오르는 태양에게 侑제사를 드릴까요?" 정사일에 점칩니다. "지는 태양에게 侑제사를 드릴까요?" 기미일에 묻습니다. "𡥀神에게 제사용 양 2마리와 제사용 소를 이용하여 宜제사로 尞제사를 드리면 비가 올까요?")

'宜(혹 俎로도 해석한다)'는 희생물를 사용하는 방법이다. 정사일에 뜨고 지는 태양에게 侑제사를 드릴지를 점친 것으로 보아 商나라 사람은 뜨고 지는 태양에게 제사를 드렸음이 확실하다. 『粹』17의 "出入日, 歲三牛. (떠오르는 태양과 지는 태양에게, 3마리 소로 歲제사를 드린다)"고 한 것도 동일한 내용을 점친 것이므로 함께 참고할 만하다.

⑭ 『甲編』903 (附圖 47)
    丁丑貞: 其又升歲于大戊, 三牢? 玆用. 戊子貞: 其尞 于洹泉, 交, 三[20]冏, 宜牢? 戊子貞: 其尞于洹泉, □, 三牢, 宜牢? 己巳貞: 王其登囧米于祖乙? 己巳貞: 王其登南囧米, 叀乙亥? (정축일에 묻습니다. "大戊에게 3마리 제물용 소로 侑제사와 升제사와 歲제사를 드릴까요?" 이대로 시행한다. 무자일에 묻습니다. "洹水에서 尞제사로 기우제를 드리는데, 3마리 제사용 소를 宜제사로 드릴까요?" 무자일에 묻습니다. "洹水에서 尞제사로 □를 하는데, 3마리 제사용 양을 宜제사로 드릴까요?" 기사일에 묻습니다. "왕이 祖乙에게 囧米로 登(=蒸)제사를 드릴까요?" 기사일에 묻습니다. "왕이 南囧米로 登제사를 祖乙에게 드릴까요?")

---

20) 【譯註】附圖에는 二로 쓰여져 있다.

이 편의 刻辭의 순서는 보통의 예들과는 약간 다르다. '洹泉'은 지금의 '洹水'이다. '交'는 '烄'字로 기우제를 의미하며 글자의 형태는 불에 집어넣는 형태를 본뜬 것이다. 卜辭에서 洹水에 燎제사로 기우제를 지낸 것은 비를 갈구한 것임에 틀림없다.『竹書紀年』에 "(文丁) 3년에 洹水가 하루동안 3번 끊어졌다((文丁)三年, 洹水一日三絶.)"고 기재되어 있다.(『太平御覽』권83에 인용된 古本『竹書紀年』과 같다) 이 條의 卜辭는 아마도 (『竹書紀年』에 기재된) 그 해에 洹水가 말라붙어 洹水의 근원으로 가서 燎제를 지낸 占卜기록이 아닌가 한다. '囧'은 창문틀을 본뜬 것으로『說文·七篇上(25)』에는 '獷과 같이 읽는다(讀若獷)'라 하였고 지금은 음이 窘(jiǒng)과 같다. 卜辭의 '囧'字에는 창고라는 의미도 있는데, 그렇다면 '南囧米'는 남쪽 창고의 쌀이란 뜻이 된다.

⑮『粹』36 (附圖 48)

己卯卜, 賓貞: 取岳? 乙酉卜, 賓貞: 吏(使)人于河, 沉三羊, 劓三牛? 三月. (을묘일에 賓이 점쳐 묻습니다. "산에서 나무를 쌓아 제사를 올릴까요?" 을유일에 賓이 점쳐 묻습니다. "河神에게 사람으로 吏제사를 드리고21), 양 3마리로 沉제사를 드리고, 소 3마리로 劓제사를 드릴까요?" 때는 3월이다.)

郭沫若은 "取는 樲의 생략형이 분명하다(取殆樲省)"고 하였는데,『說文·六篇上(69)』에 "樲는 땔나무이다(樲, 木薪也.)"고 하였고, 음과 뜻이 '槱'字와 거의 같다. 내 생각에『說文·六篇上(63)』에 "槱는 나무를 쌓아 태우는 것이다. 木을 形符로 하고 火를 形符로 하며, 聲符는 酉이다.『詩經』에 '땔나무를 쌓고, 쌓아 태우네'라고 하였고,『周禮』에 '땔나무를 쌓아 태우는 봄제사인 祠를 관장하는 司中司令'이라고 하였다. '酒'는 땔나무를 태워 天神에게 제사를 지내는 것이다. 示를 편방으로 하기도 한다.(槱, 積木燎之也. 從木、從火, 酉聲.『詩』曰: '薪之槱之.'『周禮』: '以槱燎祠司中司令.' 酒, 柴祭天神, 或從示.)"라 하였으므로 '取岳'은 나무를 쌓고 불로 태워 天神에게 제사를 지내는 것이다. "使人于河"는 인간을 희생으로 죽여 河神에게 제사를 지내는 것이다. '劓'도 희생을 사용하는 방법으로 于省吾는 '깎다(刪)의 의미'로 해독하였는데, 일반적으로 '刊'으로 쓰며 속자로는 '砍'으로 쓴다. 따라서 '劓三牛'는 3마리 소의 몸통이외의 부분을 잘나내는 것이다.

---

21) 【譯註】吏에는 '파견'의 의미도 있어, '사람을 (황하로) 파견하여 河神에게 제사를 드리게 한다'고도 해석할 수 있다. 여기에서는 "~于某"의 형식에서 ~에 해당하는 글자가 보통 제사의 명칭이므로 吏제사를 드리는 것으로 해석하였다.

⑯ 『乙編』2588 (附圖 49) :
　　庚寅卜, 爭貞: 我其祀于河? (경인일에 爭이 점쳐 묻습니다. "我가 河神에게 제사(祀)를 드릴까요?")

'祀'字는 ᛁ, 또는 祀、祌로 쓰기도 하며, 사람이 神主 앞에 꿇어앉아 기도하는 모습을 본뜬 글자이다.

⑰ 『前編』1・50・6 (附圖 50) :
　　貞: 吏(使)人于岳? 貞: 勿吏人于岳? 貞: 告舌方于上甲? (묻습니다. "岳神에게 사람을 희생으로 吏제사를 드릴까요?"22) 묻습니다. "산악에 사람을 희생으로 쓰지 말까요?" 묻습니다: "上甲에게 舌方을 고해 바칠까요?")

⑱ 『甲編』635 (附圖 51) :
　　丙子貞: 丁丑又父丁, 伐卅羌, 歲三牢? 玆用. (병자일에 묻습니다. "정축일에 父丁에게 侑제사를 드리는데, 羌人 30명으로 伐제사를 드리고, 제물용 소 3마리로 歲제사를 드릴까요?" 이대로 시행한다.)

30명의 羌人을 '伐'한다는 것은 30명의 羌族 노예를 죽인다는 뜻이다. 歲는 희생의 방법으로 '劌'와 같이 읽는다.

⑲ 『前編』7・3・3 (附圖 52)
　　辛巳卜, 븝貞: 埋三犬, 尞五犬, 五豕, 卯四牛? 一月. (신사일에 븝가 점쳐 묻습니다: "개 3마리로 埋제사를 드리고, 개 5마리와 돼지 5마리로 尞제사를 드리고, 소 4마리로 卯제사를 드릴까요? 때는 1월이다.") (이하 생략)

埋、尞、卯는 모두 희생을 쓰는 방법이다. 埋는 땅에 파묻는 것이고, 尞는 불에 태우는 것이며, 卯는 劉로 해석되는데 『爾雅・釋詁』에 "劉는 죽인다는 뜻이다(劉, 殺也)"라 하였다. 어떤 사람은 卯자는 원래 ᚷ로 두 개의 칼이 서로 대립한 모양을 본뜬 것이며, 죽인다는 뜻을 가지고 있다라고 하였다. 후대로 내려오면서 점차 ᚷ、ᚷ등으로 변화되어 小篆의 'ᚷ'字가 되었다.

---

22) 각주 21) 참조.

⑳ 『後編』上 28・3 (附圖 53)
　　丁亥卜, 殼貞: 昔乙酉箙逆御□□□大甲、祖乙, 百鬯, 百羌, 卯三百□? (정해일에 殼이 점쳐 묻습니다. "지난 을유일에 箙이 (?) 막아내고 □□□ 大甲、祖乙에게(제사를 드리는데), 울창주 100동이와 羌人 100사람, □ 300으로 卯제사를 드릴까요?")

이 卜辭는 매우 기이하다. 정해일에 그보다 3일 전인 을유일의 일을 묻고 있는데, 이 卜辭는 일이 벌어지고 난 후에 점을 친 것이다. '御'는 '禦'字이며, 질병과 재난을 막는다는 의미이다. 『前編』1・25・1의 "貞: 疾齒, 御于父乙? (묻습니다. "이가 아픕니다. 父乙에게 질병을 없애달라고 할까요?")", 『庫』283의 "疾身, 御于妣己 眔妣庚? ("몸에 병이 들었습니다, 妣己와 妣庚에게 없애달라고 할까요?)", 『庫』92의 "貞: 疾止(趾), 御于妣己? (묻습니다. "발꿈치에 병이 들었습니다. 妣己에게 없애달라고 할까요?")"가 그러한 예이다. 箙은 武丁시기의 貞人이다. 逆이 반역을 지칭하는 것인지는 아직 결정되지 않았다.

㉑ 『美錄』685 (附圖 54)
　　癸酉貞: 射⿱⿱以羌用自上甲□. 癸酉貞: 射⿱⿱以羌用自上甲于□. 乙未卜, 其⿱⿱方, 羌一, 牛一? (계유일에 묻습니다. "射의 관직에 있는 ⿱⿱가 羌人을 사용하여 上甲에서부터□(제사를 드릴까요?)" 계유일에 묻습니다. "射의 관직에 있는 ⿱⿱가 羌人을 사용하여 上甲부터 □에까지 (제사를 드릴까요?)" 을미일에 점칩니다. "方國이 평안하도록 羌人 한사람과 소 한 마리를 사용할까요?")

射는 관직명이며, ⿱⿱는 인명이다.

㉒ 『美錄』34、『新綴』613 (附圖 55、56)
　　壬戌卜, 乙丑用侯屯? 壬戌卜, 用侯屯自上甲十示? 癸亥卜, 乙丑昜日? 不昜日? 癸亥卜, 乙丑用侯屯? 于甲戌用侯屯? 于來乙亥用屯? 于來乙亥用侯屯? (임술일에 점칩니다. "을축일에 侯屯을 사용(해서 제사를) 지낼까요?" 임술일에 점칩니다. "上甲에서부터 直系 先王 10인에게 侯屯을 사용할까요?" 계해일에 점칩니다. "을축일로 날이 맑을까요? 날이 맑지 않을까요?" 계해일에 점칩니다. "을축일에 侯屯을 사용할까요? 갑술일에 侯屯을 사용할까요? 돌아오는 을해일에 屯을 사용할까요? 돌아오는 을해일에 侯屯을 사용할까요?")

두 개의 판이 동일한 내용으로, 한 세트를 이루는 卜骨의 첫 번째와 세 번째의 두개의 판인데, 반복해서 어떤 날에 侯屯을 죽여23) 上甲 및 여러 직계 先王에게 제사를 지낼 것인지를 묻는 내용으로 매우 정중하다. 두 개의 骨板을 비교하여 남아있는 卜辭로 서로 보충할 수 있다. 실물은 현재 미국 카네기 박물관에 소장되어 있으며, 方法敎이 소장했던 것이다.

(5) 征伐(方國)

정벌은 소위 '戎'이며 국가의 중대사로 商王이 자주 점치던 내용이다. 이 종류의 卜辭를 통해 商왕조의 영역과 범위 및 商왕조와 제후·方國간의 관계를 고찰할 수 있다.

① 『甲編』3338 (附圖 57)
　　己丑卜, 爭貞: ㄒ古王事? 貞: 戉不其隻(獲)羌? 戉隻羌? (기축일에 爭이 점쳐 묻습니다. "ㄒ이 왕의 일을 잘 수행할까요?" 묻습니다. "戉이 羌人을 (포로로) 잡지 못할까요? 戉이 羌人을 잡을까요?") (이하 생략)

'ㄒ'字를 唐蘭은 '朱'字(力竹切)로 해석하여 척추동물의 모습을 본뜬 것이라 하였는데, 卜辭에서는 人名으로 쓰였다. '古王事'는 왕의 일을 열심히 수행한다는 뜻이다.

② 『鐵』244·1 (附圖 58)
　　貞: 戉隻羌? 不其隻羌? 貞: 戉不其隻? (묻습니다. "戉이 羌人을 잡을까요? 잡지 못할까요?" 묻습니다. "戉이 잡지 못할까요?")(이하 생략)

③ 『乙編』865 (附圖 59)
　　乙巳卜, 賓貞: ㄒ隻羌? 一月. 乙巳卜, 賓貞: ㄒ不其隻羌? 貞: ㄒ隻羌? 貞: ㄒ不其隻羌? (을사일에 賓이 점쳐 묻습니다. "ㄒ가 강인을 잡을까요?" 때는 1월이다. 을사일에 賓이 점쳐 묻습니다. "ㄒ가 羌人을 잡지 못할까요?" 묻습니다. "ㄒ가 羌人을 잡을까요?" 묻습니다: "ㄒ가 羌人을 잡지 못할까요?")

---

23) 【譯註】侯는 商代의 관직명이고, 商의 직할지와 가장 근접한 지역의 수장을 일컫는다. 보통 侯뒤에 나오는 글자를 개인의 이름으로 보는데(趙誠, 『甲骨文簡明辭典』 57-58쪽 참조), '屯'字를 직물로 해석하기도 한다.(屯에 대한 해석은 趙誠, 『甲骨文簡明辭典』 258쪽 참조.) 뒤의 해석에 따르면 侯屯은 侯가 다스리는 지역의 직물로도 볼 수 있다.

'臭'字는 '𦤀'로도 쓰며, 귀신의 머리인 甶와 大로 이루어진 글자로, 『說文』에는 없다. '𦥛'로 쓰는 異字와 자형이 같지 않으므로 혼동해서는 안 된다.

이상은 모두 羌人을 잡는 일에 대한 占卜의 기록이다. '羌'은 商代 서북 변경지방에 살던 소수민족으로 제사에 사용되었던 수많은 羌族 노예는 전쟁포로였다. 그러나 卜辭중에 '羌族을 정벌한다(征羌)'는 예는 별로 보이지 않고 '羌人을 (포로로) 잡았다(獲羌)'는 말은 여러 번 보인다.

④ 『續編』 5 · 2 · 2 (附圖 60)
　　己卯卜, 充貞: 令多子族眔犬侯璞(撲)周, 古王事? 五月. (기묘일에 充이 점쳐 묻습니다. "多子族과 犬侯를 시켜 周를 공격하도록 명령을 내리면 王事를 잘 수행할까요?" 때는 5월이다.)

'璞'字는 '𤩁'로 쓰는데, 唐蘭의 설에 의하면 원래 璞玉의 형상을 본뜬 것이다. '璞周'는 '撲周'로 周를 공격한다는 의미이다. 『書 · 盤庚』에 "불을 놓아 평원을 불태우면, 가까이 도주할 곳이 없으니 괴멸시킬 수 있습니다(若火之燎于原, 不可嚮邇, 其猶可撲滅.)"란 구절이 있다.

⑤ 『前編』 7 · 31 · 4 (附圖 61)
　　□□卜, 充貞: 令𤕫從拾(倉)侯璞(撲)周? (□□일에 充이 점쳐 묻습니다. 𤕫에게 拾侯 (의 군대)를 대동하여 周를 공격하도록 명령을 내릴까요?)

이 두 개의 예는 周를 공격하는 일을 점친 것이다. 商王朝의 方國인 周는 지금 陝西省 岐山 일대에 위치해 있었고, 犬侯는 犬方으로 지금의 咸陽、興平 지역에 위치하였다. 犬侯에게 周의 토벌 전쟁에 참여하도록 한 것은 부근의 군대를 참여시킨 것이라 할 수 있다.

⑥ 『鐵』 249 · 2 (附圖 62)
　　丙戌卜, 爭貞: 今𢀛王從望乘伐下危, 我受有又? 丙戌卜, 爭貞: 今三月多雨? (병술일에 爭이 점쳐 묻습니다. "지금 왕이 望乘을 데리고 下危를 정벌하려 하는데 신의 도움을 받을 수 있을까요?" 병술일에 爭이 점쳐 묻습니다. "이 3월에 비가 많이 올까요?")

望乘은 卜辭에 자주 보이는 人名으로 武丁시기의 중요한 무장이다. '王從望乘'은 왕이 望乘을 대동한다는 의미로 楊樹達의 견해에 따르면 '從'字는 去聲으로 읽는다. 下危는 지금 河北과 내몽고의 경계에 위치한 당시 商나라 북부의 方國名이다. 卜辭에는 下危를 정벌하는 문장이 여러번 보인다. 이 片은 같은 날에 다시 비가 올지를 점쳐 물었는데 '今三月' 이란 문구로 보아 '지금 下危를 정벌하려는' 시기가 3월임을 알 수 있으며, 군사와 관련되었기 때문에 비가 많이 올지를 점쳐 물은 것이다. '受有又'는 '受又'로도 쓰며, 여기서 '又' 는 명사로 '佑'로 해독된다.

⑦ 『佚』945 (附圖 63)
　　☑貞: 令望乘㠯𢀛途虎方? 十一月. ☑𢀛其途虎方, 告于大甲? 十一月. ☑其途虎方, 告于丁? 十一月. ☑其途虎方, 告于祖乙? 十一月. (☑가 묻습니다. "지금 望乘과 𢀛에게 虎方을 정벌하도록 할까요?" 때는 11월이다. "𢀛에게 虎方을 정벌하도록 하는데 大甲에게 告제사를 올릴까요?" 때는 11월이다. "虎方을 정벌하려는데 丁에게 告제사를 올릴까요?" 때는 11월이다. "虎方을 정벌하려는데 祖乙에게 告제사를 올릴까요?" 때는 11월이다.)

虎方은 商의 동남쪽, 지금 安徽省 淮南市와 合肥市 중간 지역에 위치한 方國이다. '途'는 于省吾의 설에 의하면 屠로 해독되며, '屠戮하다'는 의미로 討伐과 비슷한 뜻이다. 이 편의 卜辭는 장군인 望乘과 𢀛에게 虎方을 정벌하도록 할지를 점치고, 이를 위해 先王인 大甲、丁(祖丁?)、祖乙에게 제사지내는 내용으로 되어있다.

⑧ 『鐵』244·2 (附圖 64)
　　己酉卜, ☑貞: 王正(征)吾方, 下上若, 受我又? 二月. 貞: 勿正吾方, 下上不若, 不我其受又? (을유일데 ☑이 점쳐 묻습니다. "왕이 吾方을 정벌하려는데 하늘과 땅의 神께서 허락하시고 우리나라에 보살핌을 주실까요?" 때는 2월이다. 묻습니다. "吾方을 정벌하려는데 하늘과 땅의 神이 허락하지 않고 우리나라에게 보살핌을 주시지 않을까요?")

'正'은 卜辭에서 '征'으로 많이 해독되며 '伐'의 뜻과 같다. '吾方'은 商의 북쪽지역, 지금의 내몽고자치구 경내에 있었다. '下上'은 合文으로 卜辭에 누차 보이는데, '帝'와 거의 동등한 위치에 있으며 아마도 하늘과·땅의 神을 지칭하는 것 같다. 卜辭의 내용은 商王이 친히 舌方을 정벌하려함에 하늘과 땅의 신의 도움과 상제의 보우함을 얻을 수 있는가를 물은 것이다.

⑨ 『後編』上 31·5 (附圖 65)
　　丁酉卜, 殼貞: 今𢀖王 牧人 五千正土方, 受有又? (정유일에 殼이 점쳐 묻습니다: "지금 왕이 5,000명을 징집하여 土方을 정벌하려 하는데, (하늘의) 도움을 받겠습니까?")

土方은 商의 강적으로 지금 河北과 山西의 북부지역에 위치하였으며, 商왕조가 지속적으로 정벌을 갔던 부족이다. 牧人은 登人으로 '징집하다'는 의미이다. 이 卜辭는 5,000명을 징집하여 土方을 정벌하러 가는데 (하늘의) 보살핌을 받겠는가를 점친 내용이다.

⑩ 『甲編』810 (附圖 66)
　　己酉卜, 召方來, 告于父丁? (기유일에 점칩니다: "召方이 침범해 왔는데 父丁에게 告제사를 올릴까요?")

召方은 卜辭에는 누차 보이지만 어느 지역에 있었는지는 알지 못한다. 『粹』1124、1126에 召方을 정벌하는 내용이 기재되어 있으므로 여기에서 '召方來'의 의미는 침범해 온 것을 말한다. 그렇기 때문에 父丁(康丁)에게 告제사를 올렸던 것이다.

위의 예들 중 (10)번을 제외하고는 모두 武丁시기의 것이다. 貞旬卜辭에서도 方國의 정벌에 관한 일을 언급하고 있다. 전반적으로 商의 主敵은 주로 북쪽, 서북쪽에 위치하였는데, 그 중 卜辭에 많이 보이는 것은 舌方、土方、下危등이 있다. 남쪽지역에는 별로 적이 없었으며, 商과 周는 화친하기도 하고 대립하기도 하는 관계에 있었다.

⑪ 『新綴』91 (附圖 67)
　　☐不喪衆? ☐不喪衆? ☐喪衆? ("군대의 많은 人馬를 잃지 않을까요? 군대의 많은 人馬를 잃지 않을까요?" "군대의 많은 人馬를 잃을까요?")

⑫ 『甲編』381 (附圖 68)
　　壬戌卜, 不喪衆? 其喪衆? 壬戌卜, 今夕亡禍? (임술일에 점칩니다. "(군대의 人馬를) 많이 잃지 않을까요? 많이 잃을까요?" 임술일에 점칩니다. "오늘밤에 재앙이 없을까

요?")

위의 두 편의 卜辭는 군대를 많이 잃지 않을지를 점친 것으로 혹 '喪衆'이 노예가 도망을 가는 것이란 해석도 있지만 증거는 별로 없다. 내 생각에 이 '喪'字는 상실의 의미이며, '喪衆'은 아마 군대의 人馬를 많이 잃어버린다는 뜻일 것이다. 그래서 전쟁에서 불리하게 되는 것을 후세에 '喪師'라 한다.

(6) 田獵(漁牧)

商王은 사냥을 좋아하여 거의 매일 사냥을 나가곤 하였는데, 규모와 종류가 매우 다양했다. 『書』, 『史記』, 『竹書紀年』에 모두 商王의 사냥 애호에 대한 기록이 실려 있는데, 공식적인 행사를 서술하거나 사냥과 관련된 뒷 이야기를 다루기도 하였다. 商王의 사냥 목적은 향락과 군대의 훈련으로 볼 수 있다. 따라서 卜辭에 자주 등장하는데, 기상의 좋고 나쁨, 사냥물의 획득여부, 왕래함에 길흉 여부 등의 사항을 정중하게 貞卜하였다. 만약 사냥물을 획득하게 되면 반드시 상세하게 잡은 짐승의 이름과 수량을 기재하였다.

① 『乙編』764 (附圖 69)

☑禽? 壬申允獸(狩), 禽, 隻兕六, 豕七十又六, 麂百又九十又九. [辛]未☑壬申王勿☑不其禽? 壬申獸, 禽. ("짐승을 잡을까요?" 임신일에 사냥을 나가 외뿔들소 6마리, 돼지 76마리, 사슴 새끼 199마리를 정말로 잡았다. "신미일 ☑ 임신일에 왕이 짐승을 잡지 못할까요?" 임신일에 사냥을 나갔고, 짐승을 잡았다.)

'禽'은 '❦'으로 쓰며 새나 짐승을 잡는 도구를 그린 것이다. 羅振玉은 '畢'字로 해석하였는데, 여기에서는 唐蘭의 해석을 따랐다. 지금은 '擒'字로 쓴다. 이 卜辭는 임신일에 사냥을 나가 외뿔들소, 돼지, 사슴새끼 등 280여 마리를 포획하였음을 기재하였는데, 그 규모를 상상할 수 있다. '七十', '九十'은 모두 合文이다.

② 『後編』下 1·4 (附圖 70)

丁卯[卜], ☑[貞]: 獸正☑☑禽, 隻鹿百六十二, ☑百十四, 豕十, ❦一. (정묘일에 ☑이 [점쳐 묻습니다.] "사냥을 나가 짐승을 잡을까요?" 사슴 160마리, ☑ 114마리, 돼지 10마리, ❦ 한 마리를 잡았다.)

六十은 合文이다.

③ 『契』410 (附圖 71)
　　□禽虎? 允禽, 隻麋八十八, 豕一, 犬三十又二. ("虎를 잡겠습니까?" 과연 잡았다. 큰 사슴 88마리, 돼지 한 마리, 개 32마리를 잡았다.)

④ 『粹』1480 (附圖 72)
　　己未卜, 亘貞: 逐豕, 隻? (기미일에 亘이 점쳐 묻습니다. "돼지를 쫓으면 잡을까요?")

'逐'도 사냥 활동의 일종으로 '辵'으로 쓰며, 豕와 止로 이루어진 會意字이다. 추적하는 상황을 본뜬 것이다.

⑤ 『殷綴』24 (附圖 73)
　　戊午卜, □貞: 王其田, 往來亡災? 戊辰卜, 狄貞: 王其田, 往來亡災? 壬午卜, 狄貞: 王其田, 往來亡災? (무오일에 □가 점쳐 묻습니다. "왕이 사냥을 나가는데 오고 감에 재앙이 없을까요?" 무진일에 狄가 점쳐 묻습니다. "왕이 사냥을 나가는데 오고 감에 재앙이 없을까요?" 임오일에 狄가 점쳐 묻습니다. "왕이 사냥을 나가는데 오고 감에 재앙이 없을까요?")

'田'은 '사냥하다(畋)'는 뜻으로 卜辭에서 '사냥하다'는 의미로 사용되는 '田'과 경작지의 의미로 사용되는 '田地'의 '田'은 자형상 차이가 없다. 『詩·叔于田』에서는 "大叔 段이 사냥을 나가네, 거리에 아무도 없네(叔于田, 巷無居人)"의 구절과 "大叔 段이 사냥을 나가네, 거리에 술 마시는 사람 아무도 없네(叔于狩, 巷無飲酒)"라는 구절이 있고, 『書·無逸』에 "文王은 사냥터에 나가 노니는 것을 꺼려하셨다(文王不敢盤于游田)"라 하였으며, 『易·恒卦』에 "사냥을 나가도 아무것도 잡지 못하리라(田無禽)"고 한 구절 등이 모두 卜辭에서 사용된 "田"의 의미를 증명해 준다.

⑥ 『後編』上14·8 (附圖 74)
　　癸未卜, 翌日乙王其[田](漏刻된 것 같다), 不風? 王往田, 湄日不遘大風, 亡災? 王其每(誨)? 大吉. 玆用. (계미일에 점칩니다. "다음 날인 乙일에 왕이 사냥을 나가는데 바람이 불지 않을까요?" "왕이 사냥을 나가는데, 온종일 거센 바람을 만나지 않고 재앙이

없을까요?" "왕이 사냥을 나가시는데 날씨가 흐리지 않을까요?" 매우 길하다. 이대로 시행한다.)

⑦ 『乙編』3935 (附圖 75)
   于南牧? (남쪽에서 방목을 할까요?) (이하 생략)

⑧ 『續存』上1968 (附圖 76)
   王叀今日壬射阝貝鹿, 禽? ☐乙王其田, 湄日不雨? 吉. ("왕이 이번 壬일에 阝貝 땅의 사슴을 사냥하러 가시려 하는데, 잡을까요?" "☐乙일에 왕이 사냥을 가시는데 하루종일 비가 오지 않을까요?" 길하다.)

阝貝는 지명명이고, 따라서 '阝貝鹿'은 阝貝 땅의 사슴이다.

⑨ 『續存』上2369 (附圖 77)
   戊申卜, 貞: 王田盂, 往來亡災? 王占曰: 吉. 玆御, 隻鹿二. (무신일에 점쳐 묻습니다. "왕이 盂땅으로 사냥을 가시는데 오가는 길에 재앙이 없을까요?" 왕이 파난하여 말하길, "길하다."라 하였다. 이대로 시행한다. 사슴 2마리를 잡았다.) (이하 생략)

'玆御'는 앞에서 나온 '玆用'과 의미가 같다. 적지 않은 학자들은 晩期의 田獵卜辭에 어떤 것들은 占卜만 있고 행동한 내용이 없는 것도 있지만, '玆御'라 명시한 것은 占卜후에 가능하다고 판단되면 즉시 시행한다는 말이다. 이 '玆御'는 帝乙·帝辛시기 田獵卜辭의 대표적인 辭例이다.

(7) 疾夢

질병과 夢幻 때문에 占卜을 행하는 경우는 武丁시기 卜辭의 특색 중 하나이다. 武丁 이후에는 이러한 유형의 卜辭는 거의 보이지 않는다.

① 『乙編』6385 (附圖 78)
   貞: 有疾自, 唯有它? 貞: 有疾自, 不唯有它? (묻습니다. "코에 질병이 생겼는데 재앙이 있을까요?" 묻습니다. "코에 질병이 생겼는데 재앙이 없을까요?) (이하 생략)

'自'字는 '𦣹'로 쓰며, 코의 모습을 본뜬 것으로 여기에서는 원래의 뜻으로 사용되었는데,

이러한 예는 많지 않다. '有它'는 '해로움이 있다(有害)', '재앙이 있다(有禍)'의 뜻과 같다. 卜辭의 대체적인 의미는 '코에 질병이 생겼는데, 그 원인이 귀신이 재앙을 내렸기 때문일까요(또는 재앙이 있게 될 것인가요)'란 뜻이다.

② 『續編』5・17・3 (『戩』34・4, 附圖 79)

　　甲辰卜, 㕣貞: 疾舌, 唯有它? (갑진일에 㕣가 점쳐 묻습니다. 혀에 질병이 생겼는데 재앙이 있을까요?)

③ 『乙編』3066 (附圖 80)

　　乙未卜, 㕣貞: 妣庚 ʃ 王疾? (을미일에 㕣가 점쳐 묻습니다. 妣庚이 왕의 질병을 ʃ 할까요?)

'ʃ'字는 확실한 의미가 밝혀지지 않았다. 龍 또는 뱀 종류를 본떴지만 '龍'字나 '蛇'字는 아니다. 혹은 '旬'字로 보기도 하여, 唐蘭은 이 글자를 '恂(憂)'字로 해석하였고, 嚴一萍은 눈이 잘 보이지 않는다는 의미를 지닌 '瞚'、'眩'字와 통용되는 '眗'字로 해석하였지만 이 卜辭의 내용과 통하지 않는다. 따라서 이 글자의 음과 뜻은 보다 깊은 연구를 해야한다.

④ 『續存』上820 (附圖 81)

　　丁亥卜, □貞: 婦好其疾? (정해일에 □가 점쳐 묻습니다. "婦好가 질병에 걸리겠습니까?")

⑤ 『佚』62 (附圖 82)

　　辛未卜, 殼貞: 王夢兄戊, 宄從, 不有禍? 四月. (신미일에 殼이 점쳐 묻습니다. "왕이 꿈에서 兄戊를 보았고, 宄가 뒤따랐는데, 재앙이 있지 않을까요?" 때는 4월이다.)

⑥ 『續存』上855 (附圖 83)

　　己亥卜, 爭貞: 爭有夢, 勿祟, 有匃? (기해일에 爭이 점쳐 묻습니다. "爭가 꿈을 꾸었는데, 재앙이 없을까요, 해가 있을까요?")

⑦ 『佚』92 (附圖 84)

　　貞: 王夢婦好, 不唯辥(孼)? (묻습니다. "왕이 꿈에 婦好를 보았는데, 재앙이 없겠습니까?")

⑧ 『佚』524 (附圖 85)

　　癸巳卜, 㱿貞: 子漁疾目, 福告于父乙? (계사일에 㱿이 점쳐 묻습니다. "子漁의 눈에 질병이 생겼는데, 父乙에게 福제사와 告제사를 올릴까요?") (이하 생략)

(8) 使令

이 유형의 卜辭는 商王이 명령을 포고하고 사자를 파견하는 등의 정치적 사무와 관련된 것으로 수량이 비교적 많지 않다.

① 『甲編』3342 (附圖 86)

　　乙亥卜, 永貞: 令戉來歸? 三月. (을해일에 永이 점쳐 묻습니다. "戉에게 돌아오도록 명령을 내릴까요?" 때는 3월이다.)

② 『乙編』2882 (附圖 87)

　　貞: 王有遣, 祖乙弗左(佐)王? (묻습니다. "왕이 (사자를) 파견하는데, 祖乙이 왕을 보살펴 돕지 않을까요?")(이하 생략)

③ 『京都』963 (附圖 88)

　　貞: 今二月𠂤般至? (묻습니다. "이번 2월에 師般이 도착할까요?") (이하 생략)

④ 『京都』972 (附圖 89)

　　□□卜, 爭貞: 王立中? (□□일에 爭이 점쳐 묻습니다. "왕께서 뭇사람을 모이도록 할까요?")

이 片은 貝塚茂樹가 使令類로 분류하였는데, 혹 '王立中'은 왕이 사람들을 모이게 하여 포고를 내리는 일을 지칭한다고도 한다.

⑤ 『京都』2154 (附圖 90)

　　辛亥, 㲋令 ╪夷先涉? (신해일에 㲋가 ╪夷에게 먼저 건너가게 할까요?)

(9) 往來

田獵卜辭 중에 흔히 보이는 '往來亡災' 辭例 외에 일부분의 卜辭에서 商王의 출입과 왕래 등의 활동을 전문적으로 貞卜한 것이 있다. 이러한 卜辭도 武丁시기에 많다.

① 『鐵』261·3 (附圖 91)
    庚申卜, 王貞: 往來亡禍? (경신일에 왕이 점쳐 묻습니다. "오고 가는데 재앙이 없을까요?") (이하 생략)

② 『合』四·7775 (附圖 92)
    甲戌卜, 殼貞: 今六月王入于商? (갑술일에 殼이 점쳐 묻습니다. "이번 6월에 왕이 商으로 들어올까요?")

③ 『前編』4·6·3 (附圖 93)
乙亥卜, 爭貞: 生七月王勿衣入, 蝕? 壬辰卜, 爭貞: 王于八月入? (을해일에 爭이 점쳐 묻습니다. "오는 7월에 왕이 衣 지역에 들어갈까요? 일식이 있을까요?"24) 임진일에 爭이 점쳐 묻습니다. "왕이 8월에 들어올까요?")

④ 附圖 94(馬甲骨刻辭)
    癸亥卜, 王其入商,叀乙丑? 王弗每? (계해일에 점칩니다. "왕이 商으로 들어오시는데, 을축일에 올까요? 왕의 가르치심이 없을까요?")

⑤ 『前編』5·29·1 (附圖 95)
    辛卯卜, 爭貞: 翌甲午王涉歸? (신묘일에 爭이 점쳐 묻습니다. "다음 갑오일에 왕이 (배를 타고) 건너서 돌아올까요?")

갑오일은 신묘일 이후 4일째 되는 날이며, 商承祚의 견해에 의하면 '涉歸'는 배를 타고 강을 건너 돌아오는 것이지 (도보로) 물을 건너서 돌아오는 것이 아니다.

⑥ 『京都』1641 (附圖 96)
    戊申卜, 貞: 王出, 亡禍? (무신일에 점쳐 묻습니다. "왕이 밖으로 출행하는데 재앙이 없을까요?") (이하 생략)

⑦ 『京都』2139 (附圖 97)
    乙未卜, 王涉滴☐. (을미일에 점칩니다. 왕이 滴水를 건널까요?)

---

24) '生~月'은 다음 7월을 가리키는 용법이다. 『簡明甲骨文辭典』 268쪽 참조.

⑧ 『京都』2941 (附圖 98)

  貞: 王其各(格),☒辛, 王弗每? (묻습니다. "왕이 이르시는데 다음 申일에 오실까요?" 왕의 가르치심이 없을까요?")

'各'字는 '格'字이다. 金文에 자주 보이며, '이르다'는 뜻이다.

(10) 婦事(婚娶)

卜辭 중 왕의 부인이 아이를 낳아 기르는 내용도 상당한 비중을 차지한다. 이외에도 혼인과 육아에 대해 占卜을 거행하기도 한다. 이 유형의 卜辭도 주로 武丁시기에 보인다.

① 『乙編』1052 (附圖 99)

  貞: 今五月娩? 辛丑卜, 貞: 其于六月娩? 貞: 今五月娩? 貞: 其六月娩? 貞: 今五月娩? 貞: 其于六月娩? (묻습니다. "이번 5월에 해산할까요?" 신축일에 점쳐 묻습니다. "6월에 해산할까요?" 묻습니다. "이번 5월에 해산할까요?" 묻습니다. "6월에 해산할까요?" 묻습니다. "이번 5월에 해산할까요?" 묻습니다. "6월에 해산할까요?")(이하 생략)

腹甲인 이 판에서 어느 부인이 오월에 해산할 것인지 유월에 해산할 것인지를 반복하여 묻고 있다.

② 『合』五·14002 (『丙編』247, 附圖 100)

  甲申卜, 殼貞: 婦好娩, 女力 (嘉)? 王占曰: 其唯丁娩, 女力, 其唯庚娩, 弘吉. 三旬又一日甲寅娩, 不女力, 唯女. 甲申卜, 殼貞: 婦好娩, 不其女力? 三旬又一日甲寅娩, 允不女力, 唯女. (갑신일에 殼이 점쳐 묻습니다. "婦好가 아이를 낳을텐데, 아들일까요?" 왕이 판단하여 말하길 "丁일에 낳으면 아들일 것이다. 庚일에 낳으면 매우 길하다."라고 하였다. 31일 후인 갑인일에 해산하였는데, 아들이 아니라 딸이었다. 갑신일에 殼이 점쳐 묻습니다. "婦好가 아이를 낳을텐데, 아들이 아닐까요?" 31일이 지난 갑인일에 아이를 낳았는데, 과연 아들이 아니라 딸이었다.)

이 문장은 婦好가 언제 아이를 낳을 것인지에 대해서만 점을 친 것인데, 결과는 점친 후 한 달이 지나 딸을 낳았다. 아들을 낳으면 좋고 길한 반면 딸을 낳으면 좋지 않다는 언급을 통해, 그 당시에도 남아선호사상이 있었음을 엿볼 수 있다. 수 천년간 지속된 중국의 남아선호사상은 노예제 사회인 商代까지 소급할 수 있는데 이 龜甲版은 그러한 증거가 된다.

이 외에 『乙編』4729, 『京津』1982、2053, 『乙編』3373、3498、3954 등에도 "不妫, 唯女"(아들이아니라, 여자아이이다)란 辭例가 있다.

③ 『鐵』127·1 (附圖 101)
　　庚子卜, 設貞: 婦好有子? 三月. 辛丑卜, 設貞: 兄(祝)于母庚? (경자일에 設이 점쳐 묻습니다. "婦好가 아들을 낳을까요?" 때는 3월이다. 신축일에 設이 점쳐 묻습니다. "母庚에게 祝제사를 올릴까요?")

이 두 개의 卜辭는 상당히 관련성이 있는데, 먼저 婦好가 사내아이를 낳을 것인지 점을 치고서 나중에는 婦好가 아들을 낳도록 母庚에게 祝제사를 올릴 것인지를 점쳤다.

④ 『乙編』3401、3402 (附圖 102)
　　丙子卜, 賓貞: 唯父乙 ⚡ 婦好? 貞: 不父乙𡍺婦好? 王占曰: 唯父乙⚡. (병자일에 賓이 점쳐 묻습니다. "父乙이 婦好에게 재앙을 내릴까요?" 묻습니다. "父乙이 婦好에게 재앙을 내리지 않을까요?" 왕이 판단하여 말하길 "父乙이 재앙을 내릴 것이다."라고 하였다.) (이하 생략)

'⚡'字는 '夂가 人 위에 있는 것으로 이루어진(從夂在人上)' 글자로, 해롭게 하다는 의미이며, 文例는 '它'와 같다. 이 문장은 正面과 反面을 연결하여 읽어야 하며, 전적으로 婦好를 위해 점을 쳤고 혹 낳아 기르는 일과도 관련된다.

⑤ 『續存』上1043 (附圖 103)
　　丁丑卜, 爭貞: 婦 㚔 娩, 妫, 唯𠂤子. (병자일에 爭이 점쳐 묻습니다. "婦㚔가 아이를 낳을텐데 아들일까요?" 𠂤子이다.)

胡厚宣은 이 片을 근거로 "아들을 낳는 것을 妫라 한다. 子는 곧 남자이고 아들을 낳으면 妫라 하며, 계집애를 낳으면 不妫라 하였으니, 남자를 중시하고 여자를 천시하였음이 완전히 증명되었다"[25]라고 하였다.

---

25) "以生子爲妫, 子卽男子, 以生男爲妫, 生女爲不妫, 重男而輕女, 乃得到完全的證明." (胡厚宣, 『甲骨續存·序』)

⑥ 『乙編』4736 (附圖 104)

　　辛卯卜, 爭: 乎取奠女子? 辛卯卜, 爭: 勿乎取奠女子? (신묘일에 爭이 점칩니다. "奠나라의 여자와 혼인을 할까요?" 신묘일에 爭이 점칩니다. "奠나라 여자와 혼인을 하지 말까요?")

이것은 왕의 혼인을 점친 문장이다. '奠'은 地名으로 즉 '鄭'이다.

⑦ 『續存』下589 (附圖 105)

　　癸酉余卜, 貞: ※婦又子? 甲戌余卜, 取后? (계유일에 余가 점쳐 묻습니다. "※婦에게 아들이 있을까요?" 갑술일에 余가 점쳐 묻습니다. "왕후를 들일까요?") (이하 생략)

이것은 武丁시기 晚期에 점친 것이다. '余'는 貞人의 이름으로 왕의 自稱이 아니다. '又子'는 '有子'이다. '取后'는 역시 왕의 혼인을 점친 것이다.

3. 非卜辭－卜寫이외의 각 유형의 刻辭

현재 일반적으로 卜辭 이외의 갑골문을 통칭하여 非卜辭라고 한다. 非卜辭중의 어떤 부분과 占卜사이에 간접적인 관계가 있거나 占卜의 재료에 덧붙여 새기기도 한 것들은 주로 간지표 및 貢納、收藏 등 잡다한 기록들이고, 나머지는 占卜과 완전히 무관한 순수한 記事에 속한다. 이 나머지는 대부분 점복용으로 사용되지 않는 獸骨에 쓰여 있는데, 인간、짐승의 두개골에 쓴 것도 소량이 발견되었다. 그러므로 보통 鑽鑿를 하지 않았고 灼兆는 더군다나 하지 않았다. 아래에서 몇 가지 자주 보이는 非卜辭에 대해 소개하고 토론해 보기로 하겠다.

먼저, 干支表에 대해 말해보도록 하자. 고대 중국에서는 간지를 사용하여 날짜를 기록하였다. 천간(天干)과 지지(地支)를 서로 조합하면 甲子에서 시작하여 癸亥에서 끝마친다. 이것이 한바퀴 순환되면 60일이 되며, 속칭 一甲子라 한다. 癸亥이후에는 甲子로부터 다시 시작하는데, 순서에 맞게 날짜를 기록하면 무궁하게 순환된다. 갑골문은 이러한 방법을 가지고 날짜를 기록하였다. 卜辭 중 수없이 사용된 干支字(매 條의 卜辭에 모두 쓰여있다)외에 갑골에는 전문적인 干支表가 새겨져 있는데, 어떤 것은 가로로 쓰여 있고(橫行) 어떤 것은 세로로 쓰여 있으며(直行), 전체의 표를 쓴 것도 있고(6行) 반만 쓴 것(3行)도 있다. 이제까지 발굴된 가장 완전한 干支表는 아마도 『契』165 (附圖 106)일 것이다. 容庚은 당시 燕京大學에 부임해 있었는데 대학에서 매입한 1,000여 片의 갑골중 이 片을 가장 가치 있는 것으로 여겼었다. 이것은 소의 어깨뼈로 윗쪽에 가지런히 干支表가 쓰여 있는데 글자가 명확하고 완전무결하다. 表는 6行으로 나뉘어져 있는데, 行은 20자(10일)로 구성되며 左行이고 字體的 측면에서는 帝乙·帝辛시기의 것이다. 6行 간지표는 이것을 제외하고도 적지 않지만 모두 부분적으로 파손된 것들이어서 이 版의 가치는 더욱 귀중하다. 이것과 비슷한 것으로는 『後編』下1·5(『通纂』6, 附圖 107)이 있는데, 60갑자가 모두 쓰여 있고 8行으로 이루어진 右行이며 '月一正'、'二月'을 같이 병기하고 있다. 그러나 소수의 글자들을 제외하고는 가로획이 빠져있을 뿐 아니라 癸未의 '未'字와 癸亥의 '亥'字도 빠져 있다. 이 片의 빠진 필획을 보충하면 2개월간의 '日曆'이 된다:

月一正曰☆麥甲子乙丑丙寅丁卯戊辰己 (1행)
巳庚午辛未壬申癸酉甲戌乙亥丙子丁丑 (2행)
戊寅己卯庚辰辛巳壬午癸[未]甲申乙酉丙戌 (3행)
丁亥戊子己丑庚寅辛卯壬辰癸巳二月父 (4행)
☆甲午乙未丙申丁酉戊戌己亥庚子辛丑 (5행)
壬寅癸卯甲辰乙巳丙午丁未戊申己酉庚 (6행)
戌辛亥壬子癸丑甲寅乙卯丙辰丁巳戊午 (7행)
己未庚申辛酉壬戌癸[亥] (8행)

이 표에서 알 수 있듯이 당시에는 큰 달과 작은 달의 구분 없이 모두 매월 30일이었던 것 같다. 30일만 쓴 干支表도 여러번 발견되었는데 『前編』3·4·2(附圖 108)이 대표적이다. 이 片은 甲子 — 癸酉、甲戌 — 癸未、甲申 — 癸巳 로 구성된 3行으로 이루어졌는데 1개월의 日曆을 내려 쓴 듯하다. 橫行인 干支表는 아직까지는 부분적으로 파손된 불완전한 것만이 발견되었는데, 예를 들면 『甲編』691(附圖 109)는 단지 2行만이 남아있고 右行이다. 貞旬卜辭는 모두 예외 없이 癸日에 다가오는 열흘동안의 길흉을 묻는 형식이며, 卜辭에는 '十三月'이라 기재된 것도 있다. 이러한 여러 가지 것들은 商代에는 10일을 1旬으로 삼고, 매 旬의 첫째 날은 甲일, 마지막 날은 癸일이 되며, 3旬으로 1개월을 삼아 12개월로 1년이 삼고, 1년의 마지막 윤달은 13월이 된다는 것을 증명해준다.

다음으로, 갑골의 貢納、收藏과 관련된 記事刻辭는 3가지 유형이 있다. 첫째는 腹甲의 좌우 甲橋, 즉 거북의 腹甲과 背甲이 연결된 부분에 쓰여진 甲橋刻辭이고, 둘째는 어깨뼈의 骨臼위에 쓰여진 骨臼刻辭이며, 셋째는 어깨뼈 正面 아래 모서리의 넓고 얇은 부분 또는 背面 근처 가장자리 부분에 쓰여진 骨面刻辭이다. 그러나 내용이란 측면에서는 骨面刻辭와 骨臼刻辭는 동일하다. 甲橋、骨臼刻辭는 武丁시기에 성행하였고, 武丁시기이후에는 보이지 않는다26). 甲橋刻辭의 일반적인 辭例는 '某入若干'、'某來若干'、'某示若干'으로 되어 있는데, (入、來、示의 용어를) '氏(致)'、'取'로 쓰기도 한다. 게다가 보통 이를 취급한 史官의 서명(簽名)이나 기록한 지역을 적어두었다. 다음의 예를 보자.

① 『乙編』1053 (附圖 110)
　我氏千. 婦井(邢)示四十. 爭. (我가 1,000마리를 빼앗아 왔습니다. 婦井이 40마리를 보내왔습니다. 爭)

② 『乙編』2688 (附圖 111)
　🐾氏四十. (🐾가 40마리를 빼앗아 왔습니다.)

③ 『乙編』4734 (附圖 112)
　雀入百五十. (雀이 150마리를 보내왔습니다.)

④ 『乙編』7153 (附圖 113)
　雀入二百五十. (雀이 250마리를 보내왔습니다.)

⑤ 『乙編』4519 (附圖 114)
　雀入🐾五百. (雀이 500마리를 보내왔습니다.)

가운데의 이상한 글자는 고석되지 않았다. 일단 🐾로 隷定하는데, 분명 거북의 종류를 표시한 것일 것이다.

---

26) 胡厚宣,「武丁時五種記事刻辭考」,『甲骨學商史論叢』初集을 참고. 이와 다른 두 유형의 刻辭로 背面刻辭와 尾甲刻辭가 있는데 그다지 보이지 않는다. 董作賓은 尾甲刻辭를 第 4期의 물건이라 생각했는데, 이는 『殷墟文字乙編序』를 보라.

⑥ 『乙編』2743 (附圖 115)
　　黽入二. 在高. (黽가 2마리를 보내왔습니다. 高에서 기록하다.)

⑦ 『乙編』6736 (附圖 116)
　　義來四十. (義가 40마리를 보내왔습니다.)

⑧ 『乙編』2165 (附圖 117)
　　黽來十. (黽가 10마리를 보내왔습니다.)

⑨ 『乙編』7311 (附圖 118)
　　行取卄五. (行이 25마리를 빼앗아왔습니다.)

이것은 모두 龜甲에 관한 것이다. 骨臼와 骨面에 기재된 것은 소의 어깨뼈와 관계된 것이고, 辭例는 주로 '乞', '示' 등을 쓰며 史官의 서명도 있다. 아래의 예를 보자.

① 『甲編』2815 (附圖 119)
　　甲寅犬、見、單示七屯. 㲋. (갑인일에 犬、見、單가 7屯을 보내왔습니다. 㲋.)

屯은 ⌇로 쓰는데, 어깨뼈가 서로 합쳐지는 상태를 본뜬 것이며, '對'로 해석된다. '示七屯'은 일곱 쌍의 소 어깨뼈를 공납해온 것이다.

② 『粹』1480 (附圖 120)
　　戊戌婦女示一屯. 岳. (무술일에 婦女가 1屯을 보내왔습니다. 岳)

③ 『續編』5·16·3(附圖 121)
　　丁卯女示二屯, 自齿乞. 小霽 (정묘일에 女가 2屯을 보내왔습니다. 齿에서 보내왔습니다. 小霽)

④ 『『粹』1490 (附圖 122)
　　乙丑婦罔示四屯. 小霽 (을축일에 婦罔가 4屯을 보내왔습니다. 小霽)

⑤ 『甲編』808 (附圖 7)

乙亥𡧑乞㸰骨三. (을해일에 𡧑가 𡧑骨 3개를 보내왔습니다.)

⑥ 『粹』1524 (附圖 123)
丁未𡧑乞骨六. (정미일에 𡧑가 骨 6개를 보내왔습니다.)

⑦ 『粹』1529 (附圖 124)
𡧑乞骨七自□. (𡧑가 □에서 骨 7개를 보내왔습니다.)

⑧ 『粹』1526 (附圖 125)
☑乞㘃骨八. (☑가 㘃骨 8개를 보내왔습니다.)

⑨ 『粹』1527 (附圖 126)
□卯𡧑乞骨三. (□卯일에 𡧑가 骨 3개를 보내왔습니다.)

　(5)에서 (9)까지는 모두 骨面刻辭로 文例가 따로 하나의 형식을 가지고 있고, 字體의 특징을 보자면 전혀 武丁시기의 것이 아니라, 3기、4기의 유물이다. '𡧑'는 '寅'으로 해석되기도 하는데, 여기에서는 人名이나 地名으로 쓰였다. 乞은 'ㅌ、ㄹ'로 쓰는데 '三'字와 비슷하지만 다른 글자이다. 郭沫若은 모두 '三'字로 해석하였는데 타당치 않은 듯하다. 郭沫若은 "이것은 당시 龜骨을 정제하던 기록이다. '𡧑'는 '鑽'字의 初文으로 생각되는데, 후대의 사람들은 '鑽'字로 썼다. 矢와 口로 이루어진 글자로, 칼날로 구멍을 뚫는 모습을 나타낸다. '骨(骨)'字는 동사로 사용되었는데 지금은 '副'字로 쓴다. '𡧑若干, 骨若干'이란 문형에서 전자는 거북을, 후자는 獸骨에 관련되어 있고, 거북에게 鑽을 시행하고、獸骨에 鑽을 시행한다는 의미인 것 같다"27)라고 하였다. 내 생각으로는 '칼날로 구멍을 뚫는다'는 설은 주관적 추측에서 나온 것이며, 骨(骨)을 '副'字로 해석하는 것도 증거가 결핍되어 있다. 만약에 이 말이 맞는다면 왜 龜甲에는 이러한 鑽鑿에 관한 사항이 한번도 보이지 않는가? 결론적으로 이 유형의 刻辭도 소의 어깨뼈를 공납해온 기록에 관한 것이다. 결론적으로 말하면, 董作賓의 견해가 받아들일만 하다. 董作賓은 "…… 龜骨의 공납과 보관에 관한 사항을 기록한 것으로 통상 示、入、來、取、氐(氏)등의 글자를 사용하였는데, 示、入、來는 공납에 쓰이

---

27) "此等當時治作龜骨之紀錄. 𡧑殆鑽之初文, 後人以鑽爲之. 從矢, 從口, 示以刃器穿孔也. 骨字作動詞用, 即今俗所作副. '𡧑若干, 骨 若干'者, 前者蓋就龜言, 後者蓋就骨言, 即鑽若于龜、鑽若于骨也

고, 取、氏(氏)는 정벌하여 빼앗는다는 의미로 쓰였다"28)라 하였다.

非卜辭 중에는 순수하게 역사적 사건을 기록한 것들이 있다. 卜辭의 驗辭부분은 실제로 모두 사건을 기록한 것이고, 종종 중요한 사건은 그 안에 따로 기록하기도 하였다. 그러나 이것도 어쨌든 卜辭의 일부분이고 占卜의 '靈驗性'을 위해 기재한 것이지 독립된 역사사건을 기록한 것과는 다르다. 갑골문에서 독립적으로 역사적 사건을 기록한 刻辭는 주로 帝乙·帝辛시기의 유물이며, 수량은 비록 많지는 않지만 내용은 매우 중요하다. 역사적 사건은 주로 사냥과 정벌에 대한 것으로 간간히 祭祀까지 언급하고 있다. 이제까지 살펴본 바로 이처럼 사건을 기록한 내용은 짐승의 머리뼈에서 3건, 獸骨에서 5건, 사람의 두개골에서 7건이 발견되었다. 여기에서 나누어 토론해보도록 하겠다.

① 『甲編』3940 (附圖 127) : 사슴의 머리뼈에 새겨져 있다.
　　戊戌王蒿田☐文武丁☒☐王來正. (무술일에 왕이 蒿지역으로 가서 사냥을 하였다…
　　文武丁이 祢제사…왕께서 ☐을 정벌하러 가셨다.)

제 5기 卜辭중 "唯王來正人(夷)方"이란 말이 자주 보이므로 여기에서의 "正"아래의 결손된 부분에는 당연히 人方이 있어야 한다. 이것의 내용은 왕이 人方을 정벌하는 도중 田獵과 제사를 수행한 일을 기록하고 있다. '萬'는 '蒿'자로 지명이다. '蒿田'은 '田蒿'의 도치문으로 蒿지역으로 가서 사냥을 한다는 의미인 듯하다.

② 『甲編』3941 (附圖 128) : 사슴의 머리뼈에 새겨져 있다.
　　己亥, 王田于羌☐在九月, 唯王☐. (을해일에 왕이 羌지역에서 사냥을 하셨다. 때는 9월이다. 왕이 ☐)

'羌'은 '𦍋'로 쓰며, 지명이다. "田羌"이란 말은 卜辭에 자주 보이는데 『前編』2·35·1에 "戊戌王卜貞: 田羌, 往來亡災? 王占曰: 吉. 茲御. 獲鹿四. (무술일에 왕이 점쳐 묻습니다. "羌지역으로 사냥을 가려합니다. 오가는 길에 재앙이 없을까요?" 왕이 판단하여 말하길 '길하다.'라고 하였다. 이대로 시행한다. 사슴 4마리를 잡았다.)"고 쓰여있다. 같은 책 2·12·2, 2·34·4, 2·35·3, 2·44·5 및 『佚』827등에 모두 이러한 예가 있다.

---

28) "…… 所記蓋是貢納、取去或保管龜骨的事情, 通常用示、入、來、氏(卽氏)等字, 前三者是貢納, 後二者是征取." (董作賓, 『殷墟文字乙編序』)

③『佚』427 (附圖 129) : 이것은 외뿔들소의 갈비뼈에 새겨져 있다. 正面에는 꽃 문양이 새겨져 있고 松石으로 상감하였으며, 背面刻辭는 아쉽게도 부분적으로 파손되어 잘려져 있다.

辛巳王劌武☒☒錄隻白兕, 丁酉☒. (신사일에 왕이 武丁에 劌제사를 지내고 ☒錄에 ☒ 제사를 지내고 흰 외뿔들소을 잡았다. 정유일에 ☒하였다.)

商承祚는 "신사일에 흰 외뿔들소를 잡고 정유일에 사용하였는데 16일 차이가 난다. 글자 중에 松石으로 상감한 것은 외뿔들소의 뼈로, 그것을 다듬어서 숟가락을 만들어 공훈을 표창하는 데 썼지 일반적인 도구로 쓰지는 않았을 것이다"29)라 하였는데 매우 타당하다.

④『佚』518 (附圖 130) : 외뿔들소의 갈비뼈이다. 길이는 약 28cm이다. 정면에 꽃 문양이 새겨져 있고 녹색의 松石을 상감하였다. 背面에 글자가 새겨져 있는데 완전무결하여 가치가 매우 높다.

壬午王田于麥錄, 隻商(賞) 戠兕. 王錫宰豐(封)寔, 小𦊆, 兄(祝). 在五月, 唯王六祀, 肜日. (임오일에 왕이 麥錄에서 田獵을 나가셔서 색깔 있는 외뿔들소를 잡고 상을 내리셨다. 왕이 재상인 豐寔과 祝官인 小𦊆 에게 하사하였다. 때는 5월, 왕이 즉위한지 6년이며 肜제사를 드린 날이다.)

『佚』426도 이것과 문장이 같지만 단지 상반부만이 기재되어 있을 뿐이다(附圖 131). 이것이 帝辛 6년에 하사되었다고 여겨지고 있다. '麥'字는 禾로 이루어진 글자인데 '來'로 이루어진 글자와 의미가 같다. '錄'은 '麓'으로 해석된다. '麥錄'은 지명으로 麥山의 산기슭이다. '商'는 '商'字의 변체로 '賞'으로 해석된다. '戠兕'는 황색의 외뿔들소를 지칭한다. '豐寔'는 宰官의 이름이고 '小𦊆'는 祝官의 이름이다. (이상은 商承祚의 설을 따랐다. 상세한 것은 『佚』의 考釋 71쪽을 보라) 이 문장의 내용은 다음과 같다:

'帝辛 6년 5월 임오날에 왕이 麥山 기슭으로 사냥을 나가셔서 누런 외뿔들소를 잡으셨다. 왕은 외뿔들소의 뼈를 여러 신하에게 나누어 주시어 이를 기념하셨다. 宰官인 豐寔와 祝官인 小𦊆도 왕의 하사품을 받았다. 또 이를 위해 제사를 거행하여 田獵의 성공을 경축하였다.'

---

29) "辛巳獲白兕, 丁酉用之, 相隔十六日, 字中嵌松石, 疑此卽兕骨, 治以爲梱, 以旌田功, 非用具也."

⑤ 『懷特』1915 (附圖 132) : 호랑이 뼈이고 길이는 약 22㎝정도로 역시 綠松石으로 상감하였다. 현재 캐나다 몬트레이 박물관에 소장되어 있다. 이 뼈에는 사냥을 가서 호랑이를 잡은 내용이 기재되어 있다.

　　辛酉王田于鷄錄, 隻大䍙虎, 在十月, 唯王三祀, 劦日. (신유일에 왕이 鷄錄으로 사냥을 나가셔서 커다란 䍙虎를 잡으셨다. 때는 10월이고 왕이 즉위한지 3년이며 劦제사를 드린 날이다.)

帝辛 3년 10월 신유일에 왕이 鶴山아래에서 사냥하던 중 추격에 성공하여 커다란 호랑이(䍙는 䍙로도 쓰는데 의미는 알 수 없다.)를 잡았으며, 이후 제사를 거행하여 경축하였다는 의미이다.

⑥ 『續存』下915(『綜述』의 도판 16, 附圖 133) : 殘骨로만 남아있다. 원래의 뼈는 아마 길이 20㎝, 너비 5㎝정도로 지금은 단지 ⅓만 남아있다. 문장은 5행 56자로 전쟁포로를 잡은 내용을 기재하고 있다.

　　▯小臣 從伐, 禽危羌 ▯人卄人四, 而千五百七十, 羌百▯丙, 車二丙, 𤯔(盾)百八十, 函(甲冑, 盔甲)五十, 矢▯又白䍙, 于大乙, 用䍙白戉▯ 箒于祖乙, 用羌于祖丁, 埋甘京卯▯. (小臣 牆이 왕과 함께 정벌을 나섰다. 危를 잡았고, 羌를 ▯24人, 而 1,570人, 羌 100▯대, 전차 2대, 𤯔 180개, 투구 50개, 화살 ▯ 등을 전리품으로 얻었다. 大乙에게 白䍙로 侑제사를 드리고, 祖乙에게 䍙、白、戉、▯、箒를 희생으로 제사를 드리고, 祖丁에게 羌를 희생으로 제사를 드렸다. 변방인 埋、甘、京에서 ▯을 죽였다.)

여기의 문자가 모두 해독되지는 못했지만 전쟁 상황을 서술한 것은 확실하다. 대체적인 내용은 小臣 牆가 왕을 따라 출정을 하여 危、而등과 같은 수많은 포로를 사로잡고, 마필과 전차, 갑주와 화살, 활 등 각종 전리품을 얻었다.

이에 포로의 首長들을 희생으로 사용하여 선조에게 제사를 드렸다는 의미이다. 胡厚宣은 "이 시기는 帝乙・帝辛시기에 속한다. 10만여편에 달하는 갑골문 중 이것은 가장 중요한 殷末 전쟁의 史料이다. 周의 金文 중에서는 小盂鼎의 銘文과 거의 필적할 만하다. … 殷代에 田獵에 수레를 사용한 외에 전쟁에 전차를 사용했음은 분명하다. 적의 추장을 죽여서 여러 선조들에 제사지내는, 전쟁의 격렬함과 처참함을 이 片으로 말미암아 알 수 있게 되었다"[30]라고 하였다.

---

30) "期時代當屬干帝乙帝辛, 在十幾萬片甲骨文字之中, 這是最重要的一條殷末戰爭史料, 卽在周金文中,

⑦ 『京津』5281 (附圖 134) : 사람의 머리뼈에 새겼다. 단지 "方白用"라는 3글자만 있다.
⑧ 『京津』5282 (附圖 135) : 사람의 머리뼈에 새겼다. 2行으로 "又用于", "義友"라는 5글자만 있다. 『拾綴』2·49가 비슷하다.
⑨ 『懷特』1914 (附圖 136) : 사람의 머리뼈에 새겼다. "大甲" 2글자만 合文으로 남아 있다.
⑩ 『綜述』도판 13 (附圖 137) : 사람의 머리뼈에 새긴 두 덩어리로 하나에는 단지 "用"字만이 남아 있고, 다른 하나에는 2行에 6글자가 남아 있는데 "人方白"、"祖乙(合文)戌"이라 쓰여 있다.

(7) 에서 (10)까지는 모두 사람의 머리뼈에 글자를 새겼는데 잔존된 글자수가 들쭉날쭉하고 전쟁포로의 우두머리를 희생으로 사용하여 선조에게 제사를 드린 記事刻辭이다. 당시에는 전쟁이 끝나고 그 공적을 기리기 위해 적의 首長의 머리뼈에 공을 새겨 무용을 과시하였는데 아마도 일시적인 풍속이었으며 당시 사람들은 잔인하다고 느끼지 않았던 것 같다.

갑골에 있는 記事刻辭는 상술한 대로이다. 이외 殷墟에서 출토된 수컷 사슴 뿔로 만든 기구에도 간단한 문자가 쓰여져 있고(『甲編』3942), 銅器외에 뼈로 만든 비녀、玉器、石器 등에서도 사건을 기록한 문자가 발견되기도 한다. 象牙는 商代에 장식품으로 쓰여 정교한 조각이 새겨져 있기는 하지만 아직 글자가 발견된 적은 없다.

4. 非王卜辭에 대해

甲骨文이 발견된 이후, 학자들은 줄곧 卜辭가 왕실의 문서기록이며, 商代 왕가의 공문서라고 생각해 왔다. 陳夢家는 『殷墟卜辭綜述』에서 4가지 이유로 이러한 관점을 논증하였다. 그의 논점은 다음과 같다.

卜辭가 공문서라는 이유는 다음과 같다. (1) 殷代의 사회는 왕과 巫史가 정치를 주도하는 권력을 가지고 있었고, 또한 占卜을 행하는 주도자였다. 그러므로 이러한 卜辭도 정치

亦喻有小盎鼎銘可以行佛似之. …殷代除便用車獵外, 又使用車轉蓋可無疑. 而殺戮敵人的諸多長以祭祀諸多祖先, 其戰爭的熟烈, 砍伐我的悽慘, 由這一片, 也就可想而知了."(胡厚宣, 『甲骨續存序』).

적 사안을 결정한 기록으로 볼 수 있다. (2) 卜辭 중에 기록된 占卜장소에는 종종 殷이외의 지역도 있지만 卜辭는 殷의 수도인 安陽에서 집중적으로 출토되었으므로, 이러한 외지에서 占卜을 한 갑골도 관례에 따라 殷의 수도로 가져와 보관하였음을 알 수 있다. (3) 殷의 수도의 甲骨은 대부분 한 곳에 저장되어 있거나 겹겹이 쌓아 놓은 것으로 보아 아마 당시 공문서 보관장소였을 가능성이 있다. (4) 非卜辭인 卜事刻辭는 甲骨의 來歷, 다듬기 과정 등을 기술한 것 외에도 이를 취급한 卜官의 이름이 있어, 당시 이러한 공문서를 담당한 사람이 있었음을 알 수 있다.31)

분명히 이 4가지 이유는 매우 설득력이 있다. 그러나 李學勤은 "商王의 世系에 대한 또 다른 한가지 오류는 商王의 世系에 속하지 않는 사람을 世系에 집어넣은 것이다. 이러한 착오의 원인은 모든 殷代의 卜辭가 왕에 관한 것이라고 오인한 데서 기인한다"32)라 하였고, 陳夢家가 주장했던 '午組', '子組' 및 YH127갱에서 나온 2개의 작은 뭉치들을 "이러한 卜辭는 殷代 晩期에 귀족, 귀족 부인의 卜辭로 그 稱謂가 殷代 銅器銘文중의 몇 개의 稱謂와 일치하지만 王의 世系에는 포함되지 않는다"33)라 비판하였다. 이후에 李學勤은 「帝乙時代的非王卜辭」에서 본격적으로 그의 非王卜辭論을 제시하였다. 그는 YH251갱에서 출토된 『乙編』 8691-8898의 갑골편들과 YH330갱에서 출토된 『乙編』 8939-8994의 조각들을 "婦女卜辭"로 보았고, YH127갱에서 출토된 甲骨중 '子卜辭'등 5종의 '非王卜辭'를 구분하였다. 이를 통해 이러한 非王卜辭의 시대를 帝乙시기로 규정하였다34).

李學勤이전 일본학자인 貝塚茂樹는 일찍이 1938년 『東方學報』京都, 9冊에 실린 「論殷代金文中所見圖象文字❸」에서 小屯에서 출토된 卜辭중 그의 표현에 따르면 소위 '子卜貞卜辭'를 구별하여 '非王卜辭'라 생각하였으며, 1946년 弘文堂에서 출판한 『中國古代史學的發展』 및 1953년 『東方學報』, 京都, 23冊에 실린 「甲骨文斷代研究法的再檢討」에서 이 학설

---

31) "我們說卜辭是檔案, 其理由如下: (1) 殷代的社會, 王與巫史旣操政治的大權, 又兼爲占卜的主持者, 所以這些卜辭也可以視作政事的決定記錄; (2) 卜辭集中的出土于殷都安陽, 而卜辭中所記占卜地往往有在殷以外的, 可見這些在外地占卜了的甲骨仍舊歸檔于殷都; (3) 殷都的甲骨有很多是儲積或累積于一處, 可能是當時儲檔之所; (4) 非卜辭的卜事刻辭, 除了記述甲骨的來歷、整治以外, 還有經管的卜官的名字, 可見當時有人經管這些檔案." (陳夢家 『殷墟卜辭綜述』 46쪽)
32) "關于商王世系的另一謬論是把一些不屬于商王世系的人列入世系, 這個錯誤的來源是誤認爲一切殷代卜辭都是屬于王的."
33) "這些卜辭是殷代晚期貴族、貴婦的卜辭, 其稱謂和殷代銅器銘文中種種稱謂一樣, 不在王世系之內" (李學勤, 「評陳夢家殷墟卜辭綜述」, 『考古學報』, 1957 3期)
34) 李學勤, 「帝乙時代的非王卜辭」, 『考古學報』, 1958 1期

을 확대하였다. (李學勤의 인용문을 참조) 非王卜辭論을 처음 제기한 사람은 貝塚茂樹이다.

非王卜辭論이 제기되기는 하였으나 이후 학술계에서는 아무런 반향도 없었다. 오랜 기간 누구도 이에 찬동하는 사람도 없었고 이를 반박한 사람도 없어, 마치 암묵적으로 인정된 것 같았다. 20년이 지난 1978년 吉林大學 古文字討論會(제1차 中國古文字硏究會)에서 林澐은 「從武丁時代的幾種"子卜辭"試論商代的家族形態」에서 非王卜辭論을 전제로 가족형태를 논증하였다. 그는 몇가지 종류의 '子卜辭'가 시대가 武丁시기의 것임에도 불구하고 非王卜辭임을 재차 논증하였고, "『甲編』에 발표되었던 E16갱에서 출토된 소위 '刀卜辭'는 그 卜辭중에 '子'라는 칭호가 많이 보인다. 『掇』2·187과 『掇』2·188 2편은 '貞'자가 三足形으로 쓰여진 卜辭로 '子不甹?'란 글도 쓰여져 있다. 이외에 『乙』4677로 대표되는 '亞卜辭', 後岡에서 출토된 卜骨인 『乙』9105, 『綴』449로 대표되는 종류의 卜辭(『寧滬』1·403-405를 참조), 字體가 졸렬한 刻辭인 『撫續』274, 『甲骨考釋』에 綴合되어 있는 3차 발굴에서 출토된 大龜板등은 모두 왕실과 관련된 卜辭가 아니다"라 하였는데,35) 실제로 이 글은 非王卜辭論을 지지하고 확대시킨 것이다.

非王卜辭論을 주장하는 사람들의 글을 볼 때 일부분의 卜辭를 王室과 관련되지 않는다고 본 이유는 다음과 같다.

① 질문을 하는 사람이 商王이 아니다.
② "王卜"이 없고 卜辭중에도 왕을 거론하지 않는다.
③ 商의 先王의 이름은 없고 또 다른 선조의 이름이 존재한다.
④ 商 王系의 친속 稱謂체계와 맞지 않고, 다른 친속의 稱謂 체계가 있다.36)

이중 핵심적인 것은 두 번째 조항이고, 세 번째와 네 번째 조항은 이로부터 파생된 것이다. 첫 번째 조항은 실제로는 非王卜辭의 또 다른 설명이라고 할 수 있어 이 둘은 상호 전제하의 순환논증일 뿐이다. 이러한 논점에 대해 李瑾은 3편의 논문을 통해 비평을 하였다.

---

35) "『甲編』中發表的E16坑出土的所謂'刀卜辭', 辭中亦多見'子'這一稱謂. 『掇』2·187和『掇』2·188兩片貞字作三足形的卜辭, 也有'子不甹?'之辭. 此外, 以『乙』4677爲代表的'亞卜辭', 『乙』9105這一後岡出土的卜骨, 以『綴』449爲代表的那類卜辭(參看『寧滬』1·403-405), 『撫續』274這一字體拙劣的刻辭, 『甲骨考釋』中綴合的第三次發掘所得的大龜板, 都不是王室之卜辭." 이 논문은 『古文字研究』 1輯에 수록되어 있다.

36) 李學勤, 「帝乙時代的非王卜辭」, 『考古學報』, 1958 1期

첫 번째 논문은 「卜辭王婦名稱所反映的殷代構詞法分析」이고, 두 번째 논문은 「卜辭前辭語序省變形式統計-兼評"非王卜辭"說」이며, 세 번째는 「論〈帝乙時代的非王卜辭〉與中國古代社會的差異」이다. 이 세 편의 논문의 "非王卜辭"論에 대한 비판은 기본적으로 정확하며 참고할 가치가 있다37).

기에서는 앞에서 거론한 4가지 논점을 자세히 평론할 생각이 없으며, 두 번째 조항인 소위 '王卜이 없고 卜辭중에도 왕을 거론하지 않는다'는 점만 자세히 고찰하면 될 것이다. 李學勤과 林澐이 인용한 卜辭를 분석하면 '王卜'이란 중요 단어를 찾아볼 수 없고, 심지어는 '王'字 조차도 없다. 그러나 보다 광범위하게 그들이 인용하지 않은 卜辭를 고찰하면 예외가 나타난다.

'子'卜辭는 非王卜辭論者들이 중요하게 생각하는 非王卜辭이다. 이러한 卜辭에는 子、我、余、彳巛、䫃란 이름을 가진 5명의 貞人이 있다. 李學勤의 이론에 따르면 에는 "王"이 없다. 그러나 『合』七・20218、20311、20316、20317、20320、20322、20333、20342、20391등의 편에서는 王과 余가 같은 판 혹은 동일한 卜辭에 나온다. 그러한 예로 『合』七・20218에는 위 아래 두 개의 卜辭가 있는데, 위의 卜辭에 "辛丑卜王令……"이라 씌여 있고 아래의 卜辭에는 "乙□余□史"라 씌여있어 비록 잔결된 부분이 있지만 '余'와 '王'이 동일한 판에서 점을 쳤다는 것은 부인할 수가 없다. 다른 예인 『庫』1822는 소위 "子"卜辭로 正面에 "貞尞于王亥"란 命辭가 새겨져 있고 反面에는 "甲寅子□王占□"이라 前辭 및 占辭가 새겨져 있다. 이 正面과 反面을 서로 연접하면 결손된 글자를 보충할 수 있는데 이 條의 卜辭는 "甲寅子[卜], 貞:尞 于王亥? 王占[曰: 吉.](갑인일에 子가 점쳐 묻습니다. "王亥에게 尞제사를 드릴까요?" 왕이 판단하여 말하였다. "길하다")"로 재구될 수 있다. 여기에는 '王'의 占辭가 있고 또한 先公인 "王亥"란 칭호도 보이니, 이는 전형적인 武丁卜辭이다. 또 다른 예는 『佚』577인데, 字體上으로는 子組卜辭 종류에 속한다. 卜辭는 2行으로 이루어져 있는데 右行이며, "貞: 𢀛不因? 在38)囧壬午王□(묻습니다. "𢀛가 재난이 없을까요? 囧에서 임오일에 왕이…)"에 '王'字가 출현하고 있다. 이러한 예들 뿐만 아니라 '余'、'我'가 '王'과 같이 貞卜을 하는 현상도 있는데, 『龜』1・22・19와 『殷綴』116이 그러하다. 따라서 이러한

---

37) 이 중 두 번째 논문인 「卜辭前辭語序省變形式統計 — 兼評"非王卜辭"說」은 이미 1979년 湖北考古學會成立大會에서 발표되었고, 『重慶師範學院學報』(哲學社會科學版) 1982년 1기에도 발표되었다. 나머지 두 논문은 수고본으로 아직 未刊行本이다.
38) 【譯註】『佚577』에는 '辛'字가 아니라 '在'字로 쓰여져 있다. 이에 바로잡는다.

卜辭에서 王이나 先王의 명칭이 보이지 않는다고 해서 '非王卜辭'에 속한다는 것은 성립되지 않는다.

　이외에 子組의 貞人과 武丁의 시기에 貞人인 永이 같은 판에 나타나는 것도 지적해야 할 사항이다.『前編』5・26・1에 2條의 卜辭인 "丙辰卜, 永貞: 乎省田?(병진일에 永이 점쳐 묻습니다. 省을 불러 사냥의 일을 준비케 할까요?)"과 "□□[卜], 我貞: 凡?(…我가 묻습니다. "바람이 불까요?")"라고 새겨있는 것이 증거가 된다.

　稱謂 문제에 대해서 아직까지 연구가 필요한 부분은 卜辭 중에 전통적 殷王 世系의 稱謂에서는 보이지 않는 것을 어떻게 해석해야 할 것인가 하는 문제이다. 그러나 이 문제는 "친족의 稱謂는 다른 차원의 것이다", "이러한 稱謂는 商代의 어떤 王의 世系와도 부합시킬 방도가 없다", "왕의 世系안에는 존재하지 않는다"39)라 하는 논자들의 주장과는 다른 것이다. 李學勤이 제기한 稱謂체계(午組、子組 및 自組)가 사실인지는 아직 의문의 여지가 있다. 예를 들면 李學勤이 말한 內乙、內己는 실제로는 下乙、下己이고, 소위 天戊는 실제로는 大戊이다(卜辭에서 天과 大는 통용된다. 大邑商은 天乙商이라 칭하기도 한다). 게다가 陳夢家가『殷墟卜辭綜述』172쪽에서 지적했듯이 祖戊、妣甲、妣己、妣癸、父甲、父乙、父庚、父辛、母丙、母丁、母己、母壬、母癸、兄丁、子癸、魯甲、咸戊、子商、子伐、伊尹 등등은 子組卜辭(및 自組)와 1기의 賓組에서 같은 稱謂를 쓰는 경우도 많은데, 논자들이 기피하여 언급하지 않는다.

　非王卜辭論이 성립할 수 있는가는 상당히 중요한 문제이다. 진리를 탐구하기 위해서는 是非를 명확히 가려야 하며, 이 문제는 한 걸음 더 나아간 토론과 논쟁이 매우 필요하다.

---

39) "親屬稱謂別成一套", "這個稱謂系統無法適合于商代任何王世", "不在王世系之內."

부록 그림

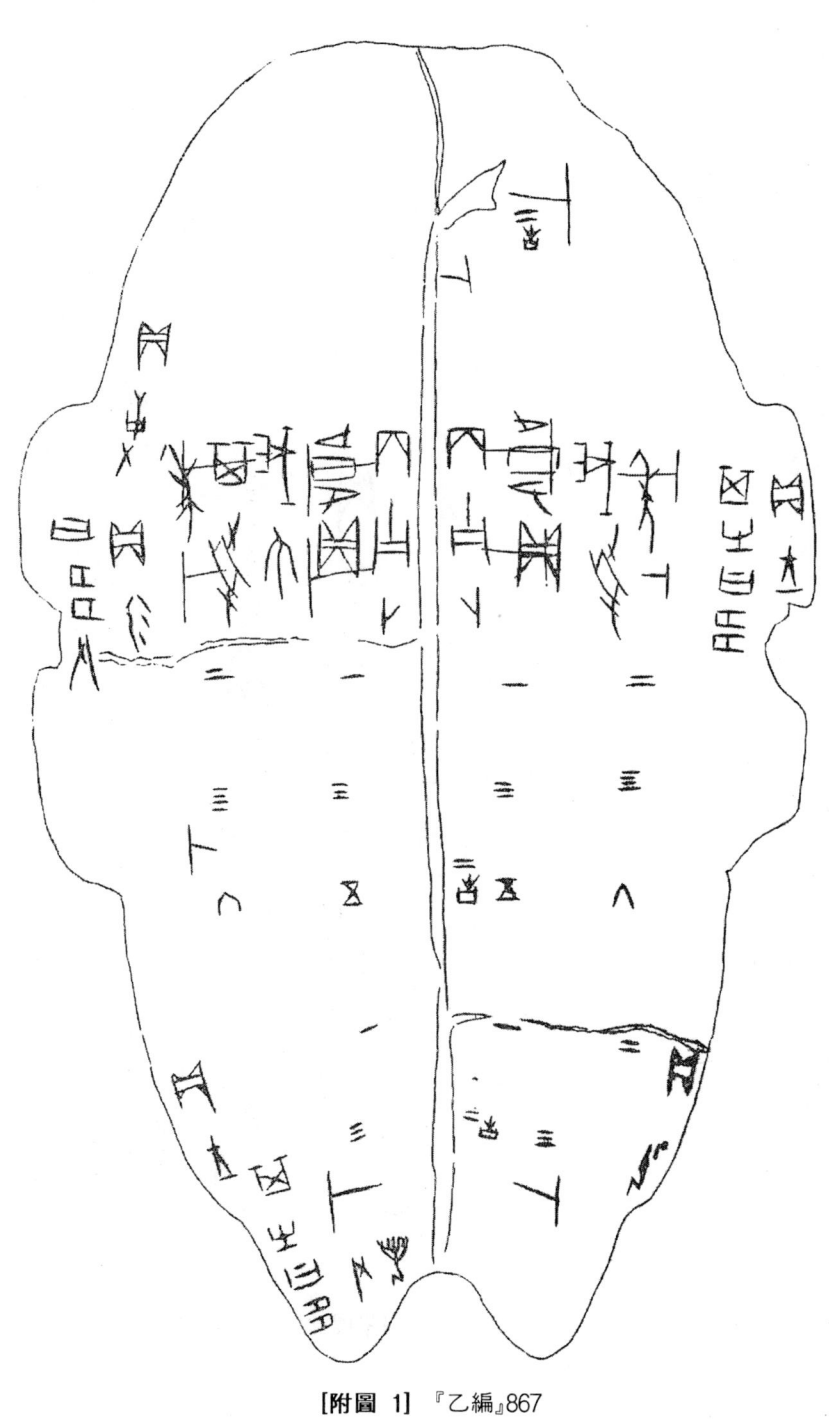

[附圖 1] 『乙編』867

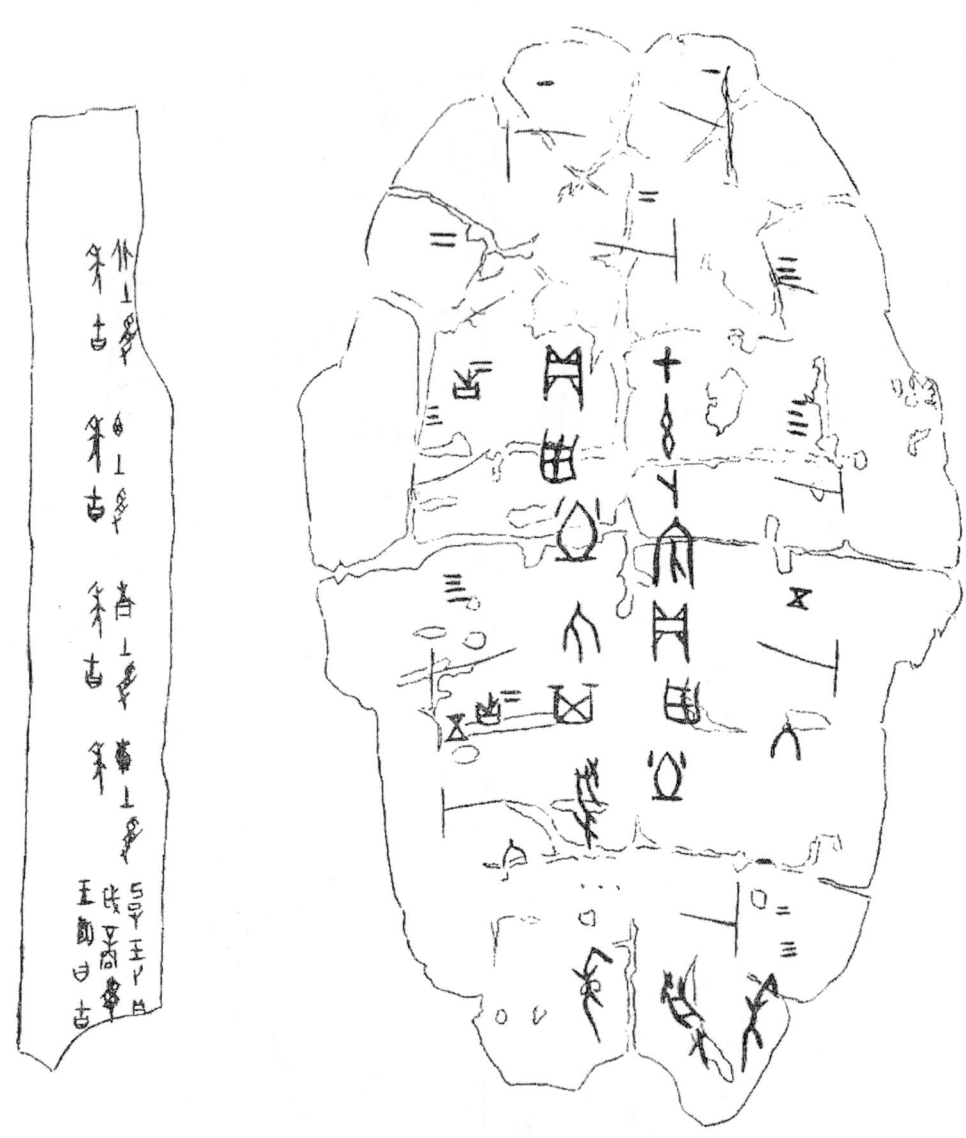

[附圖 3] 『乙編』340片　　　　　[附圖 2] 『粹』907

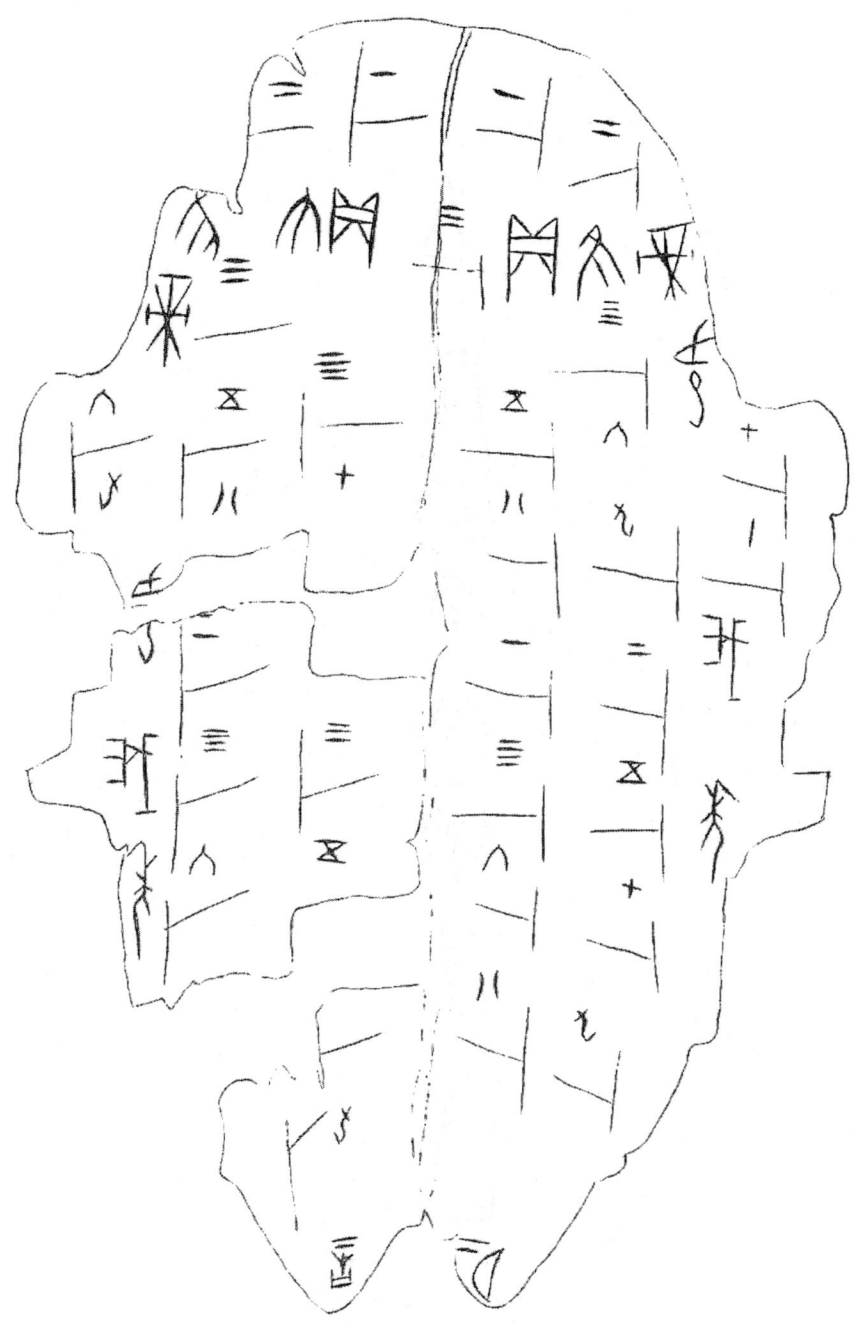

[附圖 4] 『乙編』7456

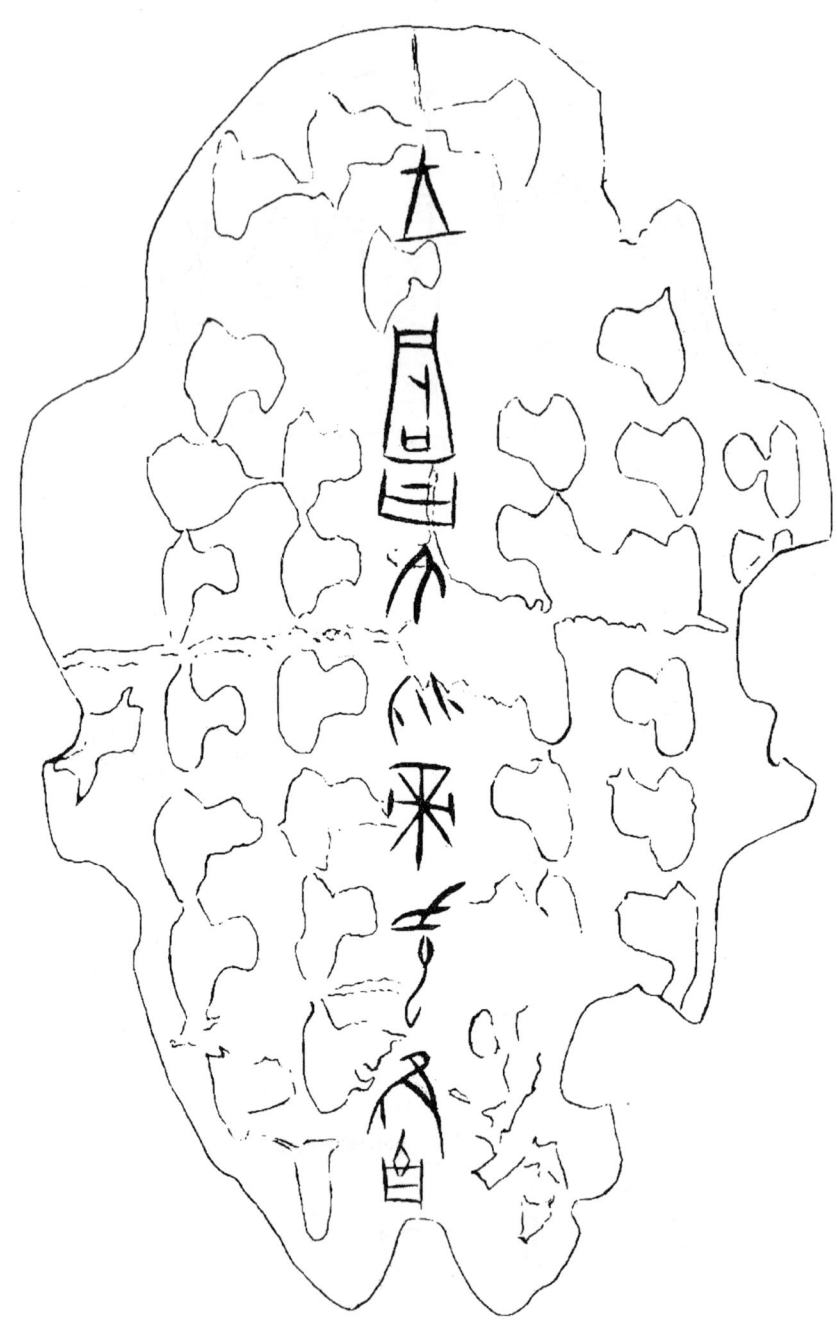

『乙編』7457(7456의 反面)

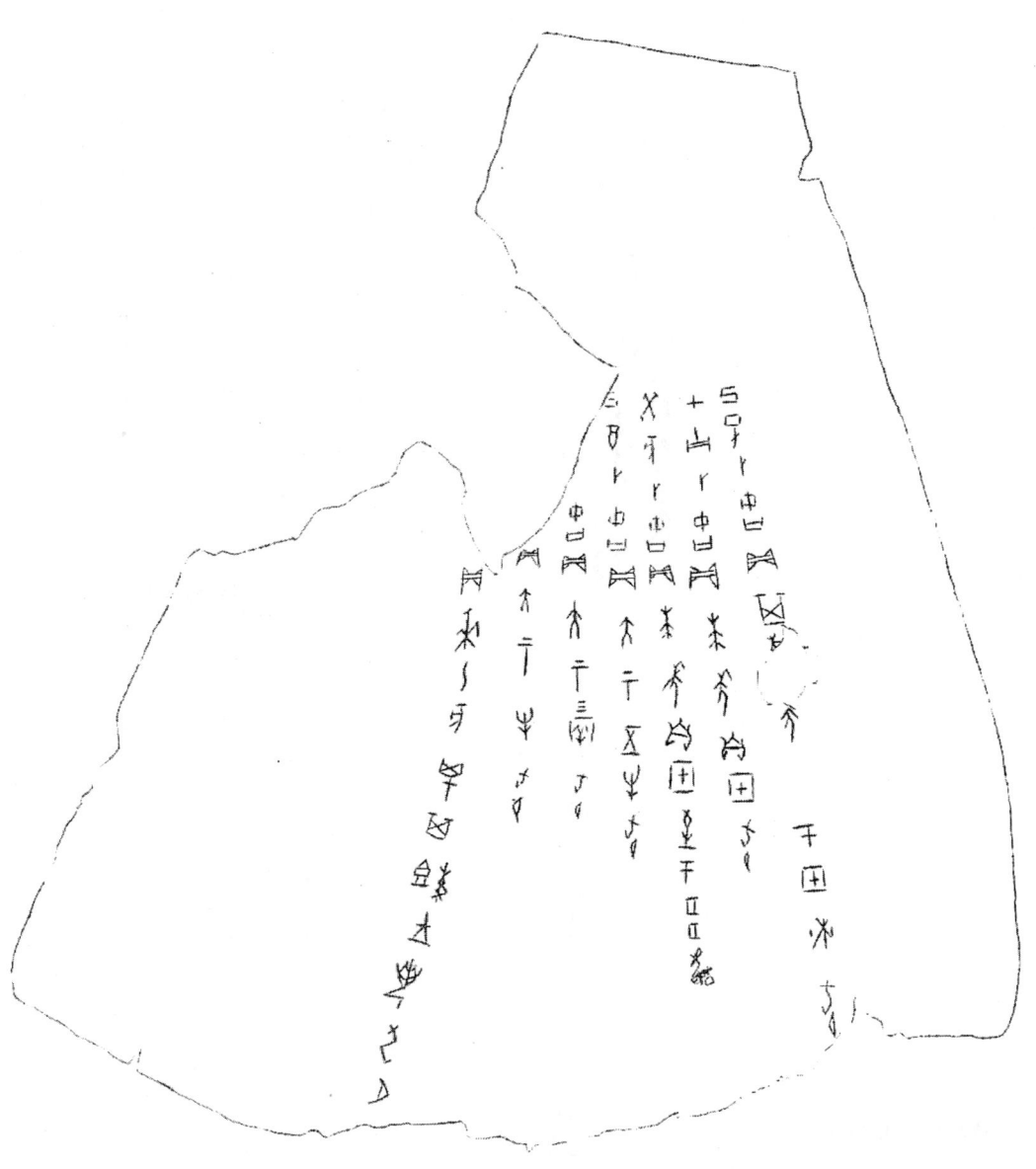

[附圖 5] 『甲編』2905

갑골문의 분류와 주요내용 • 201

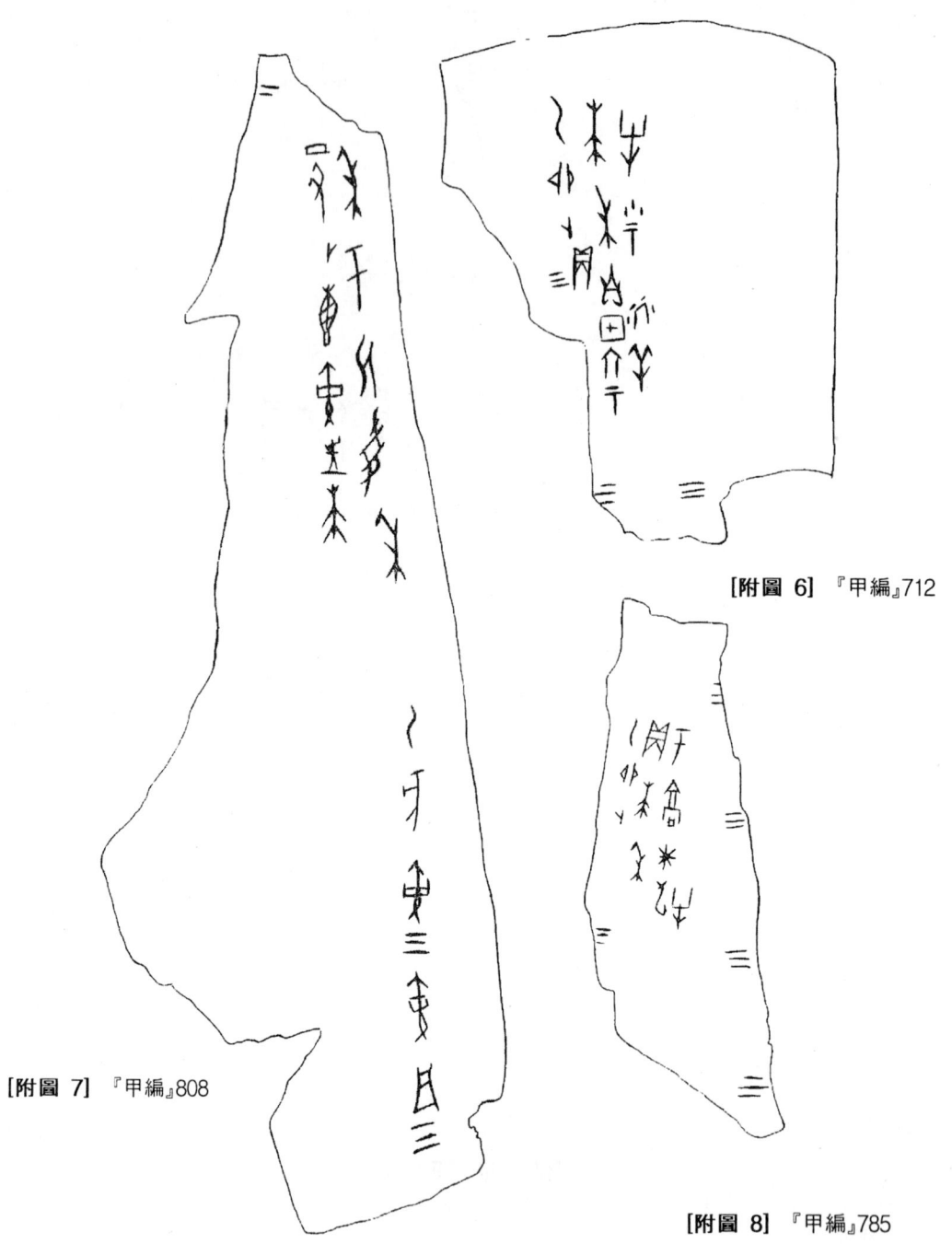

[附圖 6] 『甲編』712

[附圖 7] 『甲編』808

[附圖 8] 『甲編』785

202 • 갑골문도론

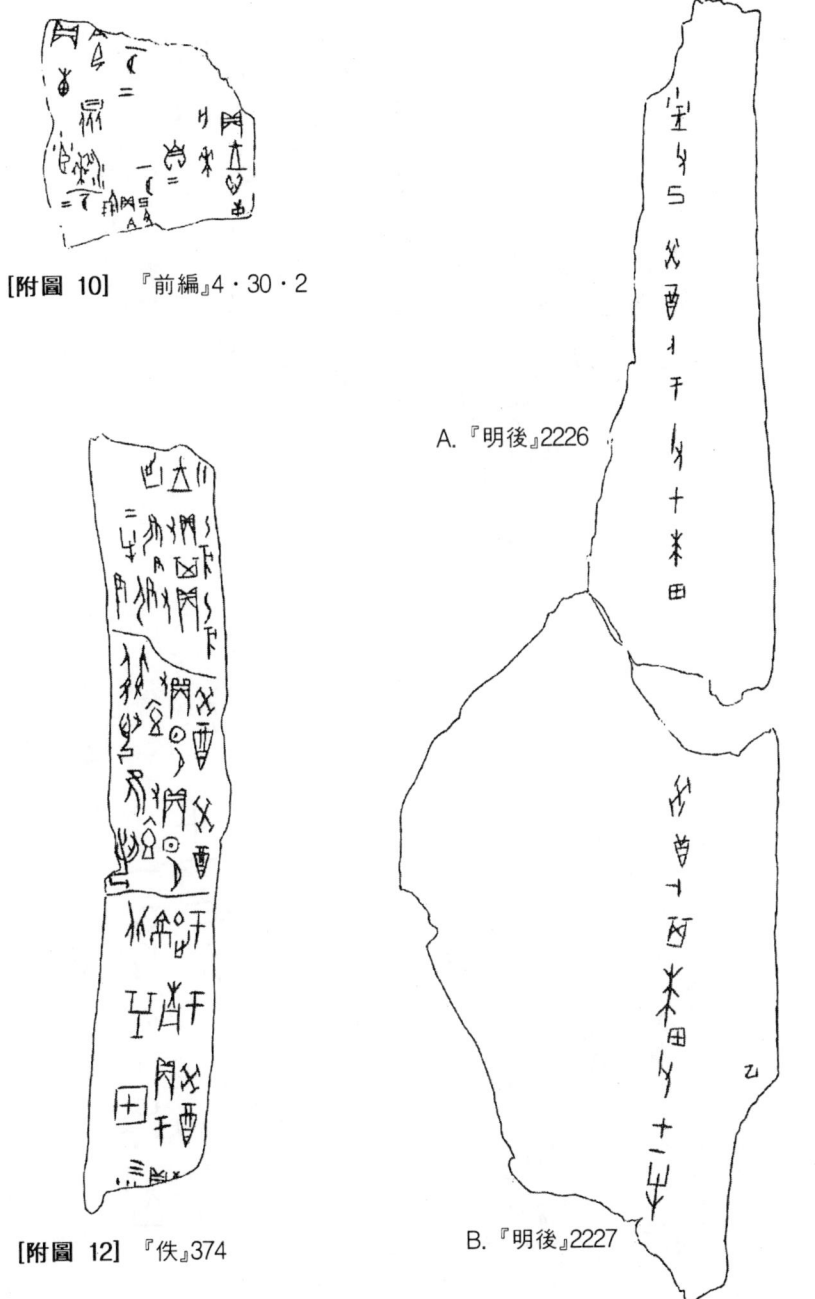

[附圖 10] 『前編』4·30·2

A. 『明後』2226

[附圖 12] 『佚』374

B. 『明後』2227

[附圖 9] 『新綴』609(『綴』371)

갑골문의 분류와 주요내용 · 203

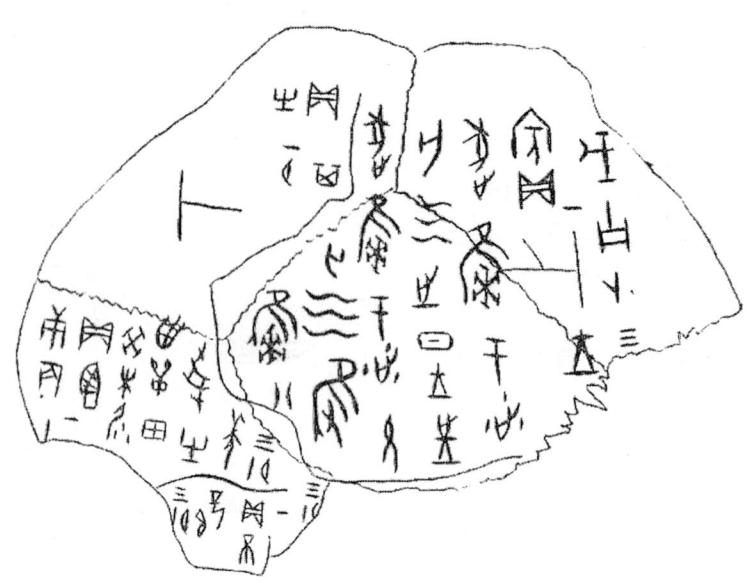

[附圖 11] 『續存』下166

[附圖 14] 『新綴』1

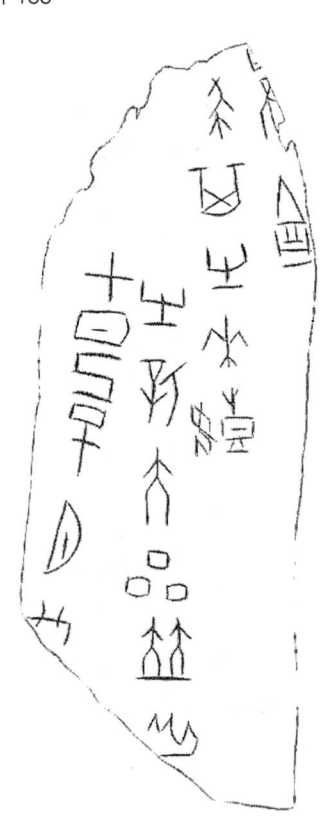

[附圖 13] 『後編』下92

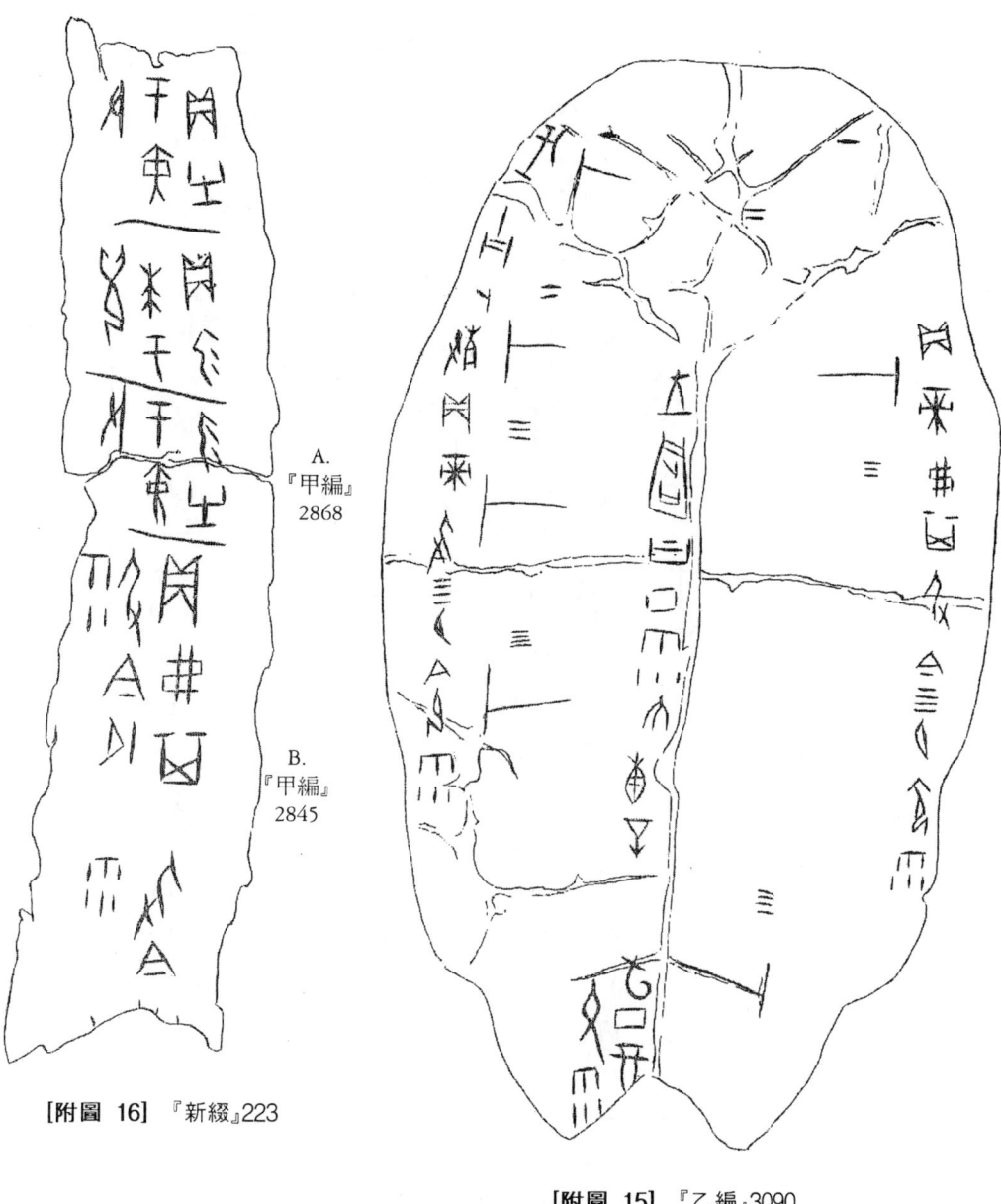

[附圖 16] 『新綴』223

A.
『甲編』
2868

B.
『甲編』
2845

[附圖 15] 『乙編』3090

갑골문의 분류와 주요내용 · 205

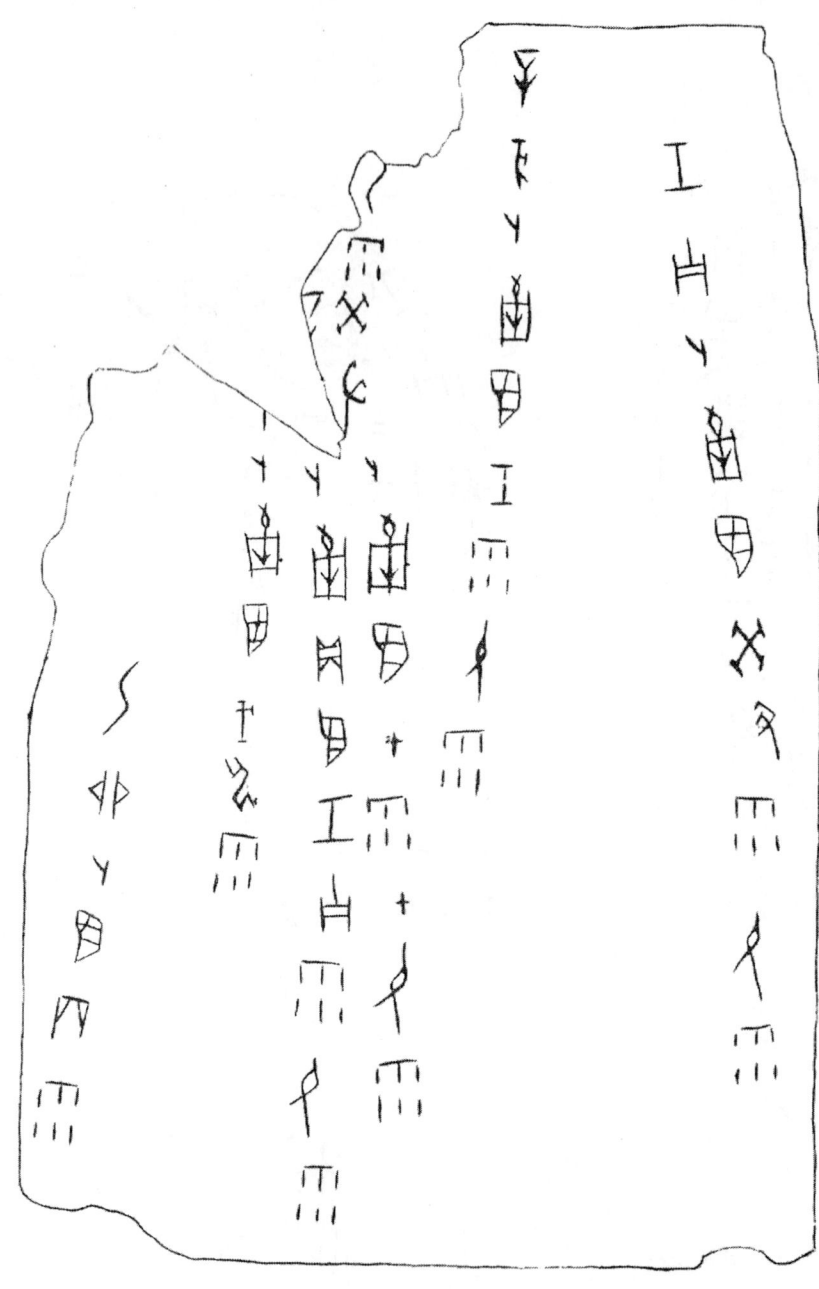

[附圖 17] 『前編』7·44·1

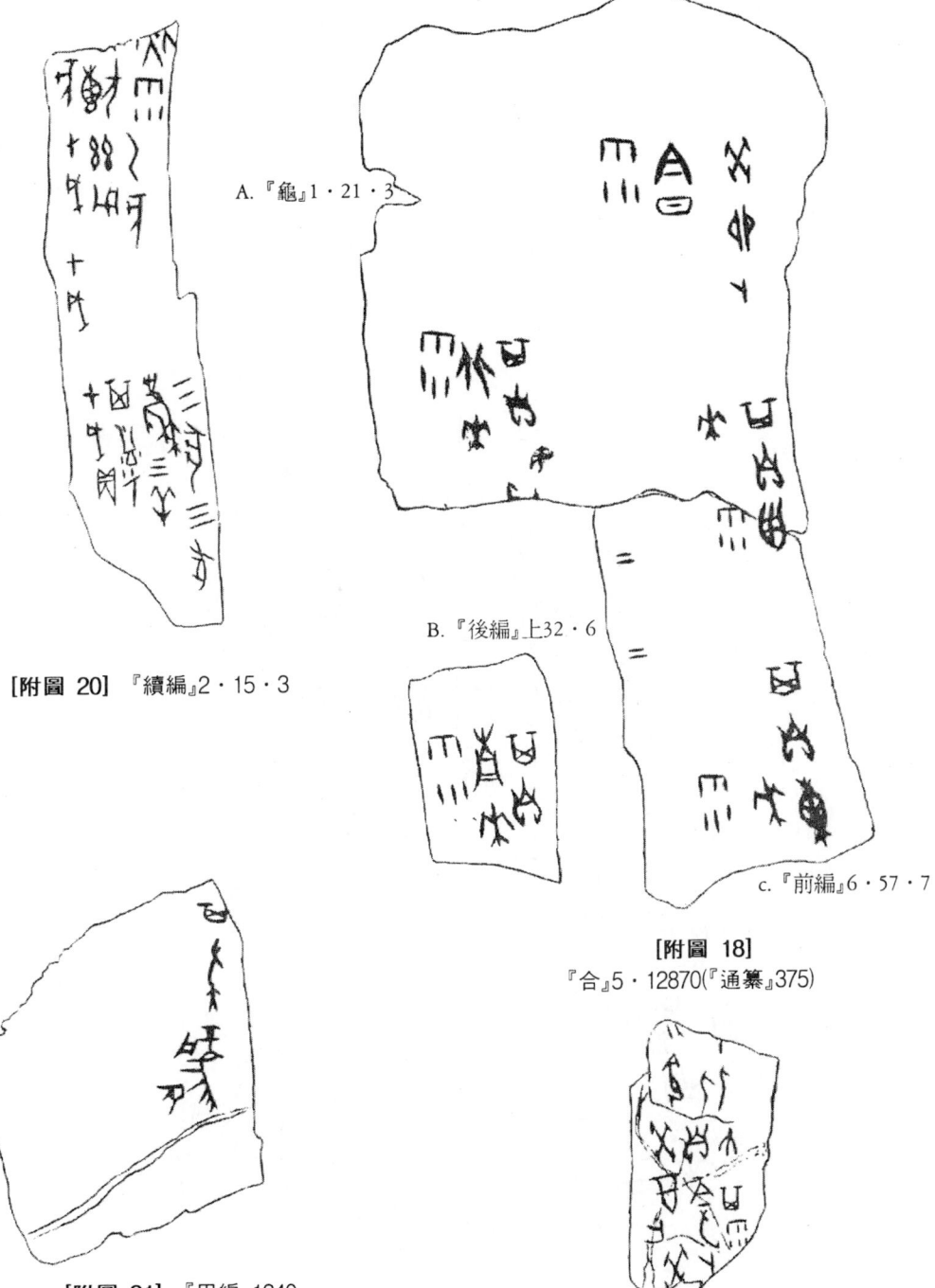

[附圖 20] 『續編』2·15·3

A. 『龜』1·21·3

B. 『後編』上32·6

C. 『前編』6·57·7

[附圖 18]
『合』5·12870(『通纂』375)

[附圖 21] 『甲編』1340

[附圖 19] 『鐵』147·4 『續存』上152
(『新編』589)

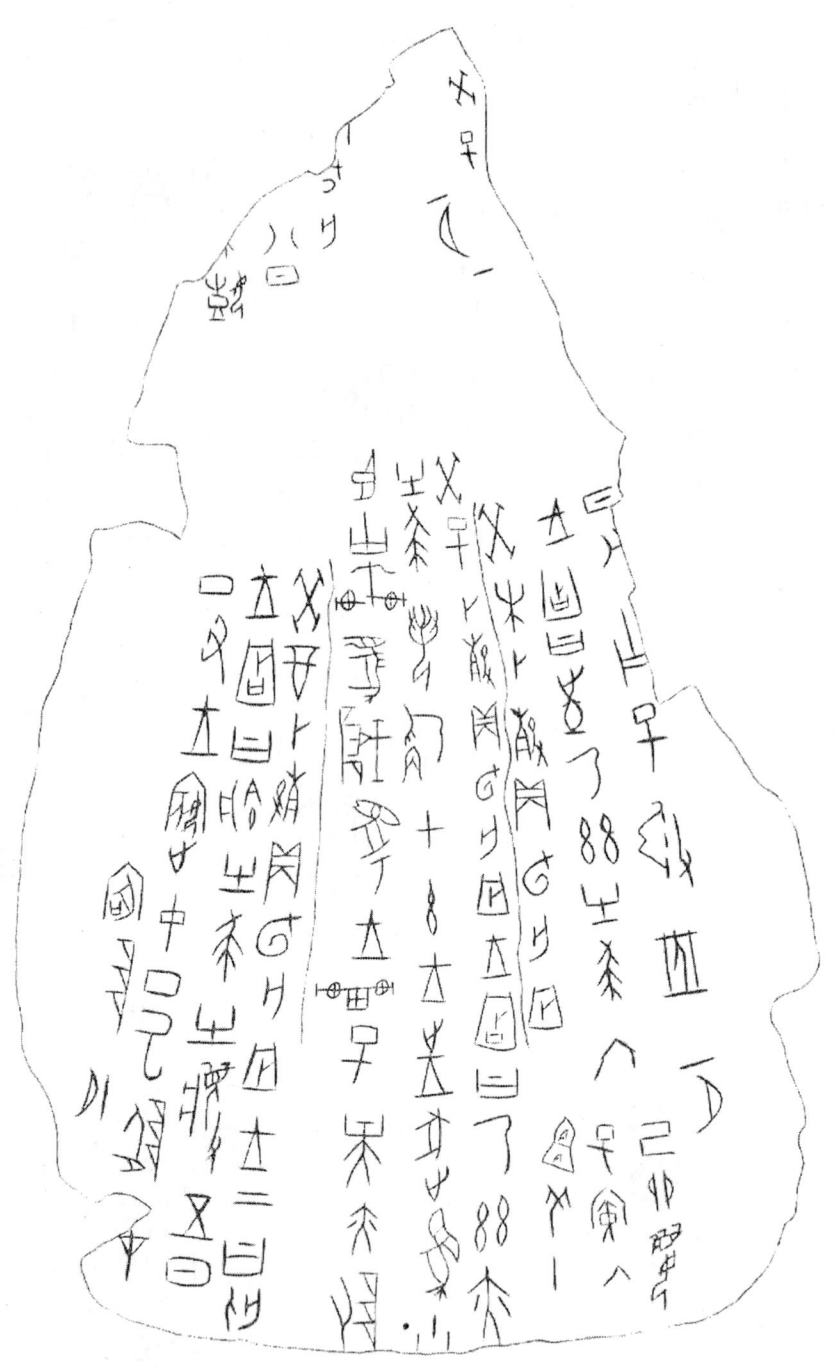

[附圖 22] 『菁華』3

이 附圖는 『書道全集』 제 1권에 수록된 獸骨의 전체를 拓本한 것을 다시 摹本한 것이다. 影本에 비해 조금 축소되었고 우측 상단 면이 약간 파손되어 있다.

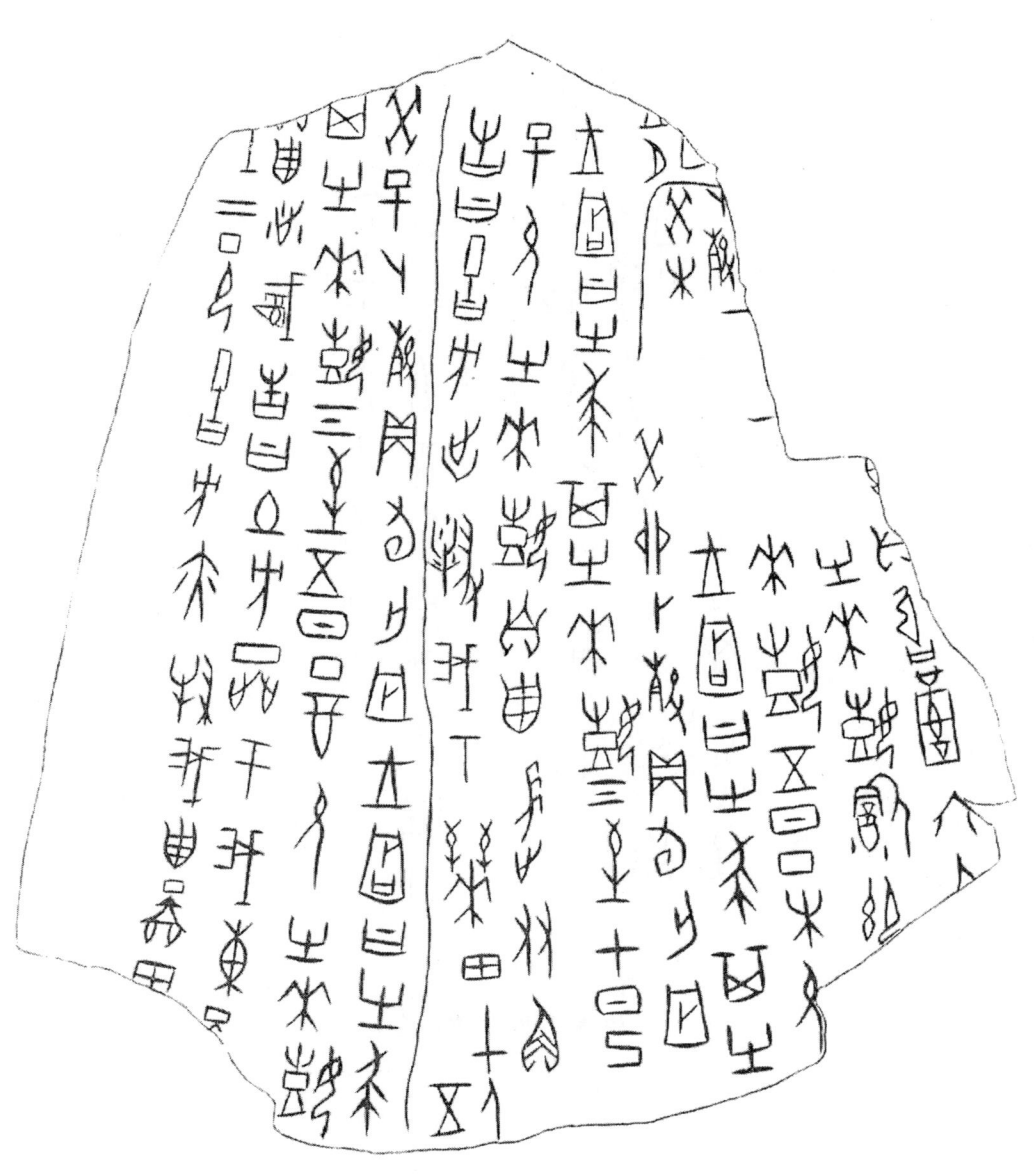

[附圖 23] 『菁華』1

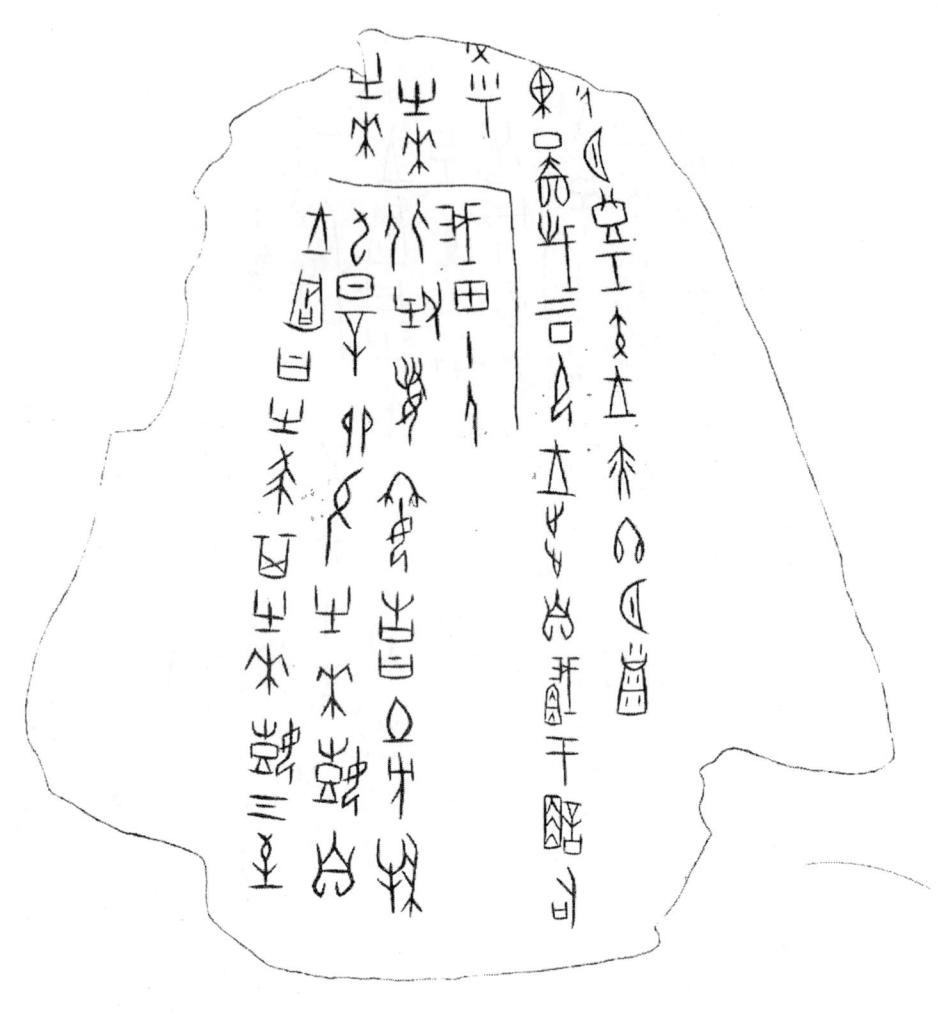

[附圖 23反] 『菁華』2

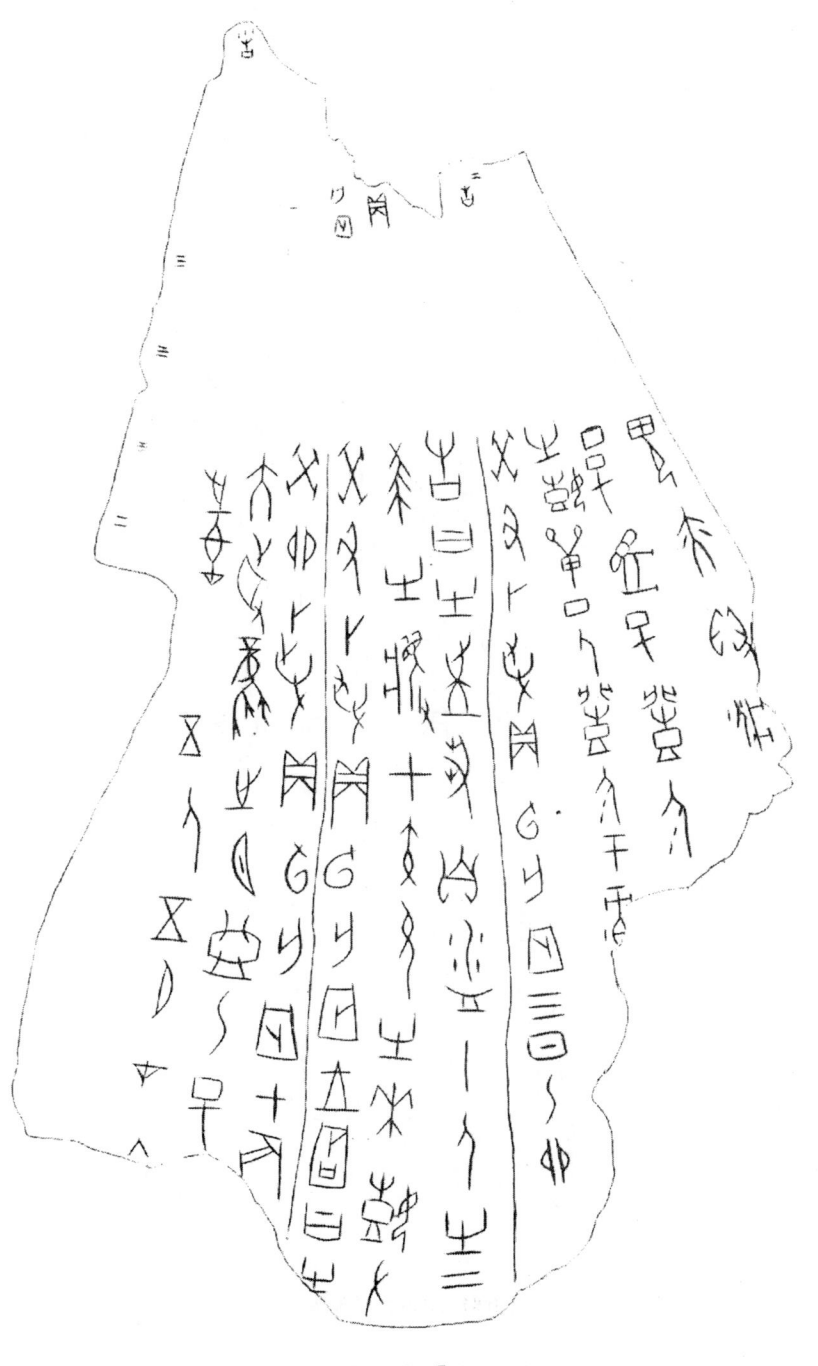

[附圖 24] 『粹』1333

갑골문의 분류와 주요내용 • 211

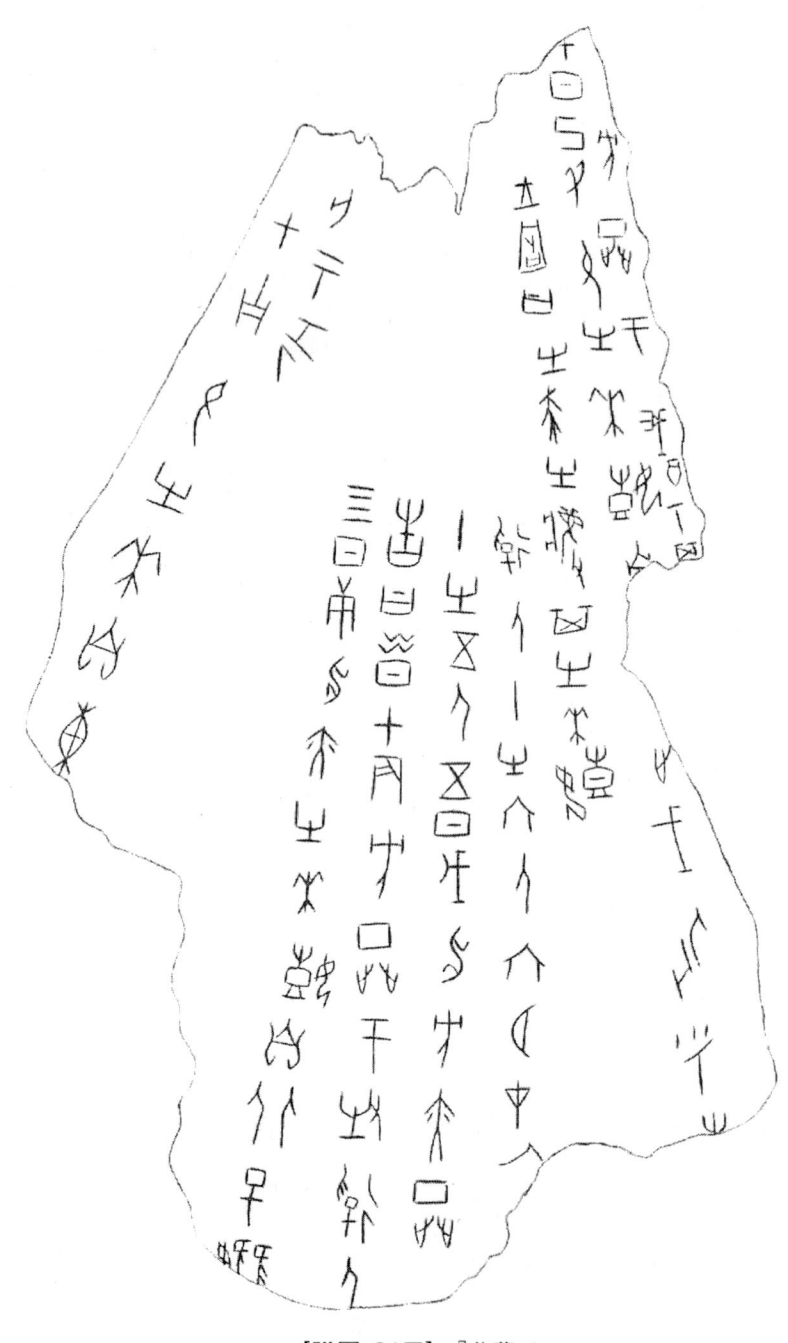

[附圖 24反] 『菁華』6

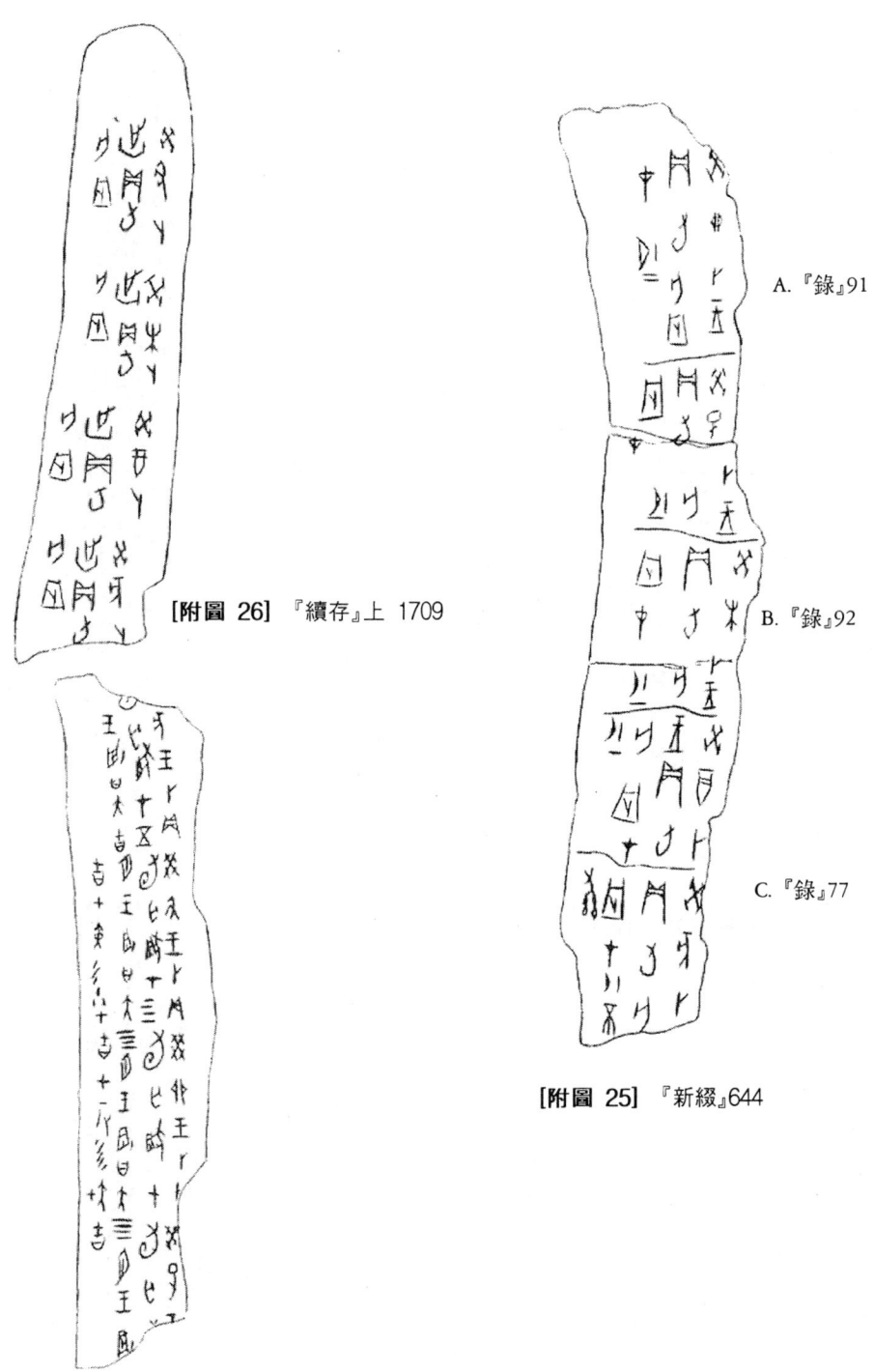

[附圖 26] 『續存』上 1709

[附圖 25] 『新綴』644

[附圖 27] 『後編』上 19·4

갑골문의 분류와 주요내용 · 213

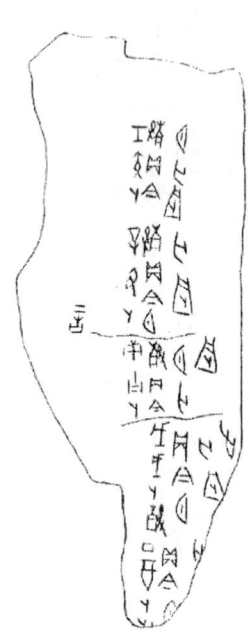

[附圖 29] 『粹』1333

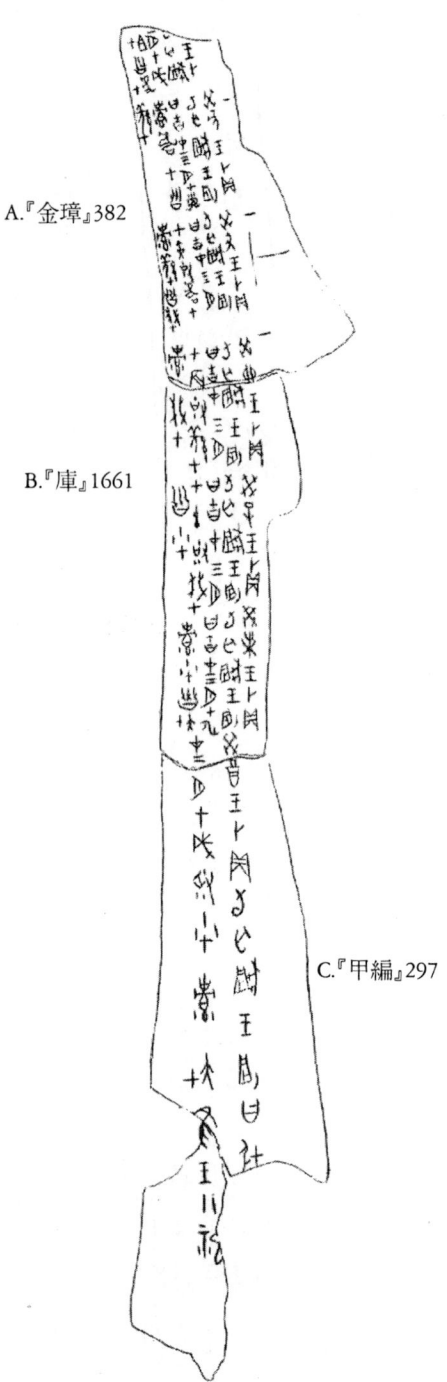

A.『金璋』382

B.『庫』1661

C.『甲編』297

[附圖 28] 『新綴』299

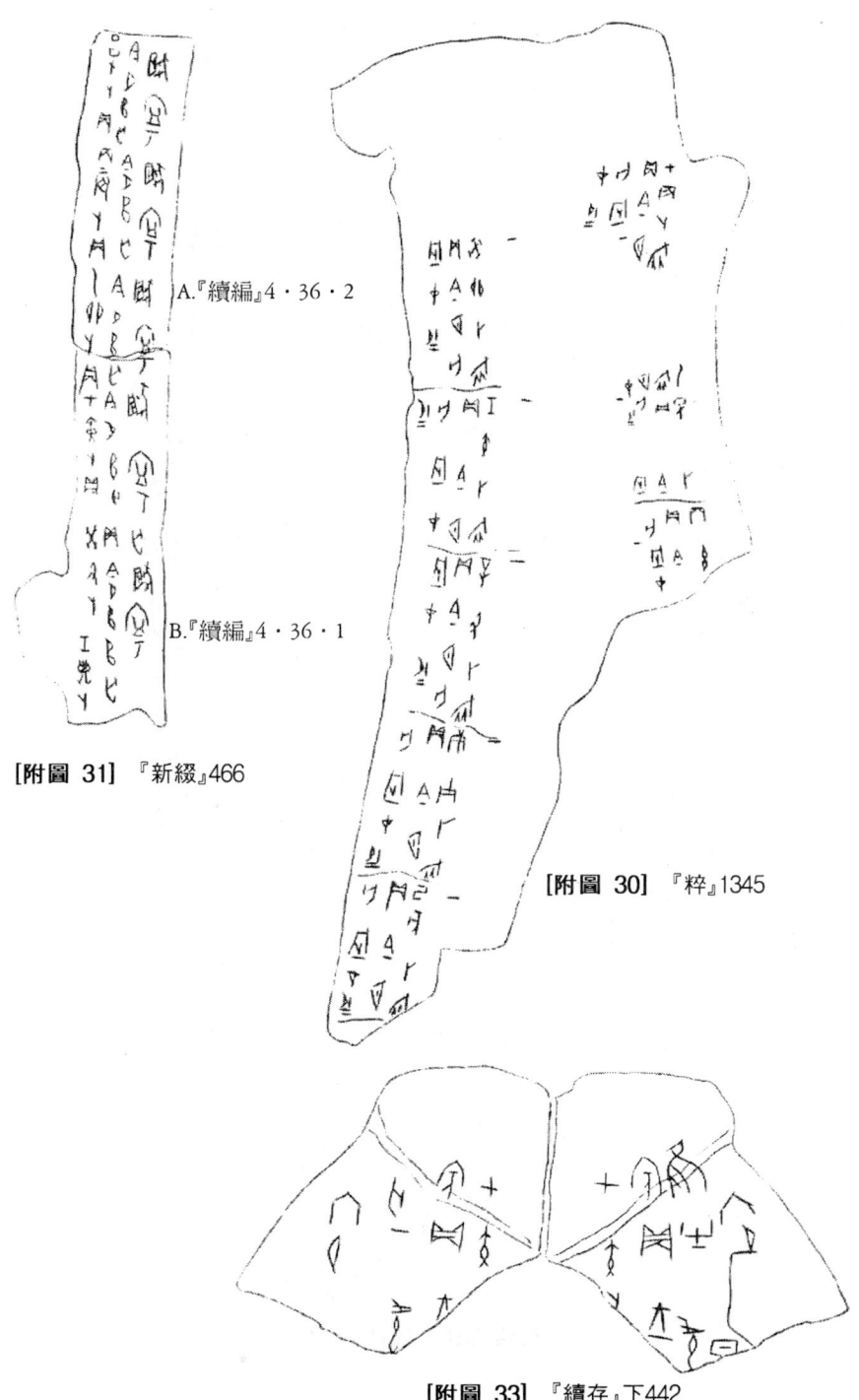

[附圖 31] 『新綴』466

[附圖 30] 『粹』1345

[附圖 33] 『續存』下442

갑골문의 분류와 주요내용 · *215*

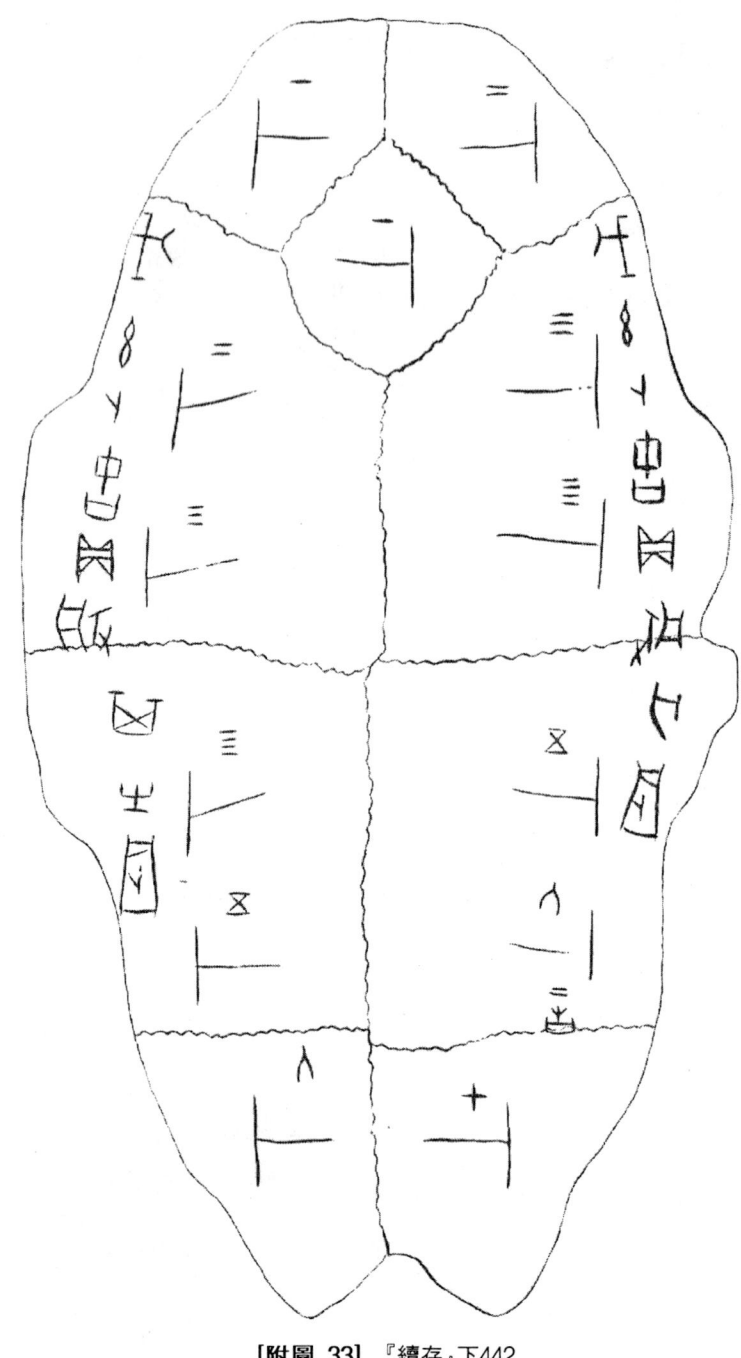

[附圖 33] 『續存』下442

216 • 갑골문도론

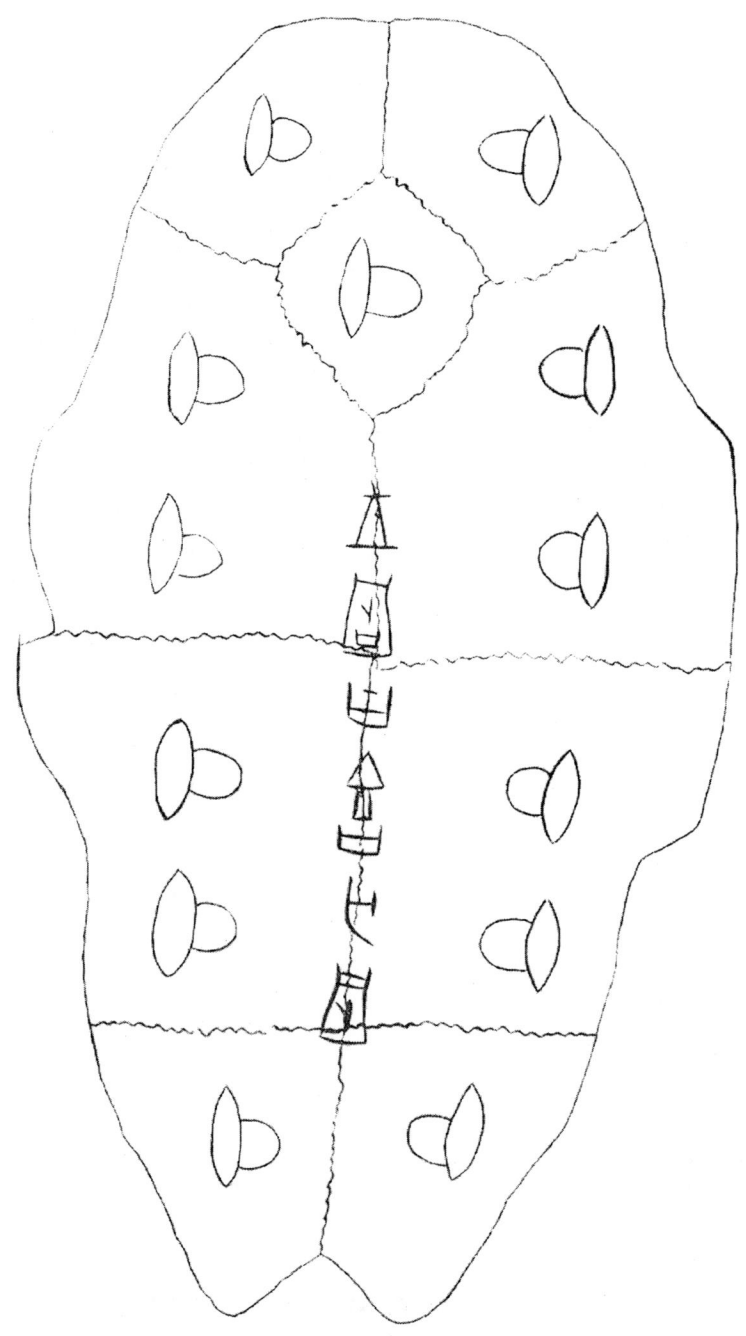

『續存』下443(442의 反面)

갑골문의 분류와 주요내용 · 217

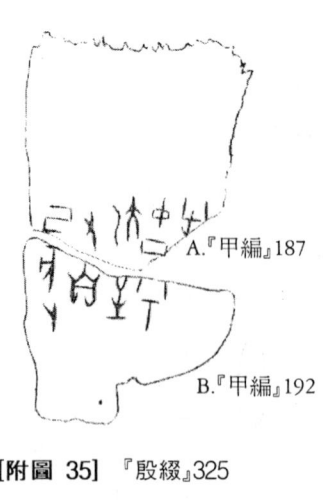

[附圖 35] 『殷綴』325

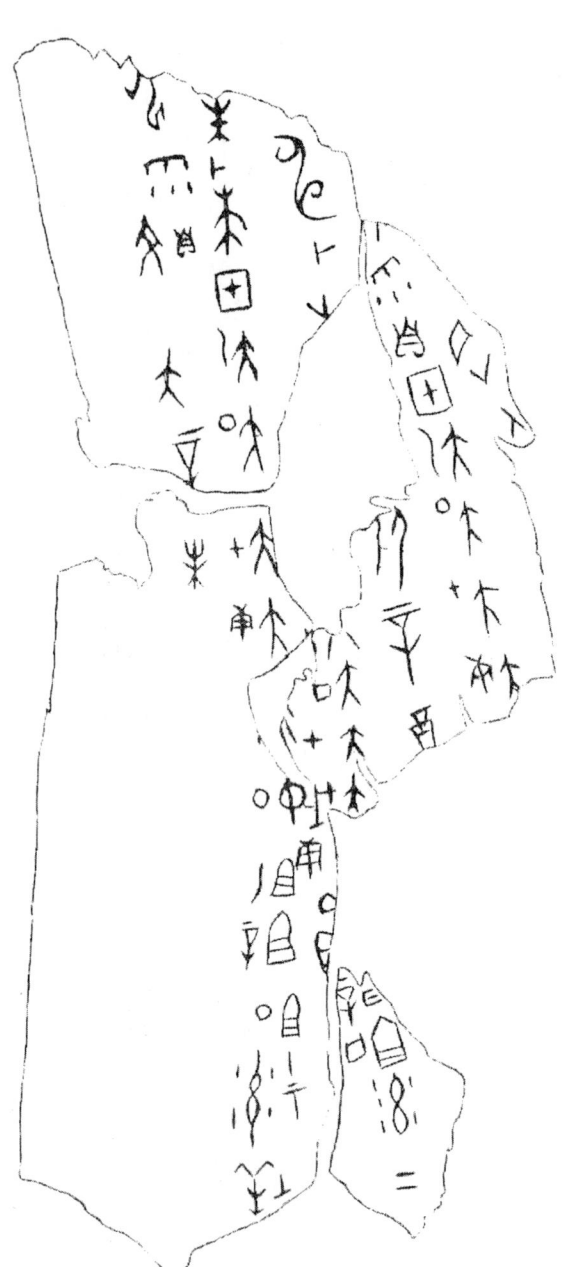

[附圖 34] 『佚』986(『甲編』2282와 『佚』256의 綴合)

[附圖 36] 『鐵』10·4(『新編』104)

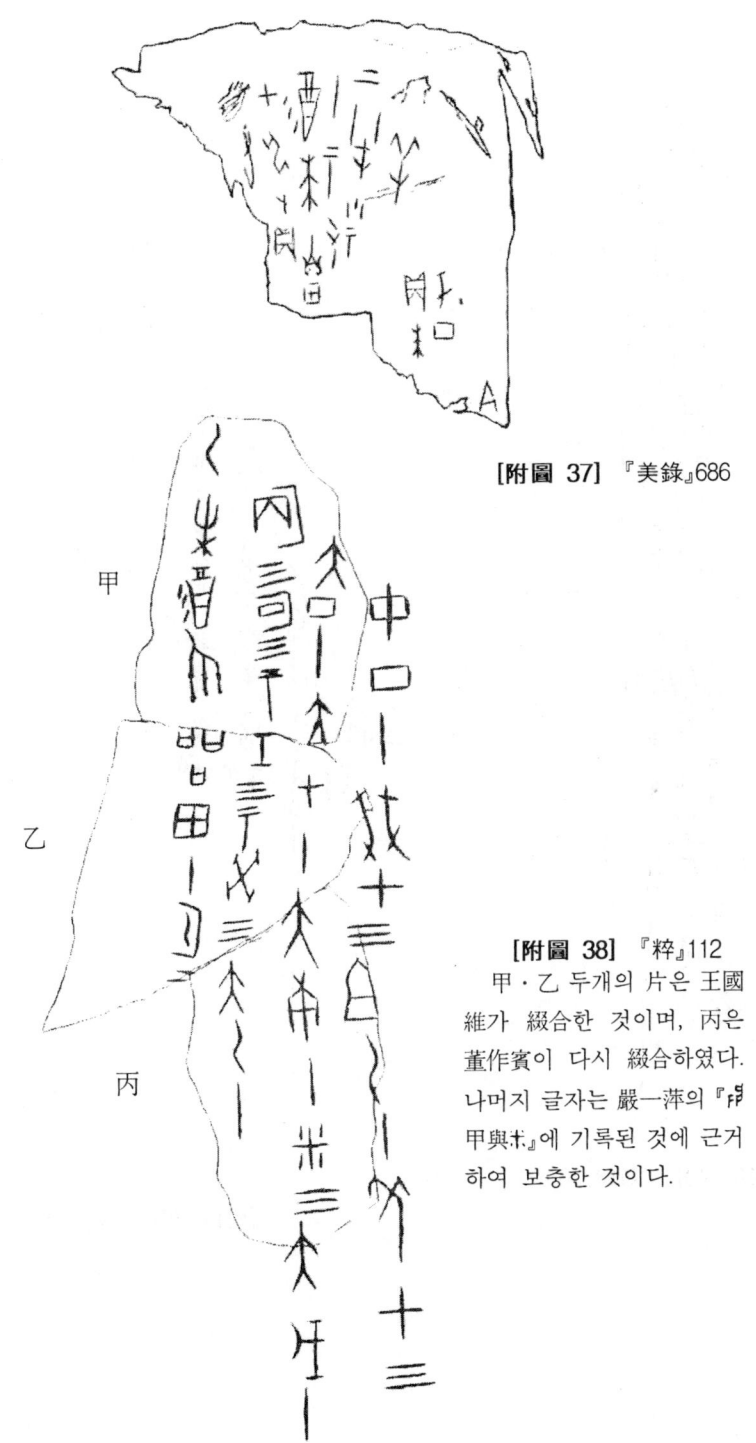

[附圖 37] 『美錄』686

[附圖 38] 『粹』112
甲·乙 두개의 片은 王國維가 綴合한 것이며, 丙은 董作賓이 다시 綴合하였다. 나머지 글자는 嚴一萍의 『甲骨與卜』에 기록된 것에 근거하여 보충한 것이다.

갑골문의 분류와 주요내용 · 219

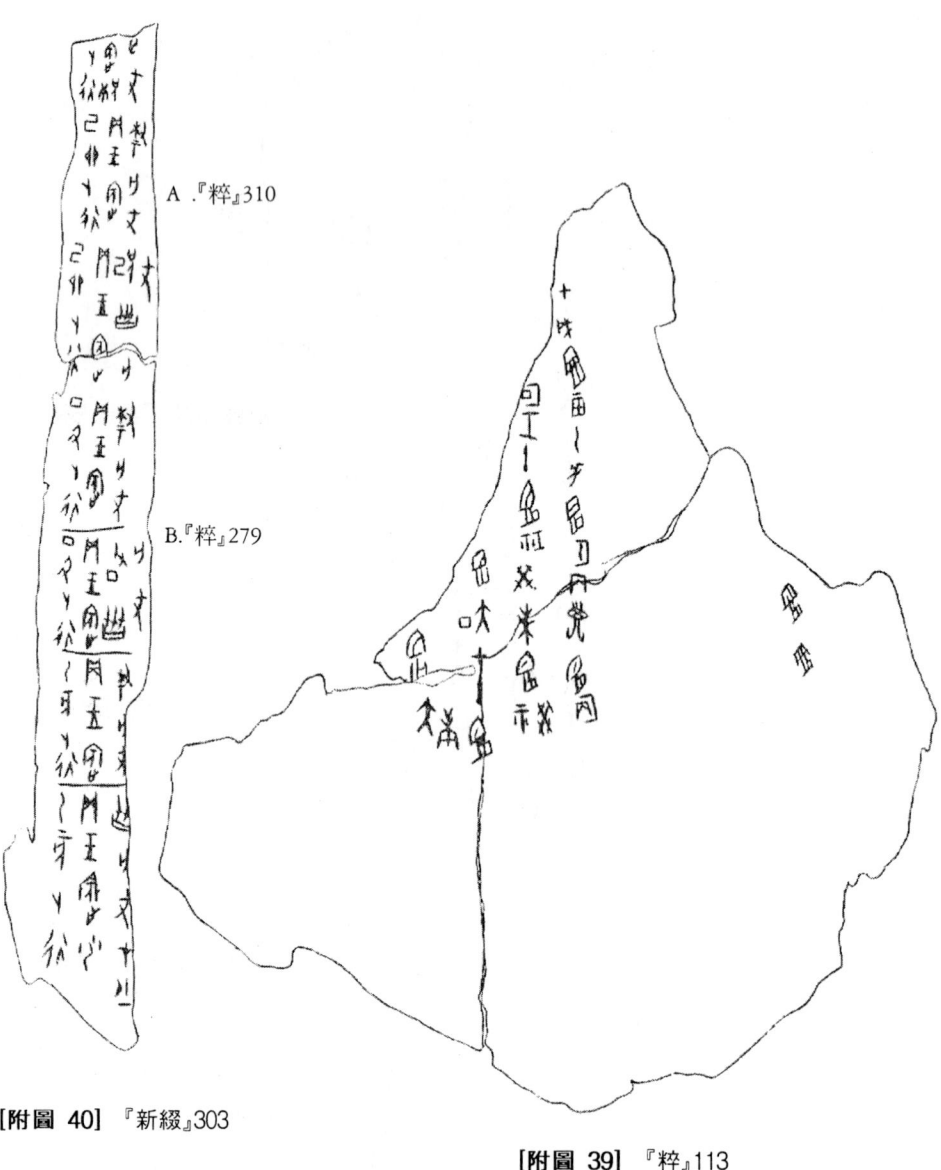

[附圖 40] 『新綴』303

[附圖 39] 『粹』113

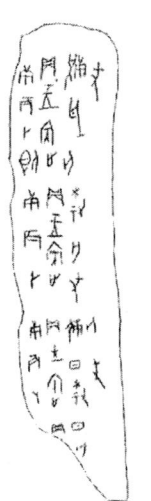

[附圖 42] 『後編』上7·8

[附圖 43] 『美錄』658

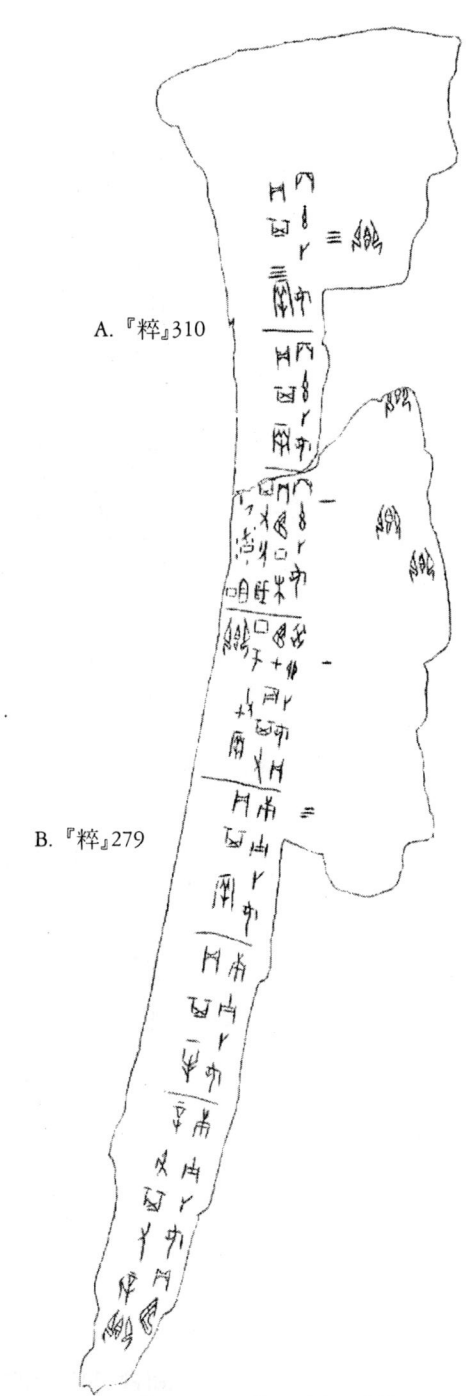

A. 『粹』310

B. 『粹』279

[附圖 41] 『新綴』118(『甲編考釋圖版』110)

[附圖 44] 『新綴』580

A.『佚』407

B.『粹』68

[附圖 46] 『新綴』543(『綴』60)

A.『甲編』2585

B.『甲編』2604

[附圖 45] 『新綴』126(『殷綴』47)

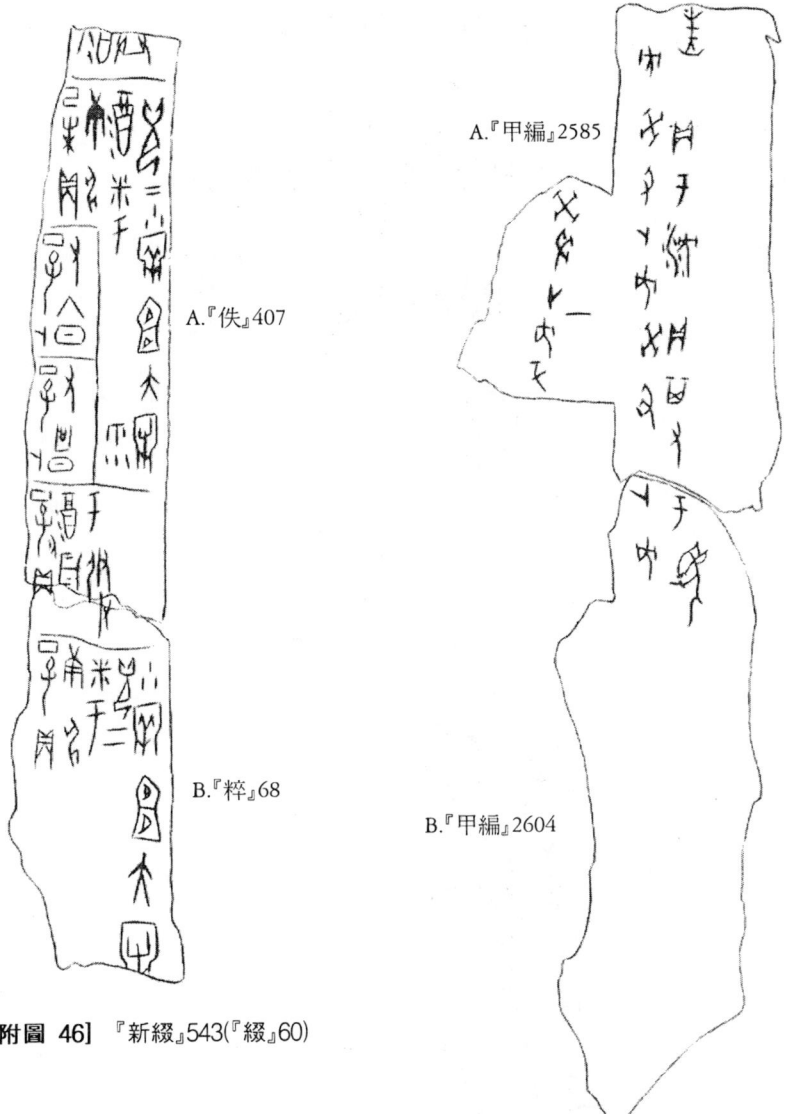

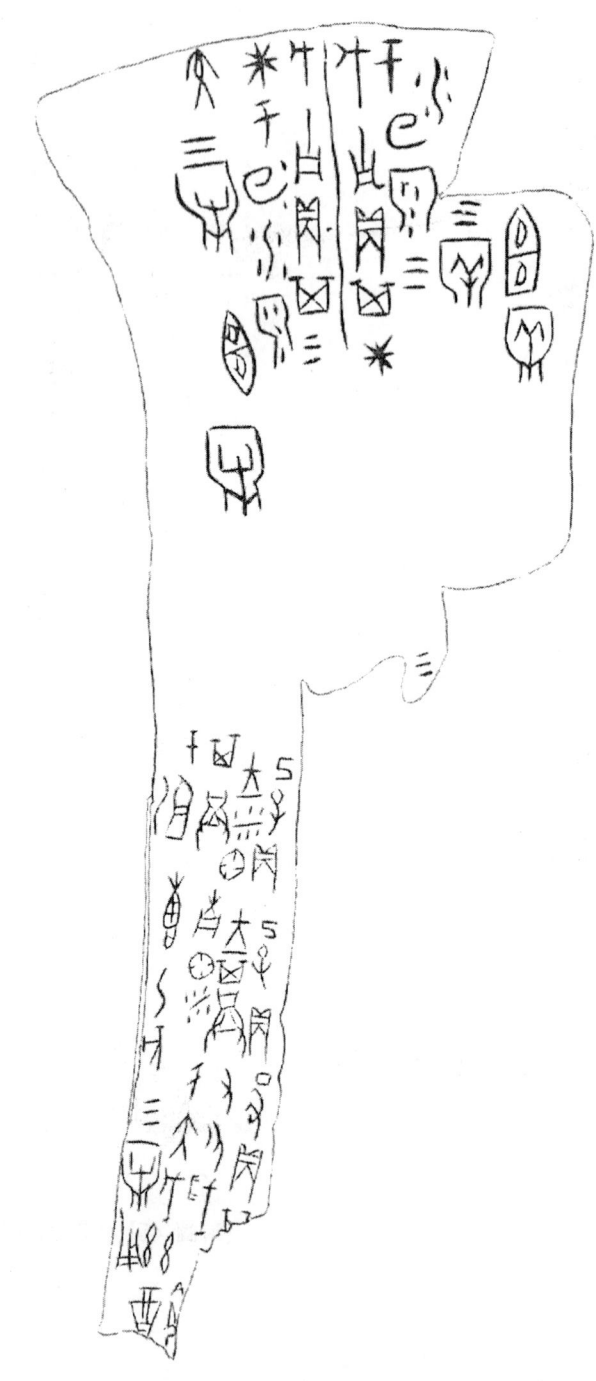

[附圖 47] 『甲編』903

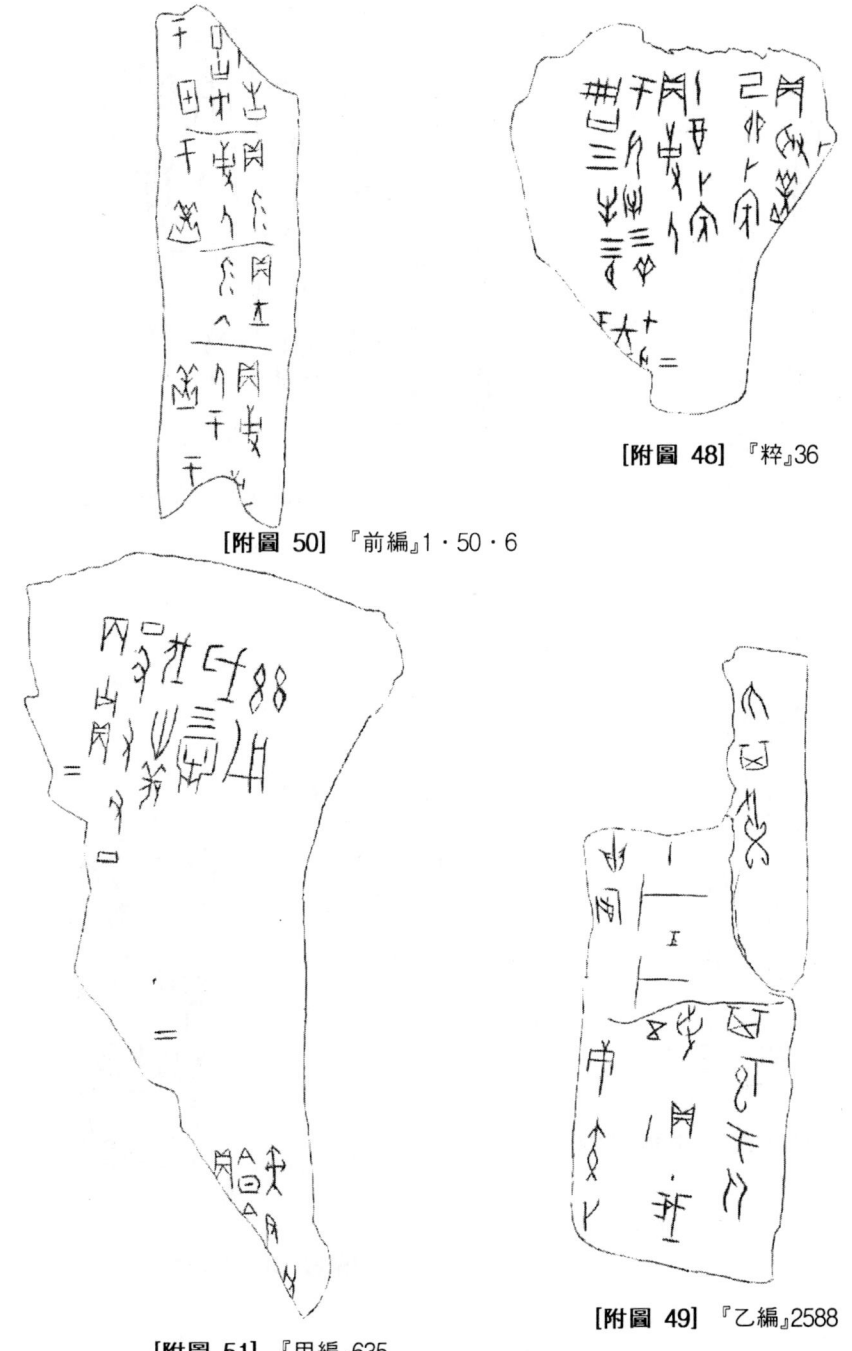

[附圖 48] 『粹』36

[附圖 50] 『前編』1·50·6

[附圖 49] 『乙編』2588

[附圖 51] 『甲編』635

갑골문의 분류와 주요내용 · 225

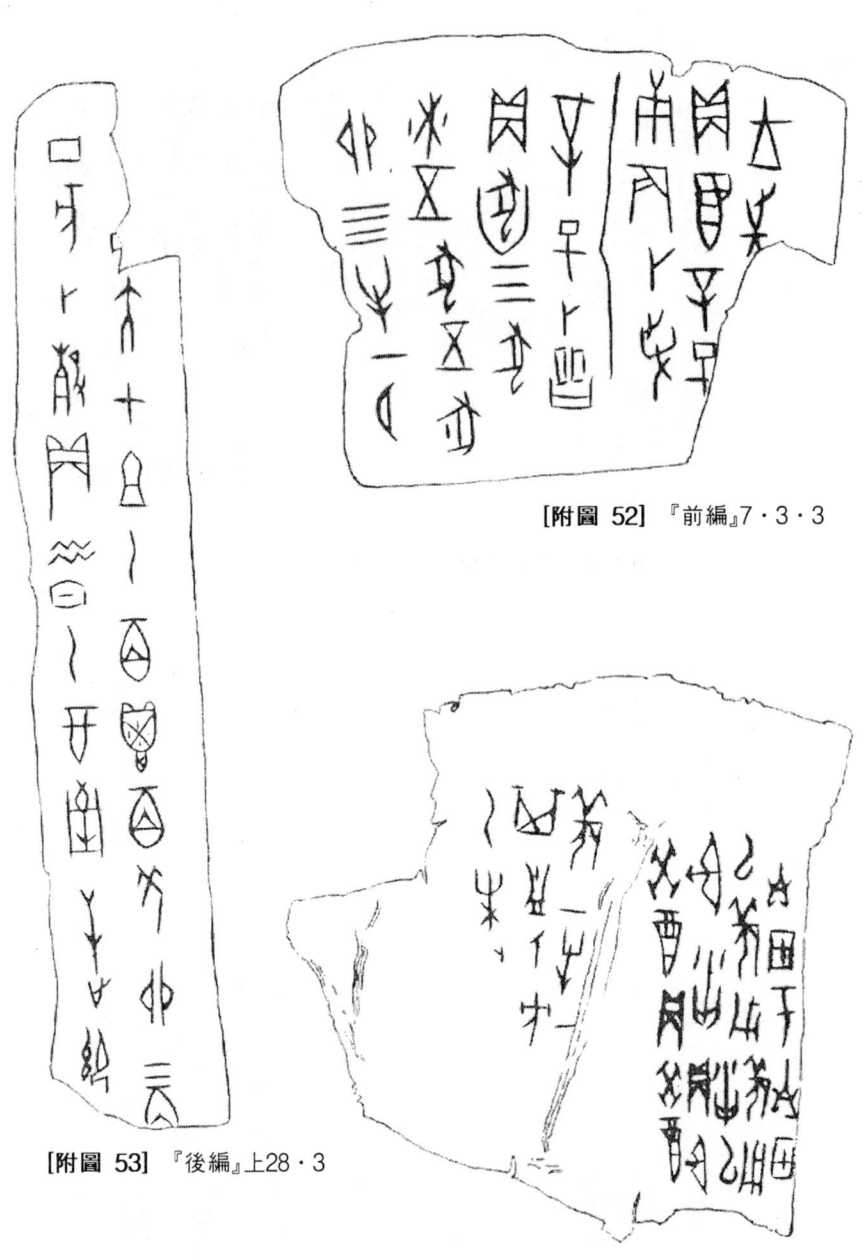

[附圖 52] 『前編』7・3・3

[附圖 53] 『後編』上28・3

[附圖 54] 『美錄』685

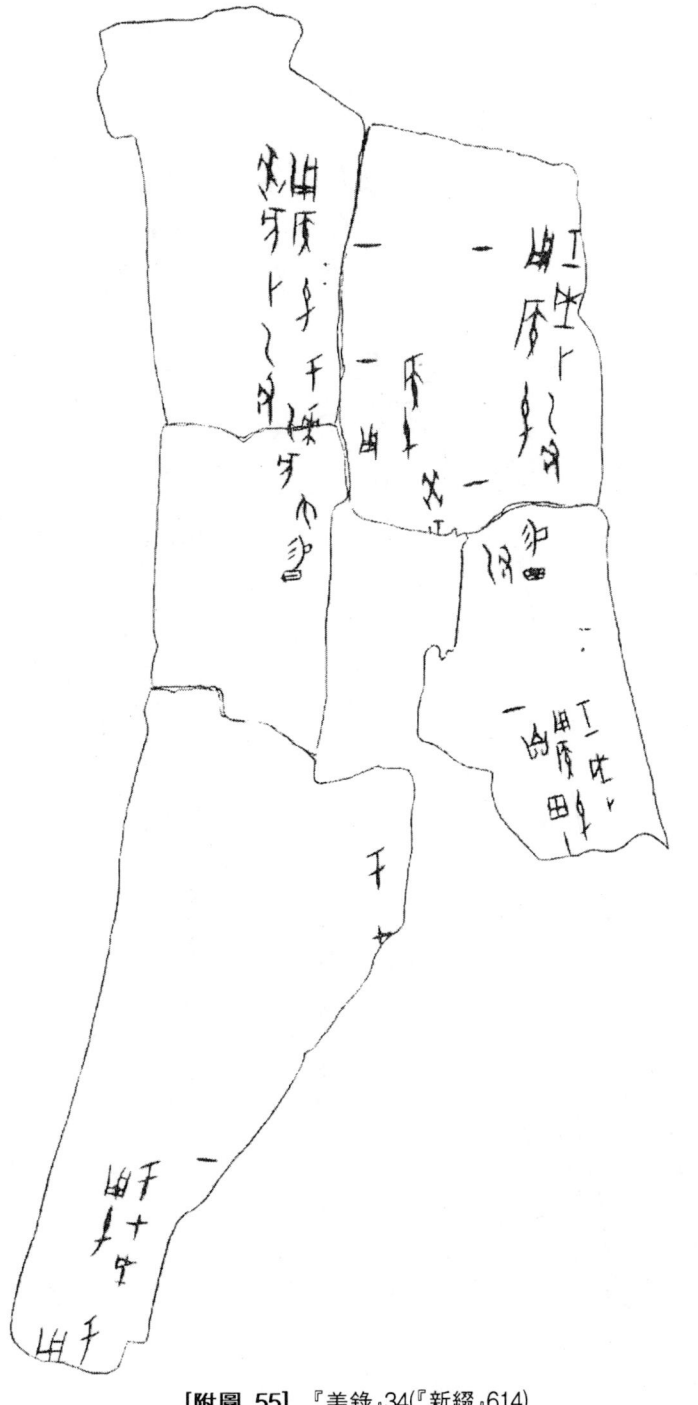

[附圖 55] 『美錄』34(『新綴』614)

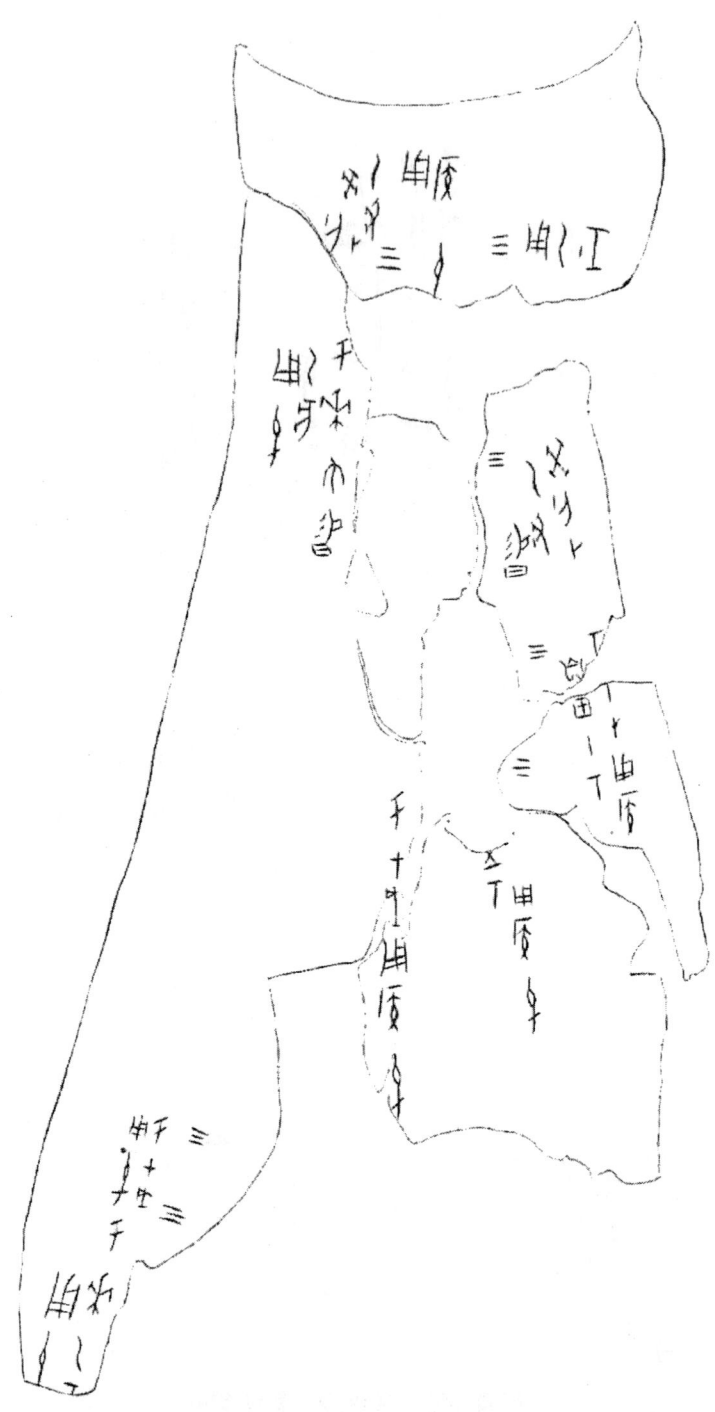

[附圖 56] 『新綴』613(『美錄』 도판 7에는 윗조각이 없다)

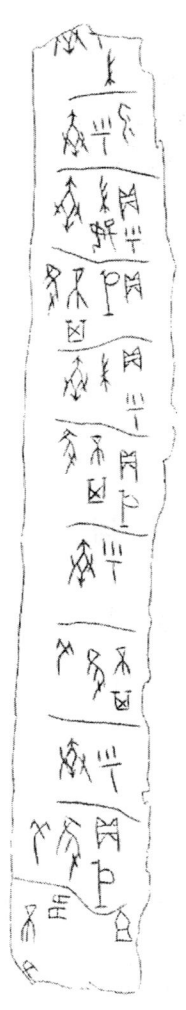
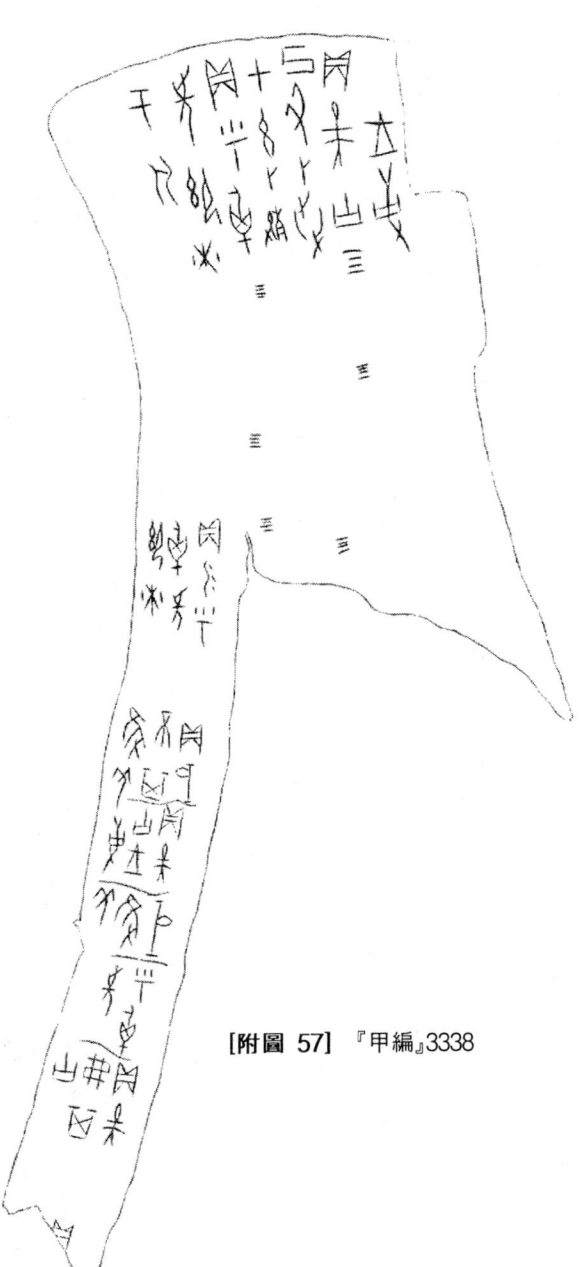

[附圖 58] 『鐵』244·1(『新編』427)　　　[附圖 57] 『甲編』3338

갑골문의 분류와 주요내용 · **229**

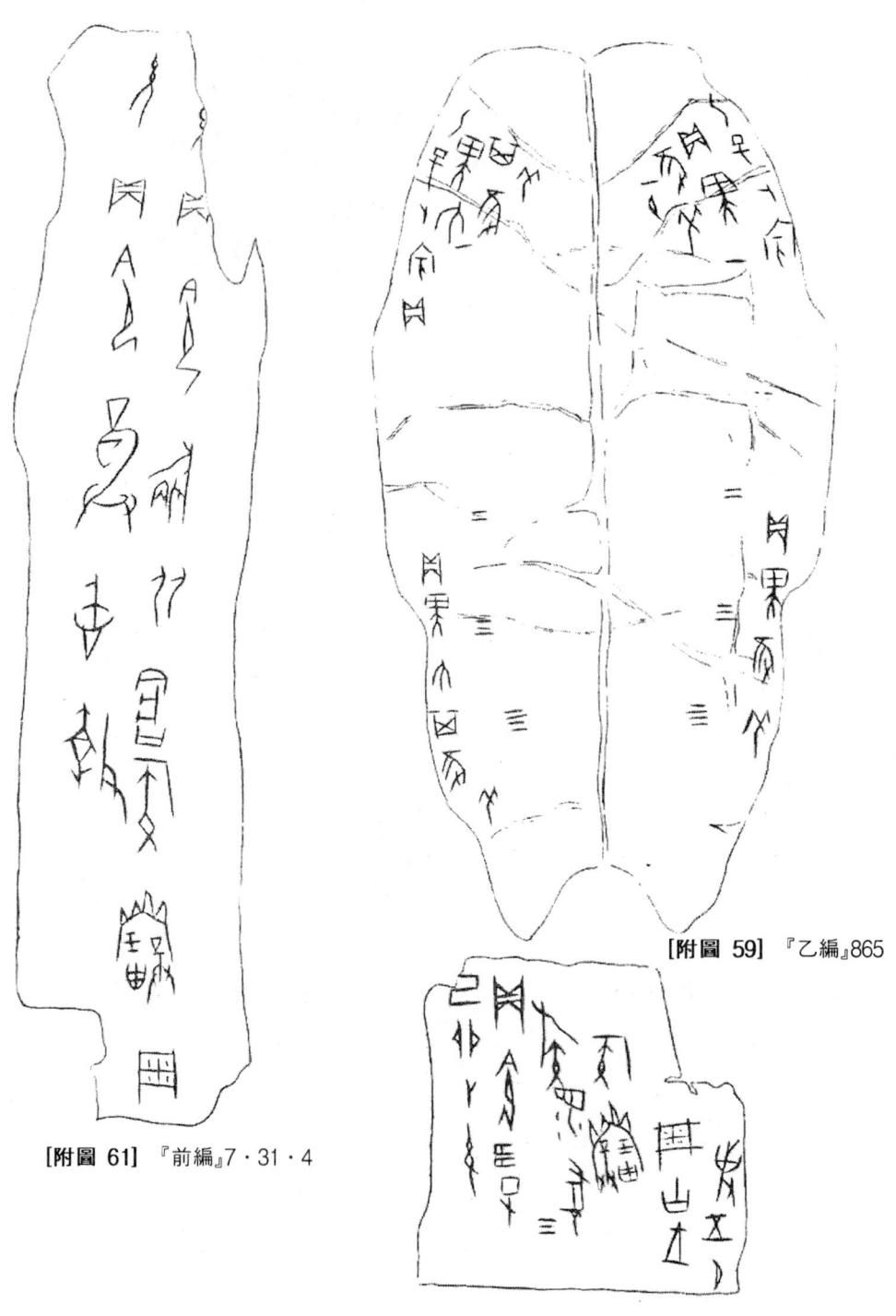

[附圖 61] 『前編』7·31·4

[附圖 59] 『乙編』865

[附圖 60] 『續編』5·2·2

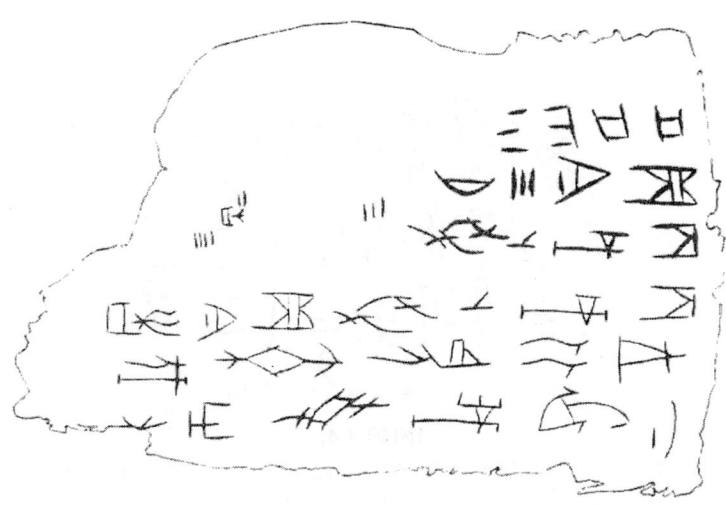

[附圖 63] 『佚』945
이 片은 『簠室殷契徵文』의 것으로 세부분으로 나뉘어 『帝系』37、63과 『典禮』27에 수록되어 있으며, 또 2、3、5번째 卜辭가 분할되어 없다.

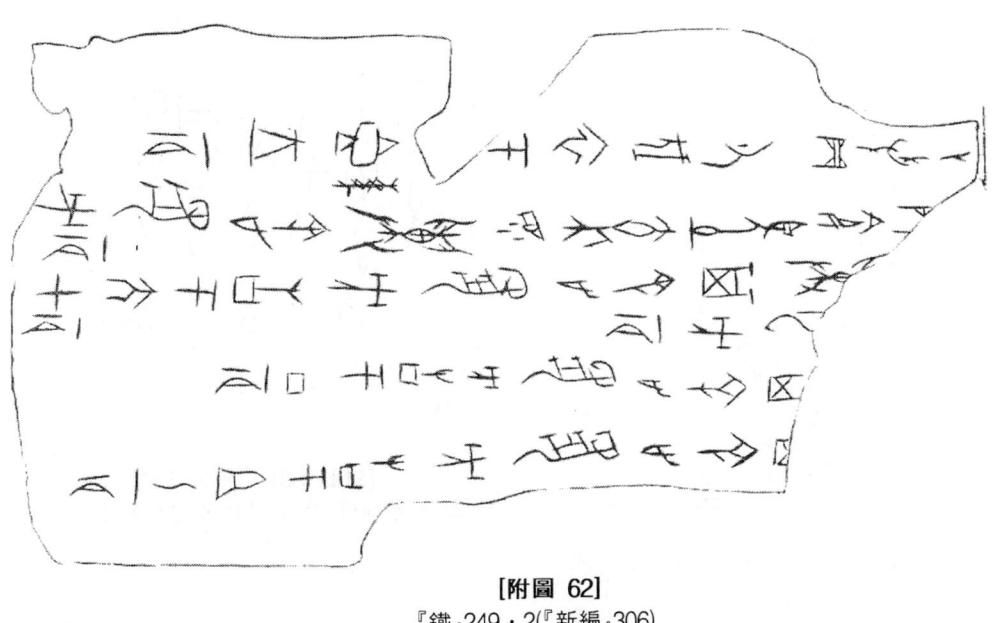

[附圖 62]
『鐵』249·2(『新編』306)

갑골문의 분류와 주요내용 · **231**

[附圖 64]
『鐵』244・2(『新編』298) 『誠』354、『粹』1084는 이 片의 殘片이다.

[附圖 66] 『甲編』810
좌측 아래의 한 글자는 불명확하다.

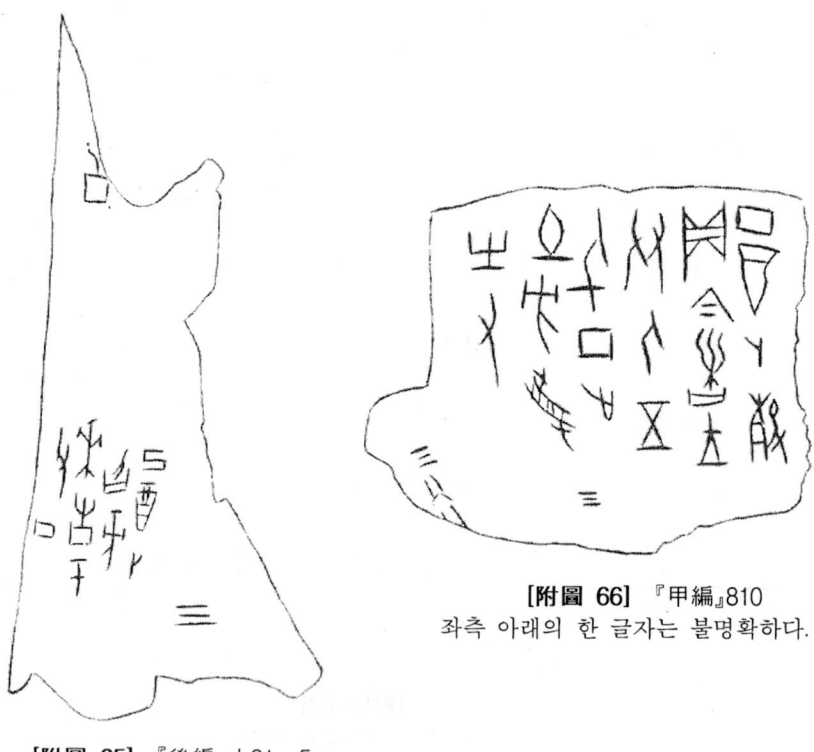

[附圖 65] 『後編』上31・5

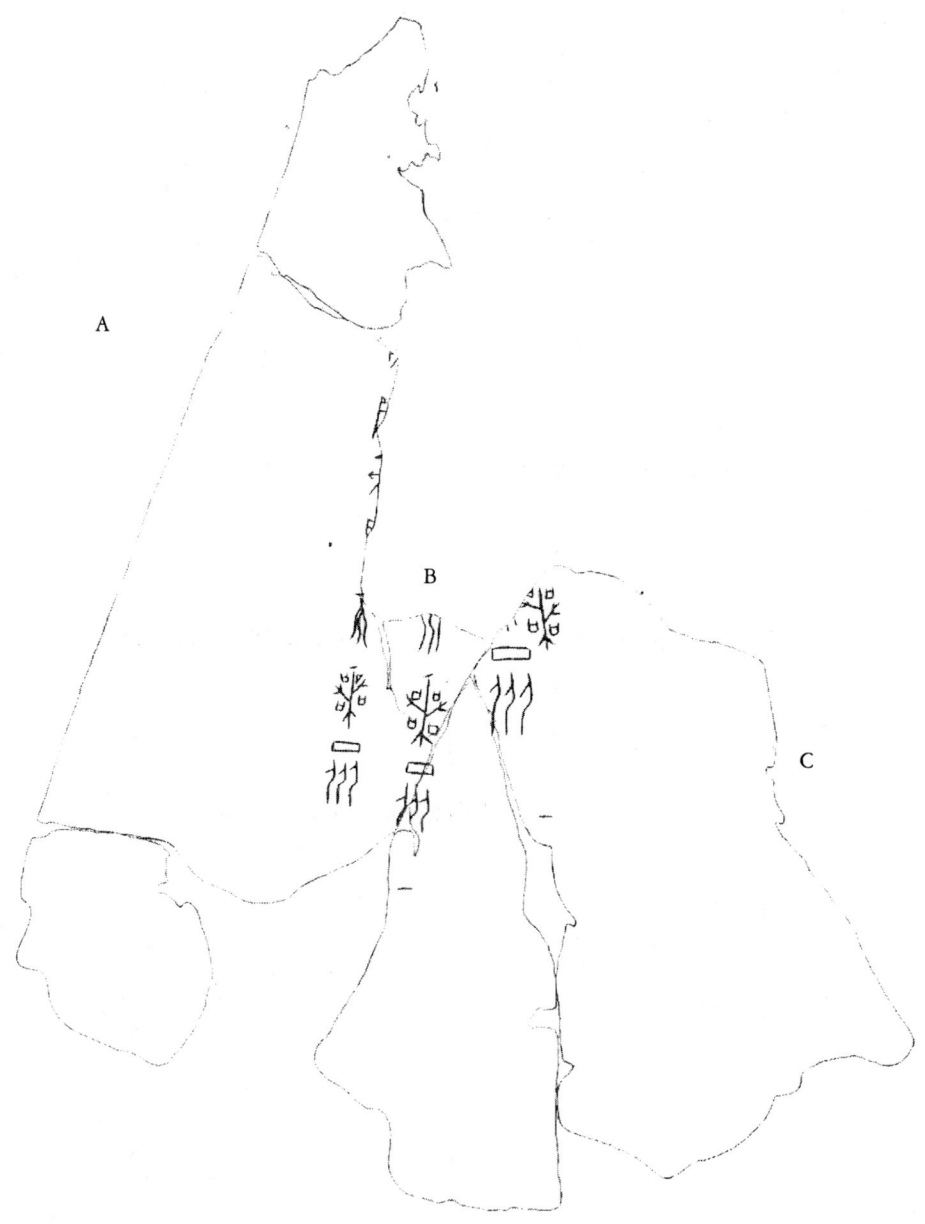

[附圖 67] 『新綴』91
    A. 『甲編』809
    B. 『甲編』2·2·0440의 反面
    C. 『甲編』737

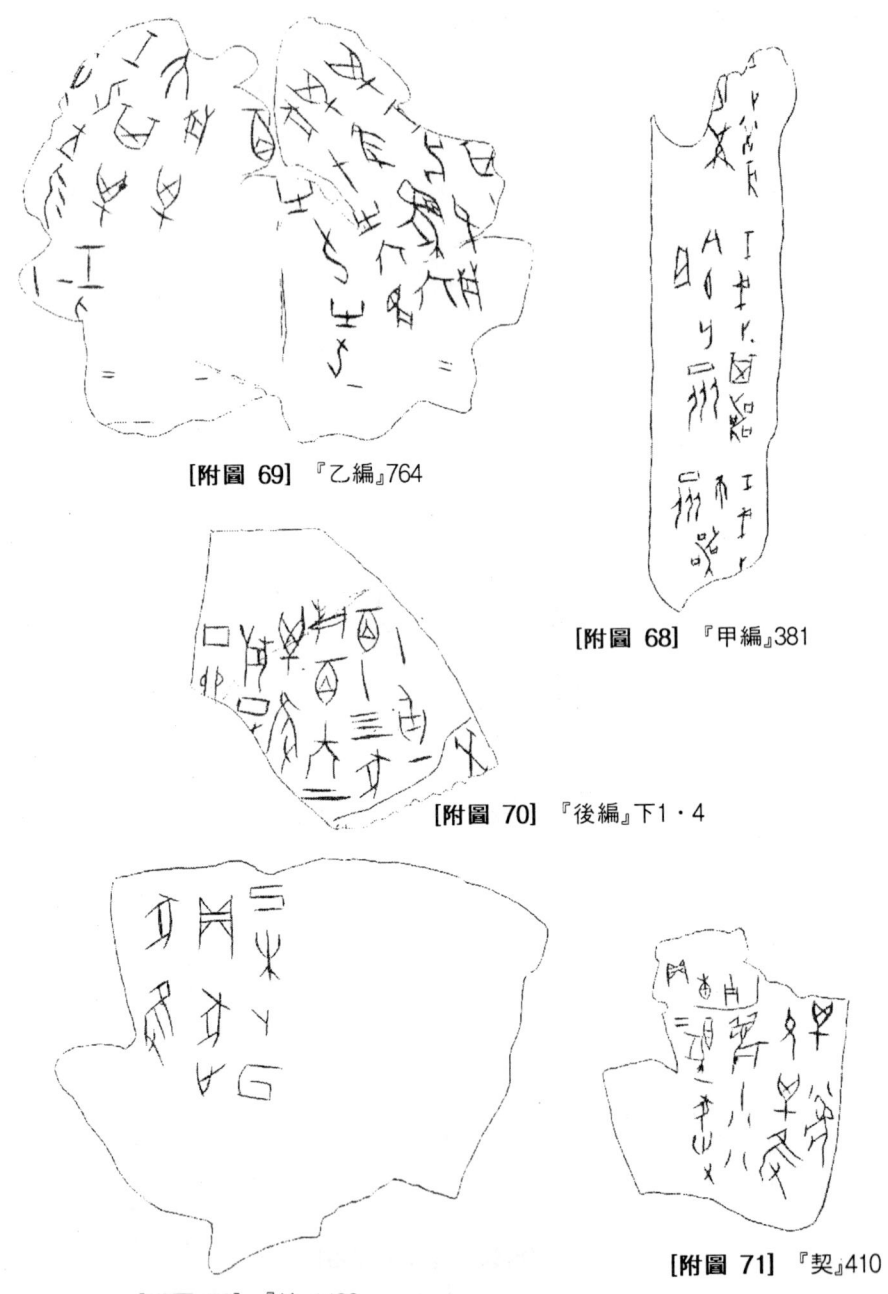

[附圖 69] 『乙編』764

[附圖 68] 『甲編』381

[附圖 70] 『後編』下1・4

[附圖 72] 『粹』1480

[附圖 71] 『契』410

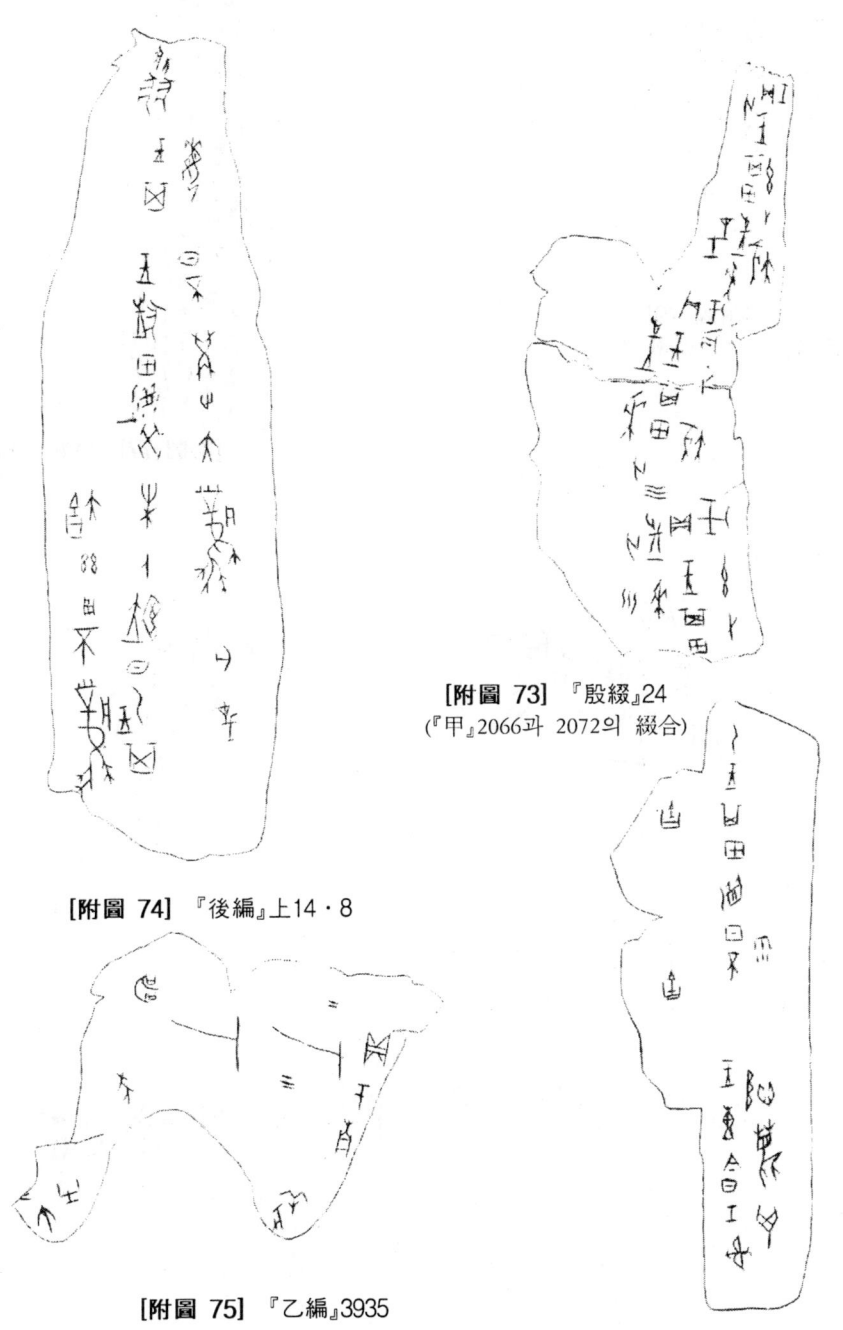

[附圖 73] 『殷綴』24
(『甲』2066과 2072의 綴合)

[附圖 74] 『後編』上14·8

[附圖 75] 『乙編』3935

[附圖 76] 『續存』上1968

갑골문의 분류와 주요내용 · 235

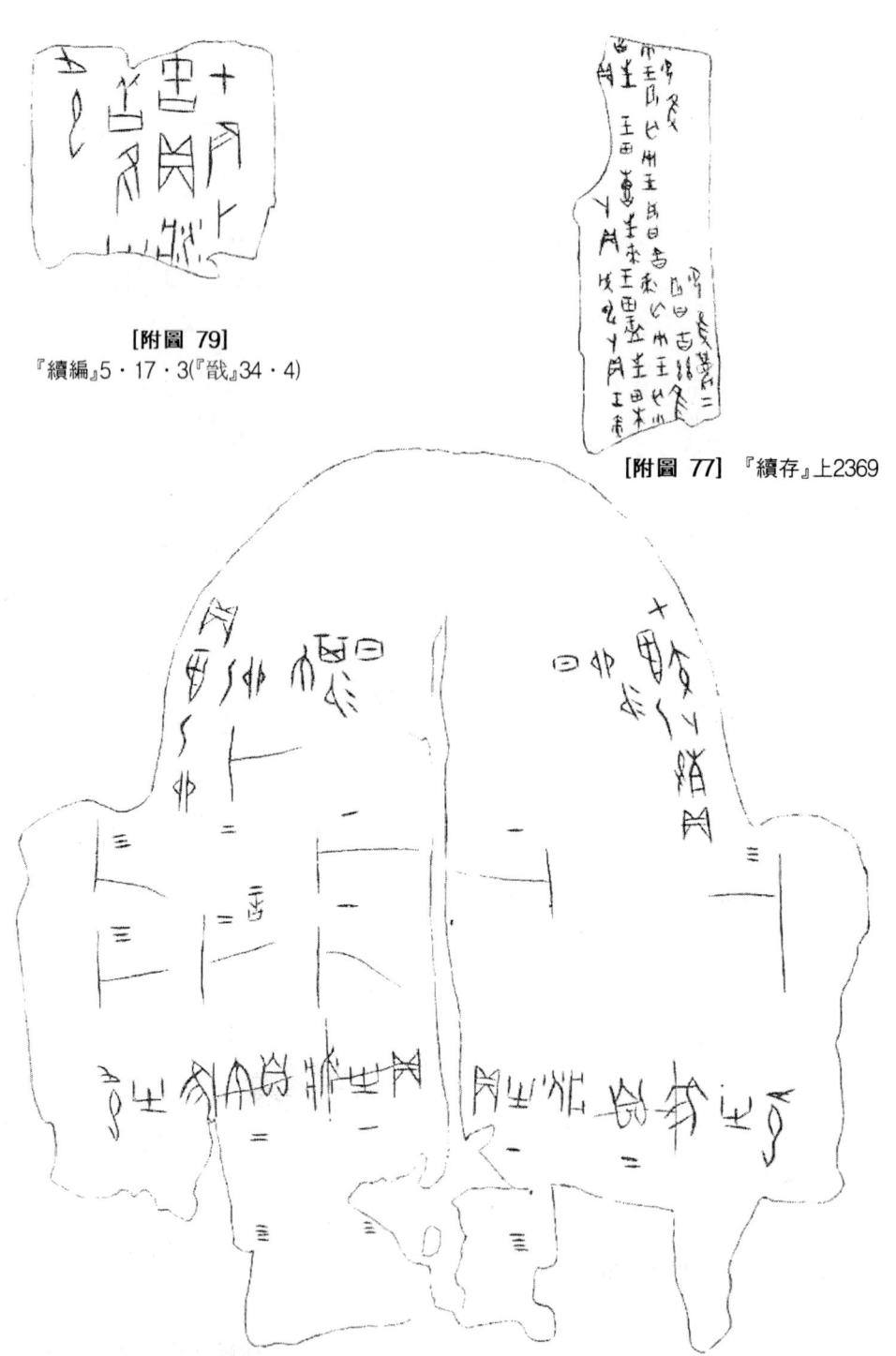

[附圖 79]
『續編』5・17・3(『戩』34・4)

[附圖 77] 『續存』上2369

[附圖 78] 『乙編』6385

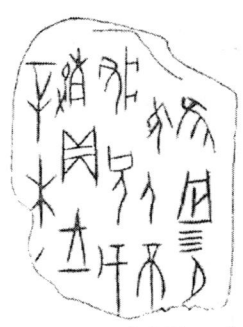

[附圖 82] 『佚』62

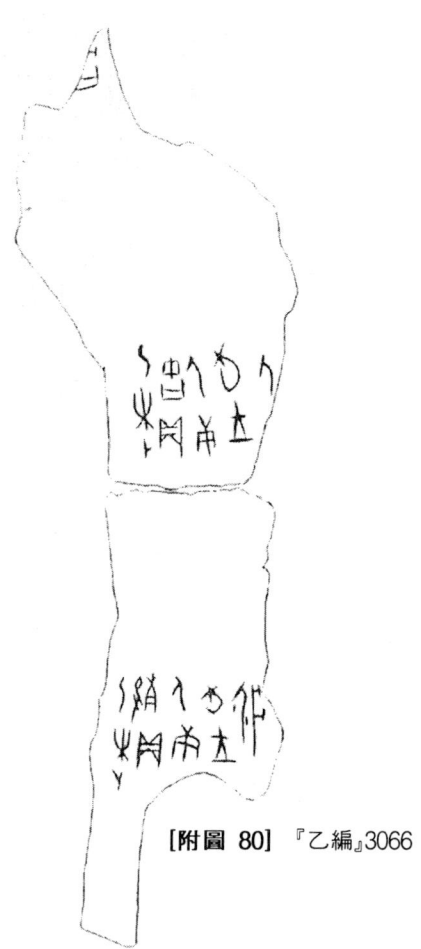

[附圖 80] 『乙編』3066

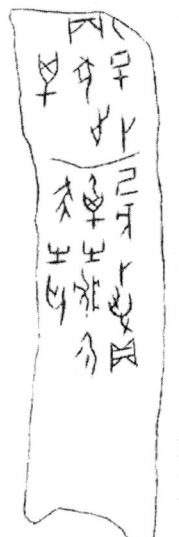

[附圖 83] 『續存』上855

[附圖 84] 『佚』92

[附圖 81] 『續存』上820

갑골문의 분류와 주요내용 • 237

[附圖 85] 『佚』524

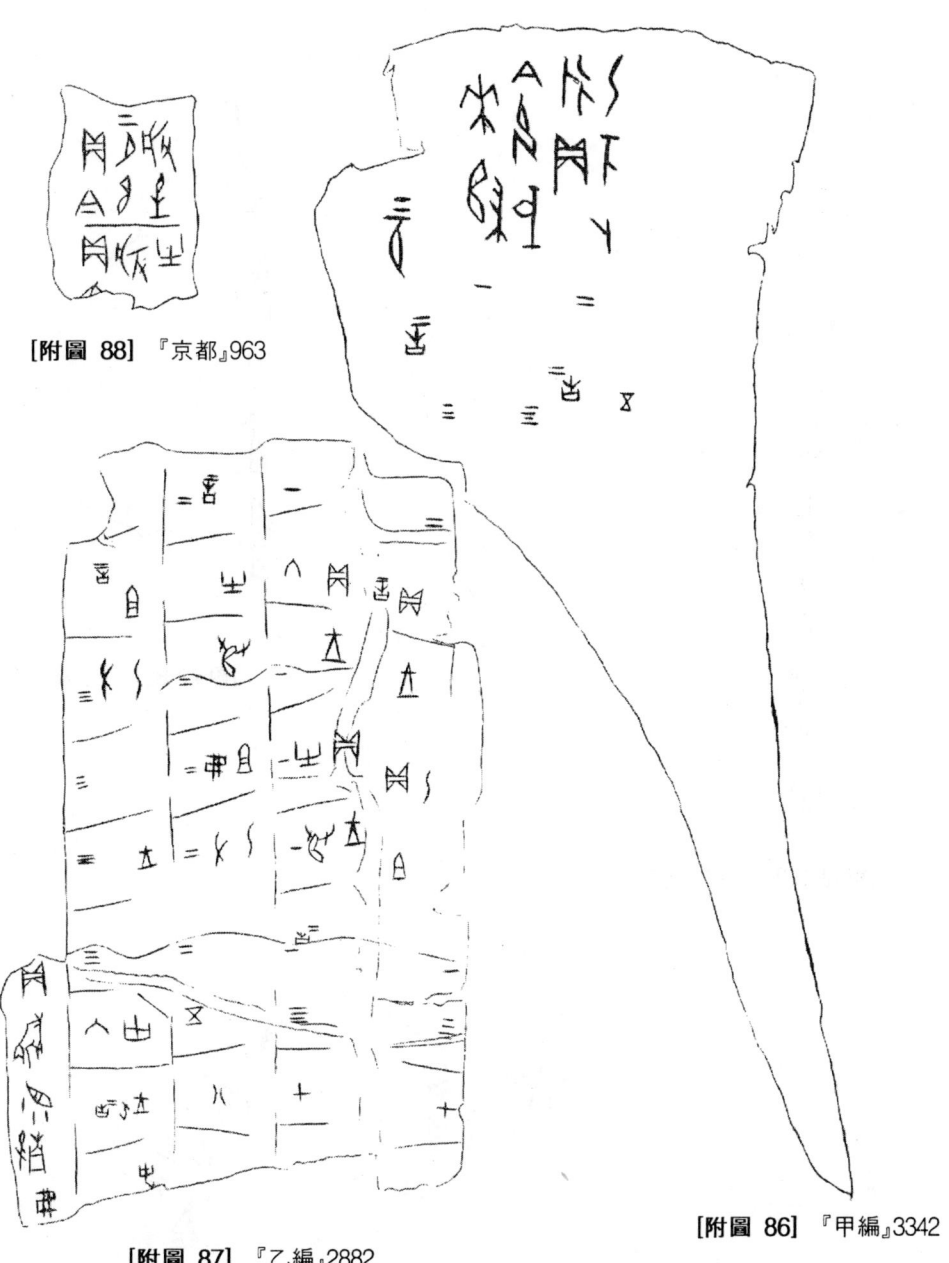

[附圖 88] 『京都』963

[附圖 87] 『乙編』2882

[附圖 86] 『甲編』3342

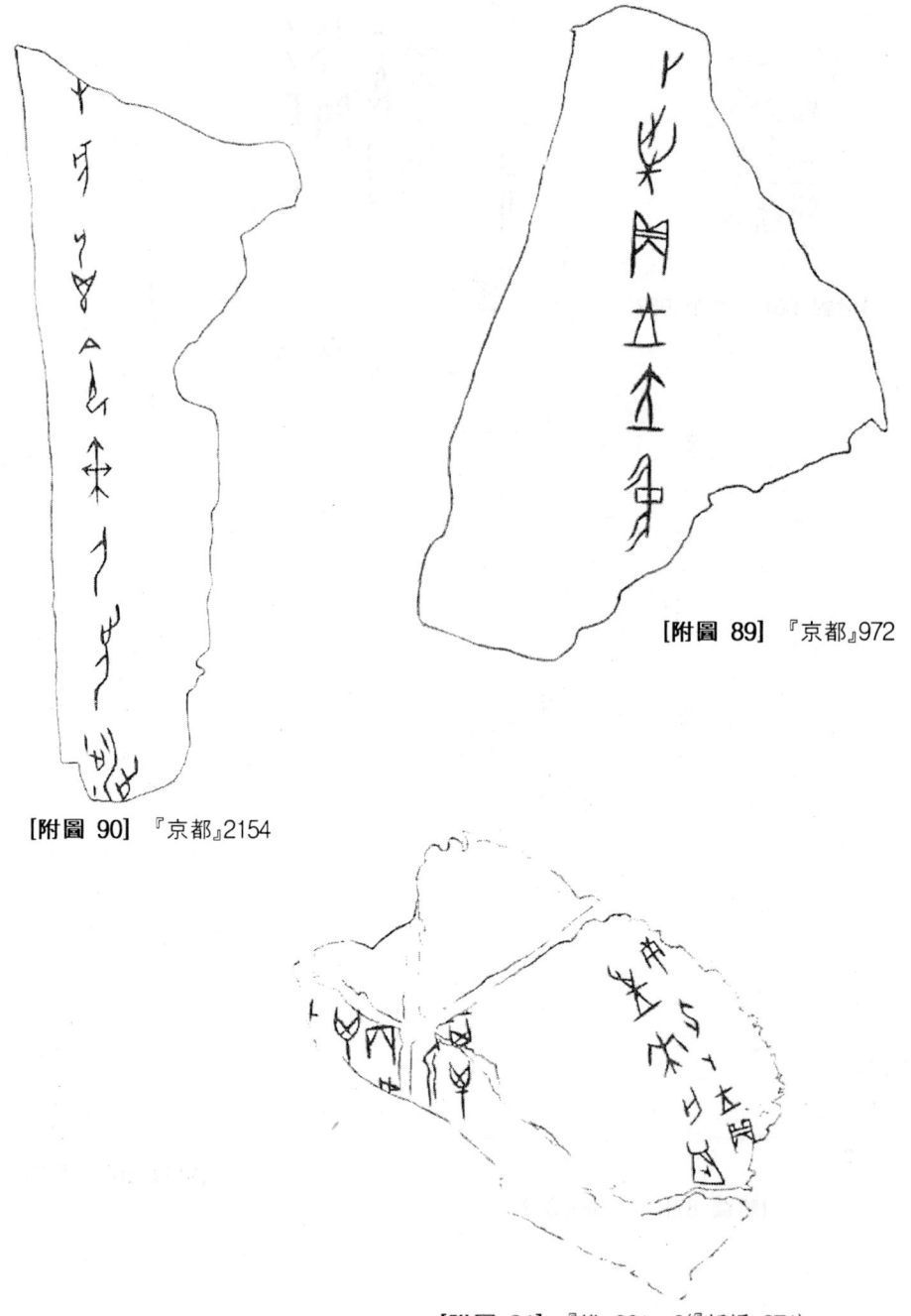

[附圖 89] 『京都』972

[附圖 90] 『京都』2154

[附圖 91] 『鐵』261・3(『新編』271)

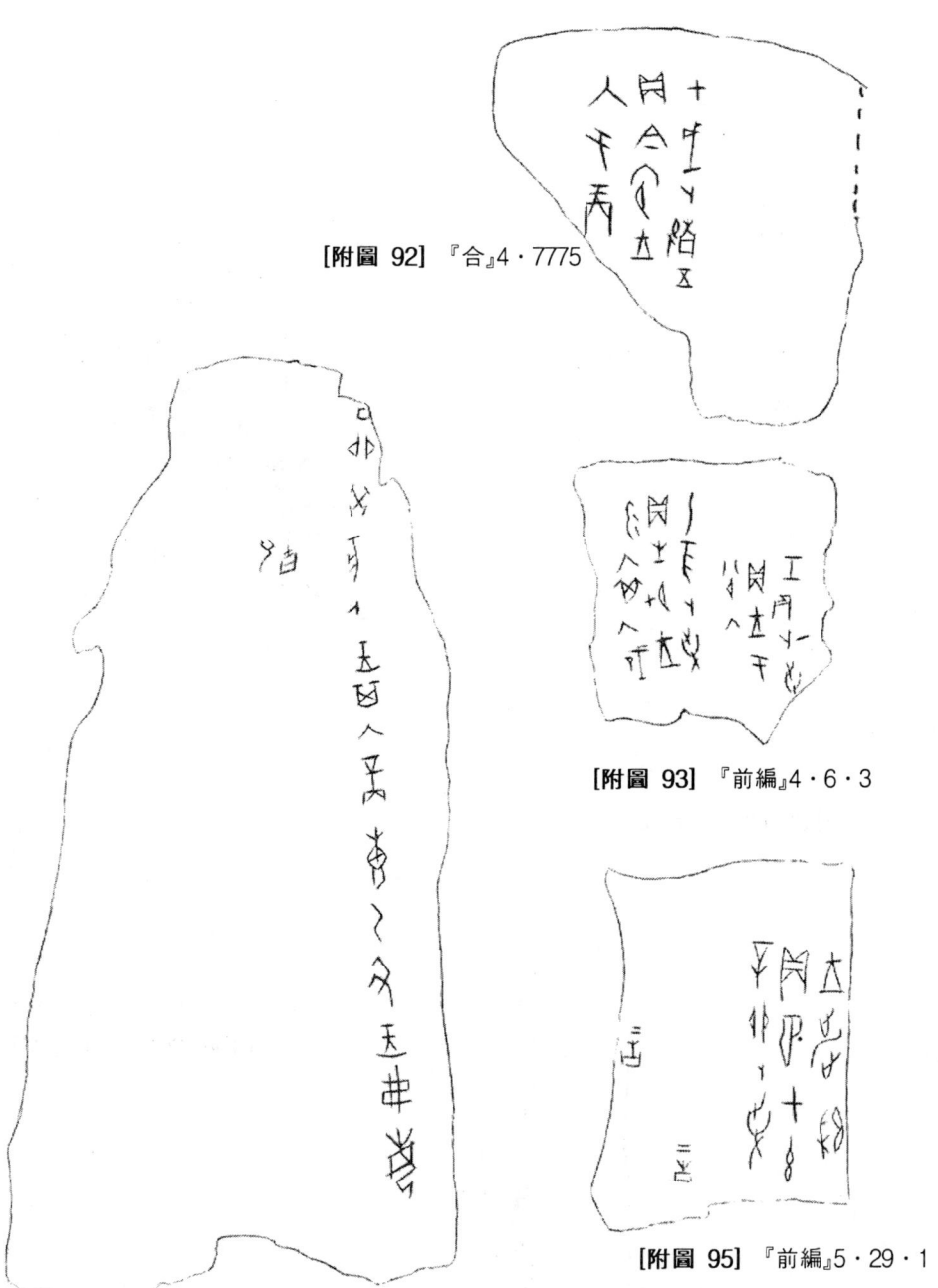

[附圖 92] 『合』4·7775

[附圖 93] 『前編』4·6·3

[附圖 95] 『前編』5·29·1

[附圖 94] 馬胛骨刻辭(말 어깨뼈 刻辭)
1955년 가을 小屯 村南에서 출토. 拓本은
『考古學報』, 1958년 第3期 70쪽을 볼 것.

갑골문의 분류와 주요내용 · *241*

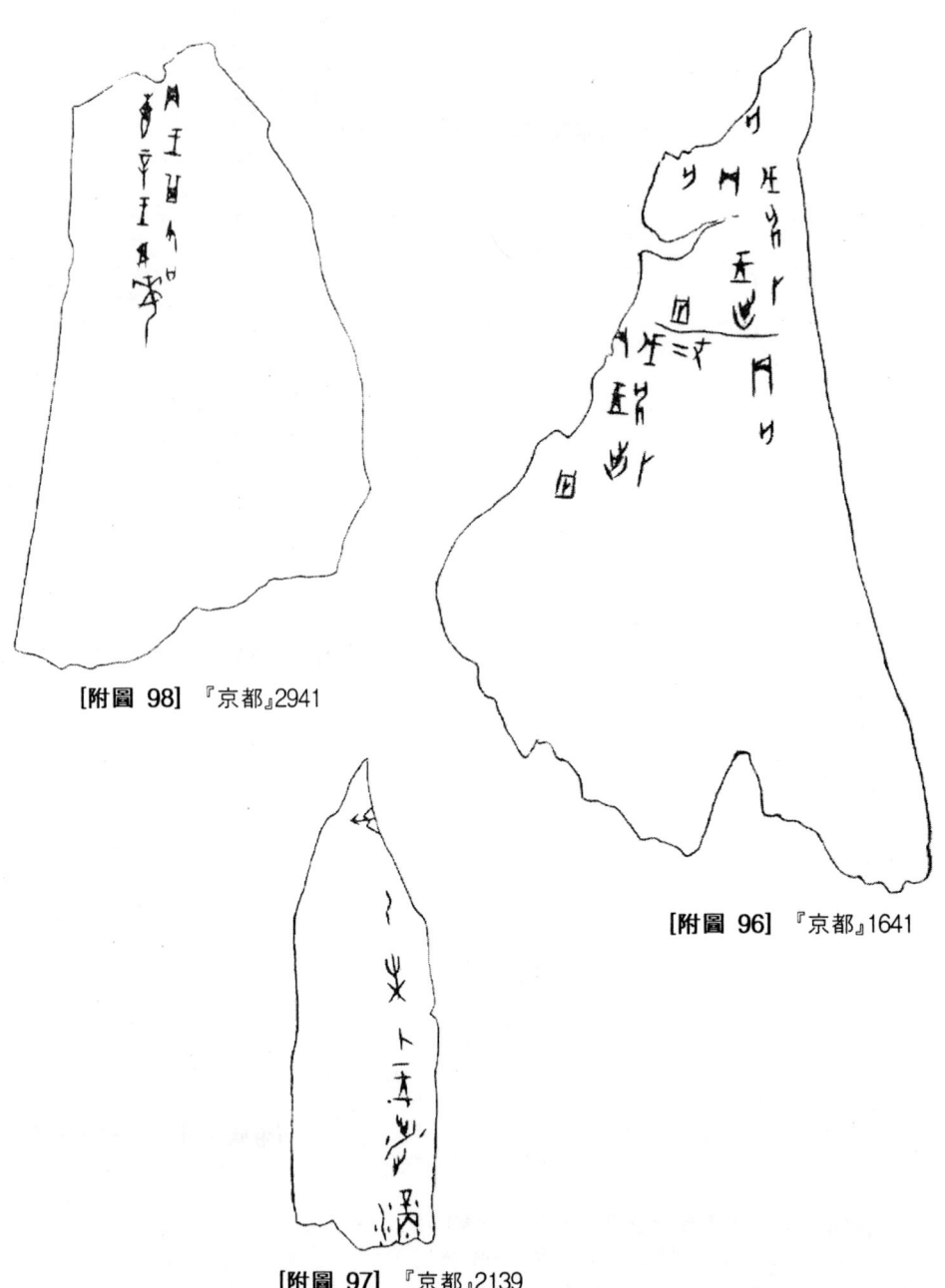

[附圖 98] 『京都』2941

[附圖 96] 『京都』1641

[附圖 97] 『京都』2139

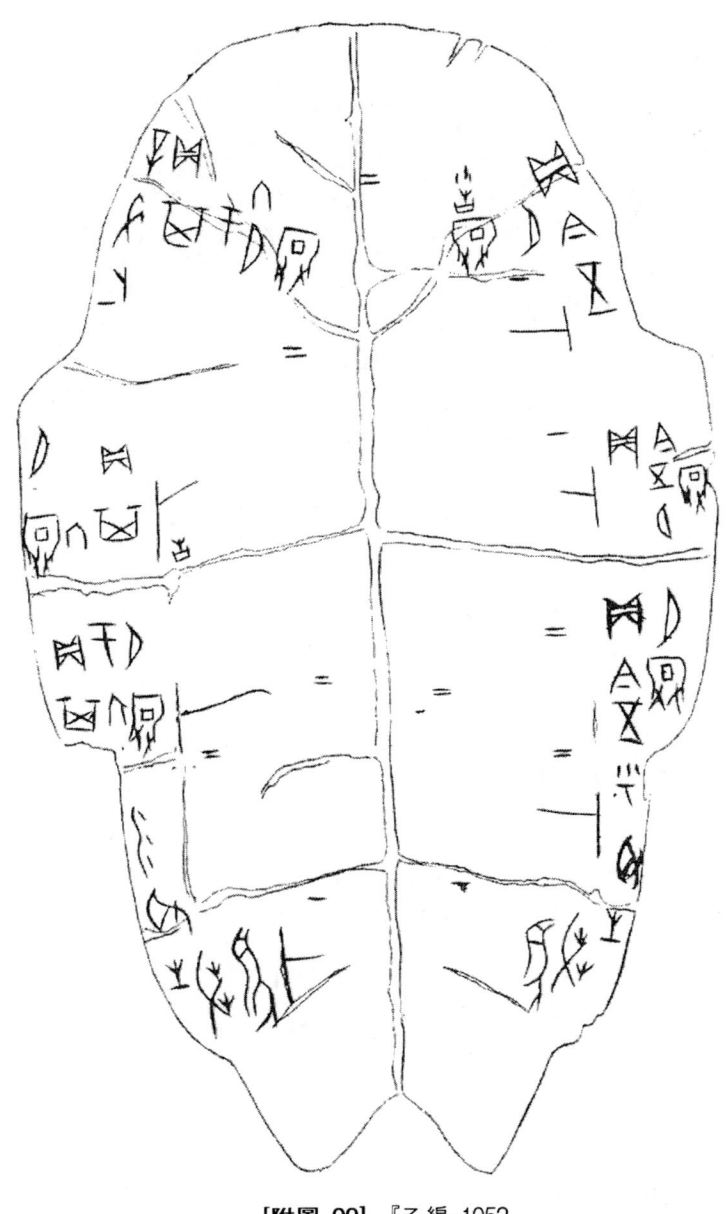

[附圖 99] 『乙編』1052

[附圖 100] 『合』5・14002(『丙編』247)

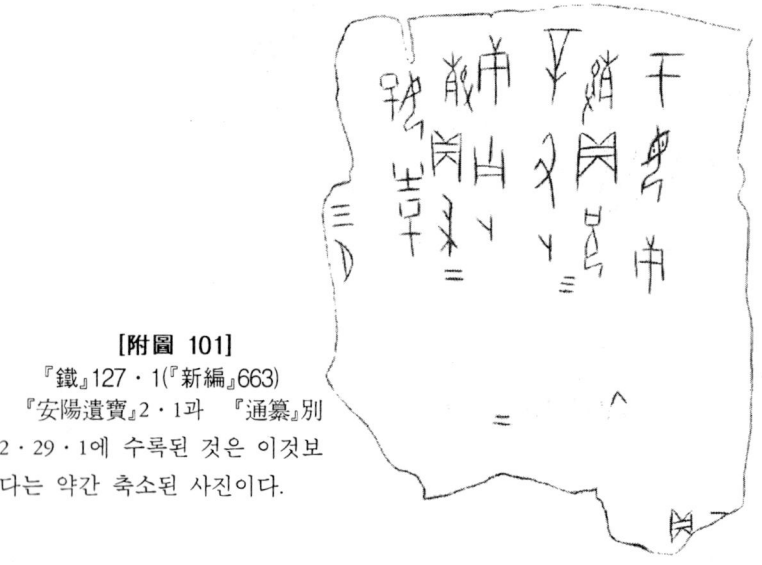

[附圖 101]
『鐵』127・1(『新編』663)
『安陽遺寶』2・1과 『通纂』別 2・29・1에 수록된 것은 이것보다는 약간 축소된 사진이다.

244・갑골문도론

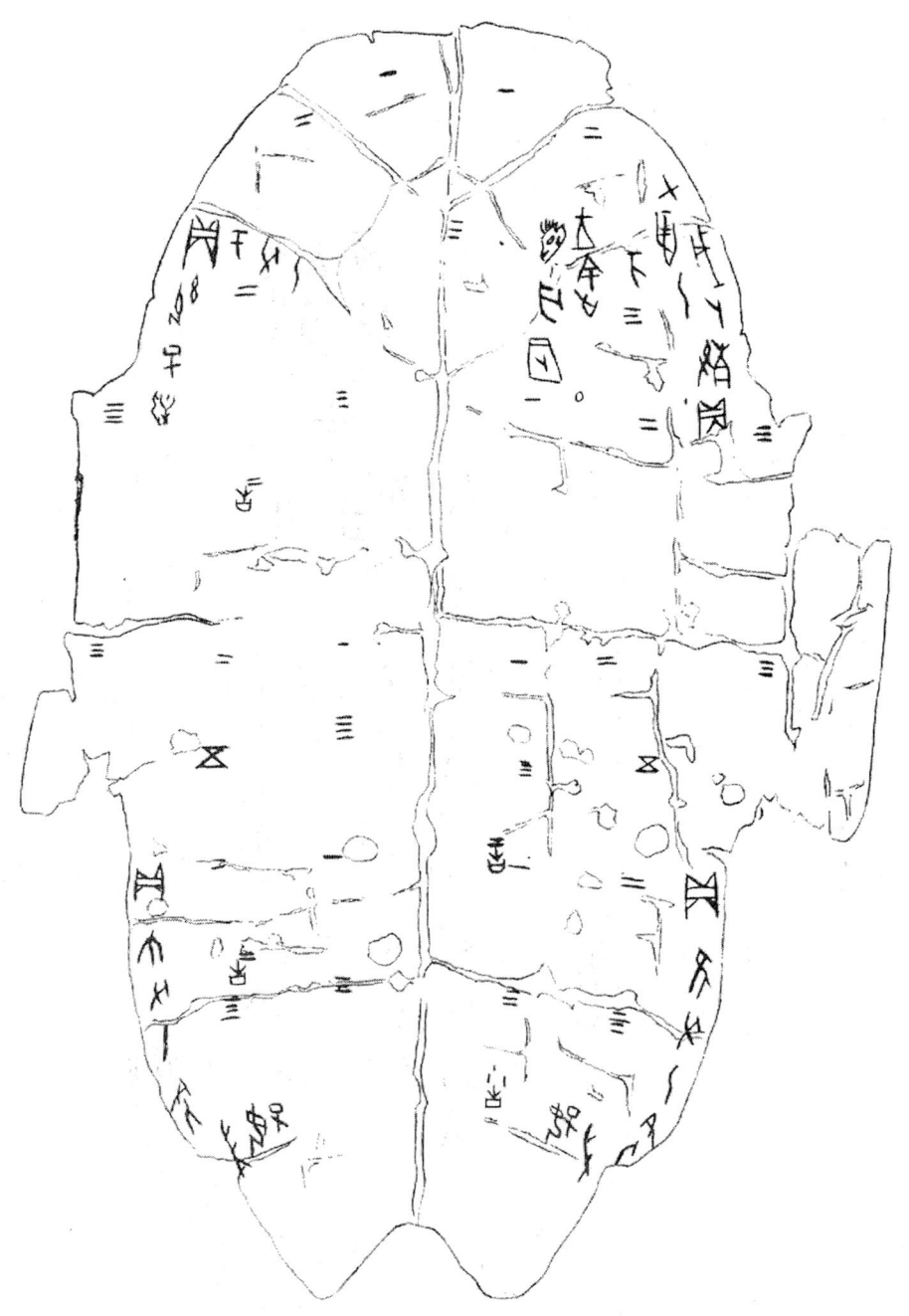

[附圖 102] 『乙編』3401

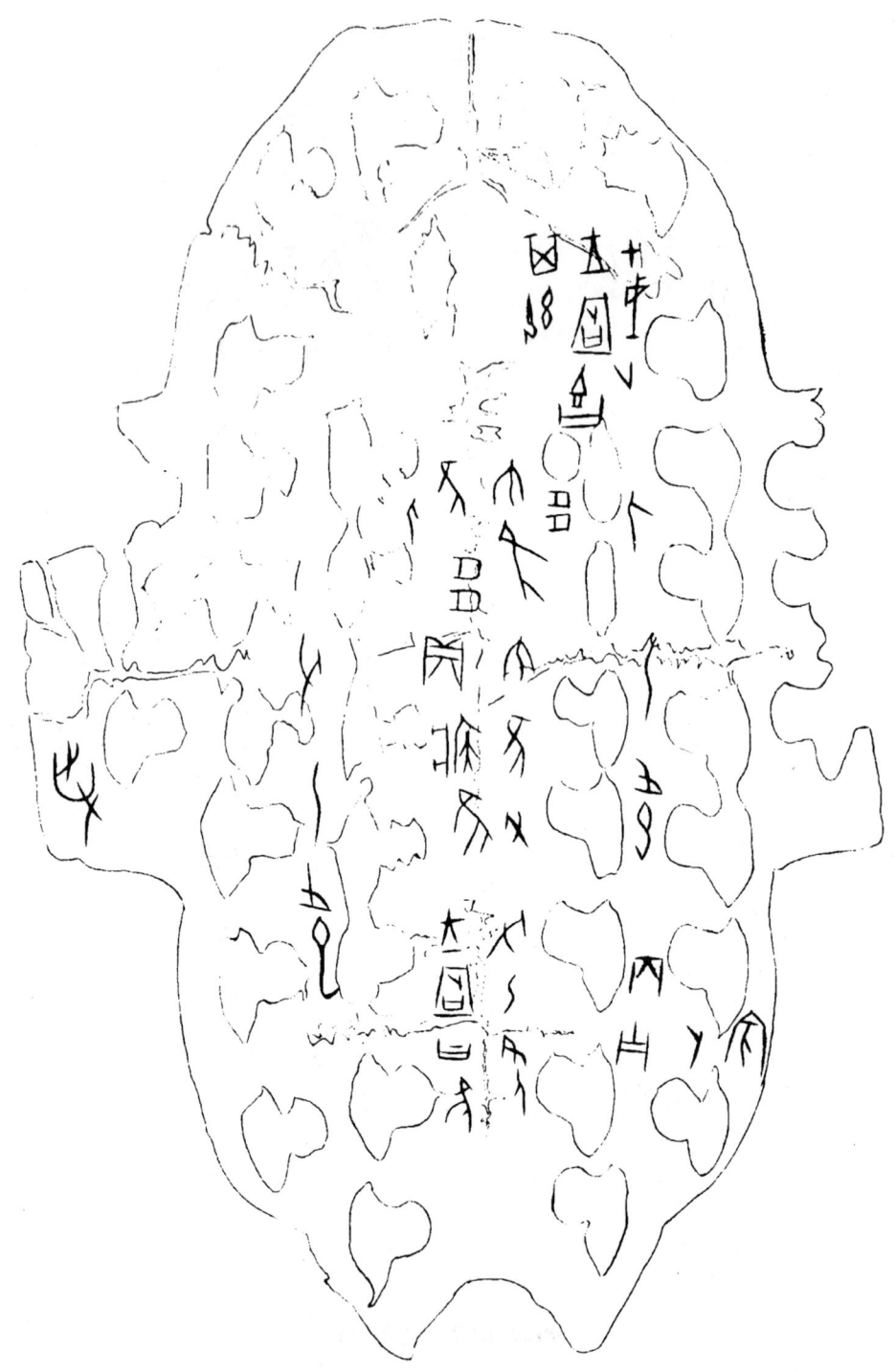

[附圖 102反] 『乙編』3402(3401의 反面)

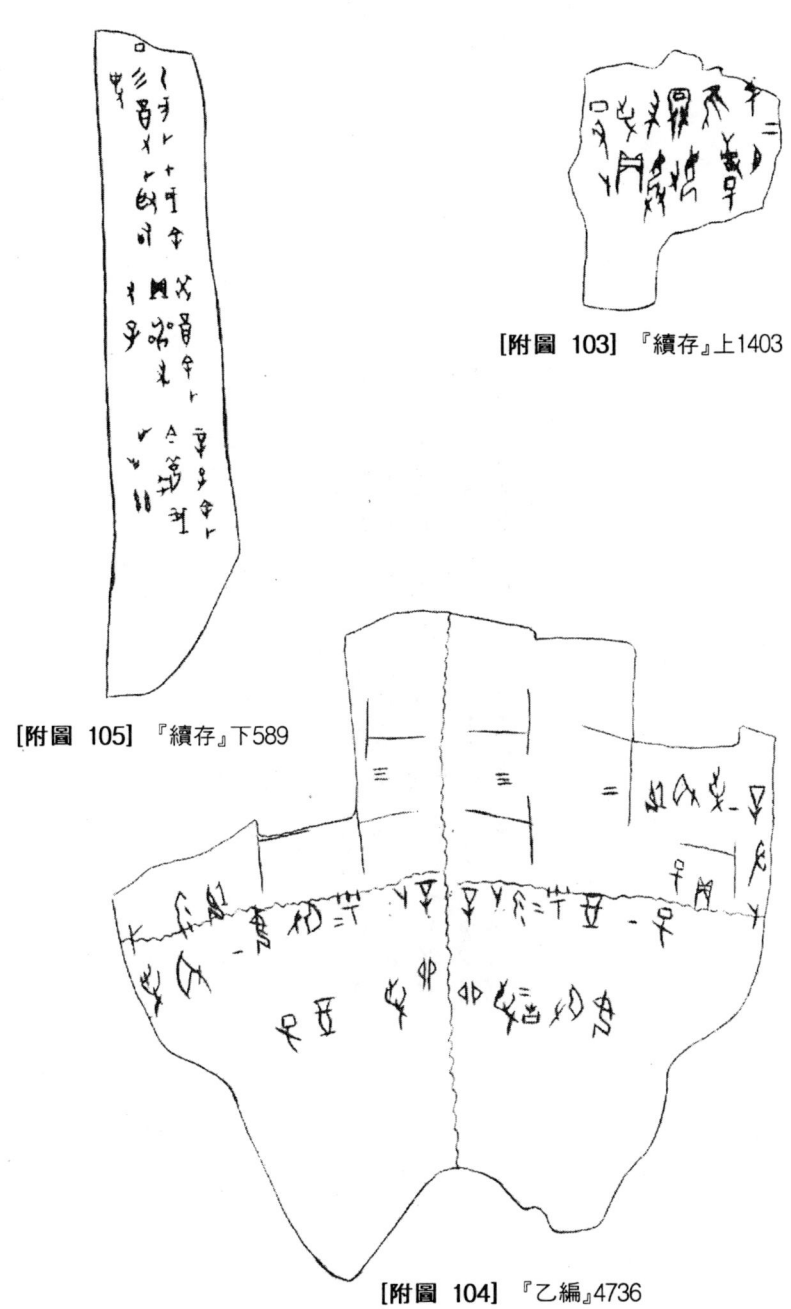

[附圖 103] 『續存』上1403

[附圖 105] 『續存』下589

[附圖 104] 『乙編』4736

갑골문의 분류와 주요내용 · 247

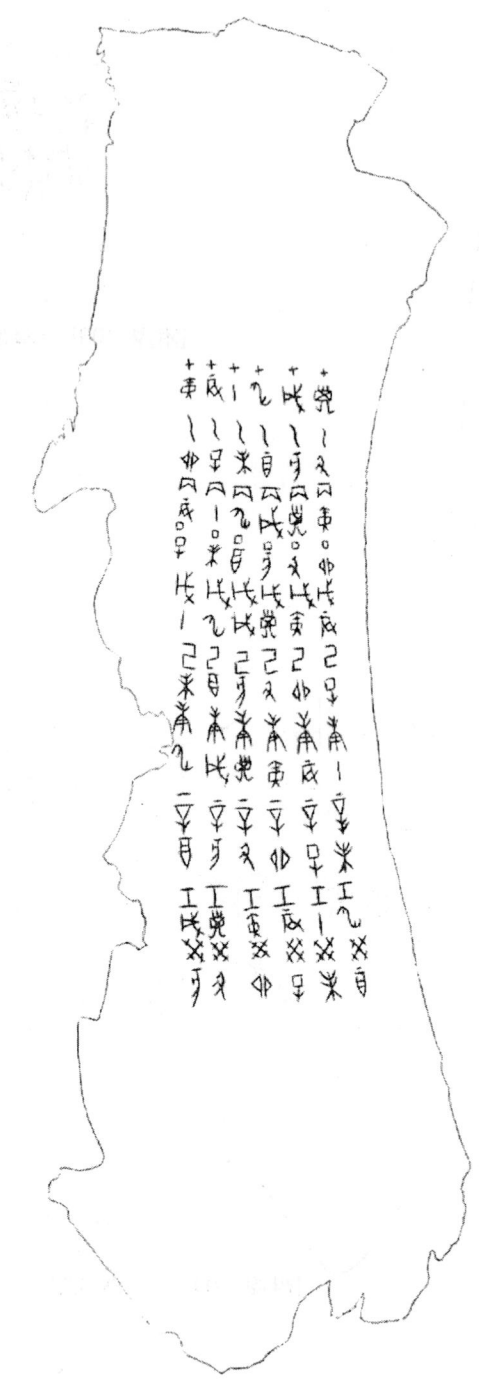

[附圖 106] 『契』165

248 · 갑골문도론

[附圖 107] 『後編』下1·5(『通纂』6)
제 2行의 丁丑이하 '二'字만을 제외하고는 모두 가로 획이 결여되어 있으며, 제 3行의 癸未의 '未'字가 없고, 마지막 行의 癸亥의 '亥'字가 없다.(右行)

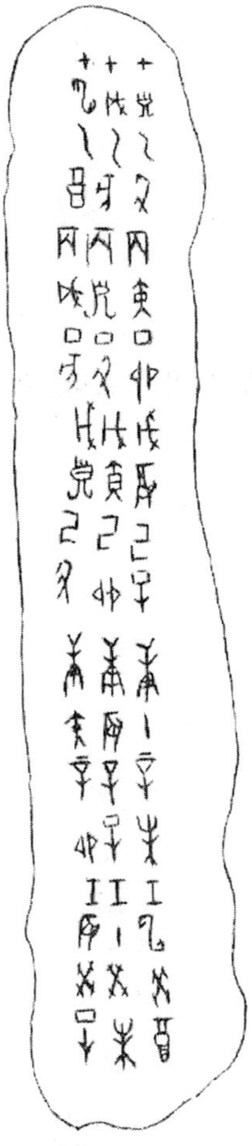

[附圖 108] 『前編』3·4·2

[附圖 109] 『甲編』691

갑골문의 분류와 주요내용 · **249**

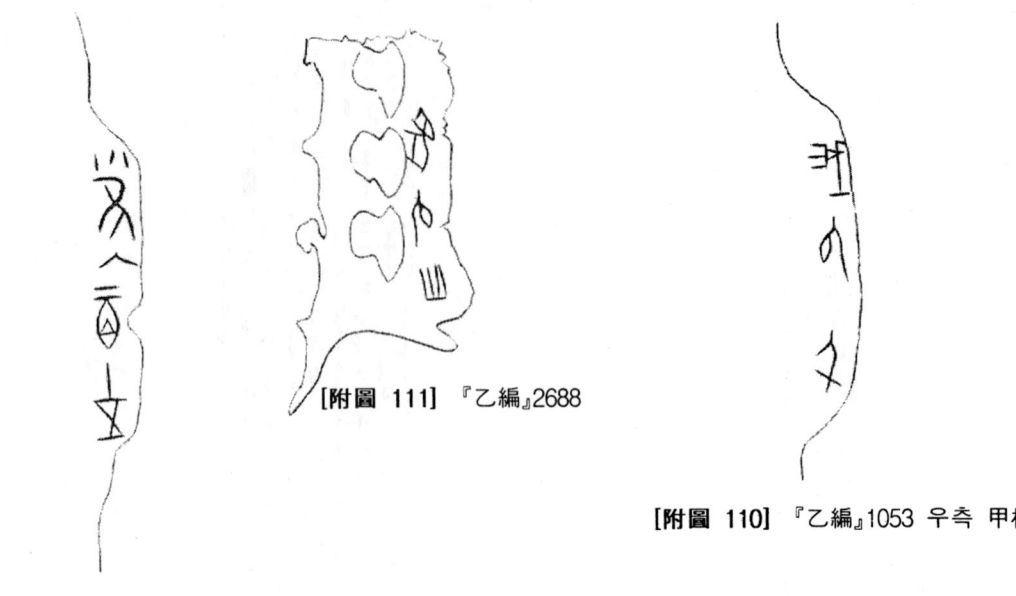

[附圖 111] 『乙編』2688

[附圖 110] 『乙編』1053 우측 甲橋

[附圖 113] 『乙編』7153

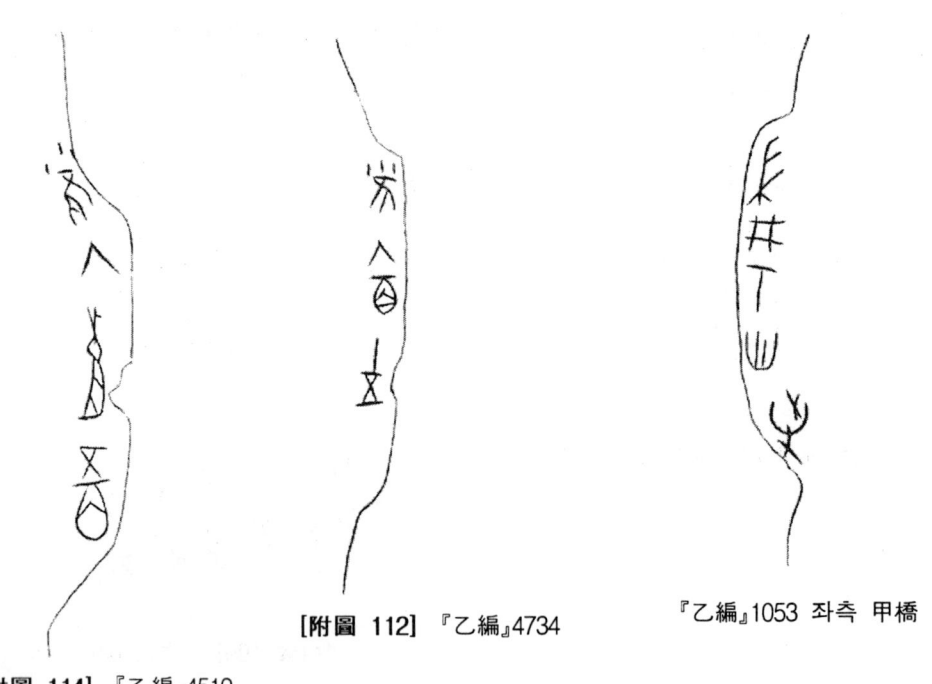

[附圖 112] 『乙編』4734

『乙編』1053 좌측 甲橋

[附圖 114] 『乙編』4519

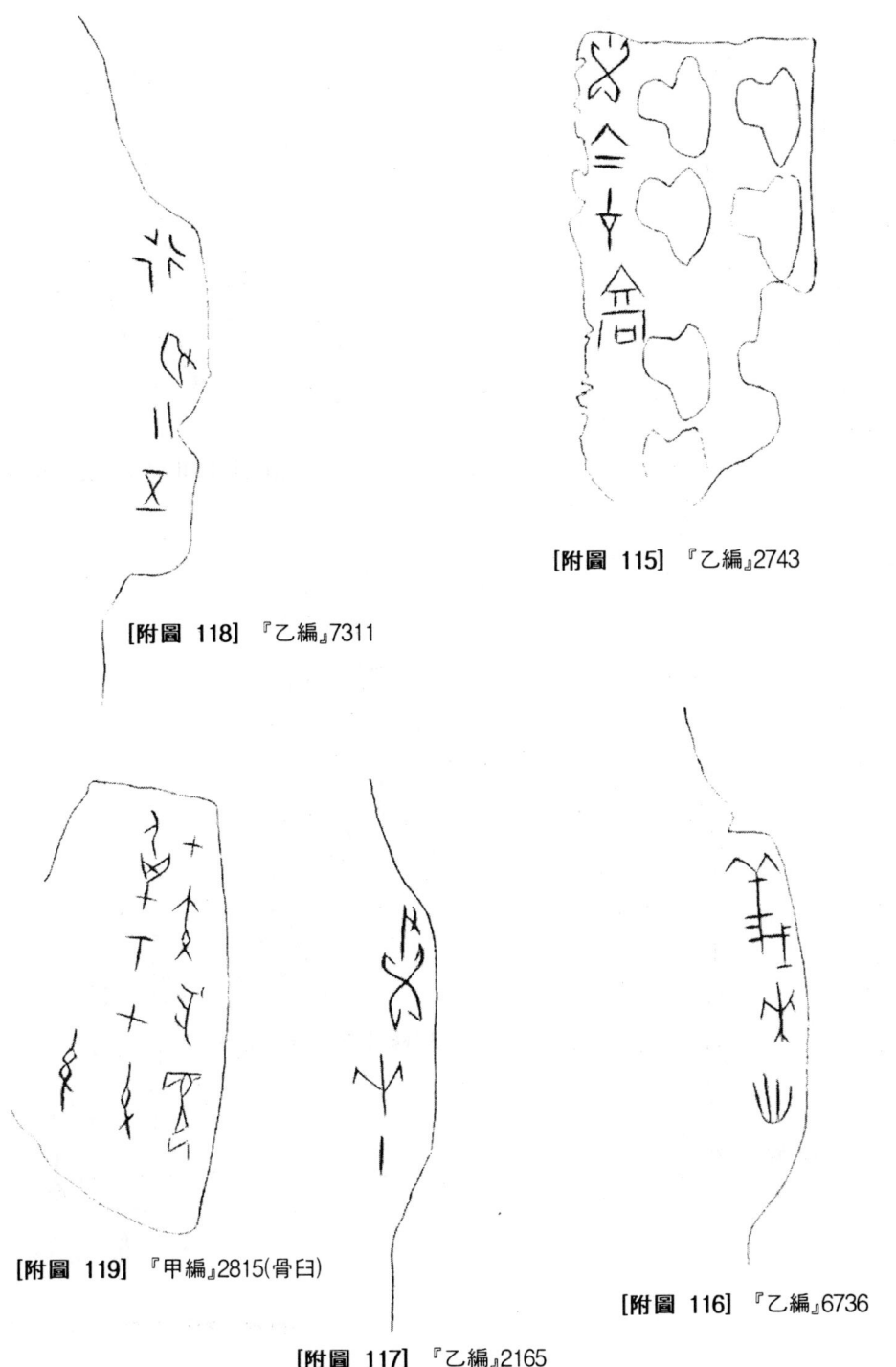

[附圖 115] 『乙編』2743

[附圖 118] 『乙編』7311

[附圖 119] 『甲編』2815(骨臼)

[附圖 117] 『乙編』2165

[附圖 116] 『乙編』6736

갑골문의 분류와 주요내용 · *251*

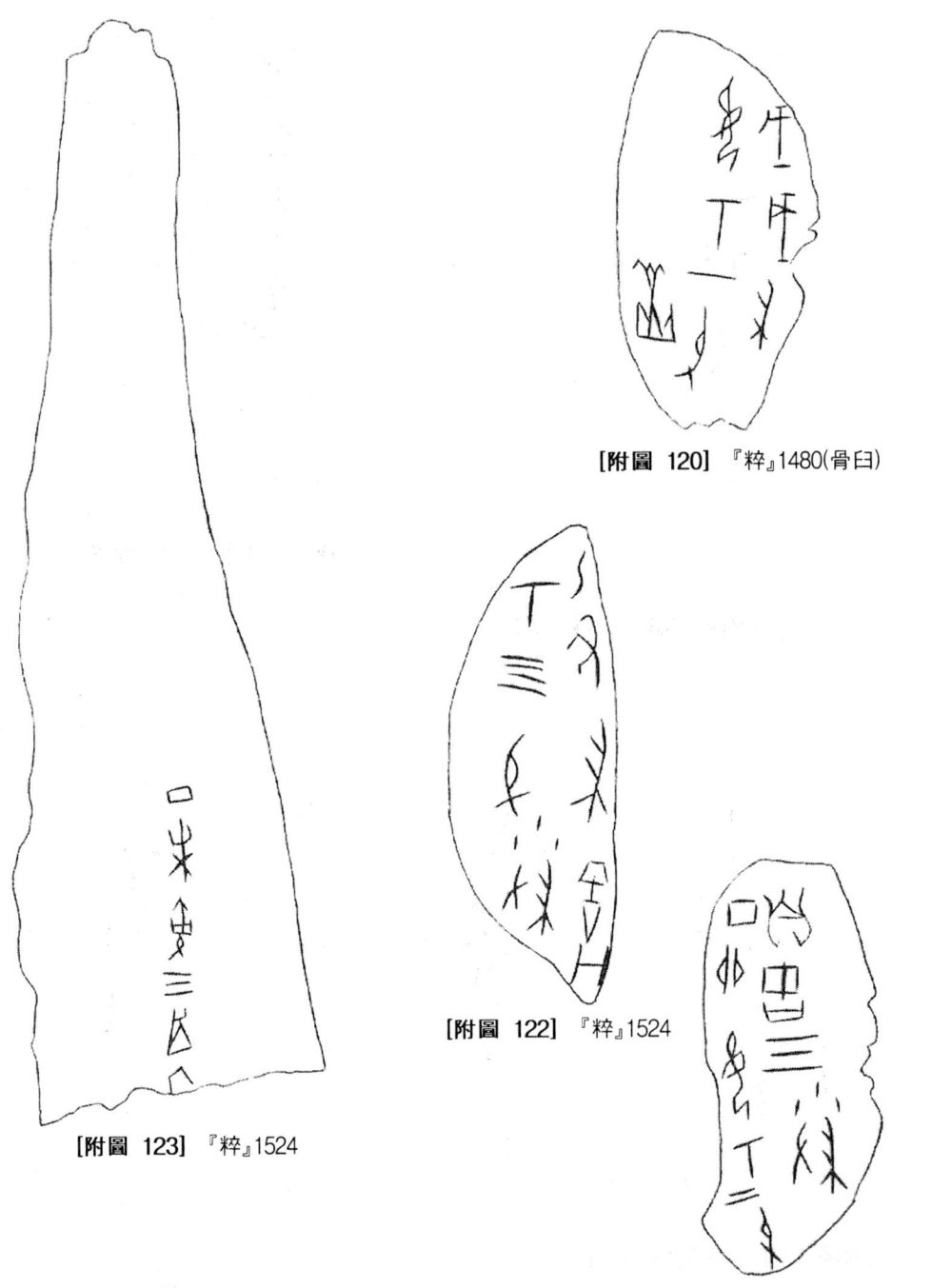

[附圖 120] 『粹』1480(骨臼)

[附圖 122] 『粹』1524

[附圖 123] 『粹』1524

[附圖 121] 『續編』5·16·3(骨臼)

[附圖 124] 『粹』1529

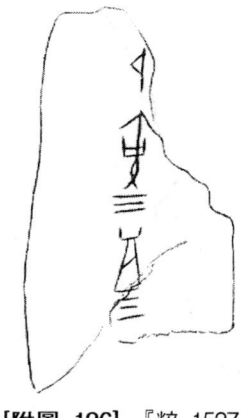

[附圖 126] 『粹』1527

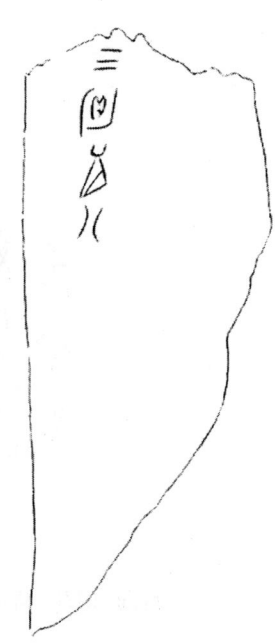

[附圖 125] 『粹』1526

갑골문의 분류와 주요내용 • 253

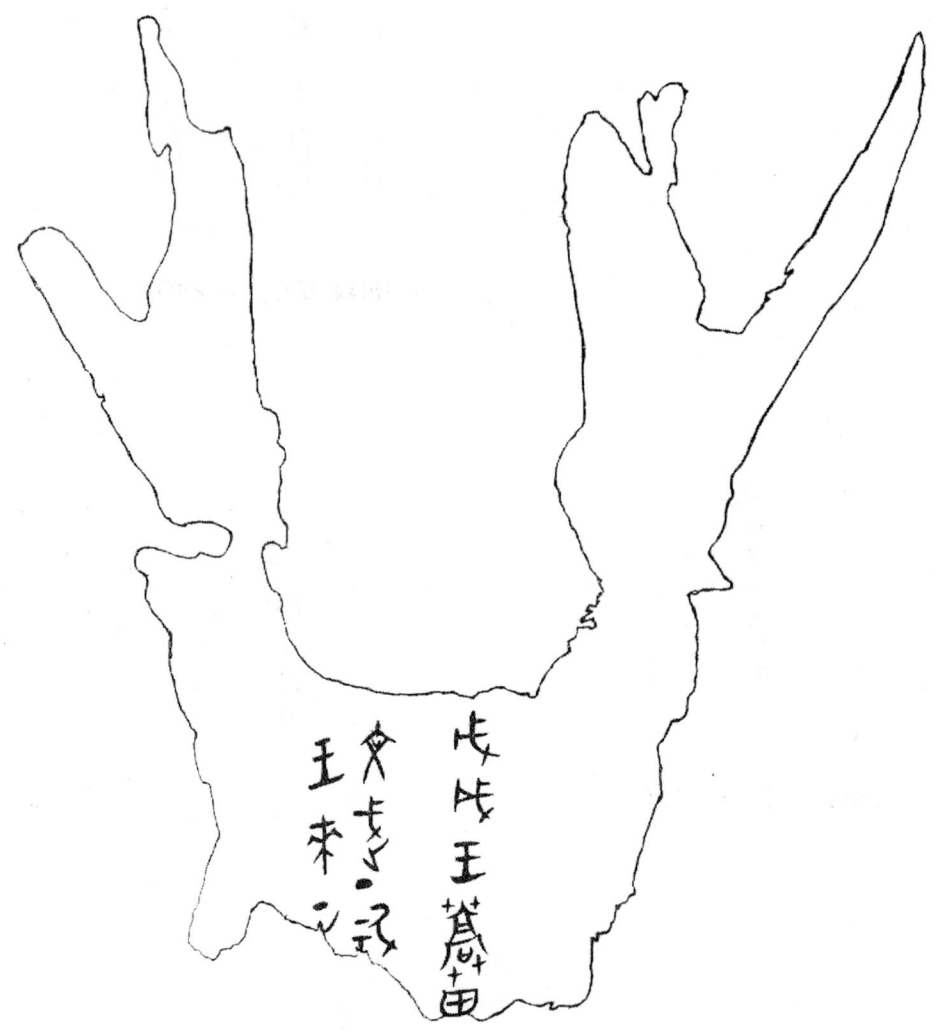

[附圖 127] 鹿頭刻辭(사슴 머리뼈 刻辭)『甲編』3940

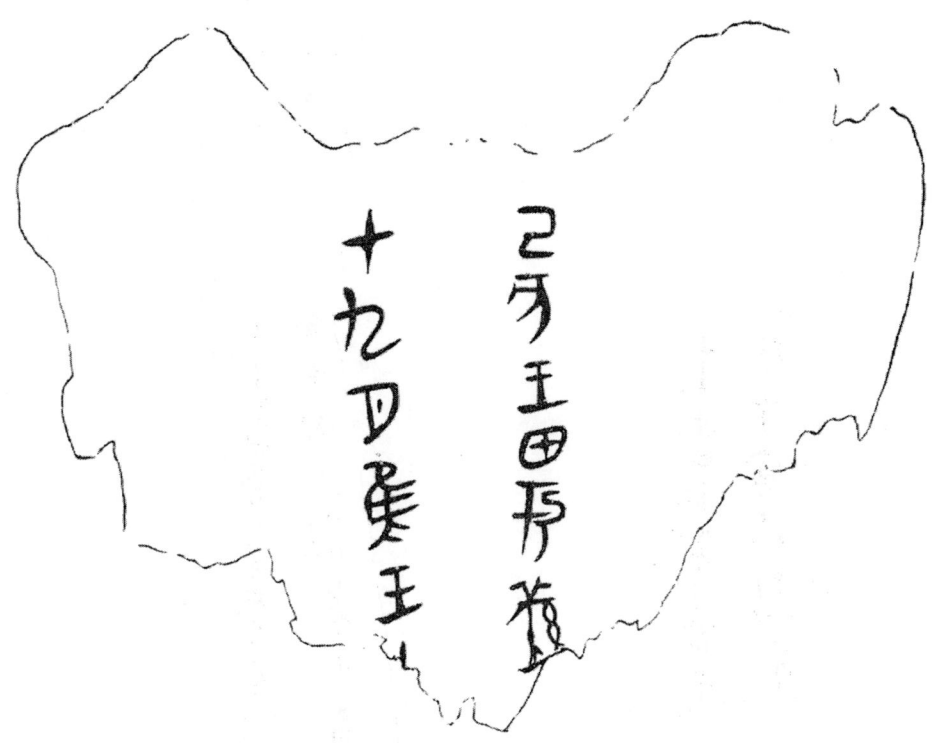

[附圖 128] 鹿頭刻辭『甲編』3941片

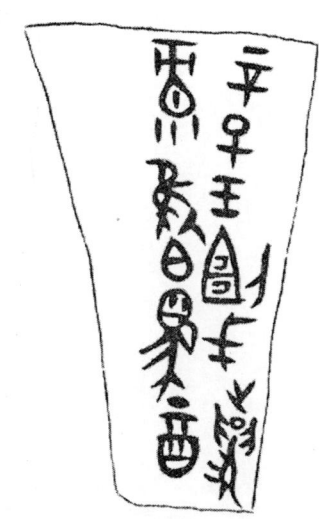

[附圖 129] 獸肋骨刻辭(짐승 갈비뼈 刻辭)
『佚』427片에 있음. 글자를 松石으로 象嵌한 것으로 미루어 아마도 이것은 외뿔들소의 뼈를 다듬어 만든 숟가락으로 田獵의 공적을 치하하는 용품이고, 일상용구가 아닌 것으로 추측된다.

갑골문의 분류와 주요내용 • 255

[附圖 131] 獸肋骨刻辭『佚』426片에 있음.

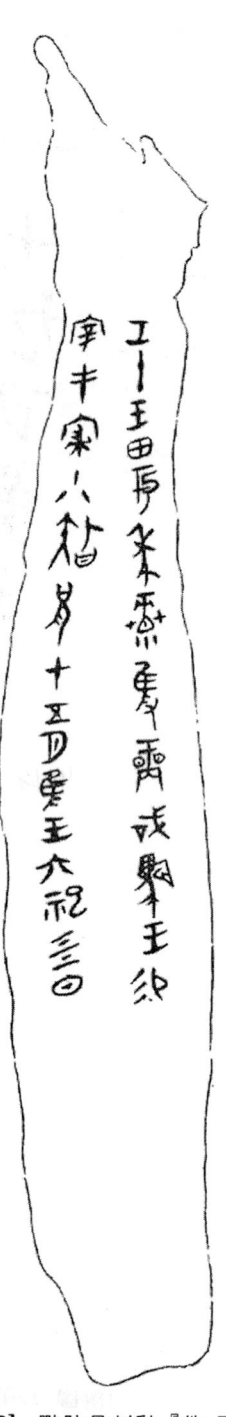

[附圖 130] 獸肋骨刻辭『佚』518片에 있음.

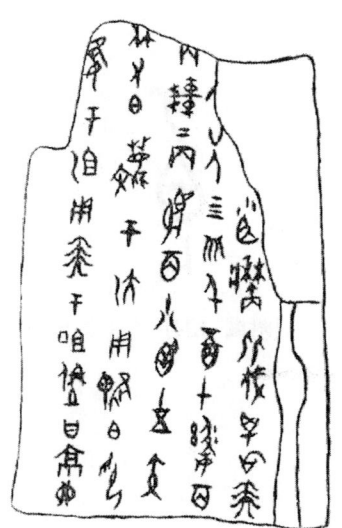

[附圖 133] 『續存』下915

[附圖 132] 虎骨刻辭 『懷特』1915
이 뼈는 호랑이의 우측 上膊骨로 녹색의 松石으로 象嵌하였다. 현재 캐나다 황실 온타리오(Ontario)박물관에 소장되어 있다.

갑골문의 분류와 주요내용 · 257

[附圖 137] 『綜述』圖版 13

[附圖 134] 『京津』5281

『綜述』圖版 13

[附圖 135] 『京津』5282

[附圖 136] 『懷特』1914

제6장 갑골문의 分期-斷代 연구

1. 갑골문 分期斷代의 중요성

은허에서 출토된 10만여편의 갑골문은 商代에 盤庚이 殷으로 도읍을 옮긴 이후의 문자로, 商代의 역사적 사실을 기록하고 있기 때문에 중요한 연구 가치를 지니고 있다는 점에 대해서는 지금까지의 토론을 통해 이미 분명하게 밝힌 바 있다. 그렇다면 商代는 盤庚14년에 殷으로 도읍을 옮긴 후부터 紂王이 멸망할 때까지[1] 273년간 8世 12王을 거쳤는데, 갑골문은 대체 그 중 어떤 시기의 산물일까? 또 갑골문은 각 시기마다 항상 존재했을까? 또 갑골문 한 편만 가지고 말할 때, 그것이 기록하고 있는 것은 대체 어느 왕, 어느 시기의 사건일까? 이러한 문제를 해결하지 않고서는 갑골문의 상대적인 연대를 구체적으로 판단할 수 없기 때문에 10만여 편의 갑골은 그저 한 무더기의 '골동품'일 수밖에 없고, 거기에 기록된 사건은 어수선하며 산발적인 사건일 수밖에 없으므로 사회나 역사 연구에 있어서는 별로 큰 가치를 지니지 못한다. 일례를 들어보자면, 갑골문에 자주 보이는 '王'은 사냥을 하기도 하고, 方國을 정벌하기도 하고, 선조에게 제사를 지내기도 하고 길흉을 점치기도 하는 등 많은 사건의 주체로 등장하는데, 이 '王'이 구체적으로 누구를 지칭하는지 정확히 구별하지 않으면 골치가 아프게 된다. 다음의 卜辭를 예로 들어 보기로 하자.

---

[1] 董作賓이 추정한 연표에 근거하면 盤慶이 殷으로 도읍을 옮긴 것은 기원전 1385년이고 商나라가 멸망한 것은 기원전 1112년이다. 이상의 내용은 『殷曆譜』 제2부의 1쪽을 참고할 것.

① 丁酉卜, 殷貞 : 今𢀛王𢁉人五千正(征)土方, 受有又? (정유일에 殷이 점쳐 묻습니다. "오늘 𢀛에서 왕이 오천명을 징집하여 土方을 정벌하려고 하는데 하늘의 보우하심이 있겠습니까?") (『後編』上31・5)

② 庚申卜, 王貞 : 往來亡禍? (경신일에 왕이 점쳐 묻습니다. "오고 가는데 재앙이 없겠습니까?") (『鐵』261・3)

③ 癸酉卜, 王貞 : 旬亡禍? 在十一月. 癸未卜, 王貞 : 旬亡禍? 在十一月. 癸巳卜, 王貞 : 旬亡禍? 在十一月. 癸卯卜, 王貞 : 旬亡禍? 在十二月. (계유일에 왕이 점쳐 묻습니다. "열흘간 재앙이 없겠습니까?" 때는 11월이다. 계미일에 왕이 점쳐 묻습니다. "열흘간 재앙이 없겠습니까? 때는 11월이다. 계사일에 왕이 점쳐 묻습니다. "열흘간 재앙이 없겠습니까?" 때는 11월이다. 계묘일에 왕이 점쳐 묻습니다. "열흘간 재앙이 없겠습니까?" 때는 12월이다.) (『新綴』644)

④ 乙亥卜, 行貞 : 王賓小乙, 酓, 亡尤? 在十一月. 丁丑卜, 行貞 : 王賓父丁, 酓, 亡尤? 己卯卜, 行貞 : 王賓兄己, 酓, 亡尤?…… (을해일에 行이 점쳐 묻습니다. "왕이 小乙에게 酓제사로 賓제사를 드리려고 하는데 재앙이 없을까요?" 때는 11월이다. 정축일에 行이 점쳐 묻습니다. "왕이 父丁에게 酓제사로 賓제사를 드리려고 하는데 재앙이 없을까요?" 기묘일에 行이 점쳐 묻습니다. "왕이 兄己에게 酓제사로 賓제사를 드리려고 하는데 재앙이 없을까요?……") (『新綴』303)

⑤ 戊午卜, □貞 : 王其田, 往來亡災? 戊辰卜, 狄貞 : 王其田, 往來亡災? 壬午卜, 狄貞 : 王其田, 往來亡災? (무오일에 □이 점쳐 묻습니다. "왕이 사냥을 가는데, 오고가는 데 재앙이 없겠습니까?" 무진일에 狄이 점쳐 묻습니다. "왕이 사냥을 가는 데 오고가는데 재앙이 없겠습니까?" 임오일에 狄이 점쳐 묻습니다. "왕이 사냥을 가는데 오고가는 데 재앙이 없겠습니까?") (『殷綴』24)

⑥ 癸亥卜, 王其入商, 叀乙丑? (계해일에 점칩니다. "왕이 商에 들어가려고 하는데 을축일에 갈까요?") (馬胛骨刻辭)

⑦ 癸巳卜, 貞 : 王旬亡禍? 在十二月. 在齊𠂤(次), 唯王來正人方. (계사일에 점쳐 묻습니다. "왕에게 열흘간 재앙이 없겠습니까?" 때는 12월이다. 齊에서 행군 도중 머물렀다가 왕이 人方을 정벌하러 왔다.) (『前綴』2・15・3)

이 7편의 卜辭에서는 모두 '王'의 활동을 기록하고 있다. 만약 이를 시대에 따라 구분하여 이 복사들의 내용이 구체적으로 어떤 '王'에 속한 것인지 구별하지 않고 천편일률적으로 그것들을 동일한 '王'의 행위로 간주한다면, 인식상에 있어 막대한 잘못을 범하게 되어, 본래 아주 명확했던 역사적 사실을 완전히 다른 모습으로 전도시키고 말 것이다.

그렇기 때문에 한 편의 구체적인 갑골문에 대하여, 단순히 그것이 3천여년 전의 商代의 문자라는 것을 아는 데 만족하지 않고, 나아가 그것이 대체 273년의 早期·中期·晩期 중 어느 시기의 것인지를 구별해야 한다. 이렇게 구체적인 시대를 판단하는 작업을 '斷代'라고 한다. 董作賓의 말을 빌려 말하자면, 그것은 "매 갑골편에 기록된 역사적 사실을 그것이 원래 속한 시대로 환원하는 것"[2]이다. 이렇게 하면 갑골문을 막연하게 파악하여 서로 다른 시기에 발생한 사건을 한데 섞어 논하는 일을 피하게 된다. 상술한 7편의 갑골 중 왕이 土方을 정벌하는 것에 관해 말한 첫 번째 갑골편은 武丁시기의 사건이고, 왕이 人方을 정벌하는 것에 관해 말한 일곱 번째 갑골편은 帝乙이나 帝辛 시기의 사건으로, 그 사이에는 200여년의 시간 차이가 있다. 왕이 직접 점을 치면서 "오고 가는 데 재앙이 없겠는가"를 물은 두 번째 갑골편에서의 '王'은 武丁이고, 왕이 직접 점을 치면서 다음 열흘간의 길흉을 물은 세 번째 갑골편에서의 '王'은 祖甲이다. 네 번째 갑골편의 '王'도 祖甲이고, 다섯 번째·여섯 번째 갑골편에서의 '王'은 廩辛이 아니면 康丁이다. 이처럼 이 일곱 개의 갑골편은 사실 각기 早期와 中期, 晩期의 세 시기에 속한 것들임을 알 수 있다.

갑골의 시기를 구분하는 分期斷代는 갑골에 기록된 각종 사실을 과학적인 연구 재료로 바꾸는 것이다. 이렇게 해야 商代의 역사적 사실에 대한 연구가 가능해지고 상대 각 시기의 사회생활·전장제도 및 그 변화과정에 대한 연구가 가능해지는 것이다. 斷代에 대한 연구가 없다면 이 모든 것은 空論이 되고 만다.

갑골문의 단대 연구는 殷墟를 보는 관점과도 관련되어 있고, 갑골문자 자체의 시대성을 확정하는 문제와도 관련되어 있다. 제1장에서 이미 언급했듯이 古籍의 기재에 근거하면 小屯은 바로 殷墟로, 盤庚이 殷으로 천도한 후 商 왕조가 멸망할 때까지 계속 商代의 수도였던 곳이다. 하지만 古書에는 "帝乙이 沫(朝歌)로 천도했다(帝乙遷沫)(朝歌)"는 기록이 있기 때문에 羅振玉과 王國維는 이에 근거하여 殷墟의 하한선을 帝乙 시대로 정했으며, 郭沫若 역시 이 설을 믿었다. 郭沫若은 『卜辭通纂·序』에서 帝乙이 재위 20년 후에 沫로 천도했다고 극력 주장하면서 복사에는 妣戊(武乙의 배우자)의 이름이 보이지 않는다는 것을 그 이유로 들었다.[3] 帝辛卜辭가 있다는 것을 부정했기 때문에 帝乙 시대의 복사가 아주 많아지게 되었는데, 郭沫若은 이것을 "당시 재위에 있는 왕에게 속하는 물건이기 때문에 보존에

---

2) "把每一塊甲骨上所記的史實, 還他個原有的時代." (董作賓, 「甲骨文斷代研究例」, 『慶祝蔡元培先生六十五歲論文集』, 1933년.) 본 章에서 인용하는 董作賓의 말은 모두 동일한 출처에서 인용한 것이므로 이후에는 따로 주를 하지 않기로 한다.
3) 이 주장은 『殷周青銅器銘文研究·戊辰彝考釋』에도 보인다.

더더욱 신경을 쓴 탓"4)이라고 설명하였다. 그는 『甲骨文合集』을 주편할 때 편집을 담당하는 사람들에게 "帝辛 시대의 갑골복사가 있는지 없는지 자세히 살펴 볼 것"5)을 지시하기도 했다. 즉, 만약 10만여 편의 갑골 중에서 진정으로 帝辛 시대에 속하는 복사를 판별해내지 못한다면, 古本『竹書紀年』의 "더 이상 천도하지 않았다(更不徙都)"는 설이 옳고 "帝乙이 沫로 천도했다"는 설은 틀리다는 것을 판단할 수 없게 됨을 알 수 있다. 董作賓은 갑골문의 시대를 帝辛 시대까지로 늘이긴 했지만, 그 역시 郭沫若이 말한 '妣戊'라는 이름은 찾아내지 못했다. 후에 陳夢家가 淸華大學에 소장된 갑골문 속에서 '妣癸'라는 稱謂가 있는 복사를 한 편 발견했는데 다음과 같다.

癸亥卜, 貞 : 王賓妣癸肜日, 亡尤? (계해일에 점쳐 묻습니다. "왕이 肜 제사를 드리는 날6)에 妣癸에게 賓제사를 드리려고 하는데 재앙이 없겠습니까?")(『寧滬』2・125)

字體를 보면 帝乙・帝辛 시대에 속하는 것이 틀림없으므로, 妣癸는 帝辛이 文丁의 배우자를 칭하는 말이 분명하다(이와 관련된 것으로 母癸는 바로 帝乙이 文丁의 배우자를 칭하는 말이다). 陳夢家는 "이 갑골편으로 安陽에서 출토된 갑골 중에는 帝乙・帝辛 시대에 속하는 것이 있다는 것을 증명할 수 있다."7)고 하였다. 이 갑골편 외에도 帝辛시대에 妣癸를 칭한 복사들을 발견할 수 있다.8)

갑골문이 포함하는 시대의 상한선은 현재 일반적으로 武丁시대로 여겨지고 있다. 어떤 학자들은 일부 卜辭가 武丁 이전, 즉 盤庚・小辛・小乙 시대의 것이라고 여기기도 한다. 그러나 충분한 증거가 없기 때문에 아직 확정할 방법이 없다. 이 문제를 진정으로 해결하기 위해서는 차후에 지하에서 출토될 재료들을 가지고 斷代 문제를 심도깊게 연구할 날을 기다려야 한다.

갑골문자 자체에서도 斷代 연구는 아주 중요한 문제이다. 자형의 발전 변화, 전후의 차

---

4) "蓋以物屬今王, 故保存加愼也."
5) "仔細考慮, 到底有沒有帝辛時的甲骨卜辭."(胡厚宣, 「沈痛悼念尊敬的郭沫若同志」, 『中華文史論叢』제8집)
6) 【譯註】常玉芝는 卜辭에서는 周祭祭祀를 드리는 날로 날짜를 표시하기도 했다고 설명하면서 "彡日"・"翌日"・"肜日" 등은 干支日이 모두 그 제사를 드리는 날과 일치되는 날임을 나타낸다고 하였다. "彡日"은 "肜日"과 같다.
7) "由此一片, 可證安陽出土甲骨確有屬于帝乙帝辛之世者."(陳夢家, 『殷墟卜辭綜述』, 314쪽)
8) 陳夢家, 『殷墟卜辭綜述』제13장 제1절

문자라는 것을 아는 데 만족하지 않고, 나아가 그것이 대체 273년의 早期·中期·晚期 중 어느 시기의 것인지를 구별해야 한다. 이렇게 구체적인 시대를 판단하는 작업을 '斷代'라고 한다. 董作賓의 말을 빌려 말하자면, 그것은 "매 갑골편에 기록된 역사적 사실을 그것이 원래 속한 시대로 환원하는 것"[2]이다. 이렇게 하면 갑골문을 막연하게 파악하여 서로 다른 시기에 발생한 사건을 한데 섞어 논하는 일을 피하게 된다. 상술한 7편의 갑골 중 왕이 土方을 정벌하는 것에 관해 말한 첫 번째 갑골편은 武丁시기의 사건이고, 왕이 人方을 정벌하는 것에 관해 말한 일곱 번째 갑골편은 帝乙이나 帝辛 시기의 사건으로, 그 사이에는 200여년의 시간 차이가 있다. 왕이 직접 점을 치면서 "오고 가는 데 재앙이 없겠는가"를 물은 두 번째 갑골편에서의 '王'은 武丁이고, 왕이 직접 점을 치면서 다음 열흘간의 길흉을 물은 세 번째 갑골편에서의 '王'은 祖甲이다. 네 번째 갑골편의 '王'도 祖甲이고, 다섯 번째·여섯 번째 갑골편에서의 '王'은 廩辛이 아니면 康丁이다. 이처럼 이 일곱 개의 갑골편은 사실 각기 早期와 中期, 晚期의 세 시기에 속한 것들임을 알 수 있다.

    갑골의 시기를 구분하는 分期斷代는 갑골에 기록된 각종 사실을 과학적인 연구 재료로 바꾸는 것이다. 이렇게 해야 商代의 역사적 사실에 대한 연구가 가능해지고 상대 각 시기의 사회생활·전장제도 및 그 변화과정에 대한 연구가 가능해지는 것이다. 斷代에 대한 연구가 없다면 이 모든 것은 空論이 되고 만다.

    갑골문의 단대 연구는 殷墟를 보는 관점과도 관련되어 있고, 갑골문자 자체의 시대성을 확정하는 문제와도 관련되어 있다. 제1장에서 이미 언급했듯이 古籍의 기재에 근거하면 小屯은 바로 殷墟로, 盤庚이 殷으로 천도한 후 商 왕조가 멸망할 때까지 계속 商代의 수도였던 곳이다. 하지만 古書에는 "帝乙이 沬(朝歌)로 천도했다(帝乙遷沬)(朝歌)"는 기록이 있기 때문에 羅振玉과 王國維는 이에 근거하여 殷墟의 하한선을 帝乙 시대로 정했으며, 郭沫若 역시 이 설을 믿었다. 郭沫若은 『卜辭通纂·序』에서 帝乙이 재위 20년 후에 沬로 천도했다고 극력 주장하면서 복사에는 妣戊(武乙의 배우자)의 이름이 보이지 않는다는 것을 그 이유로 들었다.[3] 帝辛卜辭가 있다는 것을 부정했기 때문에 帝乙 시대의 복사가 아주 많아지게 되었는데, 郭沫若은 이것을 "당시 재위에 있는 왕에게 속하는 물건이기 때문에 보존에

---

[2] "把每一塊甲骨上所記的史實, 還他個原有的時代." (董作賓, 「甲骨文斷代研究例」, 『慶祝蔡元培先生六十五歲論文集』, 1933.) 본 章에서 인용하는 董作賓의 말은 모두 동일한 출처에서 인용한 것이므로 이후에는 따로 주를 하지 않기로 한다.
[3] 이 주장은 『殷周靑銅器銘文研究·戊辰彝考釋』에도 보인다.

더더욱 신경을 쓴 탓"4)이라고 설명하였다. 그는 『甲骨文合集』을 주편할 때 편집을 담당하는 사람들에게 "帝辛 시대의 갑골복사가 있는지 없는지 자세히 살펴 볼 것"5)을 지시하기도 했다. 즉, 만약 10만여 편의 갑골 중에서 진정으로 帝辛 시대에 속하는 복사를 판별해내지 못한다면, 古本『竹書紀年』의 "더 이상 천도하지 않았다(更不徒都)"는 설이 옳고 "帝乙이 沫로 천도했다"는 설은 틀리다는 것을 판단할 수 없게 됨을 알 수 있다. 董作賓은 갑골문의 시대를 帝辛 시대까지로 늘이긴 했지만, 그 역시 郭沫若이 말한 '妣戊'라는 이름은 찾아내지 못했다. 후에 陳夢家가 淸華大學에 소장된 갑골문 속에서 '妣癸'라는 稱謂가 있는 복사를 한 편 발견했는데 다음과 같다.

癸亥卜, 貞 : 王賓妣癸肜日, 亡尤? (계해일에 점쳐 묻습니다. "왕이 肜 제사를 드리는 날6)에 妣癸에게 賓제사를 드리려고 하는데 재앙이 없겠습니까?")(『寧滬』2·125)

字體를 보면 帝乙·帝辛 시대에 속하는 것이 틀림없으므로, 妣癸는 帝辛이 文丁의 배우자를 칭하는 말이 분명하다(이와 관련된 것으로 母癸는 바로 帝乙이 文丁의 배우자를 칭하는 말이다). 陳夢家는 "이 갑골편으로 安陽에서 출토된 갑골 중에는 帝乙·帝辛 시대에 속하는 것이 있다는 것을 증명할 수 있다."7)고 하였다. 이 갑골편 외에도 帝辛시대에 妣癸를 칭한 복사들을 발견할 수 있다.8)

갑골문이 포함하는 시대의 상한선은 현재 일반적으로 武丁시대로 여겨지고 있다. 어떤 학자들은 일부 卜辭가 武丁 이전, 즉 盤庚·小辛·小乙 시대의 것이라고 여기기도 한다. 그러나 충분한 증거가 없기 때문에 아직 확정할 방법이 없다. 이 문제를 진정으로 해결하기 위해서는 차후에 지하에서 출토될 재료들을 가지고 斷代 문제를 심도깊게 연구할 날을 기다려야 한다.

갑골문자 자체에서도 斷代 연구는 아주 중요한 문제이다. 자형의 발전 변화, 전후의 차

---

4) "蓋以物屬今王, 故保存加愼也."
5) "仔細考慮, 到底有沒有帝辛時的甲骨卜辭."(胡厚宣, 「沈痛悼念尊敬的郭沫若同志」, 『中華文史論叢』제8집)
6) 【譯註】 常玉芝는 卜辭에서는 周祭祭祀를 드리는 날로 날짜를 표시하기도 했다고 설명하면서 "彡日"·"翌日"·"肜日" 등은 干支日이 모두 그 제사를 드리는 날과 일치되는 날임을 나타낸다고 하였다. "彡日"은 "肜日"과 같다.
7) "由此一片, 可證安陽出土甲骨確有屬于帝乙帝辛之世者."(陳夢家, 『殷墟卜辭綜述』, 314쪽)
8) 陳夢家, 『殷墟卜辭綜述』 제13장 제1절

이 등은 시기를 나누는데 도움이 되는 것들이다. 하지만 근본적으로 말해, 대량의 갑골문은 시기를 나눈 후에야 갑골문자 내부의 발전 변화에 대한 각종 현상이 충분히 인식되어, 총괄적으로 귀납하고 이론적으로 논술·개괄할 수 있게 된다. 만약 斷代라는 개념이 없고 斷代에 대한 연구가 없다면, 전후 시기별 자형 구조의 변화를 잘못 오인하여 한 글자를 두 개의 다른 글자로 보게 되고, 심지어는 본말을 전도시켜 잘못된 결론을 내릴 수도 있다. 이와 관련하여, 문법·어휘에 대한 연구 역시 斷代 연구와 떨어질 수 없는 관계에 있다. 만약 斷代의 개념을 접어둔 채 갑골문의 문법과 어휘를 얘기한다면, 전후시기를 분석·비교할 수 없기 때문에 그 사이의 세밀한 변화(문법)나 점진적인 발전(어휘)를 보지 못하고 그저 하나로 뭉뚱그려 甲骨文이 어쩌고 저쩌고 얘기하거나, 전후의 문법 현상의 차이를 한꺼번에 논하거나, 通例를 變例로 간주하는 등, 있어서는 안될 혼란을 만들 수밖에 없게 된다.

결론적으로, 갑골문에 대한 구체적인 分期斷代는 비교적 명확한 시대성을 부여함으로서 갑골문을 종류별·유형별로 연구하는 데도 도움이 되고, 문자, 문법, 어휘 등의 분야에 대해 심도 깊은 연구를 하는 데도 도움이 된다. 斷代는 바로 갑골문 연구의 기초이다.

2. 갑골문 斷代의 표준

일반적으로 10만여 편의 갑골문은 시간 순서에 따라 다음과 같은 다섯 시기로 구분될 수 있다.

제1기 : 武丁 및 武丁 이전
제2기 : 祖庚·祖甲
제3기 : 廩辛·康丁
제4기 : 武乙·文丁
제5기 : 帝乙·帝辛

그렇다면, 대체 어떻게 해야 갑골문의 구체적인 연대를 파악할 수 있는 것일까? 또 어떤 표준을 이용하여 10만여 편의 갑골문의 시대를 나눌 수 있는 것일까?

제2장에서 언급했듯이, 王國維는 복사의 稱謂 관계에 근거하여 몇몇 갑골편의 시대를 확정했다. 王國維는 최초로 斷代 문제를 연구하여 후학들에게 계시를 주었기 때문에 그의 공헌은 적지 않다 하겠다. 그러나 그는 그것을 이론화하지 못했고, 또 구체적으로 갑골문의 分期 문제를 논하지도 않았다. 그 이후에 체계적으로 斷代 연구의 표준을 제시하고 구체적으로 갑골문의 分期를 다룬 사람은 바로 董作賓이다.

董作賓(1896-1963)은 字가 彦堂이고 河南 南陽 사람이며, 北京大學硏究所 國學科를 졸업하였고 전 中央硏究院 歷史語言硏究所의 연구원을 지냈다. 安陽 殷墟의 과학적인 발굴은 董作賓에게서 시작되었다. 董作賓은 田野考古에 직접 참가했기 때문에 갑골문 연구와 은허에 대한 고찰을 결합시켜 갑골문 연구 작업을 한층 더 진보시켰다. 「大龜四版考釋」을 쓸 때 董作賓은 ① 坑層(구덩이의 지층), ② 同出器物(함께 출토된 기물), ③ 貞卜事類(점 친 내용), ④ 所祀帝王(제사 받는 왕), ⑤ 貞人(정인), ⑥ 文體(문체), ⑦ 用字(글자 사용), ⑧ 書法(서법) 8가지를 斷代 연구에 있어 고려해야 할 8가지 항목으로 제시한 바 있다. 董作賓은 「甲骨文斷代硏究例」라는 논문에서 이것을 다시 ① 世系(세계), ② 稱謂(제사받는 자의 호칭), ③ 貞人(정인), ④ 坑位(구덩이의 위치), ⑤ 方國(주변 국가), ⑥ 人物(인물), ⑦ 事類(점 친 내용), ⑧ 文法(문법), ⑨ 字形(자형), ⑩ 書體(서체) 라는 10가지 표준으로 발전시켰다. 20년 후, 그는 『甲骨學五十年』을 저술할 때 이 10가지 표준에 대해 다시 보충과 수정을 가하면서 "10가지 斷代표준 중에서 世系·稱謂·貞人·坑位 네 가지는 直接標準이고, 方國·人物·事類·文法·字形·書體 6가지는 間接標準이다……方國은 원래 표준으로 삼을 수 없는 것이다. 殷代의 諸侯 方國은 대부분 세습되었고 명칭 역시 시종일관 동일했으므로, 어느 왕 시기에 그 方國이 있었고, 그 이후 혹은 이전에는 그러한 方國이 없었다고 말할 수 없기 때문이다. 내가 당시 그것을 표준으로 제시한 까닭은 그저 殷 왕실이 특정 시기에 특정 方國과의 교류가 특별히 많았기 때문이었다."[9]라 하였다.

이 10가지 표준에 대해 학자들은 일반적으로 별다른 이견 없이 기본적으로는 모두 수용하고 있다. 陳夢家는 『殷虛卜辭綜述』의 斷代 부분에서 '坑位'를 없애면서 "갑골 斷代의 주

---

9) "十個斷代標準中, 世系·稱謂·貞人·坑位四者, 是直接標準; 方國·人物·事類·文法·字形·書體六者則是間接標準.……方國本來不能算作標準, 因爲在殷代諸侯方國大都是世襲的, 名稱也是始終一致的, 我們不能說在某一王的時期有此國, 以後或以前就沒有它, 我當時列爲標準, 只是因爲殷王室在一個時期和某一方國的交涉特別之多而已."(董作賓, 『甲骨學五十年』, 122쪽)

요 표준은 卜辭에서 구할 수밖에 없다."10)고 보았다. 陳夢家는 董作賓의 주장을 기초로 하면서 그것들을 다시 세가지 표준으로 귀납하였다. 제1표준은 世系・稱謂・貞人으로 "이 세 가지는 갑골 斷代의 우선적인 조건이다"11)라 했고, 제2표준은 字體・어휘[詞匯]・文例(즉 辭例)로, 이것에 근거하여 "貞人이 없는 卜辭의 연대를 밝혀낼 수 있다."12)고 했으며, 제3표준은 각종 제도의 차이로 "이 역시 시대를 판단하는데 사용될 수 있다."13)고 하였다. 구체적으로 시기를 나눌 때 陳夢家는 康丁卜辭와 武乙・文丁卜辭를 한 시기로 합쳐 "康武文卜辭"라고 불렀다.

근래에 許進雄이 또 鑽鑿 형태를 斷代의 보조적인 표준으로 삼으면서 갑골의 鑽鑿 형태(방식, 길이, 배열, 불탄 흔적 등)의 차이에 근거하여 갑골이 속한 연대를 판단할 수 있다고 보았다. 許進雄이 근거한 연구재료는 그다지 많지 않기 때문에(제13・14・15차 발굴로 얻어진 갑골 실물에 대해 그는 아직 보지 못한 상태이다), 부분적인 재료에만 근거하여 귀납한 규율이 다른 재료에도 적용 가능한지의 여부를 확실하게 단정하기 어려우므로 그의 주장이 옳은지 그른지에 관해서는 좀 더 검증할 필요가 있다.

최근 수십년 동안 갑골 斷代에 관해 연구하거나 토론한 문장에서는 董作賓의 10가지 표준을 기초 혹은 전제로 삼지 않은 것이 없었다. 수십년 동안 갑골 斷代 방면에 관한 논쟁 역시 모두 董作賓에 의해 야기된 것이었다. 따라서 본 장에서는 우선 董作賓이 제기한 10가지 표준을 분석하고 검증하여, 적용 가능한 것과 버려야 할 것이 무엇인지, 또 수정 혹은 보충이 필요한 것이 무엇인지에 관해 살펴 보기로 하겠다.

(1) 世系

商代 先公先王의 世系(전후의 배열 순서)는 祭祀卜辭에 자주 보이기 때문에, 그것을 근거로 하면 각 왕 사이의 거리, 즉 位次・世次・直系(大示)・旁系(小示)를 고찰할 수 있고, 또 이 世次 사이의 관계에 근거하면 갑골의 상대적인 연대도 추정할 수 있다. 世次를 분명하게 보여주는 卜辭는 『粹』112, 113 및 『佚』986이 가장 중요하다.(釋文은 제5장을 참고할 것)

---

10) "甲骨斷代的主要標準只有求之于銘辭."
11) "此三者是甲骨斷代的首先條件."
12) "可以判定不具卜人的卜辭的年代."
13) "也可作爲判別時代的一種用處." (이상 3가지 표준에 대한 陳夢家의 말은 『殷墟卜辭綜述』 137-138쪽 참고)

『粹』112, 113에 근거하면 上甲 이하의 先公의 순서가 報乙·報丙·報丁·示壬·示癸라는 점을 알 수 있고, 이것을 통하여 報丁·報乙·報丙 순으로 기록한 『史記』의 잘못을 수정할 수 있다. 『佚』986에 근거하면 '十示(선조 열 분)'의 순서가 上甲(先公의 대표)·大乙·大丁·大甲·大庚·大戊·中丁·祖乙·祖辛·祖丁이며 모두 직계에 속한다는 것을 알 수 있다. 董作賓은 "이 十示 중의 祖丁은 祖로 칭해지므로 아무리 빨라도 武丁 시대 이전일 수 없다."14)라 하였는데 옳은 지적이다. '十示'는 이미 확정된 世次가 존재하므로, 卜辭에 보이는 十二示·十三示·卄示 역시 그에 따라 확정지을 수 있어서, 그 복사의 시대 역시 이에 따라 추정할 수 있다. 예를 들어 보자.

乙未貞 : 其禾自上甲十示又三, 牛, 小示, 羊? (을미일에 묻습니다. "上甲에서부터 선조 열 세분에게까지 소로 禾제사를 드릴까요? 小示에게는 양으로 드릴까요?") (『後編』上·28·8)

소위 "十示有三"이란 선조 열 분[十示] 밑으로 선조 세 분[三示]를 더한 것이므로 祖丁 이후의 3세인 小乙·武丁·祖甲을 의미한다. 따라서 이 복사는 廩辛·康丁 시대보다 빠를 수 없다는 것을 알 수 있다. 또 자형을 살펴보면 自는 ᗜ로 썼고 未는 ᐊ로 썼으므로 武乙시대의 것이 분명하다. 또 다음 예를 보자.

甲申卜, 貞 : 酒禾自上甲十示又二, 牛; 小示, 羊? 貞 : 禾于丁? (갑신일에 점쳐 묻습니다. "上甲에서부터 선조 열 두분에게까지 소로 酒제사와 禾제사를 드릴까요? 방계 선조에게는 양으로 드릴까요?" 묻습니다. "丁에게 禾제사를 드릴까요?") (『美錄』686)

마찬가지로, 선조 열두분[十示又二]은 祖丁 이후에 다시 2世, 즉 小乙·武丁을 더한 것이다. 이 복사는 분명 武丁 이후에 새겨진 것이며, 자형을 고찰해보면 祖庚·祖甲 시대에 속하는 것임을 알 수 있다. 또 다음 예를 보자.

貞 : 乙巳, 自上甲卄示, 一牛 : 二示, 羊 △ 尞; 三示, 豕牢, 四示, 犬? (물었다. "을사일에 上甲에서부터 선조 스무분에게까지는 소 한마리로, 선조 두 분에게는 양으로 △ 제사와 尞제사를 드릴까요? 선조 세 분에게는 돼지와 제사용 소를, 선조 네 분에게는 개를 바칠까요?") (『戩』1·9(갑골편 자체는 명확하지 않음. 釋文은 王國維의 考釋을 따랐음))

---

14) "這十示中的祖丁被稱爲祖, 至早也不能過于武丁之世."

소위 선조 스무분[廿示]이란 上甲부터 시작하여 報乙에서 示癸까지의 5世와 大乙에서 祖丁까지의 9世, 小乙에서 武乙까지의 5世를 포함하는 것이다. 그렇기 때문에 이 갑골편은 文丁 시대보다 빠를 수 없다. 上甲에서 武乙 혹은 多後까지 제사지내는 복사는 帝乙·帝辛 시대에 속하는 것들이 많다. 예를 들어 보자.

丁丑卜, 貞 : 王賓自上甲至于武乙, 衣, 亡尤? (정축일에 점치면서 물었다. "왕이 上甲에서 武乙까지 賓제사를 大合祭로 드리려고 하는데 재앙이 없겠습니까?") (『後編』上20·6)

癸卯王卜貞 : 酒, 翌日自上甲至多後, 衣, 亡徳自禍? 在九月, 唯王五[祀].(계묘일에 왕이 점쳐 묻습니다. "다음날 上甲에서 많은 후손들에게까지 酒제사로 大合祭를 드리려고 하는데 스스로 일으키는 화가 없을까요?" 때는 9월이며 왕의 재위 5년이다." (『後編』上20·7)

董作賓은 "衣는 제사이름이고, 殷으로 가차되어 쓰였다. 이것은 大合祭의 의미이다"[15], "소위 多後란 上甲 이하부터 武乙까지의 先公先王을 가리킨다"[16]라고 하였는데 이 두 편의 갑골편에 대한 그의 의견은 정확하다. 하지만 '上甲부터 많은 후손들에게까지[自上甲至多後]'라 했다고 해서 모두 帝乙·帝辛 시대에 점친 것들은 아니다. 예를 들어 『甲編』2905에서는 "癸亥卜, 㱿貞 : 秦年自上甲至于多後?(계해일에 㱿이 점쳐 묻습니다. "上甲 이후 많은 후손들에게 풍년을 祈求할까요?")"라 했는데, 이것은 武丁 시대에 점친 것이다.

상술한 여러 예들은 世系를 판단의 표준으로 삼으면 卜辭의 상한선(즉, 어느 시대보다는 빠를 수 없다는 점)을 확정할 수 있지만, 복사의 하한선은 다른 표준을 같이 살펴 보아야만 확정할 수 있음을 설명해준다. 또 世系에만 근거해서는 전혀 시대를 파악할 방법이 없는 복사들도 있는데 예를 들면 다음과 같다.

乙亥卜, 又自大乙至中丁六示, 牛? (을해일에 점칩니다. "大乙에서 中丁까지 여섯 선조에게 소로 又(侑)제사를 드릴까요?") (『新綴』76)

貞 : 秦于九示? (묻습니다. "아홉 선조에게 秦제사를 드릴까요?) (『鐵』10·4)

이 두 편은 어느 시대에 속하는 것일까? '여섯 선조[六示]'·'아홉 선조[九示]'만으로는

---

15) "衣爲祭名, 假借作殷, 卽大合祭之意."
16) "所謂多後卽指上甲以下至于武乙的先公先王."

알아낼 방법이 없다.

(2) 稱謂

복사에서 제사받는 대상의 稱謂를 이용하여 시대를 판단하는 것은 王國維 이후 학자들이 자주 사용하던 방법이자 비교적 믿을만한 방법이며, 貞人의 시대를 확정하는 문제와도 떨어질 수 없는 방법이다. 董作賓은 "殷나라 사람들이 제사지낼 때 親屬관계의 稱謂는 우선 제사를 주관하던 당시의 왕을 위주로 하여 형은 兄某, 아버지는 父某, 어머니는 母某, 조부모 이상은 祖某・妣某라 칭했으며, 관계가 비교적 먼 경우에는 시호를 사용했다. 이처럼 제사를 주관하는 왕 자신과의 관계에 따라 稱謂를 정하여 조금의 얽힘도 없이 아주 질서정연했다. 따라서 각종 稱謂에 따라 그 복사가 어느 왕의 시대에 속하는지를 정하는 것은 斷代 연구에 있어 아주 좋은 표준이 된다"[17]라 했다. 董作賓은 또 복사 5기의 稱謂表를 제시하였는데, 오늘날 볼 때 약간 수정을 하기만 하면 그대로 사용할 수 있다. 다음에서는 몇몇 예를 들어 살펴 보기로 한다.

　　　父甲一牡? 父庚一牡? 父辛一牡? (父甲에게 숫소 한 마리를 바칠까요? 父庚에게 숫소 한 마리를 바칠까요? 父辛에게 숫소 한 마리를 바칠까요?) (『後編』上20・9)

이것은 武丁시대의 복사로, 王國維의 주장에 의하면 父甲・父庚・父辛은 바로 陽甲・盤庚・小辛이며, 이들은 모두 小乙의 형이자 武丁의 아버지 뻘이다.

　　　己未卜, 其又歲眔兄庚, 牢?
　　　己未卜, 其又歲于兄己, 一牛?
　　　(기미일에 점칩니다. "兄庚에게도 제사용 소로 又제사와 歲제사를 드릴까요?")
　　　(기미일에 점칩니다. "兄己에게 소 한 마리로 又제사와 歲제사를 드릴까요?") (『新綴』268)

이 갑골편에서는 兄庚과 兄己가 함께 보이므로 祖甲시대에 점친 것이 분명하다. 武丁에

---

[17] "殷人祭祀, 于親屬的稱謂, 一以主祭之時王爲主, 兄稱兄某, 父稱父某, 母稱母某, 祖父祖母以上, 則稱祖某妣某; 輩次較遠則稱名諡; 如此以主祭之王本身關係定稱謂, 秩然有序, 絲毫不紊. 由各種稱謂, 定此卜辭應在某王時代, 這是斷代硏究的絶好標準."

게는 孝己라는 아들이 있었는데 즉위하기 전에 죽었으며, 『世本』·『史記』에는 보이지 않고, 今本 『竹書紀年』에 "(武丁)25년에 왕자 孝己가 野에서 죽었다.((武丁)二十五年, 王子孝己卒于野.)"는 기록이 보인다. 祖庚과 祖甲은 兄이라 칭하고 廩辛과 康丁은 父로 칭하였으며, 武乙 이후에는 祖로 칭했다.

　　丁丑卜, 行貞 : 王賓父丁, ✸, 亡尤?
　　己卯卜, 行貞 : 王賓兄己, ✸, 亡尤?
　　[庚]辰卜, 行[貞 : 王]賓兄庚, [✸], 亡尤?
　　(정축일에 行이 점쳐 묻습니다. "왕이 父丁에게 ✸제사를 드리려고 하는데 재앙이 없겠습니까?")
　　(기묘일에 行이 점쳐 묻습니다. "왕이 兄己에게 ✸제사를 드리려고 하는데 재앙이 없겠습니까?")
　　([庚]辰일에 行이 점쳐 [묻습니다. "왕이] 兄己에게 [✸]제사를 드리려고 하는데 재앙이 없겠습니까?") (『新綴』303)

이 갑골편에는 兄己·兄庚 외에 '父丁'이라는 이름도 있다. 이것 역시 祖甲 시대의 산물이다.

　　丙辰卜, 貞 : 康祖丁, 丁, 其牢, 玆用.(병진일에 점치면서 물었다. "康祖丁과 武丁에게 제사용 소를 바칠까요?" 이것은 시행한다.) (『前編』1·21·1)
　　甲申卜, 貞 : ☐武祖乙, 丁, 其牢, 玆[用](갑신일에 점치면서 물었다. "武祖乙과 武丁에게 제사용 소를 바칠까요?" 이것은 [시행한다].) (『後編』上4·15)

이 두 편은 모두 帝乙·帝辛 시대의 것으로, 康祖丁은 康丁이고, 武祖乙은 武乙이다.
　稱謂를 이용하여 시대를 파악하는 것 역시 분명한 한계성을 지니고 있다. 첫째, 卜辭에는 稱謂가 없는 것이 대다수를 차지하고 있고, 稱謂를 통해 시대를 판별할 수 있는 것은 극소수에 지나지 않는다. 둘째, 어떤 稱謂는 서로 다른 시대에 똑같이 사용될 수 있다. 예를 들어 '父丁'은 祖庚·祖甲이 武丁을 칭한 것일 수도 있고 武乙이 康丁을 칭한 것일 수도 있으며, 帝乙이 文丁을 칭한 것일 수도 있다. '父庚父甲'은 武丁이 盤庚과 陽甲을 칭한 것일 수도 있지만, 廩辛과 康丁이 祖庚과 祖甲을 칭한 것일 수도 있다. 이와 같은 경우에는 반드시 다른 표준의 도움을 얻어야만 구별할 수 있게 된다. 예를 들어 보자.

> 癸卯卜, 亘貞 : 侑于父甲, 犬?
> 貞 : 侑于父庚, 犬?
> (계묘일에 亘이 점쳐 묻습니다. "父甲에게 개로 侑제사를 드릴까요?")
> (묻습니다. "父庚에게 개로 侑제사를 드릴까요?") (『前編』1·26·6)

위의 복사는 稱謂에만 근거해서는 武丁시대의 것이라고 판단할 방법이 없다. 董作賓은 이 복사를 인용하면서 "이 복사는 貞人과 字體에 의거하여 판단해야 한다. 그렇지 않으면 廩辛·康丁 시대에도 祖甲·祖庚에게 제사지내면서 역시 父甲·父庚이라고 칭할 수 있기 때문에 제3기의 복사로 오인할 수 있다"[18]라 했다. 또 다음 예를 보자.

> 貞 : 疾齒, 御于父乙? (묻습니다. "치통을 앓는데 父乙에게 御제사를 드릴까요?") (『前編』1·25·1)

"武丁은 小乙을, 文丁은 武乙을 모두 父乙이라 칭한다." 그렇기 때문에 稱謂에 의거해서는 판단할 방법이 없게 된다. 董作賓은 위의 복사를 武丁시대의 복사로 추정했는데, 실제로 그가 근거로 한 것은 다른 표준들이었다.

(3) 貞人

갑골문에는 '卜貞' 두 글자 사이에 賓·殼·韋·行·大 등등의 한 글자가 있다. 劉鶚·孫詒讓에서부터 羅振玉·王國維·郭沫若 등은 모두 그것이 무슨 의미인지 해석하지 못하였다. 어떤 사람은 官名으로 추측했고, 어떤 사람은 地名으로 추측했으며, 어떤 사람은 점치는 내용으로 추측하는 등, 다들 오리무중에 빠져 잘 알지 못하는 채로 30년을 보냈다. 董作賓이「大龜四版考釋」을 저술할 때에 이르러서야 그것이 바로 人名이라는 점을 돌연 깨닫게 되었다. 후에 또 肩胛骨의 骨臼刻辭에서, 점을 치는 貞人이 알고 보니 바로 사건을 기록하고 서명하는 史官이라는 것을 발견하게 되었다. 이것은 아주 중대한 발견이었다. 이 발견으로 복사의 시대 추정에 새로운 방법이 추가되어 새로운 단계로 진입하게 되었기 때문에 郭沫若은 『卜辭通纂』에서 이것을 "혼돈 상태를 돌연 깨뜨린 것과 같았다"[19]고 표현

---

18) "此辭全由貞人及字體定之, 不然, 可誤爲第三期物, 因在廩辛康丁之世, 祭祖甲·祖庚亦可稱父甲·父庚."

하였다.

　몇 명의 貞人이 하나의 갑골판에 존재하는 것은 갑골에서 자주 보이는 현상이다. 동일한 갑골판에 보이는 貞人은 대부분 시기가 같다고 볼 수 있다. 예를 들어 大龜四版의 네 번째 갑골판인 『甲編』2122는 10월에서 그 다음해 5월(중간에 13월이 있음)까지 총 9개월간 순차적으로 점을 친 것으로, 貞人은 爭・賓・㕠・宄・㕁・㞢의 여섯명이 보이는데, 이 여섯명은 최소한 이 9개월 동안에는 동료였으므로, 나이 차이가 있을 수는 있어도 그 차이가 그리 심했을 리는 없다. 그러므로 世系와 稱謂 등에 근거하여 그 중의 한 사람이 어떤 시기에 속하는지만 확정할 수 있으면, 그 나머지 사람들의 시기 역시 알 수 있게 되며, 그들이 점친 복사의 시대 역시 판별할 수 있게 된다. 예를 들어 貞人 殸은 『鐵』127・1을 통해 武丁시대 사람임을 증명할 수 있다.

　　　辛丑卜, 殸貞 : 兄(祝)于母庚? (신축일에 殸이 점쳐 묻습니다. "母庚에게 祝제사를 올릴까요?")

　商代에서 庚이라는 이름의 先妣로는 示壬・祖辛・祖丁・小乙의 배우자가 있는데, 母라고 칭했으므로 武丁이 小乙의 배우자인 妣庚을 칭한 것이 분명하다. 殸이 武丁시대의 貞人임을 밝혀냈으므로, 그와 같은 갑골판에 보이는 정인들은 그의 동료이므로 모두 武丁시대의 貞人이다. 따라서 그들이 점친 복사 역시 자연히 武丁시대의 卜辭가 된다. 또 앞에서 인용했던 『新綴』303에서 '行'이 祖甲시대의 貞人임을 증명할 수 있고, 『後編』上7・8에서는 '兄庚'의 칭위에 근거하여 '卽'이 祖甲시대의 貞人임을 증명할 수 있다. 따라서 '行'이나 '卽'과 같은 갑골판에 보이는 사람들은 祖甲시대의 貞人이 되며, 그들이 점친 卜辭 역시 祖甲 시대의 산물로 판단할 수 있다. 이것이 바로 貞人에 의거하여 시기를 정하는 기본적인 원리이다.

　貞人은 同版관계 외에 幷卜관계도 지니고 있는데, 이 역시 주의할만한 가치가 있다. 幷卜이란 두 명의 貞人이 한가지 사건에 대해 점을 치는 것으로, 한 條의 卜辭 중 前辭에 함께 보이는 것이다. 예를 들어 㝡라는 정인은 殸・賓・爭 등과 함께 점치면서[幷卜] 각각 『簠室・貞類』30(『續編』5・31・8), 『京津』1821과 『龜』1・26・11, 그리고 『寧滬』2・22, 『京

---

19) "頓若鑿破鴻濛"

津』1810, 『龜』1·27·10, 『珠』196, 『簠室·貞類』31에 보이고 있다. 陳夢家는 이 점에 주의하고는 있었지만, 이러한 예들이 𤕦에만 국한된 것이라고 하는 잘못된 견해를 피력하였다. 사실 冉(혹은 竹으로 고석되기도 함)과 爭·大(『前編』2·37·7), 乂와 亘(『乙編』3681), 賓과 彭(『甲編』2769)은 모두 幷卜관계에 있으므로 幷卜한 사람이 𤕦에만 국한된 것이 아님을 알 수 있다.20)

동일한 갑골판의 貞人 관계에 근거하여 계련하면 각 시기의 '貞人集團'을 정리할 수 있으며, 同版관계가 없거나, 부서지고 일부만 남은 甲骨에 보이는 정인 역시 각 집단 내에 귀속시킬 수 있다. 이렇게 하여 貞人이 있는 卜辭라면 世系나 稱謂가 없더라도 대부분 시대를 확정할 수 있게 된다. 예를 들어 보자.

辛酉卜, 爭貞 : 今日王步于臺, 亡尤? (신유일에 爭이 점쳐 묻습니다. "오늘 왕께서 臺에 가시는데 재앙이 없겠습니까?") (『前編』2·26·3)

'爭'은 武丁시대의 貞人이므로 이 갑골편은 武丁시대에 점친 것임을 알 수 있다. 앞에서 인용했던 『前編』1·26·6에는 貞人 '亘'이 있으므로 역시 武丁시대에 점친 것임을 알 수 있다. 또 7組의 貞旬卜辭가 새겨져 있는 『新綴』8에는 貞人 '大'가 있으므로 祖甲시대의 것임을 알 수 있다. 이처럼 우선 貞人의 시대를 확정하고 貞人을 순서대로 정해 도표화하는 것이 필요하다. 董作賓이 「甲骨文斷代研究例」를 저술할 때 확정했던 각 시기의 貞人은 30명이 넘지 않았으나, 후에 『乙編序』를 쓸 때에는 일단의 '文武丁貞人'을 확정하였고, 『甲骨學五十年』에서는 각 시기의 정인이 77인으로 증가되었다. 근 수십년 동안 중국과 외국의 학자들이 貞人의 시대 귀속 문제에 대해 격렬한 논쟁을 펼치면서, 董作賓의 설에 반대하는 사람도 있었고, 董作賓의 설을 옹호하는 사람도 있었으며, 董作賓의 설을 반대하는 학자들의 관점 역시 제각각 차이가 있었다. 종합적으로 말하자면, 약간의 합병과 조정 및 삭제만 가하면 陳夢家의 『殷墟卜辭綜述』 내의 '卜人斷代總表'가 대체로 정확하다고 볼 수 있겠다.

---

20) 饒宗頤의 『殷代貞卜人物通考』권20, <貞卜人物同辭關係表>를 참고할 것.

各期卜辭貞人表

第一期 武丁

賓組　賓殻爭亘㞢韋永兔㕣品箙內爭吏矍奴

附属　旬徉邑㪅己蟲泰亞夗宁徝骽宂（何）名
　　　耳御樂卯羅俑旁疋甪

午組　午夨

武丁晚期

𠂤組　𠂤勺（㠱）扶（犾）

附属　徉舉丁卣由取界勿

子組　子余我彶史䰜

附属　豕車衘

不附属 衘陟定芦寑足䟣專

第二期 祖庚祖甲

祖庚　兄出逐　中冉疋

祖甲　喜夨大　昌尹行旅

附属　即洋犬逐

不附属 先䇂寅亦𦥑

第三期　廩辛（康丁未見貞人）

兄組　[갑골문자들]

不屬組 教 弔 狀 大 暊

第四期　武乙（文丁未見貞人）

歷

第五期　帝乙帝辛

黃 派 [갑골문자들]

　이 貞人表에 의거하면 貞人이 있는 卜辭는 일반적으로 시대를 판별할 수 있다. 하지만, 貞人의 이름이 없는 卜辭가 대량 존재하고 있고, 또 어떤 시기에는 점친 사람이 바로 왕 자신인 경우도 있기 때문에 貞人으로 시대를 판별하는 방법 역시 모든 상황에 적용될 수는 없다. 또한 어떤 사람은 여러 시기에 걸쳐 貞人 노릇을 한 적도 있어서(자세한 것은 다음 문장을 참고할 것), 그들이 점친 卜辭의 시대에 先後가 존재하기 때문에 일괄적으로 논할 수가 없다.

　卜辭에 보이는 商代의 貞卜人物에 관해서는 饒宗頤가 저술한 『殷代貞卜人物通考』(上下2冊, 총 20권)에서 비교적 자세히 논술하고 있다. 饒宗頤는 '分人硏究法'을 주장하였으며, 이 책은 '貞卜人物'을 중심으로 삼으면서 매 貞人이 점친 卜辭를 나열하며 분석하고 있는데, 설명이 너무나 자세하여 번잡한 느낌마저 준다. 예를 들어 貞人 '殼'의 卜辭에 대해 이 책에서는 2천여 條를 수집하여 2권에 걸쳐 설명하고 있다. 어쨌든 이 책은 각 貞人의 占卜내용 및 그들이 속한 시대에 관한 한 참고할만한 가치를 지니고 있다.

(4) 坑位

　갑골문이 출토된 坑位가 갑골의 시대를 판별하는데 얼마만한 관계를 지니고 있는가의 문제는 보다 더 연구될 필요가 있다. 갑골은 지하에 매장된 상황이 비교적 복잡하고, 반드시 의도적으로 저장되었던 것은 아니어서, 어떤 것은 당시에 이미 폐지처럼 버려진 것들도 있기 때문이다. 또 어떤 것들은 당시(혹은 商代가 망할 때) 어지럽혀져서 한 무더기의 龜甲이 여러 곳에 분산되기도 했다. 동일한 구덩이[坑]에서 출토된 갑골이라고 해서 반드시 동일시기의 卜辭인 것은 아니다. 董作賓이 5차까지의 발굴에 근거하여 그린 3개의 '五'의 關係圖(즉 5차의 발굴, 5區의 갱위, 5기의 복사) 역시 별로 많은 문제를 설명해주지 못한다. 왜냐하면 매 구역[區]에서 출토된 갑골에는 서로다른 시기가 포함되어 있기 때문이다. 이 문제를 비교적 잘 설명해 줄 수 있는 것은 제13차의 발굴로, 제127坑에서 출토된 17,096편의 귀갑이 모두 武丁卜辭(董作賓은 이 안에 文丁卜辭도 포함되어 있다고 보았다)이며, "거북판이 쌓여있는 속에서 사람의 뼈가 구부린 모양으로 거꾸로 북쪽 벽에 딱 붙어 기대어져 있었는데, 대부분 귀갑에 눌린 채 머리 및 상반신만이 귀갑 무더기 바깥으로 나와 있어서, 마치 귀갑을 넣은 후에 이 사람이 구덩이 속으로 들어간 것 같이 보였다."21) 이 사람은 거북판을 관리하던 사람으로, 아마도 龜甲을 매장하면서 순장되었던 것으로 보인다. 당시에는 갑골을 다른 지역에 매장했을 가능성이 있다. 龜甲만을 전문적으로 매장한 이 구덩이는, 마치 옛 문서를 깨끗이 정리할 때처럼 의도적으로 매장한 것이다. 하지만 이러한 예는 아주 드물다. 陳夢家는 "坑位는 우리에게 어느 정도 제한적인 계시만을 줄 수 있을 뿐이므로, 그것을 시대 판단에 응용할 때에는 아주 신중해야만 한다"22)고 보았다. 사실 과학적 발굴로 얻어진 갑골 외의 대부분 갑골(민간에서 파낸 것들)은 근본적으로 坑位 관계에 대해 복안을 제시해주지 못하며, 과학적 발굴로 얻어진 갑골의 坑位 관계 역시 일부분만 公布되었기 때문에, 坑位는 斷代의 표준으로 삼기가 어렵다. 董作賓은 「甲編自序」에서 올바르게 추론하기는 했기는 하지만, 설득력이 강하지 않았기 때문에 사람들에게 독단적인 느낌만을 주었을 뿐이었다.

---

21) "在龜版堆積中有一架拳曲倒置的人體骨骸, 緊靠北壁, 大部分壓在龜甲之上, 只有頭及上軀在龜甲層以外, 似乎在傾入龜甲之後, 此人始入坑中."(石璋如,「小屯後五次發掘的重要發現」, 董作賓의『殷虛文字乙編自序』에서 재인용함)

22) "坑位只能提供給我們以有限度的啓示, 而在應用它斷代時需要十分的謹愼."(陳夢家,『殷墟卜辭綜述』, 141쪽)

(5) 方國

앞에서 서술한 바와 같이 이 항목은 표준으로 삼을 수 없다.

(6) 人物

董作賓은 人物·事類·文法·字形·書體라는 표준들을 間接標準이라 하였다. 間接이라는 말의 의미는, 갑골에 대한 약간의 斷代 연구를 기초로 하여 그것을 다시 총괄적으로 귀납함으로서 人物·事類·文法·字形·書體 등 각 방면의 각 시기별 특징이나 차이를 정리하거나, 혹은 거꾸로 그것들을 斷代의 진일보한 표준으로 삼아 世系·稱謂 혹은 貞人이 없는 갑골문의 시대를 판단하는 것이다. 人物이라는 항목에 대해 董作賓의 글에서는 史官·諸侯·小臣 세 가지에 관해 설명하면서 주로 武丁시기 인물에 중점을 두어 분석하고 있다. 소위 史官이라는 것은 사실 貞人을 가리킨다. 諸侯에 대해서 董作賓은 蒙侯虎·攸侯喜를 예로 들었는데, 전자는 武丁시기 사람으로 侯虎라고 약칭하기도 했으며(『菁華』7), 후자는 帝辛시기 사람으로 侯喜라고 약칭하기도 했다.(『前編』4·18·1) 小辛에 관해 董作賓은 武丁시대의 네 사람(古·從·㣇·中), 祖甲시대의 한 사람(匕束), 廩辛·康丁시대의 두 사람(禍·立), 帝乙·帝辛시대의 네 사람(關·吉·醜·𠂤)을 열거하였다. 武丁시대의 나머지 중요 인물에 대해 董作賓은 武丁의 사부인 甘盤(自般) 傅說(夢父㣇로 여김)과 부인인 姘 및 스무명의 아들에 대해 분석했으며, 또 子漁는 바로 孝己라고 설명하였다. 현재 볼 때, 소위 '小臣㣇'라는 것은 卜辭(『前編』4·30·2)를 잘못 읽어서 생겨난 것이고, '夢父'는 사실 '夢' 字를 쓴 것이므로 마땅히 없애야 한다. 또 武丁의 스무 아들에 대해 얘기한 것 중에서 子漁가 孝己라는 것도 믿을 수 없는 설이다. 그 나머지 주장들은 모두 참고할만한 가치가 있다. 사실, 卜辭에서 인물이 가장 많이 출현하는 것은 당연히 武丁시기의 卜辭라고 추정되고 있다. 董作賓이 주장한 것 이외에도 婦好·婦姘·婦姜(婞)·望乘·戊·𠂤 등의 인물들도 모두 武丁卜辭에 자주 보이므로 斷代를 따질 때 보조적인 표준으로 삼을 수 있다. 하지만 卜辭에는 또 동명이인이 있기 때문에, 婦好·望乘 등 武丁卜辭의 어떤 사람들의 이름은 武乙·文丁시기의 卜辭에도 보인다.[23] 그렇기 때문에 이 표준을 이용할 때에는 반드시 신중

---

23) 동명이인의 문제에 관해서는 張永山·羅琨의 「論歷組卜辭的年代」(『古文字研究』제3집)에 자세하므로 참고하기 바란다.

하게 기타 다른 요인들도 고려해야만 한다.

(7) 事類

본서 제5장에서 언급했듯이, 각 시기의 占卜이나 기록된 내용은 서로 다를 뿐만 아니라 범위에도 차이가 있다. 어떤 내용은 특정 시기에만 나타나기도 하고, 어떤 내용은 각 시기마다 모두 존재하기도 한다. 占卜의 事類가 갑골의 연대를 판별하는데 도움이 되기는 하지만, 이 역시 아주 신중하게 이용해야만 한다. 董作賓은 "점친 일의 내용[事類]은 시기에 따라 나눌 수 있지만 祭祀의 경우에는 매 시대의 제사와 제사 받는 조상신에 차이가 있을 뿐이다……다음으로 征伐의 경우에는,……卜旬의 경우에는……예를 들어 帚矛에 대한 기록 등은 모두 分期연구의 표준이 된다"24)라고 했다. 그가 구체적으로 분석한 것은 田游卜辭, 즉 武乙·帝辛의 田獵에 관한 卜辭였다. 그는 『書·無逸』·今本『竹書紀年』·『史記·殷本紀』의 기록을 근거로 제4기와 제5기의 대량의 田游卜辭를 각기 武乙과 帝辛 시기로 나누고 각각의 특징을 귀납하였다. 하지만 사실 武丁·祖庚·祖甲·廩辛·康丁 등의 왕들도 항상 田獵에 관한 일을 점쳤을 뿐만 아니라 그와 관련된 사항도 종류가 아주 많다. 또한 제4기와 제5기의 田游卜辭는 반드시 武乙과 帝辛이 점친 것이라고 단정하고 文丁과 帝乙 시대의 것은 없다고 생각하는 점 역시 이치에 맞지 않는다. 사실, 董作賓이 분석한 '武乙시대의 田游卜辭의 특징'·'帝辛 시대의 田游卜辭의 특징'은 내용면에서 착안한 것이 아니라 어구[詞句]·字形·書法·貞人·坑位와 같은 기타표준에 의거한 것이었다. 또한 사실 그가 武乙시대의 卜辭로 단정한 것들 중에는 廩辛·康丁시기의 것들(예를 들면『粹』1007)도 포함되어 있다. 따라서 점친 일의 종류[事類]가 斷代에 있어 보조적인 작용을 하기는 하지만, 董作賓이 분석한 田獵卜辭를 전부 다 믿을 수는 없다.

점친 일의 종류가 斷代에 어떠한 보조적인 작용을 하는지 설명하기 위해 秦年과 受年이라는 점복 내용이 각 시기별로 어떠한 변화양상을 보이는지 분석해 보는 것도 좋을 것이다. 秦年이란 祈年(풍년을 기구하다)과 같은 말로 武丁卜辭에 습관적으로 보인다. 예를 들면 다음과 같다.

---

24) "由貞卜事類可以分時期的, 無如祭祀, 每一時代的祭祀和所祭的祖先神祇都有不同……其次如征伐……如卜旬……如帚矛的記載, 皆可以爲分期研究的標準."

辛亥卜, 㱿貞: 桒年于岳, 尞三牢, 卯三牢? 二月. (신해일에 㱿이 점쳐 묻습니다. "岳神에게 풍년을 기구하려고 하는데 제사용 소 세 마리로 尞제사를 드릴까요, 제사용 소 세마리로 卯제사를 드릴까요?" 때는 2월이다.) (『殷綴』340)

貞: 桒年于夒, 九牛? (묻습니다. "夒에게 풍년을 기구할까 하는데 소 아홉 마리로 할까요?") (『鐵』216·3)

癸亥卜, 㱿貞: 求年自上甲至于多後? 九月. 甲子卜, 㱿貞: 桒年自上甲? 九月.) (계해일에 㱿이 점쳐 묻습니다. "上甲부터 많은 후손들에게까지 풍년을 기구할까요?" 때는 구월이다. 갑자일에 㱿이 점쳐 묻습니다. "上甲에게서부터 풍년을 기구할까요?" 때는 구월이다.) (『甲編』2905)

貞: 于王亥桒年? (묻습니다. "王亥에게 풍년을 기구할까요?") (『後編』上1·1)

일반적으로는 어떤 先公先王에게 풍년을 기구한다[桒年]고 말하면서 희생물 쓰는 방법과 희생물의 숫자를 함께 기록하거나, 혹은 희생물 쓰는 방법은 적지 않고 그 숫자만을 기록하기도 하고, 혹은 누구에게 풍년을 기구한다고만 하고, 혹은 누구에게서부터 누구에게까지 풍년을 기구한다고도 하는데, 풍년을 기구하는 대상은 특정한 先公先王에만 국한된 것이 아니기 때문에 순서에 따라 桒제사를 올렸다. 祖庚·祖甲 시기에는 이런 桒年의 복사가 드물게 보이며, 확실한 것으로는 현재까지 단 하나의 예만 보이고 있다.

己酉卜, 兄貞: 桒年于高祖? 四月. (기유일에 兄이 점쳐 묻습니다. "高祖에게 풍년을 기구할까요?" 때는 사월이다.) (『珠』393)

廩辛·康丁시기에도 많이 보이지 않는다. 또한 桒年이라 하지 않고 桒禾라 한 경우가 많다.

丁丑卜, 狄貞: 其桒禾于河, 叀祖丁祝用? (정축일에 狄이 점쳐 묻습니다. "河神에게 풍년을 기구하는데 祖丁에게 희생물을 써서 기원할까요?") (『甲編』3916)

壬寅卜, 其桒禾于示壬叀眔酒? 茲用. (임진일에 점칩니다. "示壬에게 叀제사와 酒제사로 풍년을 기구할까요?" 이것은 시행한다.) (『佚』892)

丁未卜, 其桒年于河, 叀辛亥酒…… (정미일에 점칩니다. "河神에게 풍년을 기구할까 하는데 신해일에 酒제사를……") (『甲編』1885)

☐巳其桒年于河, 雨? ("☐巳일에 河神에게 풍년을 기구할까 하는데 비가 올까요?") (『甲編』3640)

武乙·文丁 시기에는 桼禾라는 표현이 많고 桼年이라는 표현은 아주 드물다. 예를 들면 다음과 같다.

    辛卯貞 : 其桼禾于河, 尞三牢, 沉牛?
    辛卯貞 : 桼禾于河, 弓弓霙 , 叀丙?
    (신묘일에 묻습니다. "河神에게 풍년을 기구할까 하는데 제사용 소 세 마리로 尞제사를 드리고 소로 沉제사를 드릴까요?")
    (신묘일에 묻습니다. "河神에게 풍년을 기구할까 하는데 霙에게 구하지 말고 丙에게 구할까요?") (『粹』9+『後編』上23·6)
    甲辰貞 : 其桼禾于丁未? (갑진일에 묻습니다. "丁未日에 풍년을 기구할까요?") (『粹』26)
    辛卯卜, 桼禾上甲, 三牛? (신묘일에 점칩니다. "上甲에게 풍년을 기구할까 하는데 소 세 마리로 할까요?") (『粹』858)

이상의 예는 武丁시기와 대체적으로 비슷하다. 다만 '桼年自上甲至于多後'·'于王亥桼年' 등의 형식이 없고, 대신 '桼禾于丁未'·'桼禾上甲' 등의 형식을 쓰는데 이런 형식은 武丁시기에는 보이지 않는 것들이다. 帝辛·帝乙 시기에는 또 桼禾라는 용어를 쓰지 않고 桼年이라는 용어를 사용했다. 예를 들면

    [桼]年于示壬, 叀牛用, 又大雨?
    其桼年于示壬, 叀翌日壬子酒, 又大雨?
    ("示壬에게 풍년을 기구하면서 소를 사용할까 하는데 큰비가 내릴까요?")
    ("示壬에게 풍년을 기구하면서 다음날인 壬子日에 酒제사를 올릴까 하는데 큰비가 내릴까요?") (『粹』121)

등으로 썼는데, 이러한 예도 드물게 보인다.

풍년을 기구하는 것[受年]은 武丁시기에도 자주 점을 치던 내용이다. 그것을 다시 세분화하면 受年·受酋(稻)年·受有年·受黍年 등으로 나눌 수 있는데, 曾·商·我·禽·犬·婦妌·萬·東土·西土 등처럼 地名이나 人名을 밝히는 경우가 많고, 어떤 때는 올해[今歲]·내년[今來歲]를 명시하기도 해서 辭例가 아주 다양하다. 예를 들면 다음과 같다.

    丁丑卜, 賓貞 : 受年? (정축일에 賓이 점쳐 묻습니다.)
    "풍년이 될까요?" (『甲編』2866)

丙辰卜, 亘貞：齒受年? 貞：齒不其受年? (병진일에 亘이 점쳐 묻습니다. "齒에 풍년이 들까요?" 묻습니다. "齒에 풍년이 들지 않을까요?") (『乙編』7672)

貞：我不其受酓年?

貞：我受酓年?

(묻습니다. "我 땅에 풍년이 들지 않을까요?" 묻습니다. "我 땅에 풍년이 들까요?") (『佚』400)

乙巳卜, 賓貞：西土受年? 三月. (을사일에 賓이 점쳐 묻습니다. "서쪽 지방에 풍년이 들까요?" 때는 삼월이다.) (『後編』下38·3)

甲寅卜, 㕭貞：婦妌受黍年? (갑인일에 㕭이 점쳐 묻습니다. "婦妌의 땅에는 풍년이 들까요?") (『後編』上30·10)

癸未卜, 內貞：我受黍年? 貞：我不其受黍年? (계미일에 內가 점쳐 묻습니다. "我는 풍년이 들까요?" 묻습니다. "我는 풍년이 들지 않을까요?") (『乙編』5307)

丙寅卜, 殷貞：今來歲我不其受年? (병인일에 殷이 점쳐 묻습니다. "내년에 我는 풍년이 들지 않을까요?") (『丙編』243)

癸卯卜, 爭貞：今歲商受年? (계묘일에 爭이 점쳐 묻습니다. "올해 상나라는 풍년이 될까요?") (『契』493)

이 시기에는 풍년에 대해 점친 卜辭가 대단히 많다. 내가 본 것만도 300여개가 족히 된다. 武丁은 59년간 재위했으므로(今本『竹書紀年』에 근거함), 평균치를 따져본다면 매년 최소 5-6차례는 점쳐 물었다고 볼 수 있다. 이것을 통해 당시 수확을 얼마나 중시했는지 알 수 있다. 祖庚·祖甲시기에도 역시 受年이라는 용어를 사용했으나, 수량은 많지 않다.『甲骨文合集』제8冊의 8개 조각에 9개의 卜辭가 남아 있는데, 예를 들면 다음과 같다.

甲辰卜, 出貞：商受年? 十月. (갑진일에 出이 점쳐 묻습니다. "상나라가 풍년이 될까요?" 때는 10월이다.) (『合』八·24428(『京都』S·1363))

癸卯卜, 大貞：今歲商受年? 一月. (계묘일에 大가 점쳐 묻습니다. "올해 상나라는 풍년이 될까요?" 때는 1월이다.) (『合』八·24427)

癸卯卜, 大貞：今歲受黍年? 十月. (계묘일에 大가 점쳐 묻습니다. "올해 상나라는 풍년이 될까요?" 때는 10월이다.) (『合』八·24431)

대략 40여년간인 이 시기에는 수확 문제를 전혀 중시하지 않았다. 廩辛·康丁시기에도 예가 별로 보이지 않는데, 이 시기에는 受年이라는 용어도 썼고 受禾라는 용어도 썼다.

蚩羊, 王受年? ("붉은소로 제사드리면 왕이 풍성한 수확을 얻을까요?") (『佚』928)

□亥卜, □貞 : 受禾今歲? (□亥日에 점치면서 □이 물었다. "올해 풍년이 될까요?") (『甲編』2511)

其用舊骼卄牛受年? (옛 간책과 소 스무 마리를 바치면 풍성한 수확을 얻을까요?) (『明後』B2295)

其用舊骼卄牛受年? (옛 간책과 소 스무 마리를 바치면 풍성한 수확을 얻을까요?) (『京津』3907)

武乙·文丁시기의 이런 복사에는 항상 大邑·長·東·西·南·北 등의 지명이나 方位名 혹은 인명이 명시되어 있는데, 受年이라는 용어 대신 受禾라는 용어를 많이 사용했고, 黍年은 黍禾라고도 썼다. 예를 들면 다음과 같다.

丁未卜, 大邑受禾? 不受禾? (정미일에 점칩니다. "大邑이 풍년이 될까요? 풍년이 되지 않을까요?") (『佚』653)

乙亥卜, 受黍禾? (을해일에 점칩니다. "풍년이 될까요?") (『粹』887)

癸卯貞 : 東受禾? 西受禾? 北方受禾? 西方受禾? (계묘일에 묻습니다. "동쪽지역은 풍년이 될까요? 서쪽지역은 풍년이 될까요? 북쪽지역은 풍년이 될까요? 西方은 풍년이 될까요?") (『戩』26·4(『佚』956))

正受禾? 長受禾? ("正은 풍년이 될까요? 長은 풍년이 될까요?") (『乙編』8812)

이 시기에도 『粹』(884·886)에서처럼 受年이라고 칭하기도 했으나, 그 예가 많지는 않다. 帝乙·帝辛 시기에도 受年과 受禾가 함께 보이지만 그 예는 극소수이다.

癸丑卜, 貞 : 今歲受禾? 弘吉. 在八月. 唯王八祀. (계축일에 점쳐 묻습니다. "올해 풍년이 될까요?" 아주 길하다. 때는 8월이며 왕의 재위 8년이다.)" (『粹』896)

己巳王卜, 貞 : [今]歲商受[年]? 王占曰 : 吉. 東土受年? 南土受年? 吉. 西土受年? 吉. 北土受年? 吉. (기사일에 왕이 점쳐 묻습니다. "올해 상나라는 풍년이 될까요?" 왕이 판단하며 말하기를 "길하다"라 했다. "동쪽 지방이 풍년이 될까요? 남쪽 지방이 풍년이 될까요?" "길하다" "서쪽 지방이 풍년이 될까요?" "길하다" "북쪽 지방이 풍년이 될까요?" "길하다") (『粹』907)

郭沫若이 말하기를 "黍禾는 黍年과 같다"·"受禾는 受年과 같다"(『粹』考釋의 3-4쪽)라고 했는데 정말 맞는 말이다. 다만 시대에 따라 분류하자면, '黍年'은 早期에 많이 보이고 '黍

禾'는 中期에 보이며, '受年'은 武丁시기에 자주 등장하되 祖庚·祖甲 이후로는 잘 보이지 않고, '受禾'는 中晚期에 보인다. 求年과 求禾, 受年과 受禾는 모두 같은 의미로 풍성한 수확을 기구한다는 뜻인데, 보다 구체적으로 살펴보자면, '求年'은 수확 면에서 풍성한 수확을 얻기를 바란다는 뜻이고 '受年'은 좋은 수확을 거둔다는 뜻이며, '求禾'는 농작물 면에서 농작물이 잘 자라기를 바란다는 뜻이고 '受禾'는 좋은 농작물을 얻는다는 뜻이다. 그렇기 때문에 이들의 의미는 서로 통할 수 있는 것이다. 이와 연관된 것으로 '亡年'이라는 용어 역시 武丁卜辭에 자주 보이며 '亡禾'라는 용어는 武乙·文丁卜辭에 자주 보인다.

(8) 文法

복사 전후시기 문법형식에 어떠한 변화가 있는가, 그리고 각 시기에는 나름의 독특한 문법구조(句法·語法)가 있는가 없는가는 갑골문의 시기를 가르는 충분한 표준이 되기 때문에 연구하고 확정할 가치가 있다. 결론적으로 말해, 언어의 모든 요소 중에서는 어휘의 변화가 비교적 빠르고, 어음 변화가 그 다음이다. 문법구조의 변화가 가장 완만한데, 이 문법구조의 변화는 단기간 내에 이루어지지는 않지만 그래도 변화가 존재하긴 한다. 董作賓은 그것을 단대 표준으로 열거하면서 문장단락[篇段]과 어구[詞句] 두 부분으로 나누어 논술하였다. 하지만 문장단락 부분에서 논한 것은 사실 한 단락의 복사에 들어 있는 내용의 양·편폭의 길이·문장 길이 등의 문제였지 문법구조에 대한 문제는 아니었다. 소위 '5기 중 貞句[25] 문법의 변화'에서 다룬 것이라고 해봤자 단어 사용의 차이, 수사 방법의 차이 등 뿐이었다. '어구' 부분에서는 田獵卜辭의 句法 차이에 대해 논하였는데, 실제 토론한 것이라고는 '亡災'라는 단어에서 '災'字가 시기별로 어떤 형태 차이를 보이는가를 설명한 것이며, 그 밖에 몇가지 습관적인 용어에 대해서 설명하기도 했지만, 이 역시 무슨 진정한 구법 차이라고 보기는 어려운 것들이었다. 이 부분에서는 또 '馭鼇'·'受禾'·'亡它' 등을 예로 들어 각 시기에 사용한 단어 습관의 차이에 대해 설명하였으나, 이것은 어휘 문제에 속하는 것이지 문법 문제라고는 볼 수 없는 것이다. 후에 『甲骨學五十年』에서 董作賓은 '문장단락' 부분에 대해서는 몇 가지를 보충하였지만 '구법'과 '단어사용' 방면에서는 "조금도 잘못이 없다"[26]고 생각하였다. 자세히 살펴보면 董作賓의 주장에는 잘못된 부분이 꽤

---

25) 다가올 열흘에 관해 치는 점
26) 董作賓, 『甲骨學五十年』, 134쪽

있다. 董作賓은 언어학자가 아니어서 언어학 술어를 사용할 때 그다지 정확·엄밀하지 못했기 때문에 어휘나 수사 방면에서의 현상을 모두 문법문제로 간주했던 것이다.

卜辭의 문법에는 엄격한 구조적 규칙도 있고 어느 정도의 융통성도 있다. 단어 사용은 유연성 있게 변화가 많으면서 하나의 의미를 여러가지 단어로 표현하기도 하고, 문장형식 역시 복잡한 경우도 있고 간단한 경우도 있으며, 자세한 경우도 있고 단순한 경우도 있다. 하지만 각종 문법형식은 동시에 병존하는 경우가 많기 때문에 시대의 선후를 구별하기도 어렵고 變例와 通例도 있다.27) 그렇기 때문에 정말로 문법형식에 의해 卜辭의 시대를 판단한다는 것은 어려운 일이다. 적어도 현재까지는 그러하다.

董作賓의 주장은 辭例의 차이에 대해 설명할 수 있을 뿐이다. 辭例라는 각도에서 분석해 보자면, 매 시기마다 특수한 용어가 있었고, 그것이 각 시기 卜辭의 특색을 이루기 때문에 각 시기는 자못 현저한 차이를 보인다. 이러한 특수용어들은 시대를 판별하는 보조적인 표준이 될 수 있다. 董作賓이 열거한 세가지 예 외에도 시대를 판단할 수 있는 특수한 용어로는 二告(혹은 上吉로 해석되기도 함)·三告·不玄黽·婉妌·有子·王耴 (聆, 즉 聽)·使人·不上弗若·奴人·登人·古王事(古朕事)·大星風·左王·今生·有來 媘……등등이 있는데, 이것들은 모두 武丁시기에 사용된 특수한 용어들이다. 또 來艱·在正月·王曰貞 등은 祖庚·祖甲 시기에 사용된 특수한 용어들이고, 湄日·燊禾·受禾·弗每·其每·大吉·大吉玆用·王受冬·孚雨·多嬖臣·多方小子小臣·又羌(夲) 등은 廩辛·康丁에서 武乙·文丁시기까지 사용된 특수한 용어들이며, 寧·王凡(占)曰大吉·王凡(占)曰弘吉·亡徔在畎(禍)·今禍巫九备·蚩羊玆用·其牢玆用·今夕自不震 등은 帝乙·帝辛시기에 사용된 특수한 용어들이다. 만약 복사에 상술한 辭例가 나타난다면 그 연대 역시 대체적으로 추정이 가능하다.

(9) 字形

갑골문자는 전후 시기에 따라 발전·변화되었기 때문에 각 시기의 자형 역시 차이가 있으므로, 이에 근거하여 시대를 판단할 수 있다. 董作賓의 설은 기본적으로 정확하여, 그가 예로 든 災·冓·賓·其·來·王·雨·自·酉·雞·鳳·風·月·夕 등의 자형 변화가 대체적으로 옳다. 하지만 문자의 변화는 점진적으로 이루어지는 것이며, 옛 자형과 새 자형은

---

27) 자세한 것은 陣煒湛, 「卜辭文法三題」, 『古文字研究제4집』 참고

함께 사용되는 단계를 거치기 때문에 자형에 너무 구애되거나 맹목적이 되어서는 안된다. (자세한 것은 제4장을 참고할 것)

(10) 書體

董作賓이 書體를 시대 판단의 표준으로 삼은 것은 기본적으로 "나는 貞人이 바로 史官이라고 확신한다. 史官들은 또 骨臼刻辭에 직접 자신의 이름을 남겼기 때문에 이에 의거하여 복사에 이름을 남긴 貞人에 관해 알 수 있는데, 이들은 바로 卜辭를 새긴 사람들이기도 하다."[28]라는 인식에 근거한 것이다. 하지만, 점친 사람[貞人]과 史官, 그리고 새긴 사람을 동일하다고 보는 이러한 관점은 재고할 여지가 있다. 물론 고대에 글을 쓴다는 것은 소수 사람에게 한정된 일이었으므로, 봉건시대의 과거 출신의 관료라면 하나같이 글을 잘 썼던 것과 마찬가지로, 이 시대에 史官이나 貞人이 될 수 있는 사람이었다면 서법에 능한 것도 당연했을 일이다. 하지만 商代에는 점을 치던 史官이 글 쓰는 일도 겸하였으며 전문적으로 글 쓰는 일을 맡는 사람이 없었다는 점에는 의문이 든다. 董作賓은 '이름을 남겼다'는 점을 근거로 이러한 주장을 했지만 설득력이 그다지 강하지는 못하다. 최소한 '王卜貞'이라는 글은 왕 자신이 새겼을 리 없으므로 누군가 다른 사람이 썼을 것이 분명하다. 만약 貞人이 정말로 글쓰는 사람이었다면 동일한 사람의 卜辭는 동일한 書風을 지녀야 하며, 여러 사람이 하나의 龜版에 보이는 경우라면 각기 서로 다른 書風을 보여야 옳다. 하지만 사실은 이와다르다. 우선, 여러 사람이 하나의 龜版에서 여러 가지 일을 다루면서도 풍격이 일치되는 예가 적지 않다.(『菁華』7, 『甲編』2122) 다음으로, 饒宗頤가 지적한 대로, 卜辭에는 '서로 다른 龜版에서 여러 사람이 동일한 사건에 대해 점을 치면서 자형이 동일한' 현상이 보인다. 예를 들어 武丁시기의 貞人인 韋(『乙編』8167+8320)·羅(『乙編』8172)·寧(『乙編』3925)·賓(『乙編』3409)·彳止(『乙編』8172) 다섯 사람은 모두 甲午日에 풍년에 관한 일을 점쳤는데 土는 모두 ·○·로 쓰고, 受는 모두 ꉓ·ꉔ로 쓰고 年은 모두 ꉕ으로 쓰는 등 그 字體의 풍격이 완전히 일치되어 한 사람이 쓴 것처럼 보인다. 또한, 동일한 貞人의 書體가 종종 풍격이 다른 경우도 있는데, 예를 들어 賓·爭·㗊·憂 등의 貞人이 점을 친 卜辭의 書體에는 커다란 글자와 작은 글자가 모두 존재한다. 따라서 貞人이 반드시 글을 쓴 사람이라고는 볼 수

---

28) "我們確定了貞人卽是史官, 史官們又曾在骨臼刻辭上自己簽過名字, 更由此可知卜辭中書名的貞人, 也就是一個卜辭的書契者."

없으며 "당시 글을 새기는 사람은 별도로 史官이 임명하였고, 점치는 사람과는 담당하는 임무가 달랐다"29)라는 饒宗頤의 주장도 가능성이 있다.

하지만 설사 그렇긴 해도 書體 역시 시대를 판단하는 보조적인 표준이 될 수 있다. 일반적으로, 각 시기의 書體는 나름의 특징을 지니고 있기 때문에 비교적 쉽게 구분이 된다. 饒宗頤가 말한 것처럼 "雄偉·謹飭·頹靡·嚴整의 풍격이 매 시기마다 존재하여" 구분할 방법이 없는 것은 아니다. 이 문제에 관해서는 董作賓의 분석이 비교적 참고할 만하다.

> 초기인 武丁의 시대에는 점치고 기록된 내용이 중요할 뿐만 아니라 당시 史官이 새긴 문자 역시 웅장하고 호방하여 활력이 넘쳤다. 제2·3기인 2世 4王의 시기는 前代에 이루어진 가업을 유지하던 시기였기 때문에 史官이 새긴 글도 신중하게 전대 사람들이 새워놓은 규범을 유지하는데 급급했을 뿐 별다른 발전이 없었으며, 3기 말에 이르면 점차 퇴폐해지기 시작했다. 제4기의 武乙은 하루종일 사냥하는 것을 좋아했기 때문에 새겨진 문자의 자형은 빈약하고 초라했으며, 文丁은 復古에 힘쓰면서 퇴폐한 풍조를 떨쳐내려 했으나 아쉽게도 당시의 문자 역시 겉만 번지르르할 뿐 내용이 뒤따르지 못하여 멋이 없었다. 제5기 帝乙·帝辛 시대에는 점치는 일을 왕이 직접 관장했기 때문에 새겨진 문자는 극도로 엄정하고 가지런했으며, 비록 국운은 쇠해가고 있었지만 文風은 크게 변화되어 새로운 풍조가 생겨났……30)

제1기의 풍격은 주로 웅혼하면서 힘이 있었는데, 賓·韋·殷·亘 등이 점친 卜辭가 모두 이런 류에 속한다. 대부분 글씨가 크고 곧게 쓰여져 있는데, 대표적인 것인 것으로는『前編』권7과『菁華』1-8쪽이며『乙編』에는 이런 류의 字體가 아주 많다.(제5장에 첨부한 그림을 참고할 것) 이 시기에는 大龜四版(『甲編』2121-2124)처럼 비교적 작은 字體도 있고,『甲編』3430이나『前編』1·3·4, 8·13·3,『續編』4·46·2처럼 필획이 세밀하면서 구조가 엄밀하고 가지런한 것도 있기는 하지만 수량이 비교적 적다. 이 시기의 卜辭의 書體는 쉽게 판별할 수 있다.

武丁 말기의 字體는 풍격이 한 번 변화되어 작은 글씨가 많고 아주 세밀하게 썼는데, 이

---

29) "當日鍥刻者乃別由史官任之, 與貞卜者異其職掌"(饒宗頤,『殷代貞卜人物通考』, 1188-1189쪽)
30) "在早期武丁的時代, 不但貞卜及所記的事項重要, 而且當時史官書契的文字, 也都壯偉宏放, 極有精神. 第二·三期, 兩世四王, 不過守成之主, 史官的書契, 也只能拘拘謹謹, 維持前人成規, 無所進益; 而末流所至, 乃更趨于頹靡. 第四期中, 武乙終日游田, 書契文字字形看陋. 文丁銳意復古, 力振頹風, 所惜的當時文字也只是徒有皮毛, 不見精釆. 第五期帝乙帝辛之世, 貞卜事項, 王必躬親, 書契文字極爲嚴密整飭, 雖届亡國末運, 而文風丕變, 制作一新……"

역시 쉽게 판별할 수 있다.

제2기의 풍격은 주로 신중하고 절도가 있었다. 字體는 일반적으로 가느다랗고, 크기가 적당했으며 배열 간격이 균일했다.『戬』에 이 시기의 문자가 비교적 많고『甲編』에도 적지 않으며,『鐵』·『佚』·『續存』·『京都』등에도 모두 수록되어 있다. 대표적인 것은 出·兄·行·旅·卽·大 등의 貞人이 점친 卜辭이다.

제3기의 풍격은 퇴폐함 위주였다. 董作賓은 "제3기인 廩辛·康丁 시기는 殷代의 文風이 쇠퇴해가던 시기였다. 이 시기는 비록 가지런한 서체가 있기는 했지만 문장단락의 차이가 들쑥날쑥이어서 이미 전대처럼 규율을 지키지 않게 되었고, 극도로 유치·유약·섬세·무질서·訛變되었으며, 분명하지 않은 글자도 자주 보인다"31)고 했는데 정말 맞는 말이다. 이런 書體의 복사 역시『甲編』·『佚』등에 많이 보인다.

제4기의 書體는 대부분 거친 느낌을 주는데, 이 卜辭는 열흘에 관해 점치는 貞旬卜辭가 비교적 많다. 부드러운 서체가 있기는 하지만 수량은 많지 않다.『佚』374·『新綴』93, 543, 580·『甲編』635, 810, 903·『美錄』685 등이 이 시기 書體의 대표이다.

제5기의 서체 역시 쉽게 판별할 수 있다. 구조가 엄정하면서도 규칙적이고, 형체는 일정하면서 힘이 있다.『前編』·『甲編』및『鐵』·『佚』·『續存』등에 이 시기 卜辭가 상당수 수록되어 있다. 董作賓은 "……배열 간격이나 자형의 크기가 일정한 것이 이 시기의 특징이다. 이것은 한 번 보면 알 수 있다. 그것이 제사에 관한 내용이든 정벌이든 사냥에 관한 내용이든 구조가 비교적 가지런하면서 엄밀하며, 또 단락이 가지런하고 배열간격이 똑바르면서 균일하고 글자 크기가 작은 갑골이라면 물어볼 필요도 없이 제5기의 갑골이다. 만약 좀 더 자세히 살펴본다면 그 속에는 분명 三을 수직으로 꿰뚫은 형태의 '王'字나 후기의 간지자, 특별한 어구 같은 것들이 있기 때문에 다른 4기와 확연히 구별할 수 있을 것이다."32)라 하였다. 갑골문을 어느 정도 읽어본 사람이라면 董作賓의 이 말이 확실히 경험에서 나온 것임을 알 수 있을 것이다.

書體의 측면에서 볼 때, 갑골문의 早期·中期·晚期 3기는 명확히 구별된다. 특히 제1기

---

31) "第三紀廩辛康丁之世, 可以說是殷代文風凋敝之秋. 在這期, 雖然還有不少工整的書體, 但是篇段的錯落參差, 已不似前此的守規律, 而極幼稚·幼弱·纖細·錯亂·訛誤的文字, 又是數見不鮮的."

32) "……而行款的排列, 字形的勻整, 都是這一期的特點. 這是我們一望可知的. 無論他是祭祀·征伐·游田之辭, 那結構比較齊整, 嚴密, 而又有方正的段, 勻直的行, 細小的字的甲和骨, 不用問便是第五期之物, 你如果再仔細去看, 那期間一定會有一貫三的王字, 後期的干支字, 特別的詞句之類, 使你覺到判然別於其他的四期."

와 제5기의 복사는 확연히 달라서 분명히 구별된다. 오로지 書體만 놓고 본다면 제1기와 제2기가 비교적 비슷하여 쉽게 혼동될 수 있고, 제3기와 제4기 역시 쉽게 혼동될 수 있기 때문에, 반드시 다른 표준을 참고하여 구별해야 한다.

   이상으로 董作賓이 제시한 斷代의 10가지 표준에 관해 간단히 검토해 보았는데, 이 과정을 통해 우리는 다음과 같은 결론을 내릴 수 있다. 이 표준은 대부분 옳고, 갑골문의 시기 구분에 대한 董作賓의 학설은 기본적으로 정확하다. 斷代에 관한 董作賓의 학설이 시대에 뒤쳐진 것이라는 관점은 실제에 부합되지 않는 잘못된 것이다. 하지만, 그 중에서 坑位와 方國은 斷代의 표준으로 삼기 어렵고, 文法이라는 표준은 辭例로 명칭을 바꾸어야 한다. 그렇게 하면 斷代의 표준은 世系·稱謂·貞人·人物·事類·辭例·字形·書體의 8가지로 귀납될 수 있다. 이런 표준들은 서로 연관성을 지니며 고립되지 않는 것이다. 龜甲과 獸骨의 시대를 구체적으로 고찰할 때에는 각종 표준을 종합적으로 운용하여 신중하게 판단해야만 한다.

3. 斷代한 연구 중 마주치게 되는 어려움 및 현재 논쟁이 되고 있는 문제들

이론적으로 얘기하자면, 甲骨文의 分期斷代는 완전히 판별할 수 있는 문제이다. 10만여 편의 갑골은 매 편마다 자신의 시대를 가지고 있고 시대적 선후가 다르며, 매 편에 기록된 사실은 특정한 시간 속에서 발생된 것이므로 당연히 알아낼 방법이 있다. 斷代의 표준이 옳기만 하다면, 또 그 표준들을 운용하는 방법이 정확하기만 하다면 매 갑골편의 구체적인 시대를 확정하여 '그것들을 원래의 시대로 되돌리는 것'은 문제도 아니다. 하지만, 사실상 斷代를 확정하는 표준과, 그 표준들을 이용하여 갑골의 구체적인 시대를 판단하는 것은 다른 문제이다. 그리고 이 후자의 문제는 사람들마다 의견이 다르다. 斷代를 직접 연구할 때 학자들은 의문을 해결하기 어려운 갑골을 만나게 되면 매 편의 갑골의 시대를 순리대로 판단할 수 없게 되는 경우가 있다. 그렇기 때문에 동일한 종류, 동일한 組의 卜辭의 시대에 대해 연구자들마다 종종 서로 다른 판단을 내려 의견이 갈라지기도 한다. 世系와 稱謂에 근거하여 시대를 판단할 수 있는 갑골은 수량이 적고, 稱謂에만 근거하다보면 시대 구분이 달라질 수 있다. 貞人에 근거하여 갑골의 시대를 판단하는 것은 줄곧 가장 효과적인 방법으로 인정되어 왔으나, 貞人 자체의 시대를 판단하기가 어려운 경우도 종종 있다. 동일한 갑골판에 여러 명의 貞人이 보이는 경우, 貞人 한 사람의 시대만 판별하면 나머지 정인들이 속한 시대까지 자연히 알아내는 방법도 때로는 더 이상 계련이 되지 않아 한계에 부딪히는 경우가 있는데, 이런 경우에는 字形이나 書體, 내용과 같은 표준에 근거하여 추측할 수밖에 없다. 이렇게 하다보면 코에 걸면 코걸이, 귀에 걸면 귀걸이 식으로 대단히 신축성 있는 결과가 나올 수 있기 때문에 사람들간에 격렬한 논쟁이 야기되기도 한다. 世系·稱謂·貞人과 같은 단서도 없고 人物이나 熟語 등 참고할만한 자료도 없다면, 단지 文字와 書體에 의존해서 판단을 내릴 수밖에 없기 때문에 종종 애매 모호한 추정을 내릴 수밖에 없다. 어떤 학자는 이런 곤란에서 벗어나기 위해, 아예 廩辛에서 文丁까지를 한 기로 묶는 4기의 분기법을 채택하기도 하고, 어떤 학자는 하나의 과도기를 설정하여 제3기와 제4기를 구분하기도 하였다. 다음으로 帝乙·帝辛시기의 갑골 역시 판별하기가 어렵다.(董作賓은 분명히 구별할 수 있다고 보았으나 반드시 그런 것은 아니다) 또 武丁과 祖庚시기의 갑골 역시 稱謂나 貞人이 없으면 구분하기가 쉽지 않다. 예를 들어『京都』 1629에서는 "己丑卜, 貞 : □出羌, 亡禍? (기축일에 점쳐 묻습니다. "□羌族이 나타났는데 재앙이 없을까요?")"라 하였는데, 이것을 貝塚茂樹는 제2기의 갑골이라 하였으니, 아마도 그는 '出'을 제2기의 貞人 이름인 '出'과 혼동했었던 것 같다. 내 생각에 이 갑골편의 書體는 제1기에 통행된 書體와 동일하며, 『粹』1300에서는 "己丑卜, 貞 : 今出羌, 亡禍? 二告. (기축일에 점쳐 묻습니다. "오늘 羌族이 나타났는데 재앙이 없을까요?" 二告.)"라 하였는데 '二告'는 제1기의 독특한 兆側刻辭이다. 두 갑골편을 비교해 보면 文例와 字體가 완전히 동일하므로 이 갑골편 역시 제1기의 것이고 '貞'字 다음의 깨진 글자는 '今'字임이 분명하다. 이러한 예 또한 적지 않다.(圖1을 볼 것)

연구의 각도에서 보자면, 갑골의 斷代分期문제는 당연히 자세할수록 좋고 정밀할수록 좋다. 하지만 만약 이

[圖 1] 東都 1629(일부분, 다른 부분에는 글자가 없다).

'자세함'이 지나쳐 잘못된 추측에 이르고 '정밀함'을 구하다가 거꾸로 혼란에 빠진다면 차라리 좀 대략적이고 덜 정밀한 편이 나을 수도 있다. 상술한 각종 실제적인 어려움을 생각해볼 때 分期문제는 다음과 같은 방법을 취하는 것도 좋을 것 같다. 즉, 세밀하게 나눌 수 있으면 세밀하게 나누어 구체적으로 어떤 제왕 시기의 갑골인지까지 구별하고, 만약 세밀하게 나눌 수 없다면 대략적으로 구분하여 연대를 早期·中期·晚期의 3기로만 크게 구별하는 것이다.(만약 어떤 卜辭가 武丁시기 것인지 祖庚·祖甲시기의 것인지 확정지을 수 없다면 잠정적으로 早期라고 결론을 내리고, 또 어떤 복사가 廩辛·康丁시기 것인지 武乙·文丁시기 것인지 확정지을 수 없다면 잠정적으로 中期의 것이라고 결론을 내리는 식으로 말이다.)

갑골문의 斷代分期에 대해서는 이미 수십년간 연구되어 적지 않은 문제를 해결했으나, 아직도 몇몇 중대한 문제에 관해서는 학계에서 지금까지도 일치된 결론을 보지 못한 채 이견이 난무하는 채로 있다. 이러한 문제로는 (1) 㠯組·子組卜辭의 시기를 언제로 볼 것인가, (2) 貞人이 직무를 담당했던 기간, (3) 제3기와 제4기 卜辭의 구분 등이 있는데, 다음에서는 이 문제들에 관한 논쟁 상황을 소개하고, 그와 더불어 나의 개인적인 의견들을 덧붙이기로 하겠다.

(1) 㠯組·子組卜辭의 시대 귀속 문제

이 문제는 수십년간 격렬한 논쟁이 있었던 중대한 문제이다. 董作賓은『乙編·自序』에서 㠯·扶·勹·余·我·子·䘏·吏(史)·幸·卣·出·卌·車·萬·徙·取·医 등 총 17명의 貞人을 文丁시기 사람으로 판단하면서, 이 貞人들과 관련있는 卜辭는 모두 文丁시기의 것이라고 추정하였다. 하지만 이런 卜辭는 文字·曆法·祭祀 등이 武丁卜辭와 동일하다(예를 들어 田獵卜辭인 경우 '狩'라는 표현을 자주 사용했다.) 董作賓은 또 '復古'라는 말로 이것들을 해석하면서 "文武丁시기는 復古의 시대"라고 주장하였고, 이후『殷曆譜』나『甲骨學五十年』등의 저서에서도 다시금 동일한 주장을 펼쳤다. 胡厚宣은『京津』·『續存』序에서 이런 류의 복사를 武丁 이전의 卜辭라고 보았고, 일본의 貝塚茂樹는 또 이런 류의 복사를 王族卜辭라고 칭하면서 제1기에 속하는 것으로 보았다.[33] 陳夢家는 董作賓이 文丁시기라고 보았던 貞人들을 다시 㠯組·子組로 구별하고, 그 시기를 武丁 말기라고 보았다.

---

33) 貝塚茂樹·伊藤道治,「甲骨文斷代硏究法的再檢討」,『殷代靑銅文化之硏究』

饒宗頤의 『殷代貞卜人物通考』와 屈萬里의 『甲編考釋·自序』에서도 이런 류의 卜辭를 武丁시기의 것으로 논증하였다. 董作賓의 제자들이나 2대제자들은 董作賓의 文丁復古說을 여전히 견지하면서 이런 류의 卜辭를 제4기로 귀속시켰다. 또 許進雄 같은 경우에는 鑿鑽形態를 근거로 董作賓의 설을 지지하였다. 이 두 組의 卜辭 사이에는 3代의 거리차가 있어서 商代의 禮制·風俗·文字·曆法 등의 발전변화에 대한 인식문제가 연관되지 않을 수 없으므로, 이 두 組 복사의 斷代 차이에 관해서 자연히 각종 이견이 생겨나게 되었다.

여러 학자들의 설을 비교해볼 때, 본인은 陳夢家의 주장이 정확하다고 본다. 饒宗頤·屈萬里 등이 새로운 증거를 보충함으로서 𠂤組·子組卜辭를 武丁시기의 것이라고 보는 이 관점은 더더욱 근거가 분명하여 납득하기 쉽게 되었다. 이 방면의 주요 論據는 다음의 여섯 가지로 정리될 수 있다.

① 坑位와 地層의 관계

　제13차 발굴에서 𠂤·扶·㝅 등의 貞人 이름이 새겨진 298편의 卜辭가 발굴된 B119 구덩이에는, 제1기 정인인 㱿과 爭의 복사(『乙編』4, 59)도 섞여 있었다. H127 구덩이에서는 대량의 武丁卜辭가 출토되었는데, 여기에서는 子組卜辭도 출토되었다(『乙編』4758, 4814, 4856, 4949 등의 갑골편이 모두 그러하다). 물론 이런 류의 卜辭는 제3기·제4기·제5기의 갑골과도 상당한 연관성을 지니므로 坑位라는 증거에만 의존하는 것은 許進雄의 말처럼 근거가 부족하다. 1973년 小屯의 남쪽 지역[小屯南地]의 早期地層인 T53(4A)에서 𠂤組卜甲이 출토되었는데,34) 동일한 지층에서는 또 午組卜甲 한 편(『屯南』2698)과 賓組卜甲 한 편(『屯南』4575)이 나왔다. 𠂤組卜辭와 午組卜辭는 地層관계상(坑位가 아님!) 賓組와 공존하고 있으므로, 이들의 시대는 당연히 매우 가깝다는 점을 알 수 있다. 따라서 이들은 文丁시대의 것일 수가 없다.35)

② 동일한 판에 보이는 貞人의 관계

　『甲編』2361에서 扶와 賓은 동일한 갑골판에 보인다. 또 『庫』1248에서는 扶와 中이 동일한 갑골판에 보인다. 賓이 점친 卜辭에서는 扶에 관해 언급한 것이 있고(『乙編』5347),

---

34) 蕭楠, 「安陽小屯南地的𠂤組卜甲」, 『考古』 1976년 제4기
35) 蕭楠, 「論武乙文丁卜辭」, 『古文字研究』제3집

殼이 점친 복사에서는 🐚가 여러차례 보인다.(『後編』上30·14,『粹』1132,『朱』280,『鐵』1 2·3,『前編』4·3·5)36) 饒宗頤가 이미 지적했듯이 『乙編』6879(反6880)에서는 貞人 余와 爭이 동일한 갑골판에 보인다. 貞人 系聯의 원리에 근거하자면 余와 扶는 마땅히 武丁시기의 貞人이고, 余와 扶라는 두개의 '集團'에 속한 사람은 마땅히 모두 武丁시대의 貞人이어야 한다. 屈萬里는 『金璋』622에서처럼 子가 점친 복사와 冉이 점친 복사가 동일한 갑골판에 보인다는 점도 지적한 바 있다. 하지만 갑골 원판을 조사해보니 冉이 점친 卜辭는 완정했지만, 다른 卜辭는 잔결된 부분이 있어서 貞人 이름이 잘 보이지 않았기 때문에 그 정인을 '子'라고 확정하기가 어려웠다.

③ 동일한 兆側刻辭

『京都』3220, 『新綴』3, 『京津』2998과 3026의 네 갑골판은 🐚가 점친 것이고 이 갑골판에는 모두 '二告'라는 兆側刻辭가 보이는데, 이 용어는 제1기 卜辭에만 독특하게 보이는 것이다. 어떤 학자는 이 현상을 무시할 방법이 없자 "제1기 卜辭와 王族卜辭에는 모두 🐚라는 이름의 貞人이 존재했었다"고 해석하기도 했다.

④ 날짜를 세는 방법

두 날짜 사이의 날짜 수를 세는 것은 武丁卜辭에 자주 보이며, 점친 날부터 계산하는데, 이런 계산법은 🐚組와 子組卜辭에도 자주 보인다. 예를 들어 『乙編』390에서는 "癸酉卜, 旬? 七日己卯爵及囗?(계유일에 점칩니다. "열흘 간 어떨까요? 7일째 되는 기묘일에 爵이 囗에 이를까요?")"라 하였고, 『懷特』1504에서는 "戊戌卜, 扶 : 缶中行正方? 九日丙午冓囗(무술일에 扶가 점쳐 묻습니다. "缶나라의 中이 正方에 갈까요? 9일째 되는 丙午일에 囗을 만났다.")"라 하였으며, 『京都』3099에서는 "癸酉卜, 王 : 旬? 四日丙子雨自北, 丁雨二日, 庚申風. 一月. 癸巳卜, 王 : 旬? 四日丙申昃雨自東, 小采旣. 丁酉雨自東. 二月.……癸亥卜, 王貞 : 旬? 八日庚午又兄方曰在囗.(계유일에 왕이 점쳐 묻습니다. "열흘간 어떨까요?" 4일째 되는 병자일에 북쪽에서부터 비가 왔다. 다음날인 丁日에는 비가 오고 경신일에는 바람이 불었다. 때는 1월이다. 계사일에 왕이 묻습니다. "열흘간 어떨까요?" 4일째 되는 병신일의 昃(대략 오후 2시경)에 동쪽에서부터 비가 왔고, 小采(대략 오후 6시경)

---

36) 饒宗頤의 저서 213쪽에서 인용함

에 그쳤다. 정유일에 동쪽에서부터 비가 왔다. 때는 2월이다.……계해일에 왕이 점쳐 묻습니다. "열흘간 어떨까요?" 8일째 되는 경오일에 또 兄方은 ☐에 있다)"라고 하는 등등이 그 예이다. 만약 이런 날짜 세는 방법 역시 제4기에 자주 보이는 방법이라 하여 이런 卜辭들을 제4기에 귀속시킨다면, 동일한 이유로 그것들을 제1기에도 집어넣을 수 있을 것이다. 이런 증거는 결정적인 의미가 없는 것이지만 참고할만한 가치는 있다.

⑤ 稱謂관계

『殷墟卜辭綜述』에서는 㠯組·子組卜辭와 賓組卜辭에서 동일한 稱謂로 祖戊·妣甲·妣己·妣癸·父甲·父乙·父庚·父辛·母丙·母丁·母己·母庚·母壬·母癸·兄丁·兄戊·子癸·彔(彖)甲·丁示·咸戊·子𦣞·子伐·伊尹이 있음을 지적하고 있다. 扶가 점친 복사에는 父辛(『京都』10), 父乙(『佚』599·『甲編』2907) 등의 稱謂가 있으므로, 이것은 武丁이 小辛과 小乙을 칭한 것이다. 만약 단독으로 놓고 본다면, 상반되는 의견을 가진 사람이라도 약간 다른 칭위를 근거로 제시할 수 있으므로 이 卜辭는 "충분한 증거라고 볼 수 없는" 것일 수도 있다. 하지만 다른 조건들과 함께 고려한다면 분명하게 일치된다는 점을 알 수 있을 것이다.

⑥ 人物

㠯組·子組卜辭에 보이는 인물은 武丁卜辭에 보이는 인물과 동일한 경우가 많다.『甲編』280에서는 扶가 점친 卜辭 중에 子咸이라고 있는데, 이는 武丁의 아들이다.『甲編』3483은 扶가 점친 卜辭인데 字體가 제1기와 동일하며 또 武丁시대 사람인 '侯𢦏'도 보인다.『新綴』253은 㠯가 점친 卜辭인데, 여기에는 武丁의 아들인 '子宋'이 보인다. 또 扶가 점 친『後編』下24·10과『前編』8·8·1에서는 武丁시대 사람인 冉과 阞가 각기 보인다. 阞는 또 㠯가 점친 卜辭(『續編』5·1·4)와 㕣이 점친 卜辭(『乙編』5289)에서도 보인다. 이 밖에 子가 점 친 卜辭에서도 武丁의 아들인 "子𦣞"의 이름이 두 번 보인다.(『後編』下41·9와『綴』330) 물론 이들이 동명이인일 가능성을 배제할 수는 없지만, 동시에 㠯組·子組卜辭와 賓組卜辭에 보이는 인물들이 동일한 인물일 가능성에 대해 무시해서도 안되고, 이 두 組 卜辭의 시대가 서로 가까웠을 가능성을 배제해서도 안된다. 특히『前編』8·8·1과『乙編』5289 두 편에서 扶와 㕣는 모두 '阞囚'라는 사건에 대해 점치고 있고, 辭例가 거의 동일하기 때문에 눈여겨볼 필요가 있다. 어떤 사람은 "이것이 근거가 가장 약한 논점이다"라고 했는데, 사실 이것은 '약한 논점'이 아니라 반대로 自組·子組卜辭가 武丁시대에 속하는 것을 보여주는 힘있는 증거 중 하나라고 할 수 있다.

이 여섯 가지 논거(특히 ①, ②, ③번)를 종합하여 고찰해보면 自組·子組卜辭는 武丁시기에 속하는 것이라고 단정지을 수 있다. 扶라는 정인의 경우 각 방면의 조건을 종합해 본다면, 饒宗頤가 주장한 것처럼 武丁시기의 貞人임에 틀림이 없다.(饒宗頤의 책 657-677쪽을 참고할 것) 제작년에 金祥恒이 「論貞人扶的分期問題」(『董作賓先生逝世十四周年紀念刊』)에서 董作賓의 설을 자세히 설명하는 글을 읽었는데, 거기에서는 董作賓의 설에 대해 별다른 새로운 보충을 하지도 않았고, 饒宗頤나 屈萬里의 주장에 대해 논하지도 않았다. 그는 그 책들을 아직 보지 못했던 것일까, 아니면 보았는데도 별다른 반박을 하지 않았던 것일까?

(2) 貞人이 직무를 담당했던 기간

貞人들이 직무를 담당했던 기간 문제에 관해서도 학자들의 관점은 각자 다르다. 어떤 사람은 貞人 한 사람이 어떤 한 시기에만 직무를 담당했었다고 보고, 어떤 사람은 貞人 한 사람이 한 시기와 그 다음 시기까지 계속 직무를 담당했었다고 본다. 貞人 爭의 경우 일반적으로는 전형적인 제1기의 貞人이라고 생각되지만, 어떤 사람들은 月食의 기록을 근거로 爭이 제2기인 祖庚시대까지 직무를 담당했었다고 추측하기도 한다. 또 제2기 卜辭는 字體가 길면서 규칙적이라는 특징이 비교적 현저하게 나타나지만, 이 시기 貞人이 직무를 담당했던 기간에 관해서는 董作賓·陳夢家·島邦南 세 사람의 의견이 서로 엇갈리고 있다. 의견이 완전히 일치되는 貞人은 단 13명(兄·出·逐·喜·놋·尹·洋·犬·涿·䇂·㠯·亢·寅) 뿐이고, 의견이 다른 貞人이 12명이나 된다. 그 중에서 貞人 '中'·'先'·'陟'을 董作賓은 제1기로 보았고, 陳夢家와 島邦南은 제2기로 보았다. '大'의 경우 董作賓은 제2기로 보았으나 陳夢家와 島邦南은 제2·3기로 보았다. '旅'의 경우 董作賓은 제2·3기로 보았지만, 陳夢家와 島邦南은 제2기로 보았다. '卽'·'行'을 董作賓과 陳夢家는 제2기로 보았으나 島邦南은 제2·3기로 보았다. '口'를 董作賓과 島邦南은 제2·3기로 보았지만 陳夢家는 제3기로 보았다. '何(尤)'를 董作賓은 제2·3기로 보았지만 陳夢家는 제1·3기로 보았고 島邦南은 제3기로 보았다. '㱿'의 경우 董作賓은 제2기로 보았으나 陳夢家와 島邦南은 제3기로 보았다. '叿'의 경우 陳夢家는 제1기로 보았지만 島邦南은 제2기로 보았다. '禍'의 경우 陳夢家와 島邦南은 제2기로 보았지만 董作賓은 제3기로 보았다.37) 董作賓이든 陳夢家든 島

邦南이든, 이들은 모두 貞人이 직무를 두 시대 이상 담당했던 현상을 인정하고 있다.

두 시대 동안 직무를 담당했던 貞人 외에, 극소수이기는 해도 세 시대 동안 일했던 원로들도 있다. 예를 들어 尤(何)·大·口는 제1기부터 제3기까지 일했던 貞人들이다. 새로운 자료가 발굴되고 공포됨에 따라, 또 연구가 심화됨에 따라 각각의 貞人이 구체적으로 어느 연대에 직무를 담당했었는지에 관한 설은 바뀔 수 있다. 여기에서는 '大'를 예로 들어 이 문제가 충분히 중시할만한 가치가 있는 것임을 설명하고자 한다.

貞人 '大'는 일반적으로 제2기 貞人이라고 설명된다. 辭例도 아주 많으며, 제사받는 대상인 先公의 稱謂에는 父丁·兄庚(『佚』881, 『前編』5·4·5, 『殷』32 등에서는 '父丁'이라 칭했고, 『殷』742, 『粹』325에서는 '兄庚'이라고 칭했다.)이 있는데, 이 稱謂가 武丁과 祖庚을 가리킨다는 점은 이미 공인된 사실이다. 陳夢家와 島邦南은 그가 제3기에도 일했다는 점을 지적하고 있고, 許進雄은 그가 제1기에 일했었다고 보고 있다. 『續存』上1603에서는

乙巳卜, 大貞 : 翌丁未☐. 二告. (을사일에 大가 점쳐 묻습니다. "다음번 丁未일에 ☐." 二告)

☐☐貞 : 翌辛侑升于☐. (☐☐일에 점쳐 묻습니다. "다음번 辛日에 ☐에게 侑제사와 升제사를 올릴까요?")

라 하였는데, 胡厚宣은 이 갑골판을 제2기의 것이라고 보았다. 그러나 여기에는 제1기의 독특한 兆側刻辭인 '二告'라는 용어가 있으므로 '大'는 제1기 貞人이 분명하다. 『珠』393에도 '大'가 점친 卜辭가 있는데, 여기에도 '二告'라는 용어가 있다. 『前編』3·22·6(『續存』上1672)에서는

癸未卜, 大貞 : 旬亡禍? 十三月. (계미일에 大가 점쳐 묻습니다. "열흘간 재앙이 없을까요?" 때는 13월이다.)

라 하였는데, 字體나 '十三月'이라는 辭例는 모두 제1기에 독특하게 보이는 것이므로, 이 갑골판 역시 제1기의 것임이 분명하다. 또 『懷特』1262에서는

---

37) 許進雄, 『甲骨上鑽鑿形態的研究』, 63쪽 및 각주 94-99 참고.

己亥卜, 大貞: 今歲受年? 二月. (기해일에 大가 점쳐 묻습니다. "올해 풍년이 될까요?" 때는 2월이다.)

己卯卜, 大貞: 婦霝娩, 女力? (기묘일에 大가 점쳐 묻습니다. "婦霝가 분만이 가까왔는데 사내아이일까요?")

貞: 告執于南室, 三牢? (묻습니다. "사람을 제물로 써서 南室에 告제사를 드리려고 하는데 제사용 소 세 마리로 할까요?")

라 했고, 같은 책 1268片에서는

丙寅卜, 出貞: 翌丁卯魚益賢? 六月. (병인일에 出이 점쳐 묻습니다. "다음번 정묘일에 賢를 하사할까요?" 때는 6월이다.)

貞: 翌丁卯不其魚? 之日允不魚. (묻습니다. "다음번 정묘일에 하사하지 말까요?" 이 날 정말로 하사하지 않았다.)

癸酉卜, 貞: 旬有祟, 不于賓巳? 四月. (계유일에 점쳐 묻습니다. "열흘동안 재앙이 있으면 賓巳에서 하지 말까요?" 때는 사월이다.)

甲子卜, 大貞: 乍賓巳, 母福眔多母若? (갑자일에 大가 점쳐 묻습니다. "賓巳를 만들려고 하는데 母福과 多母가 허락할까요?")

이 두 편에서 묻고 있는 사건은 모두 제1기에는 자주 보이고 제2기에는 잘 보이지 않는 것들이다. 특히 『懷特』1262에서 올해 풍년이 될까 하는 것과 婦霝가 분만이 가까웠는데 과연 사내아이를 낳을 것인가에 대해 묻는 것들은 제1기에 속하는 卜辭일 가능성이 아주 크다. 물론 貞人 '大'가 제1기에 직무를 담당하지 않았고, 제1기의 兆側刻辭인 '二告' 및 그와 연관된 事類나 숙어 역시 우연히 제2기에 보인 것이라는 가능성을 배제할 수는 없다. 하지만, 그러한 해석을 내리려면 좀 더 증명할 필요가 있다.

이 밖에 '大'가 점친 복사 중에는 賓과 子에 대해 언급한 것도 있다.

□大貞: 令賓從自□ (□ 大가 물었다. "賓으로 하여금 □에서 오도록 할까요?") (『簠室·人名』48)

癸丑卜, 大貞: 子侑于三豽, 羌五? (계축일에 大가 점쳐 묻습니다. "子가 三豽에게 侑제사를 드릴까 하는데 羌人 다섯 사람으로 할까요?") (『龜』1·5·14)(『珠』1055)

饒宗頤는 이 '大'가 바로 武丁시대의 '子大'(『乙編』3895, 『鐵』149·4, 『乙編』4910, 『前編』

6·63·1, 『甲編』3792)가 아닐까 추측하였다. 武丁시대의 記事刻辭를 보면, 『乙編』5473(『丙編』33)에서 "臣大入一"이라 했는데, 이 갑골판의 正面(『乙編』5472, 『丙編』32)에서는 殷·賓·爭 세 貞人의 이름이 보인다. 만약 이 '臣大'와 貞人이 동일한 사람이라면 '大'가 제1기에 직무를 담당했다는 문제에 관해 하나의 확증을 또다시 얻게 되는 셈이다.

'大'가 廩辛 시대에 직무를 담당한 적이 있었다는 점은 『殷虛卜辭綜述』에서 이미 언급한 바 있다. 여러분은 그 책을 참고하면 될 것이므로 여기에서는 그 문제를 더 이상 언급하지 않도록 한다. 許進雄은 『明』1442의 書體·字形·辭例가 『京津』3836과 거의 흡사하다는 점을 지적하였는데, 이 갑골판에는 제3기의 특수한 兆側刻辭인 '吉'이 있으므로 제3기의 것이 분명하다. 『甲編』2429는 書體가 제2기에 자주 보이는 형태와는 다르고, 제3기의 卜辭와 동일한 구덩이에서 출토되었으므로 이 역시 제3기의 것일 가능성이 있다. 또한 『甲編』1665에서는 "癸巳卜, 大貞 : 其至祖丁兄(祝), 王受ㅇ?(계사일에 점치면서 大가 묻습니다. "祖丁에게까지 복을 구하면 왕이 복을 받을까요?")"라 했는데, 이 갑골편의 字體와 文例는 제3기에 자주 보이는 것들이다. 또 祖丁이라는 이름이 있으므로 이것은 분명 廩辛이 武丁을 칭한 것이다. 따라서 이 갑골판 역시 제3기에 속하는 것이 분명하다.

貞人이 여러 시기에 직무를 담당하는 현상이 있으므로, 단순히 貞人에만 의거하여 시대를 판단할 경우(특히 여러 시기에 직무를 담당했던 貞人의 복사인 경우)에는 아주 신중해야만 한다. 이런 경우에는 반드시 그 밖의 斷代標準을 참고하여 시기를 구별해야 한다. 許進雄은 甲骨의 鑽鑿형태에 의거하여 여러 시기에 직무를 담당했던 貞人이 점 친 卜辭의 시대 문제를 해결코자 하였는데, 이것은 하나의 새로운 시도라고 할 수 있다. 하지만 일반 사람들은 갑골의 실물을 볼 수 없어 그 鑽鑿형태를 객관적으로 관찰할 수 없으므로, 사실 실제적으로 운용하기에는 어려운 방법이라고 할 수 있다. 차라리 字形이나 書體·辭例·事類 등의 참고가치가 훨씬 더 크고, 훨씬 더 파악하기 쉽다.

貞人이 여러 시기에 직무를 담당하는 현상은 사람들에게 다음과 같은 문제를 제기하기도 한다. 무슨 이유에서 몇몇 貞人들은 새로운 왕이 즉위한 후에도 계속 직무를 담당했고, 대부분의 貞人은 한 시기에만 직무를 담당했다가 왕이 바뀌면 더이상 직무를 담당하지 않게 되었던 것일까? 정말로 일부 학자들이 주장하는 것처럼 貞卜을 담당하는 기관이 상대적인 독립성과 안정성을 지니고 있었다면, 武丁시대 貞人들이 祖庚·祖甲시기에 대부분 보이지 않게 된 이유는 무엇일까? 아니 어쩌면 武丁시대 貞人이 점친 卜辭 중에는 사실상 祖庚·祖甲시대의 卜辭가 포함되어 있는 것은 아닐까? 이런 문제들은 앞으로 심도 있게 연구할만한 가치가 있는 문제들이다.

(3) 제3기와 제4기 卜辭의 구분 문제

앞에서 언급했듯이, 이 문제는 의견이 첨예하게 대립되고 있다. 廩辛복사는 貞人이 있기 때문에 쉽게 구별할 수 있지만, 康丁卜辭와 武乙·文丁 卜辭에는 대부분 貞人이 없기 때문에 혼동되기가 쉬워서 사람들마다 실제적인 시대 분류에 차이가 있다. 1973년 小屯 남쪽 지역에서 출토된 갑골은 武乙卜辭가 가장 많았고, 그 다음이 康丁卜辭이며, 文丁卜辭가 그 다음이었으며, 제1기와 제5기 갑골은 대략 20편 정도의 극소수에 불과했다. 그 발굴에는 믿을만한 지층 관계가 있고, 또 陶器와 함께 발굴된 경우가 많았기 때문에(연구에 따르면 이런 공존관계를 통해 陶器의 分期와 갑골의 시대가 일치된다는 것이 증명되었다고 한다.) 갑골 斷代에 관한 연구, 특히 제3기와 제4기를 구분하는 문제에 관해 많은 도움이 될 수 있었다. 그것은 주로 몇몇 표준이 되는 갑골편을 확정한 후 그것에 근거하면 이전에 출토되었던 갑골 중 지층관계가 없는 갑골을 판단할 수 있었기 때문이다.『考古』1975년 제1기 「一九七三年安陽小屯南地發掘簡報」에 실린 9편의 갑골 탁본 중 6편은 제3기와 제4기의 것이었는데(그 나머지는 1편이 제1기의 것이었고, 2편이 제5기의 것이었다) 모두 구체적으로 어느 왕이 점친 것인지 알 수 있는 것들이었다. 蕭楠의「論武乙文丁卜辭」에서는 小屯南地의 갑골을 근거로 武乙·文丁복사의 특징을 보다 더 자세히 분석하고 그것들을 구분함으로서 새로운 견해를 적지않이 제시하였다.「簡報」와 蕭楠의 문장은 모두 참고할만한 가치가 있다.

제3기와 제4기의 卜辭를 정확하게 구분하는데는 稱謂가 가장 중요하고, 世系가 그 다음이며 字形과 書體가 그 다음으로 중요하다. 廩辛·康丁시대의 卜辭에는 모두 父庚·父甲·父己라는 칭위가 있고 兄辛이라 칭한 것이 있으므로, 이것들은 분명 康丁卜辭이다.(廩辛은 康丁의 형이다)『佚』203,『粹』340, 342,『續存』上1818,『後編』上7·10,『京津』4080등이 모두 그 예가 되며, 그 중『粹』340에서는 "叀母己眔子癸酒? 叀兄辛眔子癸先? 大吉.("母己와 子癸에게 酒제사를 드릴까요? 兄辛과 子癸에게 먼저 드릴까요?" 아주 길하다)"라 하였고, 같은 책 342에서는 "其又兄辛, 叀牛, 王受又? 其牢, 王受又?("兄辛에게 侑제사를 드릴 때 소를 바치면 왕이 신의 가호를 받을까요?" "제사용 소를 바치면 왕이 신의 가호를 받을까요?")"라고 했는데, 이 모두가 康丁이 형인 廩辛에게 제사지내는 卜辭이다.『粹』334, 335, 337, 338, 339 등에는 모두 貞人이 없지만, '父甲'이라 칭하고 있고, 字體가 이 두 갑골편과 비슷하므로 역시 廩辛卜辭가 아니라 康丁卜辭임을 분명히 알 수 있다. 이러한 원리에 근거하여 『粹』중의 일부 갑골 역시 康丁卜辭라고 추정할 수 있다. 『屯南』2742(H103:84)에서는 "丁亥卜, 其兄(祝)父己父庚一牛, 丁宗□(정해일에 점쳤다. "父己와 父庚에게 소 한 마리로 祝제사를 드리고, 丁宗에서 □")"라 했고, 같은 책 1055(H24: 337+340+454)에서는 "丁亥卜, 餗其酒于父甲, 又盤庚, 叀祖丁? 叀父庚・盤庚用, 唯父甲正, 王受又?(정해일에 점칩니다. "父甲과 盤庚과 祖丁에게 餗제사와 酒제사를 드릴까요?" "父庚과 盤庚에게 희생물을 사용하고 父甲에게는 正제사를 드리면 왕이 신의 가호를 받을까요?")"라 했는데, 父己・父庚・父甲은 廩辛과 康丁이 아버지뻘인 孝己와 祖庚・祖甲을 칭한 것이다. 또한 섬세한 필획과 字體가 『粹』342와 동일하므로, 이 역시 康丁시대에 점친 卜辭가 분명하다. 武乙・文丁卜辭에도 貞人이 없는 경우가 많은데 前辭의 형식이나 兆側刻辭가 모두 비슷하고 字體 역시 구분하기가 쉽지 않지만, 稱謂를 이용하면 구별할 수 있다. 이 시기의 卜辭 중 父丁이나 父辛이라고 칭한 것들은 武乙卜辭(武乙이 그 아버지뻘인 康丁과 廩辛을 칭한 것임)이며, 父乙이라고 칭한 것은 文丁卜辭(아버지인 武乙을 칭한 것)이다. 계속 『粹』를 예로 들자면, 이 책의 374와 375 두 편은 字體의 풍격이 비슷하며 모두 제4기의 것이다. 하지만 374편에서는 "丁卯貞 : 其告于父丁, 其獸(獵), 一牛?(정묘일에 묻습니다. "父丁에게 告제사를 드리는데 사냥에서 잡아온 것으로 할까요? 소 한마리로 할까요?")"라 한 것은 武乙이 점친 것이고, 375편에서 "癸亥卜, 兄(祝)于父乙(계해일에 점칩니다. "父乙에게 祝제사를 드릴까요?")"라 한 것은 文丁이 점친 것이다. 마찬가지로 『粹』237 및 363에서 370까지의 8편은 모두 武乙卜辭이다. 『屯南』2707(H103:18+20)과 1116(H24:416) 두 卜骨에는 貞人의 이름이 없다. 字體는 강하면서도 힘있는데 이것은 제4기 卜辭의 風格이다. 두 卜骨에는 모두 '父丁'이라는 稱謂가 있는데, 이것은 康丁을 가리키는 것이므로 이 두 卜骨은 武乙卜辭임이 분명하다. 『粹』79와 『屯南』2707은 文例가 전부 동일하므로 역시 武乙卜辭임을 알 수 있다. 『屯南』751(H23:104)은 字體와 文例가 역시 제4기의 풍격을 보이고 있는데(필획이 약간 섬세한 차이밖에 없다), 그 중에 "壬午卜, 弜又伐[于]父乙(임오일에 점칩니다. "弜가 父乙에게 侑제사와 伐제사를 드릴까요?")"라는 卜辭가 있는데, 여기의 父乙은 바로 武乙이므로 이 역시 文丁卜辭임이 분명하다.

    제4기 卜辭 중에는 歷(󰌸)이라는 이름의 貞人이 있는데, 陳夢家는 字體에 근거하여 이 貞人을 武乙시대의 사람으로 보았다. 李學勤은 그것을 또 '歷組卜辭'라고 부르면서 武丁・祖庚시대에 속하는 것으로 보았다.38) 裘錫圭 역시 이 주장에 동의하면서 장문의 논증을 썼다.39) 蕭楠은「論武乙文丁卜辭」에서 貞人 歷 역시 文丁시대에 속한다고 보면서 "貞人 歷이 있는 卜辭는 실제로는 바로 武乙·文丁시대의 卜辭이다"40)라 했다. '歷組卜辭'의 시대 문제에 관해 현재까지는 의견이 아주 분분하여 논쟁 중에 있다. 사실 10만여 편의 갑골 중에서 진정으로 '歷貞' 혹은 '貞歷'이라고 되어 있는 卜辭는 아주 소수이다. 내가 본 것은 고작 23편에 불과하고, 그 중에서 卜辭가 완정한 것은『甲編』544,『後編』下11·5(『京津』4710),『寧滬』1·446,『金璋』396,『競進』4387, 4709,『屯南』457, 905, 974,『㽙』40·3(『續編』2·7·7),『續存』下832,『懷特』1621, 1622 등 10여편에 불과하다. 이런 卜辭들은 내용이 비교적 간단하고 열흘간의 일에 관해 묻는 貞旬卜辭가 대부분이다. 또한 그 밖의 貞人과는 전혀 同版관계가 없기 때문에 무슨 '組'라고 할 것도 없다. 그렇기 때문에 소위 '歷組卜辭'에 대한 주장 자체가 성립될 수 있는가 하는 문제 또한 논의할만한 여지가 있다. 李學勤과 裘錫圭의 주장은 小屯南地의 지층관계와 합치되지 않으므로 사람들의 동의를 얻기가 매우 어려울 것으로 보인다. 현재 볼 수 있는 재료를 근거로 할 때 정인 歷이 점친 卜辭는 사실 武乙시대의 것으로 보이며, 그것들은 武丁·祖庚卜辭와 분명한 차이를 지닌다. 즉, 설사 범위를 李學勤과 裘錫圭 등이 말하는 '歷組卜辭'로 확대한다 하더라도 그 대부분은 여전히 武乙·文丁시기에 속하는 것들이다.

상술한 세가지 방면의 문제는 모두 앞으로의 斷代 연구에 있어 중요한 문제들임에 틀림없다. 이 밖에 帝乙·帝辛복사의 구분, 武丁 이전의 卜辭 등도 간과할 수 없는 문제들이다. 하지만, 어찌되었든 간에 '10가지 표준'의 범위에만 국한하여 문제를 토론하다보면 각각 다른 근거를 바탕으로 다른 주장을 할 수 있기 때문에 의견을 통일하기가 어렵게 된다. 보다 발전된 과학적인 기술을 갑골 斷代의 연구에 이용함으로서 甲骨의 연대를 추정할 수만 있다면 현재 논쟁이 되고 있는 수많은 문제들이 하나 둘 씩 해결될 수 있을 것이다. 만약 이 희망이 실현될 수 있다면 사화과학 분야, 특히 고문자학의 영역에 커다란 돌파구가 생기는 셈이므로, 갑골문 연구 작업을 크게 분발시켜 혁신적인 단계로 들어갈 수 있게 될 것이다.

---

38) 李學勤,「論婦好墓的年代及有關問題」,『文物』1977년 제11기.
39) 裘錫圭,「論歷組卜辭的時代」,『古文字研究』제6집
40) "含有貞人歷的卜辭, 實際上就是武乙文丁卜辭."

제7장
갑골문의 綴合

1. 甲骨 綴合의 중요한 의미

갑골문은 원래 부서진 유물인데다가, 깎고 갈고 鑽鑿을 뚫어 불에 그슬리는 과정을 거치면서 갑골의 표면은 더더욱 약해져 부서질 가능성이 더 커졌다. 商代 말기, 나라가 망할 즈음 갑골의 일부는 이미 순서가 어지럽게 흩트러졌고, 완정한 갑골들도 당시 대부분 산산조각나 버렸다. 商이 망한 이후, 갑골은 殷墟에 버려져 지하에서 3000여년간이나 매장되었는데, 그 동안 심하게 손상될 수밖에 없었다. 처음 출토되었을 때에는 쟁기에 의해 마구 파헤쳐지거나 다른 곳으로 이리저리 옮겨지는 수난을 겪었기 때문에 완정했던 갑골들마저도 산산조각나서 본래의 모습을 찾아볼 수 없게 되었다. 이렇게 부서진 갑골이 여러사람의 손에 입수되면서 제각기 著錄되고 여러 책에 흩어져 실리기도 했고, 혹은 한 사람의 한 책에 모여있게 되었다 하더라도 이처럼 워낙 엉망으로 부서져 있었기 때문에, 저록한 사람이 주의를 미처 다 기울이지 못한 경우 동일한 甲骨片이 같은 책의 다른 곳에 실리게 되어 순서가 흩뜨러진 경우도 있었다. 이렇게 하여 이런 갑골들은 '너덜너덜해진 조간신문'처럼 될 수밖에 없었다. 어떤 복사는 상단부 반쪽만 실리기도 하였고 어떤 것은 하단부 반쪽만 실리기도 했으며, 어떤 것은 문장을 이루지 못하는 일부 글자만 남은 것도 있었다. 어떤 연구자는 부서진 조각이라 생각하여 버려둔 채 신경을 쓰지 않기도 했으니 참으로 애석한 일이다. 또 어떤 연구자는 이런 부서진 갑골편을 근거로 논지를 세운 후 그 주장을 확대하기도 하는데, 이 역시 독단에 치우친 경향이 보인다. 재료가 엉망으로 부서졌다는 점이 바로 갑골문을 연구하는데 있어 하나의 큰 어려움이며, 이것이 금문 연구와 크게 다른 점이다. 청동기에 쓰인 銘文은 대다수가 완정하며, 특히 淸代 이후 출토된 청동기의 경우 銘文 길이에는 차이가 있어도 대부분 연구에서 사용될 수 있을 정도로 완정하였다. 물론 金文에도 완전치 않게 殘缺된 부분이 있기는 했지만 결코 많다고는 할 수 없었다. 하지만 갑골의 상황은 이와 정반대이다. 고문자를 연구하는 학자 중에서 갑골을 연구하는 사람이 적고 금문을 연구하는 사람이 많은 원인에는 여러 가지가 있겠지만, 아마도 이 재료 문제가 중요한 이유 중 하나일 것이다. 단편적으로 일부만 존재하는 대량의 복사를 끝까지 읽어낼 방법이 없다는 것은 연구자들로 하여금 오리무중에 빠진 듯한 기분이 들게 만들고, 또 젊은 사람들로 하여금 겁을 내며 주저하게 만드는 것이 사실이다.

갑골의 綴合은 바로 그처럼 오랜 기간 散在해 있던 부서진 갑골'집단'을 '헤어진 부부가 다시 결합하듯' 새롭게 결합시켜 하나의 완전한 형태로 만드는 것이다. 갑골의 시대를 나누는[甲骨斷代] 목적을 갑골이 속했던 원래의 시대로 복원하는 것이라고 말한다면, 갑골 조각을 이어붙이는[甲骨綴合] 의의는 바로 갑골을 본래 모습으로 복원하는데 있다. 동일한 條에 속하는 복사는 부서진 갑골편 위에 존재할 경우와 완정한 갑골에 존재하여 각종 관계를 참고로 비교할 수 있는 경우 그에 대한 사람들의 인식이 제각각 달라질 수 있으며 그에 대한 연구가치 또한 크게 달라질 수 있을 것이다. 당연히, 철합된 갑골이 많아질수록 갑골문에 대한 사람들의 연구가 심화되어 갑골문에 대한 인식 역시 객관적인 실제에 접근할 수 있게 된다고 말할 수 있다.

가장 초기에 갑골 철합 문제에 관심을 가졌던 것은 王國維이다. 그는 1917년『戩』1・10과『後編』上8・14 두 편을 하나로 합쳤는데, 이것이 갑골문 연구사상 최초의 철합이었다. 후에 그는『後編』上卷의 釋文을 쓸 때 이 철합 과정에 대해 자세히 기술하였다. 현재『後編』上卷 8쪽의 뒷면에 王國維는 다음과 같은 주석을 달아놓았다.

> 丁巳年 仲春(음력 2월경), 나는「殷卜辭中所見先公先王考」를 쓰면서 田은 上甲이고 ▯과 ▯과 ▯은 바로 報乙・報丙・報丁이며, 示壬과 示癸는 主壬과 主癸임을 증명하였다. 羅振玉이 다시 나를 위해 田은 上甲이라는 설을 증명함으로서 이 설은 정설이 되었다. 1년 후 愛儷園 주인이 자신이 소장한 갑골을 책으로 엮었는데, 그 중의 한 갑골문자가 이 반 페이지의 제7편과 크기가 동일하면서 문장의 뜻이 연속된다는 점을 발견하게 되었다. 이에 잘라진 흔적을 검토해보니 符節을 합친 것처럼 딱 맞아떨어졌다. 이렇게 하여 원래 한 片이었던 것이 두개로 분리된 것임을 알게 되었다. 하나는 羅振玉이 소장했었고 하나는

劉鶚이 愛儷園에 보냈던 것이었다. 내가 그것들을 함께 읽어보니 절묘하게 하나로 맞아떨어졌다. 그 문장은 다음과 같이 읽는다.

乙未酒𠂤𨑃𠩾十𡰩二 (三之闕字) 酉三𠂤三示
壬三示癸三大丁十大甲十□

商代 先公의 世系를 이 두 片으로 증명할 수 있게 되었으니 그 무엇에 비할 수 없게 소중한 가치를 지닌다고 할 수 있다. 3월 초 엿새날 이 사실을 발견하여 그 卜辭의 문장을 간단히 본떠 쓴 후 이 글을 함께 기록해 둔다.[1]

『戩』에서 王國維는 또다른 한 편(즉『戩』29·3, 29·4)도 철합한 적이 있다. 이것은 자주 보이는 貞旬卜辭인데, 그 가치는 물론 위의 世系卜辭에는 훨씬 미치지 못한다. 후에 董作賓도 善齋의 소장품 중에서 한 무더기의 骨片을 발견하고 위의 世系卜辭와 연결시켜 示癸 다음은 大乙이고 大甲 다음은 大庚임을 설명하였다.(제5장의 제38번 그림을 볼 것) 이를 통해 사람들은 商代 世系에 대해 한층 더 잘 알게 되었다. 만약 이 세개의 갑골편이 세 곳에 계속 散在되었다면 각 갑골편은 잔결된 채 읽기 힘들었을 것이고, 기껏해야 거기에 기록된 商代 先公先王의 이름을 단편적으로 설명할 수 있었을 뿐, 절대로 오늘날과 같은 이해를 할 수는 없었을 것이다.

갑골 철합의 중요한 의미는 '月有食聞'이라고 쓰인 한 편의 龜甲을 통해서도 설명될 수 있다. 『甲編』1289에서는 "☐月有食, 聞, 八月.(☐에 월식이 있다는 것을 들어서 알았다. 때는 8월이다)"라 했는데(『契』632에도 이와 유사한 기록이 있다), 董作賓은 처음에는 '聞'字만을 근거로 삼아 수많은 문제들을 추측해 냈었다.[2] 그러나 그것은 결국 추측이었기 때문에 신빙성에는 한계가 있을 수밖에 없었다. 후에 『甲編』1114, 1156, 1749, 1801 등의 갑골

---

1) "丁巳仲春余作「殷卜辭中所見先公先王考」, 證明𡆥卽上甲, ☐☐☐卽報乙報丙報丁, 示壬示癸卽主壬主癸. 羅叔言參事復爲余再證𡆥卽上甲之說, 于是遂成定論. 越一月, 爲愛儷園主人編其所藏殷虛甲骨, 發見一骨文字與此牛頁之第七片大小相同, 文義亦連續, 以斷痕驗之, 若合符節, 乃知由一片折而爲二也. 其一藏羅氏, 一由丹徒劉氏歸愛儷園, 而余得合而讀之, 可云巧矣. 其文讀如左 :
乙未酒𠂤𨑃𠩾十𡰩二(三之闕字) 酉三𠂤三示
壬三示癸三大丁十大甲十□
有商一代先公世系得此二片證之, 其可貴蓋在天球河圖上矣. 三月初六日發現此, 乃畧摹其文并記之."(『殷虛書契後編』上卷의 釋文, 王國維는 책 윗부분에 적어두었으나 인쇄된 바 없다. 原書는 현재 中山大學 古文字學硏究室에 소장되어 있다.)
2) 董作賓, 『殷墟文字甲編序』

편을 철합하여 완정된 한 組의 복사를 얻게 되면서(釋文은 제5장, 附圖 14를 볼 것), 달(8월) 뿐만 아니라 구체적인 날짜(乙酉日)까지 있게 되어 이 月食에 관한 기록이 아주 분명해졌다. 이것은 공허하게 '月有食聞'이라는 단 네 글자만을 근거로 했던 것에 비해 훨씬 더 귀중한 것이다. 董作賓 계열의 학자들은 曆法을 근거로 계산하여 이번 月食이 祖庚 2년에 있었던 일임을 증명하는 동시에, 이 기록을 殷曆譜의 주요한 시발점의 하나로 삼았다.3) 貞人 爭이 祖庚시대까지 직무를 담당했었다는 설에 대해서도 이 갑골편은 중요한 증거가 된다.

2. 갑골 철합의 기본 원칙

갑골을 綴合하는 원칙은 자못 단순하다고 할 수 있다. 기본적인 내용은 (1) 갑골의 부위가 연결되어 아주 세밀하게 맞춰져야 한다 (2) 文例나 事類가 일치되어야 한다 (3) 書體風格이 조화를 이루어야 한다 라는 세가지 조항으로 귀결될 수 있다. 정확한 철합은 결국 이 몇가지 원칙에 부합되는 것이다. 어떤 것은 (2), (3)에 근거하면 하나의 판이 잘린 것이라고 추정될 수 있음에도 불구하고 부위가 달라서 잘린 부분이 꼭 들어맞지 않을 수도 있는데, 이렇게 되면 깔끔하게 하나로 철합될 수 없기 때문에 당연히 특정 위치가 빌 수밖에 없다. 잘못된 철합의 원인도 바로 상술한 세가지 조항에 위배된 데서 기인한다. 다음에서는 정확한 철합과 잘못된 철합 두 방면으로 나누어 예를 들면서 설명해보기로 하겠다.

우선 정확한 綴合에 관해 얘기해보자. 앞의 제1절에서 언급했던 商王의 世系와 月食에 관한 卜辭 외에도 다음의 몇 편을 예로 들어 분석할 수 있다.

① 『甲編』1654+2032(제5장 附圖 32)

이것은 거북 배껍질의 좌우 首甲으로, 두 개의 卜辭는 左右對貞을 이루고 있으며, 干支・貞人・事類・달・字體風格이 모두 동일하고, 중간 부분이 완전히 딱 들어맞는다. 이것은 표준에 완전히 부합되는 철합이다. 철합한 후 두 條의 對貞卜辭는 드디어

---

3) 嚴一萍, 「我的聲明」, 『董作賓先生逝世十四周年紀念刊』을 참고할 것.

완전해졌다고 볼 수 있다.(釋文은 제5장을 볼 것) 이런 류의 철합은 비교적 쉽다. 두 條의 卜辭가 비록 분리되어 있기는 하지만, 그래도 한 책 안에 들어 있고, 또 두번째 卜辭에 '卜'이라는 글자 하나가 빠진 것을 제외하고는 두 복사의 의미가 모두 완정하기 때문에, 관찰력 있는 독자라면 어렵지 않게 발견할 수 있다. 과거에 『甲編』을 읽을 때 나는 이 두 편이 철합될 수 있다는 점을 발견했었는데, 그 두 편은 그 이전의 어떤 책에서도 철합되지 않았던 것이었기 때문에 자못 기쁜 생각이 들었다. 1973년 겨울, 나는 그 摹本을 胡厚宣선생에게 보내 검토해 달라고 부탁했었는데, 오랜 지기인 胡厚宣 선생 역시 이미 철합을 해 둔 상태였다. 그는 1974년 1월 14일의 편지에서 "『甲』1654+2032 갑골판은 이전 사람들이 철합해 둔 책이 없었으나 우리는 이미 철합해 본 적이 있다"[4]라 했다. 당시, 胡厚宣 선생이 편집 책임자로 있던 『甲骨文合集』은 아직 출판되지 않은 상태였고, 나의 摹本 역시 발표된 바가 없었다. 하지만 재작년에 嚴一萍의 『甲骨綴合新編』을 보고나서야 그 역시 이 두 편을 철합해냈음을 알게 되었다.(이 책의 제37번 도판을 볼 것) 서로 연구결과를 알지 못했던 세 연구자가 동일한 결과를 얻어낼 수 있었다는 사실 역시 이 갑골편의 철합은 완벽하게 정확하다는 점을 증명해주며, 이 부서진 갑골편은 철합하기가 쉬웠다는 점을 설명해준다.

② 『新綴』609 (『綴』371, 제5장 附圖 9)

『明後』2226과 2227을 합친 것으로, 소 어깨뼈의 오른쪽 반쪽인데, 가장자리가 이어질 수 있고 事類(秦年), 字體(제3기), 干支(癸酉), 稱謂(父甲・父乙)가 모두 동일하다.

③ 『合』5・12870(제5장 附圖 18)

『龜』1・21・3, 『後編』上32・6은 『前編』6・57・7과 서로 합치되는 소 어깨뼈의 상반부이다. 이렇게 판단할 수 있는 주요 근거는 占卜의 事類와 字體이며, 『龜』와 『前編』 두 편의 조각난 흔적 역시 서로 합치된다. 이 조각은 癸卯일에 "今日雨(오늘 비가 올 것인가)"에 대해 점친 것으로 『龜』1・21・3에는 "其自北來雨"와 "其自□來雨"가 있다. 文例에 의거할 때 당연히 '西來雨'・'東來雨'・'南來雨'의 卜辭가 있어야 할텐데, 마침 『後編』上32・6에 "其自南來雨"가 있고 『前編』6・57・7에 '其自東來雨'가 있다. 右上角의 절단된 부분에는 또 '西'와 '雨'라는 두 글자가 있다. 事類와 辭例에 따라 분석하면 하나의 갑골판이 끊어져 나간 것임을 추측할 수 있다. 또 字體를 볼 때 其(※), 自(※),

---

4) "至于『甲』1654+2032一版, 不見前人拼合之書, 我們也已拼過."

來(🌟), 雨(🌧) 4글자의 주요한 寫法이 완전히 동일하므로 한 사람이 쓴 것임에 틀림없다. 이 세 편을 철합하면 "其自西來雨"라는 卜辭 또한 보충될 수 있다. 이 갑골편은 郭沫若이 철합한 것으로,(『卜辭通纂』375에 저록되어 있다) 당시 그는 왼쪽 하단부의 끊어진 부분이 서로 연결되지 않는다는 점을 발견했지만, "그러나, 字體의 흔적과 내용을 볼 때 의심할 여지가 없다"[5])라 하였다. 후에 嚴一萍이 왼쪽 하단부 역시 연결시켜 놓긴 했으나(『新綴』426) 줄 간격이나 글자 간의 간격으로 볼 때 그 연결은 부적당한 것 같다. 또 『龜』1·21·3의 왼쪽 하단부의 끊어진 부분에 있는 잔결된 글자 역시 이것들이 서로 합치될 수 없음을 증명해주고 있다.

④ 『新綴』644(제5장 附圖 25)

이것은 『錄』중의 부서진 조각 3개(91, 92, 97)을 철합하여 만든 것이다. 이 갑골은 貞旬卜辭로, 세 개의 작은 조각을 철합한 후에 月(10, 11, 12월)·干支(癸亥, 癸酉, 癸未, 癸巳, 癸卯) 등의 순서가 모두 조리있게 되었으며, 字體의 風格 역시 완전히 일치하고 있다.

⑤ 『新綴』299(제5장 附圖 28)

이것은 『金璋』382, 『庫』1661과 『甲編』297을 철합해 만든 것으로, 제5기 卜骨이다. 이것은 貞旬卜辭이자 祭祀卜辭인데, 월과 干支(2월 癸酉, 3월 癸未·癸巳·癸卯, 4월 癸丑·癸亥) 및 字體와 事類가 모두 합치된다. 연결되는 부분에 잔결된 글자인 '隹', '酉', '卯', '辰' 역시 잘 이어진다.

⑥ 『新綴』466(제5장 附圖 31)

이것은 『續編』4·36·1과 4·36·2 두 편을 철합하여 만든 것으로, 역시 제5기 卜骨이다. 字體와 干支·事類·文例가 모두 딱 들어맞으며, 위 아래 두 편의 잔결된 卜辭 역시 잘 들어맞는다. 이 편을 철합하고 나서야 壬子日부터 丁巳日까지 매일 "今夕𠂤(師)亡禍寧(오늘 밤에 군대에 화가 없을까요? 평안할까요?)"에 관해 물은 卜辭임을 알게 되었는데, 앞 뒤가 잘 연결된다.

⑦ 『殷綴』325(제5장 附圖 35)

이것은 『甲編』187과 192를 철합한 것으로, 부위상의 관계가 아니라 卜辭의 문장 의미에만 근거하여 철합한 것이다. 철합한 후 두 개의 잔결된 卜辭 역시 완정한 卜辭가

---

5) "然由字迹及內容觀之, 固無疑也."

되었다.

⑧ 『新綴』303(제5장 附圖 40)

이것은 『粹』279와 310을 철합한 祖甲시대의 卜骨로, 위 아래 두 조각의 干支(乙亥・丁丑・己卯)와 貞人(行), 稱謂(小乙・父丁・兄己・兄庚)이 모두 일치되며, "行", "賓" 두 글자 역시 위 아래로 잘 합쳐진다.

⑨ 『新綴』580(제5장 附圖 44)

이것은 『明後』2452와 2459를 합친 것이다. 주요 근거는 字體인데, '它'字가 위 아래로 잘 합쳐진다. 이것은 武乙시대의 卜骨이다.

⑩ 『美錄』34(『新綴』614. 제5장 附圖 55)

이 갑골편은 소의 어깨뼈가 몇몇 작은 덩어리로 부서진 것으로, 내용과 자형, 序數, 骨片의 부위에 근거하여 철합한 것인데, 이것은 첫번째로 점친 것이다. 또 『美錄』의 7번 도판(『新綴』613, 제5장 附圖 56) 역시 몇몇 부서진 갑골편을 철합한 것인데, 이것은 세번째로 점친 것이다.

⑪ 『新綴』91(제5장 附圖 67)

이것은 소 어깨뼈의 背面으로, 『甲編』809, 737 및 2・2・0440(反)을 철합하여 만든 것이다. 연결되는 부분에 '喪重' 두 글자가 있는데, 좌우가 모두 잘 연결된다.

상술한 10여개의 예로 볼 때, 갑골의 철합 작업은 결코 어렵지 않으며, 卜辭의 내용에 대해 잘 알고 있고, 또 세심한 관찰력으로 각종 요소들을 고찰할 수만 있다면 부서진 갑골들을 복원할 수 있음을 알 수 있다. 이 일은 누구나 할 수 있는 일이지 결코 신비한 작업이 아니다. 이 작업에 있어 사람들에게 종종 중요한 힌트를 주는 것은 辭例, 특히 對貞卜辭의 辭例이다. 辭例는 연구자들에게 단서를 제공하고, 기타 조건들을 보다 잘 분석하게 해 줌으로써 두개의 부서진 조각이 원래 하나의 갑골편이었는지 아닌지를 생각케 해 준다. 다음으로는 月과 干支의 선후관계로, 잔결된 복사의 끊어진 문장을 보충해주기 때문에, 역시 사람들에게 철합의 가능성을 고려케 해 준다.

하지만, 갑골 철합은 아무래도 아주 세심한 작업이자, 기술성과 과학성이 매우 강하게 작용되기 때문에, 조금이라도 신중하지 않고 착각하게 되면 혼란이 가중될 수 있다. 嚴一萍의 『甲骨綴合新編』 제10冊은 바로 '甲骨綴合訂譌(갑골 철합의 잘못된 부분을 고침)'인데, 이것은 그 이전 사람들이 잘못 철합했던 근 100편에 달하는 갑골판을 가리키는 것이다. 많은 공을 들였고 세밀히 감별하기는 했지만, 그 자신조차 전혀 잘못이 없다고는 확신하지 못했으니, 이 역시 철합의 어려움을 보여주는 것이다.『訂誤』에서는 『綴』한 권 중 잘못 철합한 각종 갑골편을 분석했는데, 이를 종합해보면 잘못 철합하는 경우는 대략 다음과 같은 몇가지 유형으로 귀납될 수 있다.(摹本은 제7장 끝에 실려 있다.)

① 龜甲과 獸骨을 잘못하여 하나로 합치는 경우

『綴』242를 『粹』774와 『後編』下28·2와 하나로 합쳐 놓았지만, 전자는 龜甲이고 후자는 소의 어깨뼈이므로 합쳐질 수 없는 것이다.(『訂誤』63, 도판 1)『綴』104에서는 또 『前編』5·22·5와 『戩』46·12(『續編』6·8·6)을 獸骨로 보아 철합하였는데, 事類 역시 비슷하긴 하지만, 『戩』46·12는 사실은 왼쪽 腹甲이므로 철합될 수 없다.(『訂誤』41, 도판 2)

② 正面과 反面을 잘못하여 하나로 합치는 경우

『綴』374가 바로 그 예이다. 이 갑골판은 그냥 摹本만 보면 자형이 완전히 동일하며 '王'字가 좌우로 합쳐진다는 것을 알 수 있다. 하지만 『甲編』2315는 骨片의 正面이고, 『甲編』2374는 骨片의 反面이기 때문에 당연히 철합될 수 없다(『訂誤』92, 도판 3) 또 『綴』344는 『甲編』2363, 2377, 2382를 철합한 것인데, 『甲編』2363은 骨片의 背面이지만 나머지 두 편은 骨片의 두께가 일정치 않으므로 잘못 철합된 것이 분명하다.(『訂誤』85, 도판4)

③ 좌우 어깨뼈를 잘못 합친 경우

『戩』37·15는 왼쪽 어깨뼈의 殘片이고 『戩』43·2는 오른쪽 어깨뼈의 殘片인데, 『綴』156은 이 두 편을 하나로 철합한 것이므로 당연히 잘못되었다.(『訂誤』50, 도판 5)

④ 字體·文例·干支가 다르고 序數가 일정치 않은 갑골을 잘못 하나로 철합한 경우

『珠』661은 中期의 字體이고, 같은 책의 629는 早期의 字體이며, 文例 역시 판연히 다른데도 『綴』42에서는 이 두 편을 잘못 철합하였다.(『訂誤』24, 도판 6) 또 『鐵』40·3과 29·1은 비록 모두 貞旬卜辭이긴 하지만, 전자는 癸巳와 붙어있고 후자는 癸巳 위에 또 단어 하나가 있어 하나의 骨版이 부서진 것이 아님을 분명히 알 수 있는데도 『綴』292는 이 두개를 하나의 骨片으로 보았으니 역시 잘못된 것이다.(『訂誤』74, 도판 7) 또 『綴』366은 『粹』914와 915 두 편을 철합한 것인데, 사실 『粹』914의 序數는 모두 2이므로 두번째 점복이고 『粹』915의 序數는 모두 1이므로 첫번째 점복이다. 이 두 편

은 동시기에 점친 것으로 볼 수 있을지는 몰라도 각기 다른 어깨뼈이므로 하나의 骨版이 조각난 것으로 볼 수는 없다.(『訂譌』90, 도판 8)

⑤ 字體·文例가 비슷하긴 하지만 완전히 짜맞춰 질 수 없는 갑골을 억지로 짜맞춘 경우

『綴』109는 『前篇』3·23·2와 3·23·3, 『鐵』56·1을 하나로 합친 것이다. 이 세 편은 貞人(㕣)과 事類(省牛), 字體(제1기)가 모두 부합되지만, 잘 짜맞춰지지가 않으므로 실제로는 다른 骨片이다.(『訂譌』42, 도판 9) 또 『綴』123은 『庫』1558과 1599를 철합한 것인데, 事類가 일치되긴 하지만 끊어진 부분이 역시 연결되지 않고, 또 干支도 합치되지 않으므로 역시 하나의 骨版이 깨진 것이라고 단정지을 수 없다.(『訂譌』46) 『綴』224(『通纂』614)는 『龜』2·1·3과 『前編』5·18·3을 철합한 것으로, 모두 "今夕自亡禍寧(오늘 밤에 군대에 화가 없을까요? 평안할까요?)"에 관해 물은 것이다, 그러나, 전자는 점친 날짜(壬辰·戊戌) 사이가 7일이고 후자는 그 다음날 계속해서 점친 것(乙酉·丙戌·丁亥)인데다가, '自'와 '寧' 두 글자의 상반부가 前者에는 보이지 않는다. 따라서 이 두 편은 字體와 文例가 비록 동일하기는 해도 연결될 수 없으므로 역시 한 骨版이 부서진 것으로 볼 수 없다.(『訂譌』62, 도판 10) 『綴』안에는 이처럼 조각난 부분이 완전히 들어맞지 않는 철합이 꽤 많이 있다.

⑥ 正面의 卜辭만 고려하고 背面의 鑽鑿은 고려하지 않아서 正面과 反面이 통일되지 않는 경우

『綴』127은 『前編』4·30·4(『粹』1282)와 『粹』1130, 『粹』1136을 철합한 것이다. 正面에서 보면 字形과 事類가 합치되는 듯이 보이며, 끊어진 부분만 잘 합치되지 않는다. 하지만 그 背面을 보면 鑽鑿의 배열 방향이 다르기 때문에 처음부터 철합될 수 없는 것임을 알 수 있다. 그것을 억지로 철합하다 보니 ⇧의 형태가 되고 말았는데, 卜骨에는 절대로 이런 형태가 나올 수 없다.(『訂譌』47, 도판 11, 『訂譌』48, 도판 12)

⑦ 하나의 갑골편이 부서진 것이긴 하지만 철합 때 부위가 합치되지 않아 복원이 불가능한 경우

『綴』167은 두개의 조각(『前編』6·36·6과 6·36·7)을 철합한 것으로, 하나의 骨片이 부서진 것일 가능성이 있기는 하지만, 두 편을 합칠 아무런 근거도 없다.(『訂譌』52, 도판 13) 또 『綴』170에 포함된 세개의 조각(『錄』723, 721, 735)은 字形과 文例를 볼 때 하나의 骨片이 부서진 것일 가능성이 있기는 하지만, 조각난 부분이 합치되지 않는데도 曾毅公은 이 세 편을 하나로 합쳤는데, 이 역시 근거가 부족하다.(『訂譌』53, 도판

14) 『綴』193 역시 이와 마찬가지로, 『粹』1204, 『前編』2·13·2와 2·13·3 역시 하나의 骨版이 부서진 것일 가능성은 있으나 끊어진 부분이 연결되지 않는다.(『訂譌』59, 도판 15) 이와 유사한 것들로는 『鐵』196, 247, 255, 270, 336, 390 등이 있다. 이 외에 『粹』665 는 다섯개의 부서진 조각을 하나로 합친 것인데, 字體·事類·干支가 모두 잘 들어맞지만 철합된 부분에 대해서는 여전히 논의될 부분이 있다. 좌측 가장자리 부분에 있는 '丁'은 마땅히 '乙' 아래로 옮겨야 한다.(丁과 戊의 철합은 잘못이 없다. 『訂譌』16, 도판 16)

상술한 몇몇 예에서 설명했듯이, 갑골의 綴合은 拓本에만 의지하다보면 결국 일부분만을 의지하는 셈이기 때문에 잘못을 초래하기가 쉽다. 따라서 가능한 한 實物을 이용하여 철합과 복원을 시도해야 한다. 이 문제로 말하자면 대량의 갑골 실물을 보유하고 있는 연구단체나 개인이 이 일에 종사하는 편이 가장 편리하고 가장 쉽게 많은 효과를 거둘 수 있으리라 본다.

3. 갑골 철합에 관한 저서
― 『甲骨叕存』에서 『甲骨文合集』까지

王國維가 처음 갑골의 殘片을 철합한 이후, 학자들도 이 문제에 주의를 기울이기 시작하였다. 明義士가 지은 「表校新舊版殷虛書契前編并記所得之新材料」[6]에서는 『前編』중에서 철합할 수 있는 갑골 21편, 『後編』과 철합할 수 있는 2편, 『龜』와 철합할 수 있는 4편, 『鐵』과 철합할 수 있는 1편, 明義士 자신이 소장하고 있는 갑골과 철합할 수 있는 1편 등 총 29편의 예를 들고 있다. 郭沫若은 『卜辭通纂』·『殷契餘論』·『殷契粹編』을 지었고, 董作賓은 斷代를 연구하여 『殷曆譜』를 지었으며, 容庚은 瞿潤緡과 함께 『殷契卜辭』를 지었고, 商承祚는 『殷契佚存』을 지었는데, 모두 철합 작업에 공을 들여, 수중의 자료 및 인용한 재료를 철합할 수 있는 한 철합하여 그것을 읽을 수 있게끔 완정하게 만들었다. 철합을 전문적인 연구대상으로 삼고, 그 성과를 전문적인 저서로 펴낸 사람은 曾毅公이 처

---
6) 『齊大季刊』제2기, 1993년 6월

음이다. 曾毅公은 일찍이 明義士를 도와 갑골문자를 정리하면서 열심히 철합 작업에 매달렸다. 그는 여러 학자의 설을 참고하여 『鐵』·『前編』·『後編』·『續編』·『菁華』·『佚』·『粹』 등 16종의 책을 근거로 75편의 拓本을 철합하여 1939년 『甲骨叕存』 한 권을 편찬했으며, 釋文까지 첨가하여 齊魯大學 國學研究所에서 출판하였다. 앞에는 孫海波의 서문과 自序 및 凡例가 있다. 이 책은 저자 자신이 철합한 것 외에 다른 학자들의 연구 성과까지 수록하고 있다. 容庚은 이 책을 평하여 "지난 날 여러 책에 분산되어 불완전한 모습으로 수록되었던 것들이 철합을 거친 후 이 책에 모여 거의 완전하게 읽을 수 있게 되었으니 정말 기쁘기 그지없는 노릇이다. 다만 「表校新舊版殷虛書契前編幷記所得之新材料」와 『卜辭通纂』, 『殷契餘論』에서 이미 철합했던 것이 과반수가 넘는데도 이 책에서는 注를 달아 밝히지 않았으니 남의 지식을 자기 것인양 써먹은 듯이 보이는 안타까움이 없지 않아 있다. 「表校前編」에서 이미 철합했던 것 중 이 책에서는 5편을 빠뜨리고 있으니 어찌 曾毅公은 明義士의 이 글을 잊어버렸단 말인가?"7)라 하였는데, 일리 있는 의견이라 생각된다.

『甲骨叕存』이 출판된 후 曾毅公은 계속해서 철합 작업에 매달려, 1948년 『甲骨綴合編』 2권을 편찬하여 1950년에 출판하였다. 이 책은 33종의 서적과 자신이 소장한 갑골, 그리고 스승과 친구에게서 빌린 탁본을 근거로 철합하면서 여러 학자들의 설을 참고한 것으로, 총 396개의 조각을 수록하였으니 『甲骨叕存』보다 4배 이상 증가된 것이다. 이 책은 작은 조각과 작은 조각의 철합에 주의를 기울였을 뿐만 아니라, 작은 조각과 큰 조각의 철합에도 주의를 기울였다. 인쇄상의 불편 때문에 이 책에서는 모두 원래의 摹本을 영인하였으며, 조각이 지나치게 큰 것은 약간 축소하였고 그동안 저록되지 않았던 탁본 72편을 책 앞에 첨부하였다. 이 책에서는 조각들을 철합하면서 여러 학자의 저작이나 다른 사람이 철합했던 것과 동일한 것을 모두 매 조각 아래에 붙여놓음으로서 '남의 지식을 자기 것인 양 써먹는' 잘못을 피하였다. 曾毅公은 단지 탁본에만 근거하여 철합하고 실물은 직접 만져보지 못했기 때문에 갑골의 부위에 대해서는 그다지 잘 알지 못했다. 그가 철합한 것 중 잘못 철합한 것이 대략 1/5 정도로 적지 않은 수량을 차지하고 있으며, 이에 관해서는 앞 소절에서 이미 예를 들어 설명한 바 있다. 책 앞에는 容庚의 서문과 陳夢家의 서문 및 自序와 凡例가 있는데, 自序에서는 저작기간 동안 생활이 어려워 책을 쓰기가 쉽지 않았음을 설명하였다. 갑골

---

7) "昔之分見于各書·斷爛不完者, 綴合之後, 聚于此編, 庶幾完整可讀, 令人撫掌稱快. 惜于「表校新舊版殷虛書契前編幷記所得之新材料」, 『卜辭通纂』·『殷契餘論』中已經綴合者過半, 此書未曾注明, 不無攘善之嫌. 然「表校前編」已綴合, 而此失收者五片, 豈曾氏已忘明氏此文乎?"

문을 연구한 학자들 중 생활이 어려워 곤란을 겪었던 사람으로는 曾毅公을 먼저 들 수 있다. 또 연구가 복잡하고 자잘한 것을 꺼리지 않았던 사람 역시 曾毅公을 먼저 들 수 있다. 갑골 철합 외에 曾毅公은『殷虛書契續編校記』이라는 책을 저술했는데, 이것은 오로지 원시적인 재료를 대조·검토하는데 중점을 둔 것으로, 이 역시 아주 실용적인 책이다. 그렇기 때문에 陳夢家는 서문에서 그를 '甲骨學의 功臣'이라고 칭찬했던 것이며, 이 칭찬은 조금도 과장됨이 없다.

『甲骨綴合編』에서 철합한 갑골은 대다수가 과학적인 발굴 이전에 출토된 것이며, 소수만이 『甲編』중의 재료이다. 중국이 해방된 후에 학자들은 『甲編』·『乙編』중의 부서진 조각들을 철합하는데 매달렸다. 1955년, 郭若愚·曾毅公·李學勤이 함께 철합한 『殷虛文字綴合』이 출판되었다. 이 책은『甲編』과『乙編』중의 재료를 주대상으로 삼는 동시에『粹』·『佚』·『庫』·『前編』등 11종의 서적을 인용한 것으로,『甲編』의 112개 조각과『乙編』의 370개 조각을 철합하여 총 482개의 조각을 다루었으며 241쪽의 분량이다. 책 앞머리에는 鄭辰鐸의 서문이 있는데, 그는 서문에서 "이것은 근 500개에 달하는 조각을 철합한 것으로, 비록 이 두 책 속의 부서진 갑골 조각들을 전부 다 철합하지는 못했지만, 대체적으로『甲編』과『乙編』의 부서진 조각 중 다시 합쳐질 수 있는 것들은 거의 철합에 성공하여 甲骨刻辭를 연구하는 사람들에게 비교적 완정한 재료를 제공하였다"[8]라 하였다. 서문을 통해 알 수 있듯이 이 책은 기존 서적을 집대성한 성격을 지니고 있다. 또 그 중에는 曾毅公과 李學勤이 철합한 7개의 판과 郭若愚가 철합한 것이 겹치는 것도 있기 때문에[9] 실제로 철합한 조각의 갯수는 475개이다. 탁본에만 의지하여 철합하고 實物을 접할 방법이 없었으며,『甲編』과『乙編』에도 수록되지 않고 번호도 붙지 않은 부서진 조각들은 이용할 수 없었기 때문에 아무래도 철합한 수량에는 한계가 있었으므로 '거의 철합에 성공했다'는 표현은 어울리지 않는다. 또 철합한 것들 중에도 약간의 착오가 있었는데,『甲編』중에서 잘못 철합한 예로는 4, 330, 334, 338, 340, 357편 등이 있다.

최근 20여년간, 대만 학자 중에서 갑골 철합 방면에서 많은 실제적인 작업을 하여 상당히 중요한 성과를 거둔 사람이 있다. 屈萬里가 지은『殷虛文字甲編考釋』(1961년, 臺北)은

---

8) "這將近五百號的綴合, 雖尙未必盡此二書中甲骨斷片的綴合的能事, 但『甲編』·『乙編』零碎破折之可復合的, 已大致可稱齊備, 爲硏究甲骨刻辭的學者們提供了比較完整的材料."
9) 그 예는 다음과 같다. 370=82+乙202 / 380=84+乙184, 363 / 399=92+乙469, 471 / 439=160+乙1873 / 444=190+乙3233+乙4345 / 457=316+乙3521 / 470=298+乙4860

實物에 근거하여 철합하고 211개의 조각을 저록한 것이다.(그 외에 補遺 10판이 있는데 이것은 계산에 넣지 않았다) 그 중의 4판은 『甲編』에 저록되지 않은 갑골 조각을 합친 것이다.(그 밖에 역시 부서진 조각을 하나로 합친 12판이 있는데, 이것들은 수록하지 않았다) 다른 책들과 중복되는 것을 제외하고, 순수하게 새로 철합한 갑골만 해도 100편 이상이 된다. 屈萬里는 自序에서 자신의 철합 작업 상황을 다음과 같이 이야기하였다.

  綴合 작업이 주는 기쁨과 고통은 철합 작업과 아무 상관없는 사람들이 상상할 수 있는 것처럼 얻어지는 것이 아니다. 매번 수백편의 갑골을 벌여놓은 후에는 온 신경을 집중하여 그들의 '짝'을 찾아낸다. 어떤 때는 정신을 집중한 채 몇일동안 바라봐도 아무 소득도 얻지 못하는 경우도 있다. 하지만 어떤 경우에는 저도 모르게 그것들을 하나의 갑골판으로 합치게 되는 경우도 있다. "수많은 사람들 속에서 그를 수천 수백번 찾아보다가 돌연 고개를 돌려보니 그 사람은 등불이 어지럽게 흩어지는 곳에 있었네(衆裏尋他千百度, 驀然回首, 那人只在燈火闌珊處)"라는 辛棄疾의 詞는 마치 갑골 철합의 상황을 잘 묘사한 것처럼 볼 수도 있다. '수많은 사람들 속에서 그를 찾아낼' 때의 그 초조한 심정 때문에 수도 없이 당혹해하고 망설였지만, 그러다가 갑자기 하나의 갑골판을 완성하게 되었을 때면 그 신나는 마음 때문에 정말 저도 모르게 손발을 흔들고 춤추며 기뻐하게 된다.10)

이 문장은 확실히 갑골 철합 중의 기쁨과 고통을 잘 형상화하여 말한 것이다. 철합 작업에 종사해 본 적이 있는 사람은 모두들 동감할 것이다. 몇몇 부서진 갑골 조각을 하나의 완정한 갑골로 짜맞춰서 독자들 앞에 내놓는다는 것은 단순하고 '별 것 아닌' 일처럼 보이지만, 사실 그것들을 하나로 짜맞추기까지 얼마나 많은 노력을 쏟아 붓고 얼마나 많은 시간을 흘려 보내야 했던가!

『乙編』을 주재료로 삼으면서 그 밖의 갑골들을 철합 대상으로 삼은 것으로는 張秉權이 편찬한 『殷虛文字丙編』이 있다. 이 책은 上中下 3輯, 총 6冊으로 구성되어 있으며 1957년부터 연속하여 출판되었다. 이 책은 복원된 갑골들을 모아 새롭게 탁본한 후 다시 편집한 것이기 때문에 '殷虛文字乙編甲骨復原選集'이라고도 불린다. 매 冊마다 복원된 후의 갑골을

---

10) "拼綴工作的甘苦, 不是局外人所能想像得到的. 每次擺出幾百片甲骨之後, 便凝神注目地去尋找它們的"姘頭". 有時聚精會神地看上幾天, 而結果却一無所獲. 但有時却于無意志之中, 拼合起一片來. "衆裏尋他千百度, 驀然回首, 那人只在燈火闌珊處." 辛稼軒的詞句, 正可以替拼綴甲骨的情景寫照. 當在"衆裏尋他"時, 那種焦急的心情, 不知曾經多少次搖首蹙額, 但忽然拼到一版的時候, 那種愉快的心情, 又簡直地會使人不知手之舞之足之蹈之."

평균 100판 정도 저록하였으며 圖版과 考釋 두 부분으로 나뉘어 있다. 모든 圖版 위에는 투명한 종이 한 장을 덮어놓아 복원된 갑골의 윤곽을 그려놓았고, 매 條의 卜辭의 釋文에 따라 行款과 순서를 표시해 놓아 독자들이 아주 편리하게 되어 있다. 또한 圖版은 내용에 따라 배열하였는데, 예를 들어 한 쌍의 卜甲이 앞뒤로 서로 속하는 내용이라면 여러 곳에 분산시키지 않았고, 내용이 비슷한 것들은 순서에 따라 종류별로 모음으로서 비교 연구에 편리하게끔 해 놓았다. 이 책은 臺北에서 출판되었는데, 유포된 수량이 아주 적다. 容庚이 홍콩에서 총 3冊(上輯 2冊, 中輯 1冊)을 구매하였고, 필자는 그 덕분에 잠깐 빌려 볼 기회가 있었는데, 張秉權의 노력과 묘사의 세밀함, 고증의 정확함 등이 필자를 감동시켰다.

『甲編考釋』・『丙編』이 세상에 나온 후 계속해서 이번엔 嚴一萍이『甲骨綴合新編』(2函 10冊)을 1975년 臺北에서 출판하였다. 또 1976년에는『甲骨綴合新編輔』1冊을 출판하였다. 『乙編』중에서 다시『丙編』에서 철합되었던 것을 제외하고, 출토된 갑골이란 갑골은 모두 이 책에서 철합해 놓고 있다. 갑골문자에 관련된 서적 60여종을 인용하고 여러 학자들의 철합 성과 중에서 근거가 뚜렷한 것을 취사선택하면서 총 708개의 도판(후에 다시 기존의 제 623판을 없애고,『庫』의 267과 276을 다시 철합하였음)을 수록하여 아주 다채롭고 내용이 풍성하다. 이 책은 탁본을 원래 크기대로 영인하고 매 갑골판에는 摹本을 첨부하여 상세하게 출처를 달아놓았다. 만약 이미 철합되었던 책을 보았으되 그것이 아직 발표되지 않은 경우 철합 번호를 嚴一萍에게 알려주면, 嚴一萍은 그것을 각 갑골판 아래에 일일이 주석을 달아서 어떤 책 몇 페이지에 보인다거나 누가 철합한 것이라는 점을 적어놓았다. 학자들의 철합에 잘못이 있는 경우 각 갑골편에 주석을 단 것 외에, 별도로 訂譌 1권을 부록으로 달아 그 잘잘못을 가려 놓았다. 이 책을 보면 동시대의 여러 책들을 한번에 보는 효과를 가져다 주므로, 학자들에게는 많은 편리함을 준다.

甲骨綴合에 관한 전문적인 책들은 대략 상술한 바와 같다. 각 방면에서 학자들이 노력한 결과, 상술한 각 책들에서 철합한 갑골 중 잘못이 정정된 것 또한 1,300여편에 달한다. 하지만 철합 작업은 아직 종료되려면 멀었다. 갑골 중에서 철합해야 하는 것 역시 아직까지 많이 남아 있기 때문에 학자들은 계속해서 노력하고 있다.

郭沫若이 주편하고 胡厚宣이 편집책임을 맡은『甲骨文合集』은 圖版이 13冊이고, 저록된 갑골은 41,900여편으로, 1980년대 이래 출토된 갑골문자를 집대성한 것이다. 이 엄청난 책은 국외 학자들의 철합 성과 역시 집대성해 놓았다. 胡厚宣은 1974년 정월 14일에 편지를 보내어 "갑골 철합 작업을 우리들은(내 생각에『甲骨文合集』편집위원회를 가리키는 것 같

다) 몇년간 다루어 왔다. 『鐵雲藏龜』에서 최근의 여러 책에 이르기까지 총 2,000여개의 도판을 철합했는데, 그 중에는 『乙編』을 가지고 철합한 것이 근 1,000여개에 이를 정도로 비교적 많다."11)라 했다. 본인은 1974년 이후에 또다시 새로운 발전이 있었으리라 믿는다. 이 거대한 저서는 현재 출판을 기다리고 있는 상태이므로12) 어떻게 얼마나 철합했는지는 알 수가 없다. 하지만 『甲骨文合集』이 전부 출판된다는 것이 갑골철합 작업의 완결을 의미하는 것은 결코 아니다. 『合集』의 기초 위에서 보다 심화된 연구를 통해 계속 철합의 가능성을 모색해 가야 한다는 것은 틀림없는 사실이다.

---

11) "甲骨拼合工作, 我們(按指『甲骨文合集』編輯工作組)作了幾年, 從『鐵雲藏龜』至近出各書, 共拼二千餘版, 其中以『乙編』拼合較多, 將近一千版左右."

12) 【譯註】『甲骨文合集』은 1982년 中華書局에서 총 13책으로 출판되었는데, 2001년 현재 책이 절판되어 대륙에서는 구하기가 어려운 실정이다. 한편, 2000년에는 語文出版社에서 『甲骨文合集』에 수록되지 않았던 새로운 갑골편을 대상으로 『甲骨文合集補編』(총7冊)을 출간하였다.

부록 : 철합의 예

(嚴一萍의 『甲骨綴合訂誤』에서 뽑음)

訂誤63
『綴』242이 두편을 상하로 연결했는데 하나는 거북껍질이고 하나는 동물뼈인 것으로 생각됨

訂誤41
두 편의 내용이 동일하긴 하지만 하나는 동물뼈이고 하나는 거북껍질인데 『綴』104에서 하나로 잘못 합침.

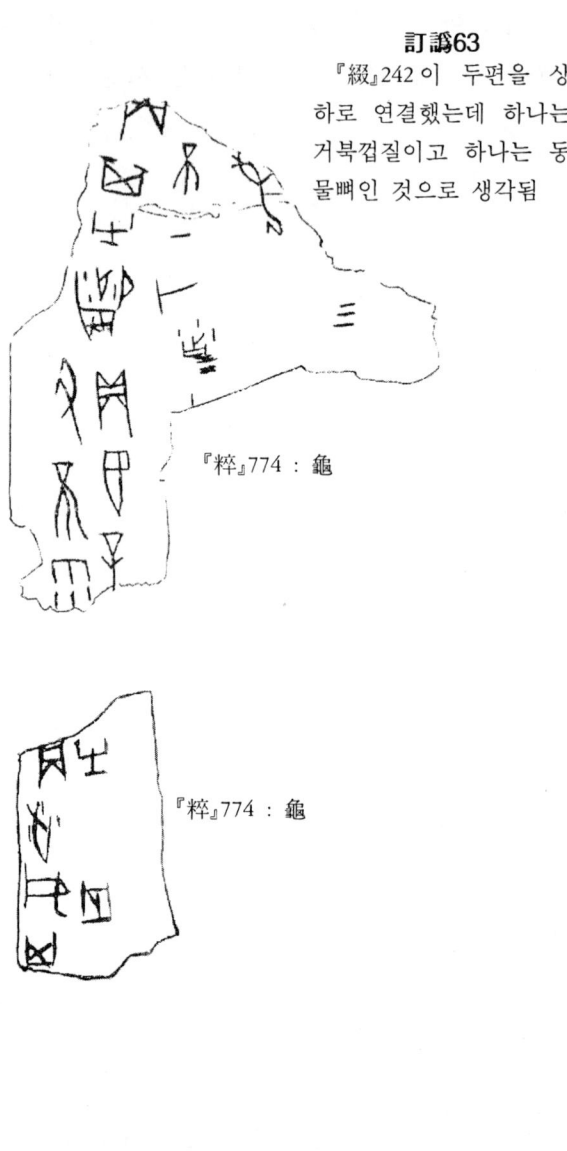

『粹』774 : 龜

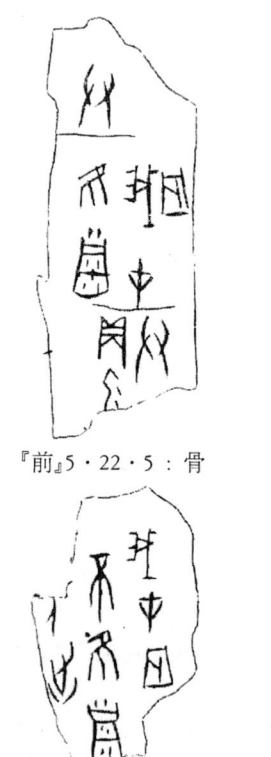

『粹』774 : 龜

『前』5・22・5 : 骨

『戩』6・12 『續』6・8・6 : 左服甲

316 • 갑골문도론

訂誤92

『綴』374 한 뼈의 反面과 다른 뼈의 正面을 함께 철합함

『甲編』2374 : 이것은 뼈의 反面임. 부서진 부분에 鑽鑿이 행해졌던 흔적이 있음

『甲編』2315 : 이것은 뼈의 正面임

訂誤85

『甲編』2377과 2382의 내용은 동일하지만, 뼈의 두께가 동일하지 않음. 또, 2363은 뼈의 背面인데 『綴』344에서는 이 세 개를 잘못 하나로 합쳐 놓았음.

『甲編』2377

『甲編』2382

『甲編』2363 : 뼈의 背面

갑골문의 綴合 • 317

訂誤50

이것은 좌우 두 胛骨이 이어지지 않는다. 『綴』156은 잘못이다.

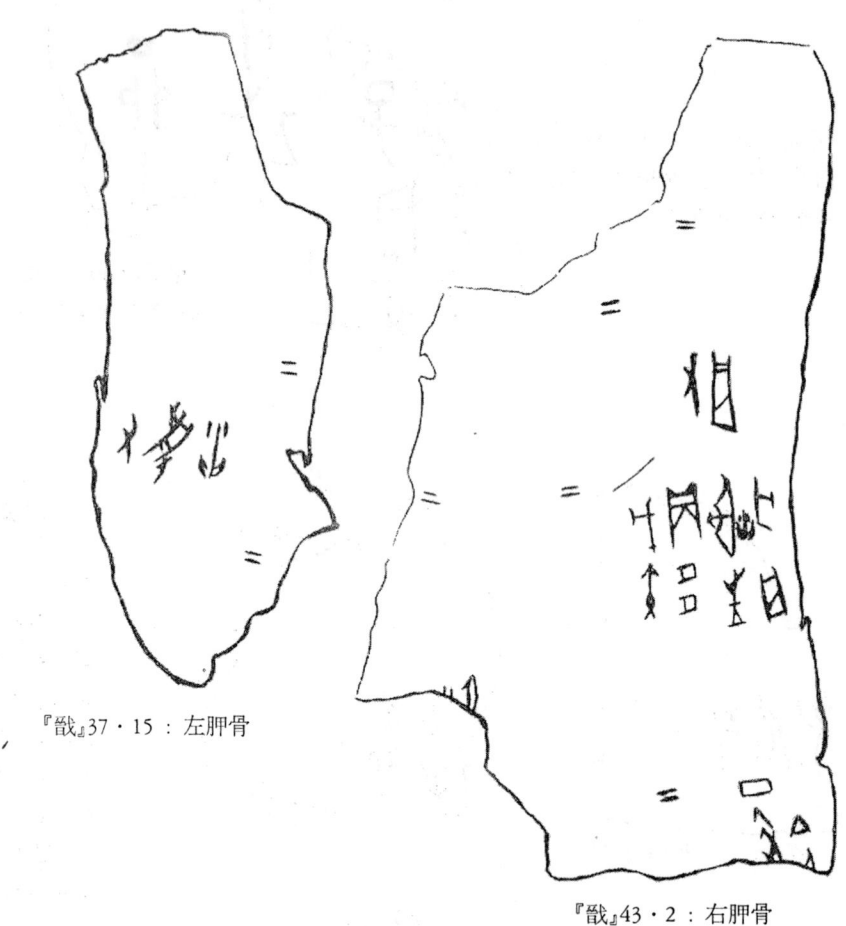

『戩』37·15 : 左胛骨

『戩』43·2 : 右胛骨

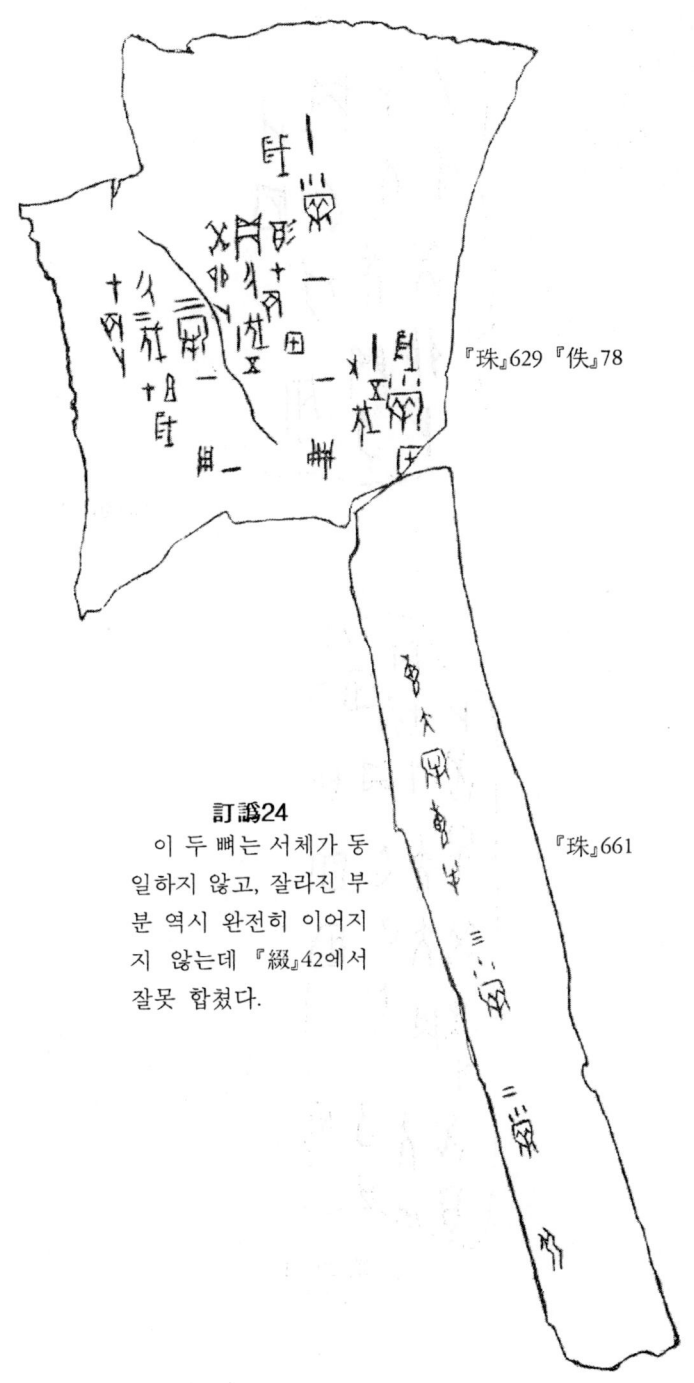

訂譌24
　이 두 뼈는 서체가 동일하지 않고, 잘라진 부분 역시 완전히 이어지지 않는데 『綴』42에서 잘못 합쳤다.

訂誤74

『綴』292에서 이 두 조각을 하나로 합쳤는데, 干支도 합치되지 않고, 貞旬卜辭의 순서대로라면 癸巳 앞에 癸卯가 와야 하는데, 그 위에 또 다른 한 주간(癸亥)이 있으므로, 이것은 한 뼈가 부서진 것이 아님이 틀림없다.

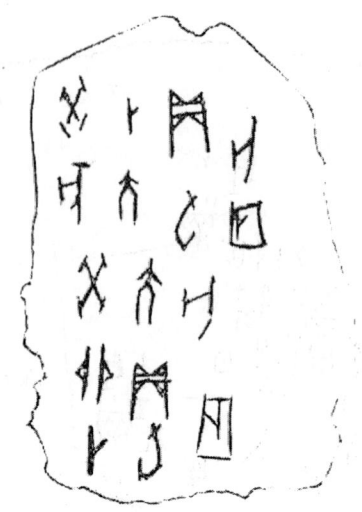

『鐵』40·3

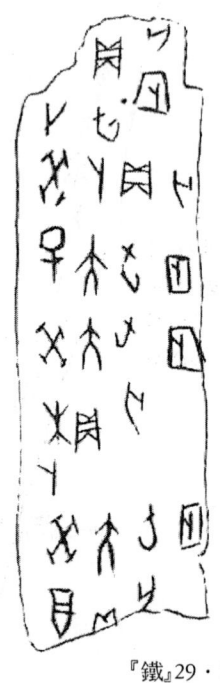

『鐵』29·1

訂譌90

『綴』366에서는 이 두 조각을 하나의 뼈가 부서진 것으로 보았다. 그러나 옆에 새겨진 숫자를 보면 粹914가 두 번째 친 점복이고 粹915가 처음 친 점복인데, 干支가 합치되지 않으므로, 이것은 하나의 뼈가 아님이 분명하다.

『粹』914

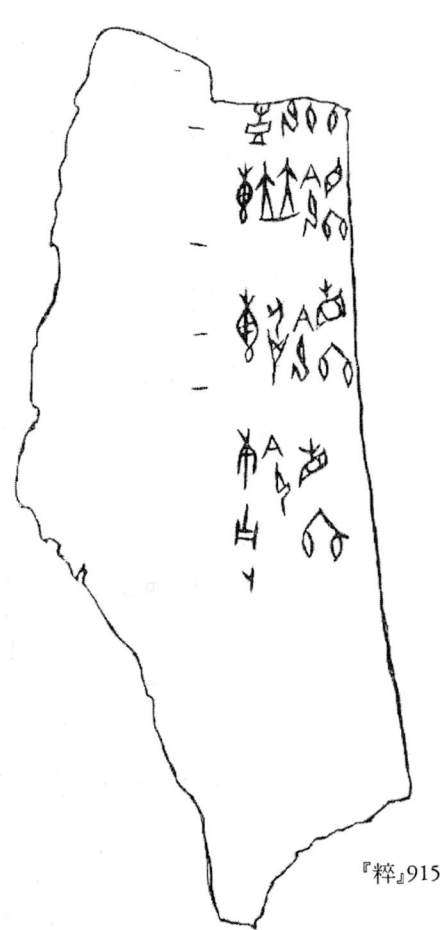

『粹』915

갑골문의 綴合 · *321*

訂譌42

『綴』109에서 이 세 편의 서로 다른 뼈를 하나로 잘못 합쳤다.

『龜』2·1·13

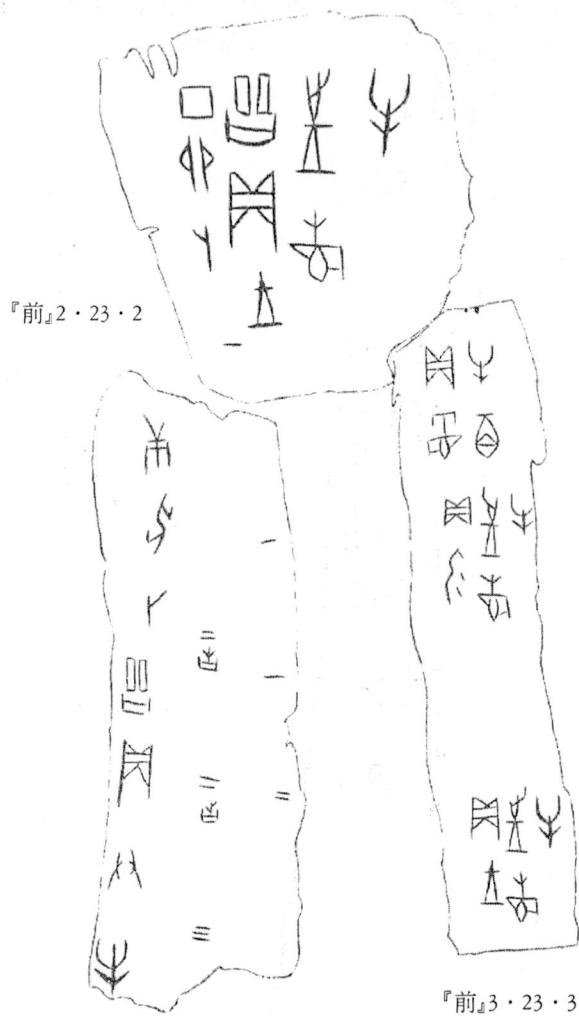

『前』2·23·2

『前』3·23·3

『鐵』56·1

『前』5·18·3

訂譌62

郭沫若은『卜辭通纂』을 지을 때 이 두 조각을 하나로 철합하였는데(614片), 曾毅公의『甲骨叕存』(63)과『甲骨綴合編』(224)에 의거한 것이다. 그러나 날짜가 두 조각이 7일이 떨어져 있는데, 아래쪽 조각에서 乙酉·丙戌·丁亥일 순으로 연달아 占卜을 행하였으므로 아래는 마땅히 戊子일이어야 하나, 글자의 상단 반쪽이 없어 볼수가 없으므로 위쪽 조각이 하나의 갑골에서 부셔져 나온 것인지 확실히 단정할 수는 없다.

訂誤47

『綴』127에서 이 세 편을 하나로 합쳐놓았는데, 잘라진 흔적이 합치되지 않고 背面의 鑽鑿 역시 일치되지 않으므로 이 세 편은 하나의 뼈가 아님이 분명하다.

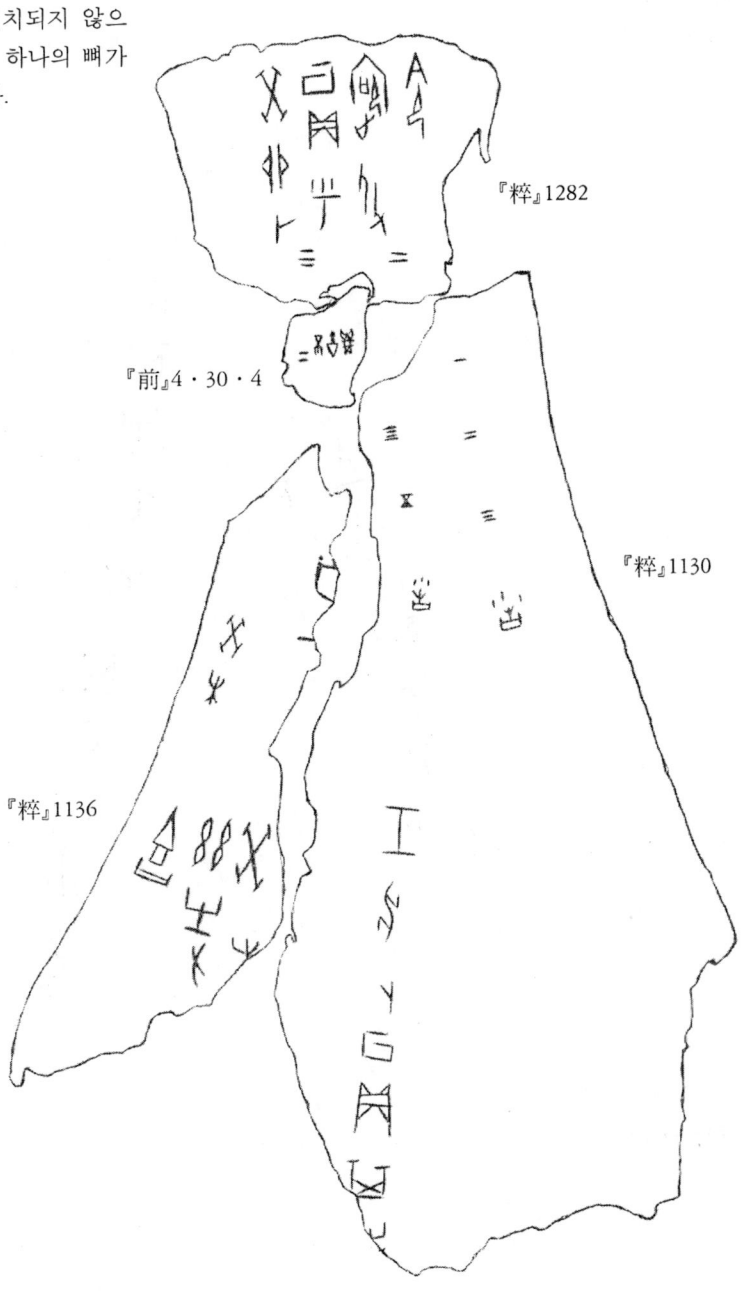

『粹』1282

『前』4·30·4

『粹』1130

『粹』1136

訂譌48

이것은 背面의 鑽鑿이 합치되지 않으므로 뼈 하나가 부서진 것이라고 볼 수 없다.

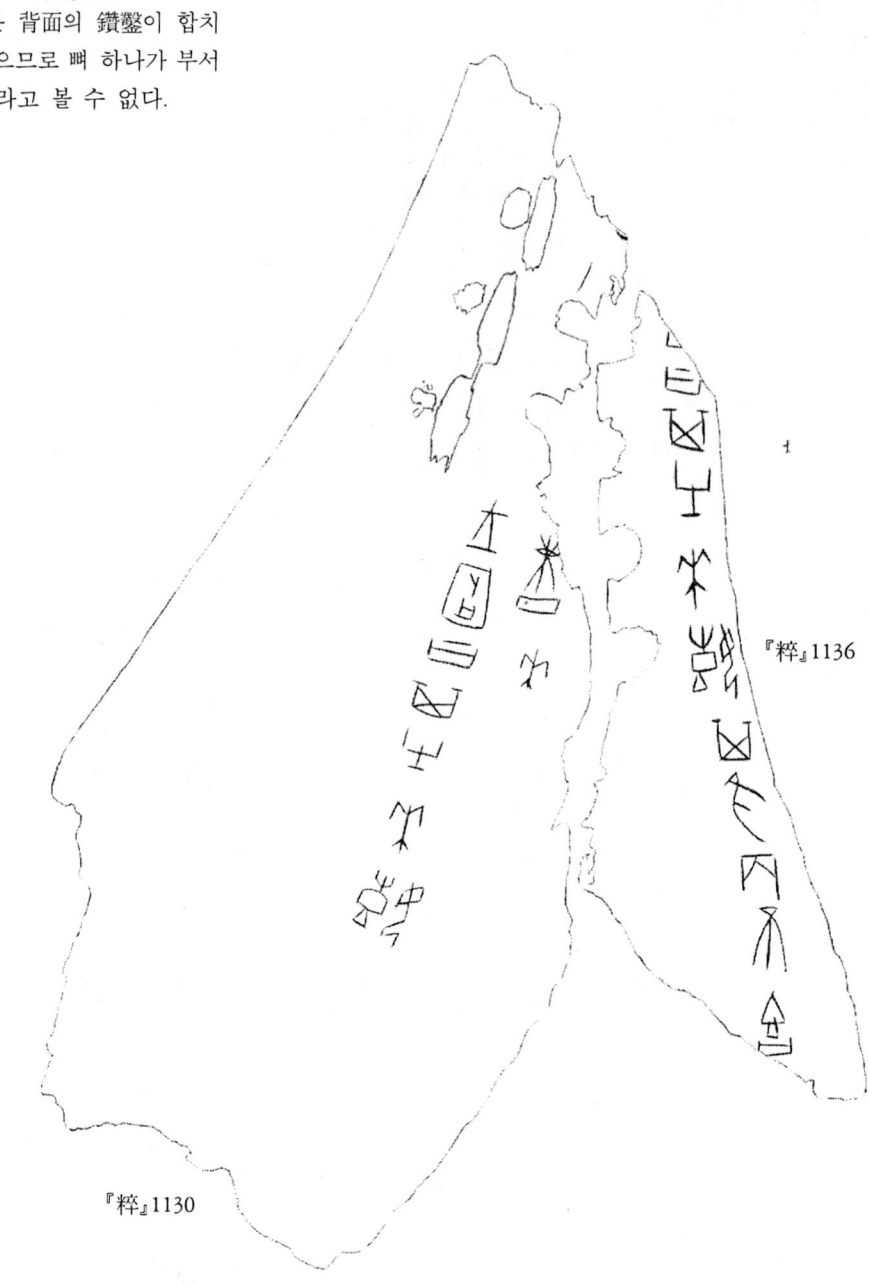

『粹』1136

『粹』1130

訂誤53

이 세 조각은 字體와 내용이 일치되므로 하나의 뼈라고 볼 가능성이 있기는 하지만, 잘라진 부분이 딱 맞아떨어지지 않는데 『綴』170에서 잘못 하나로 합쳤다.

訂誤52

이 두 조각은 하나의 뼈라고 볼 가능성이 있기는 해도 잘라진 부분이 연결되지 않는데 『綴』167에서 잘못 하나로 합쳤다.

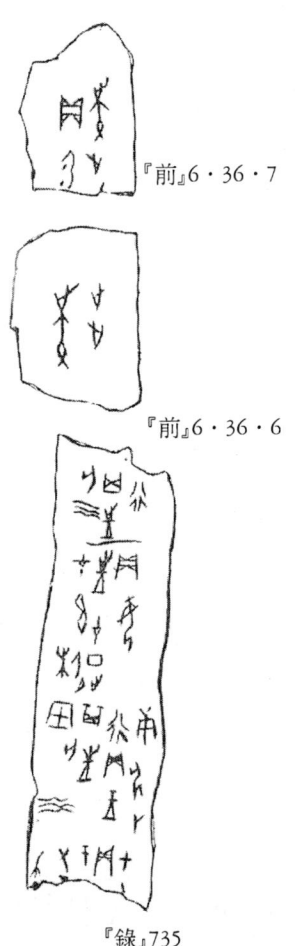

『前』6·36·7

『前』6·36·6

『錄』735

『錄』723

『錄』72

갑골문의 綴合 · 325

訂誤59

字體와 내용을 근거로 하면 하나의 뼈일 가능성이 있기는 해도, 잘라진 부분이 연결되지 않는데 『綴』193에서 잘못 합쳤다.

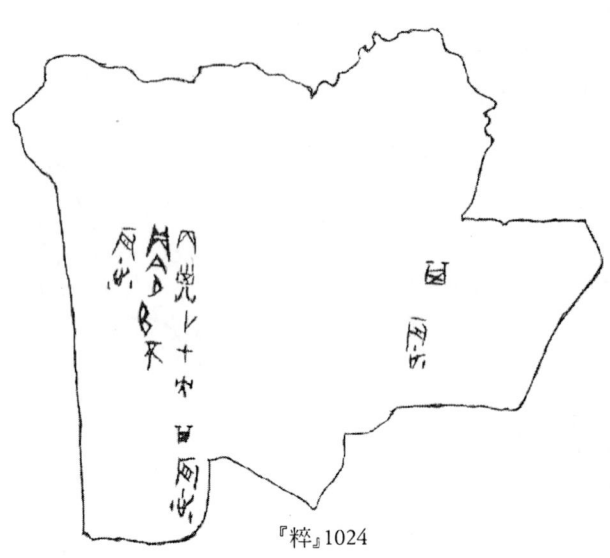

『粹』1024

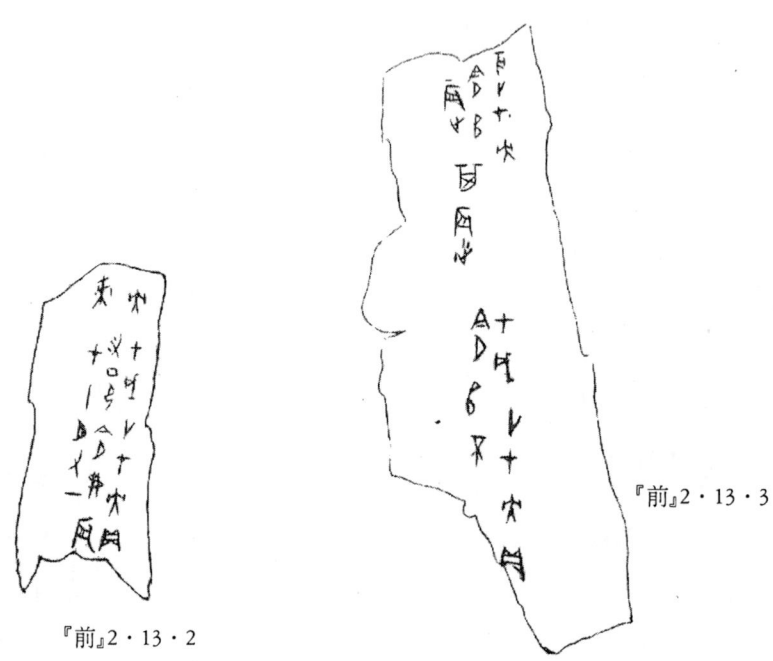

『前』2·13·2   『前』2·13·3

訂誤16

『粹』665편은 丁과 丙을 연결하였는데, 丁이 뼈의 좌측부분인지는 알 수 없다.

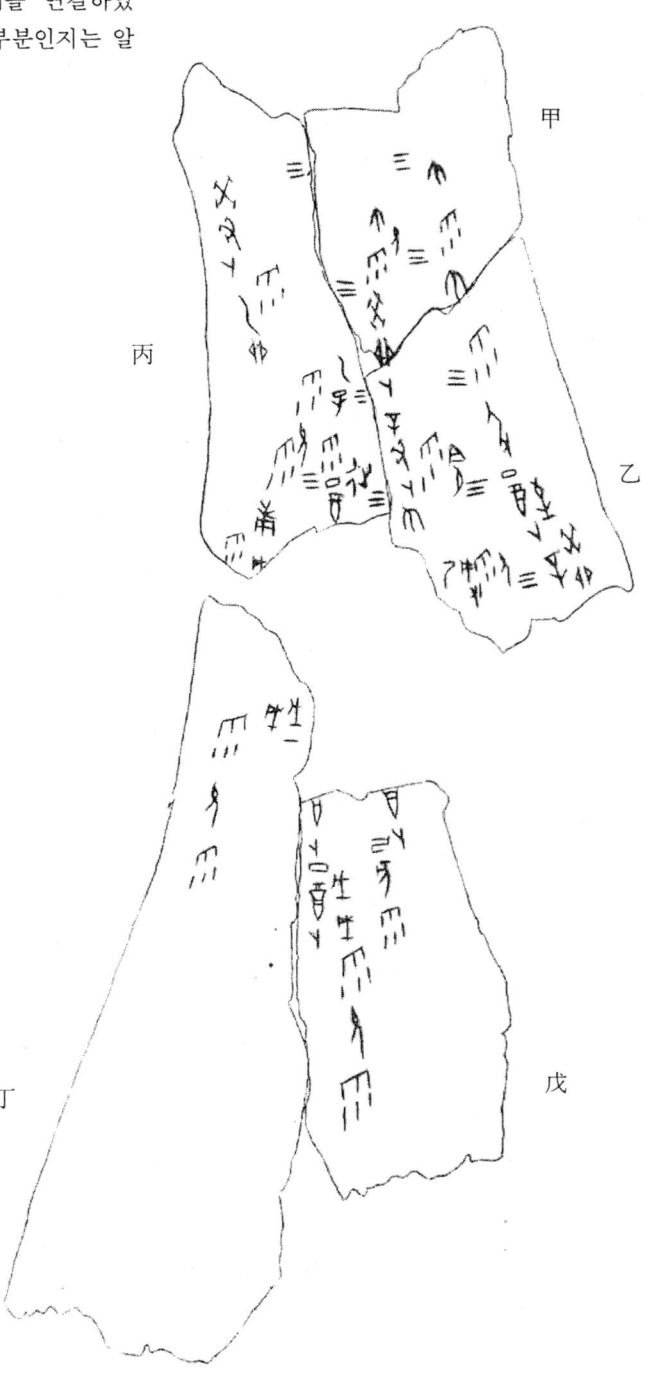

갑골문의 綴合 · 327

제8장
갑골문의 辨僞

1. 僞片의 유래와 변별 방법

갑골문이 세상에 알려지자 많은 학자들과 골동상들은 갑골을 수집하기 위해 총력을 기울였고, 이에 따라 갑골의 가격은 일순간에 백 배 이상으로 치솟아 갑골은 큰 돈을 벌어들이는 수단이 되었다. 갑골의 가격은 한 편에 얼마씩으로 흥정되기도 했으나 편에 새겨진 글자의 수에 따라 매겨지기도 했기 때문에 편에 새겨진 거나 그 판에 새겨진 글자의 크기나 수는 가격과 밀접한 관계가 있었고, 이에 가짜를 만들어 큰 이익을 챙기려는 사람들이 늘어나게 되었다. 최초의 갑골문 저록집인 劉鶚의『鐵雲藏龜』에도 57·1, 84·1, 130·1, 254·1, 256·1의 5편이나 되는 가짜 僞片이 수록되어 있는데, 이는 劉鶚이 수집한 갑골 중에도 이미 僞片이 섞여 있었다는 것을 말해준다. 그러나 갑골문의 위조는 銅器의 위조처럼 심하지 않았기 때문에 비교적 쉽게 가려낼 수 있었고, 더욱이 대부분의 중국 학자들은 金石 감별방면에 뛰어났기 때문에 실제로 僞片을 진짜라고 잘못 여긴 경우는 매우 적었다. 반면 외국인들은 처음 갑골을 수집할 때 이러한 내용을 잘 몰랐기 때문에 僞片을 진짜라고 속아 구매한 경우가 많았다. 예를 들어 1914년부터 갑골을 수집한 明義士는 소뼈에 마음대로 글자를 새겨 넣은 大骨版을 구매한 적이 있었는데, 이 僞片은 결국 오래지 않아 부패하여 고약한 냄새를 풍겼다. 시간이 지나면서 외국인들 역시 점차 僞片을 가려내기 시작했고, 결국 僞片은 더 이상 설 시장이 없어지게 되었다. 殷墟 발굴이 시작된 후에는 僞片을 만드는 사람이 없었으므로, 가짜 갑골을 만들어낸 기간은 대략 30년에 불과하였다.

　그러나 이 30년간 가짜로 새겨진 갑골은 사람들을 놀라게 할 정도로 매우 많다. 가짜를 만든 사람은 물론 한 사람이 아니었지만, 그 중 특히 '鴉片鬼'라고 불리운 藍寶光이 만든 가짜가 가장 많다. 이 사람은 가짜를 새기는 것을 직업으로 했는데, 골동상들이 이 사람이 가짜를 새기는 것에 뛰어나다는 것을 알고는, 殷墟에서 출토된 글자가 없는 갑골과 수골들을 싼 가격에 사 들인 후, 그에게 글자를 새겨 줄 것을 요청하였고, 이후 北京・天津・南京・上海 등지를 돌아다니며 골동상들에게 사기를 치고, 갑골문을 수집하려는 외국 학자들에게 속여 팔았다. 董作賓은 『甲骨學五十年』에서 이 사람이 가짜를 만들었던 상황에 대해서 비교적 상세하게 기술했는데, 그의 말에 의하면,

　　藍寶光은 河北省 출신으로, 民國 17년(1928년) 가을 제 1차 殷墟 발굴때 그를 본 적이 있다. 그 때 그도 불과 30대 였는데, 마치 문약한 서생처럼 보였다.…藍寶光에게는 많은 갑골문자를 임의로 베껴 써 놓은 책이 하나 있었는데, 劉鶚이나 羅振玉이 책을 출판할 때마다 모두 베껴 적었지만 한 글자도 알지 못했다. 그는 조각 편에 새겨진 낱글자를 베껴 적었는데, 베낄 때 글자를 거꾸로 놓았기 때문에 결국 글자를 뒤집어썼고, 심지어 온전한 한 편 전체를 거꾸로 적기까지 했다. 글자를 새길 때는 책을 보면서 베꼈고, 베끼는 것이 능숙해진 다음부터는 어떤 글자가 생각나면 바로 그 글자를 새기는 방식으로 순서없이 글자를 새겨나갔는데, 새기는 기술도 훌륭하여, 비전문가가 보면 매 편, 매 글자가 모두 갑골문처럼 보였다. 나중에는 더 발전하여 온전한 편만을 베꼈고, 새기는 것도 공교하고 세밀하여, 그야말로 진짜와 똑같았다. 그 정도면 복제품이라고 해도 될 만 했다. 그는 나에게 온전한 거북의 배딱지 하나를 보내온 적이 있는데, 背面에 있는 鑽을 지진 흔적은 진짜였고, 정면에는 그가 매우 정교하게 몇 단락의 卜辭를 새겼는데 정말로 출토된 것과 비슷하였다. 그때 나는 그가 문례를 몰라서 刻辭한 위치와 左行・右行이 모두 맞지 않는다는 것을 알았지만, 그에게 말할 수는 없었다. 내가 보았던 僞片을 가지고 말하자면 民國 초년과 光緖 말년에 만들어진 것들은 문장을 이루지 않고, 무질서하며, 중간에 거꾸로 된 글자도 있는 것이 대부분이었다. 나중에는 알 듯 모를 듯한 문장을 만들더니 결국 마지막에는 전체를 모방하여 조각한 것들이 나오게 되었다.[1]

---

[1] "藍寶光是河北省人, 我在民國十七年秋季第一次發掘殷墟時見過他, 那時候他也不過三十多歲, 像一個文弱書生… 藍君有一個冊子, 臨摹許多甲骨文字, 劉氏羅氏出版各書, 他都抄過, 但是始終却一個字也不認識. 他從碎片上抄些單字, 抄的時候, 放置顚倒了, 就寫一個倒文, 甚至全片都可以寫倒. 刻的時候, 看着冊子抄, 抄熟之候, 想起那一個就刻那一個, 刻的工夫也不錯, 于是乎外行人看起來, 每一片, 每一字, 都象甲骨文. 後來更進步了, 只抄完整的片子, 又刻得工細, 簡直可以亂眞. 因爲這樣是等于飜版. 他曾送我一個完整的龜腹甲, 背面鑽灼都是原來的, 他在正面很工整刻着幾段卜辭, 確實和出土的差不多. 那時, 我知

다행히 董作賓이 藍寶光에게 갑골문의 문례와 卜辭 문법을 지적하여 알려주지 않았으니 망정이지, 만약 가르쳐 주었다면 藍寶光의 가짜 만드는 기술이 더 높아져서, 오늘날 진짜를 가려내는 것이 더 어려워졌을 것이다.

위조자들은 갑골문을 이해하지 못했고 문례와 문법을 몰랐으며, 갑골문의 分期·斷代와 발전·변화에 대해서는 말할 필요조차 없이 무지했기 때문에 가짜로 새겨진 문자는 대부분이 문장을 이루지 못하고 여기저기서 긁어모은 글자들을 어지러이 쌓아 놓은 정도에 불과하였다. 이런 종류의 僞片은 실물을 눈으로 확인할 필요도 없이, 탁본과 사진, 혹은 摹本으로도 가려낼 수 있다. 예를 들어『庫』1, 2, 1531, 1532, 1545와『金璋』554, 678,『七集』P76, 77 등은 글자가 모두 매우 크게 새겨져 있고 매 편에 적으면 수십 字, 많으면 백 여자가 새겨져 있는데, 낱글자를 가지고 보면 갑골문과 비슷하지만 이 글자들을 함께 모아보면 문장에 의미가 전혀 없기 때문에, 결코 商代 사람들의 점친 기록과 記事刻辭라고 할 수 없으며, 가짜로 새긴 것이라는 것에 의심의 여지가 없다. 이런 종류의 僞刻은 가장 쉽게 가려낼 수 있는 것으로, 진짜 갑골문 수 백 편을 읽은 적이 있는 사람이라면 누구나 속지 않는다.

전체가 僞刻인 것 외에 진짜 글자와 가짜로 새긴 글자가 함께 섞여 있는 부분적으로 僞刻한 것들이 있다. 이런 骨片들은 일반적으로 새겨진 글자가 매우 적어서 공백이 많이 남아있거나, 혹은 새겨진 글자가 적지 않더라도 공백이 있는 것들인데, 위조자가 함부로 '공백을 메우고 빈 것을 보충한 것(塡空補闕)'들이다. 예를 들어『庫』976은 원래의 卜辭는 하단부에 새겨져 있고 중간부분에는 僞刻이 있으며, 같은 책 983편은 원래의 卜辭는 右下角에 새겨져 있고 좌측 상단부의 20여 字는 모두 가짜이며, 1541편은 상하 양 단에 있는 4字로 된 卜辭 하나만이 원래의 卜辭이고 중간부분에 있는 4行 20字는 僞刻으로, 배열이 가지런하고 글자도 매우 정교하게 새겨져 있다. 584편은 본래 상단부에 '不玄黽'과 '二告'(두 번 보인다)만이 새겨진 것인데, 중간에 4行 41字를 僞刻해 놓았고, 1586편은 좌측의 2行 10字만이 진짜이고 나머지 50여 字는 모두 가짜이다. 1598과 1599편은 원래 卜辭가 모두 骨臼 근처에 새겨져 있고 나머지 중간 부분은 모두 가짜이다. 또『金璋』의 362, 394, 471, 610, 612, 635, 668편 같은 것들의 주요 부분도 모두 僞刻이다. 이런 종류의 骨片에 새겨진 문자들은 진짜와 가짜가 같이 있는데, 진짜는 문맥이 매끄럽지만 가짜는 읽을 수도 없기 때문

道他不懂文例, 刻辭的地位和左行右行都不合, 但不能告訴他. 據我所見的僞品, 在民國初年和光緒末年所作的, 大部分不成句讀, 雜亂無章, 中間還有倒字, 這是一種作風. 後來就有人造出似通不通的句子, 最後又變爲全文的僞刻."(董作賓,『甲骨學五十年』, 제82쪽~83쪽)

에 서로 선명하게 대비되어 판단하기가 어렵지 않다.

이외 원래의 글자는 反面에 새겨져 있고, 正面에 새겨진 글자는 모두 가짜인 骨片들이 있는데, 예를 들어 『美錄』261은 骨의 正面으로 가짜이고, 『美錄』262는 이 骨의 反面으로 진짜이다. 『庫』1621, 1622, 2176 등이 모두 이런 종류에 속한다.

문례와 문법은 가짜를 가려내는 중요한 근거이지만 유일한 수단은 아니다. 원래의 卜辭를 그대로 옮겨 쓰거나 모방하여 새기면서 고의로 변경시킨 僞片들을 만일 文意를 찾을 수 있느냐, 읽어서 의미가 통하느냐만을 가지고 眞僞를 판단하려고 한다면 가짜의 흔적을 찾아내기가 쉽지 않다. 예를 들어 『庫』1613은 胡光煒가 僞片이라고 했지만 容庚은 진짜라고 여겼다. 이것은 왼쪽에 5條의 貞旬卜辭를 새겨 놓은 것인데, 한 條의 卜辭만을 떼어놓고 보면 모두 문례가 맞지만, 5條를 모두 연결시켜 보면, 문제점이 발견된다. 刻辭의 관례에 따르면 骨上의 貞旬卜辭는 모두 아래에서 위로 순서대로 새기는데, 이 편의 순서는 오히려 癸丑-癸亥-癸未-癸酉-癸巳로, 癸酉가 癸未의 뒤에 있다. 만약 이것을 특이한 예라고 한다면 위에서 아래로 읽어야 하는데, 그렇게 하면 癸巳-癸酉-癸未-癸亥-癸丑이 되어, 더욱 거꾸로 되어 어지럽기 때문에 이해할 수가 없다. 이것이 첫 번째이고, 두 번째로 ✶와 ✶ 두 자형은 中·晚期때의 寫法이지만, 亘은 武丁시기의 貞人이므로 앞뒤가 맞지 않는다는 점이다. 세 번째는 '二告'를 兆의 옆(側)에 새기지 않고 중간에 새겨 놓았는데, 글자가 유독 커서 통례와 맞지 않는다는 점이다. 따라서 이 몇 條의 貞旬卜辭는 통독이 가능하다고 하더라도 僞刻에 속하는 것이라는 것에는 의심의 여지가 없다. 우측 3行의 글자들은 右行으로 읽던, 左行으로 읽던 모두 문례가 맞지 않고, 자형도 일치하지 않아서 가짜라는 흔적이 매우 분명함으로 의심할 필요가 없다. 또 『金璋』376은 4行으로 된 간지표로 모두 甲에서 辛까지 있고, 辛 다음은 잔결되어 끊어졌는데, 그 순서를 보면 틀림이 없지만 다른 간지표와 대조해보면 僞刻이라는 것을 알 수 있다. 이것이 가짜라는 것이 가장 분명히 드러나는 부분은 글자체가 다르다는 점인데, 未를 ✶로, 辛을 ✶으로 쓴 것은 早期의 寫法이고, 庚을 ✶으로, 子를 ✶로, 酉를 ✶로 쓴 것은 晚期의 글자체이며, 戊를 ✶나 ✶로 쓴 것은 早期, 中期, 晚期 어디에서도 볼 수 없는 寫法이다. 글자를 위조한 사람이 일부러 잔꾀를 부려 필획을 고친 것이 분명하다. 같은 책 510과 514는 진짜 간지표로, 刻法이 잘된 것과 못된 것이 있기는 하지만, 글자체의 풍격이 일치되어서, 가짜인 376편과는 확연하게 다르다. 특히 510편에 새겨진 1行에서 4行까지의 간지(제5행은 '丙'字까지만 새겨져 있음)의 시작과 끝은 376편과 같으므로, 아마도 위조자들의 표본이었음을 알 수 있다.

문례만을 따져 摹本의 眞僞를 가려내는 방식은 때로 진짜를 가짜라고 단정하는 중대한 실수를 범할 수 있다. 예를 들어 『庫』92는 胡光煒가 僞片에 넣은 것이지만 문례와 자형을 보면 가짜가 아니다. 이것은 제 1기 卜辭로 "貞, 疾止(趾), 御于妣己(점쳐 묻습니다. 발에 병이 났는데, 妣己에게 御제사를 올릴까요)"라는 문장의 의미가 통하고, 이 유형에 속하는 예도 자주 보인다. 이밖에 같은 책 3, 20, 200, 992, 1010, 1083, 1093, 1107, 1108, 1126, 1565, 1606, 1645, 1794, 1949 등도 胡光煒나 容庚이 가짜라고 여긴 것들이지만, 사실은 모두 진짜이다. 특히 카네기박물원에 소장된 갑골들은 그 탁본이 이미 『美錄』에 저록되었는데, 이들을 서로 교감해보면 상술한 992에서 1126까지의 7편이 단지 摹本이 정교하지 않을 뿐이지 결코 가짜가 아니라는 것을 알 수 있다. 또한 『七集』은 臨淄의 孫文瀾이 소장한 갑골 31편을 수록했는데, 董作賓은 모두가 모방한 위조품이라고 여겼지만, 이후 胡厚宣이 실물을 가지고 감정한 결과, "모두 진짜이다. 가짜는 한 편도 없고, 모조한 가짜 역시 한 편도 없다."라는 것을 증명했다.[2]

어떤 갑골들은 새겨진 글자가 공교하지 않고 文意도 통하지 않지만 결코 가짜가 아닌 것들이 있는데, 이들은 당시에 글자 새기기를 연습했던 것들로, 이 習刻들을 가짜와 혼동하여서는 안된다. 습각한 것은 종종 비교적 어지럽고 거칠며, 여기저기가 기울어져 있고, 손 닿는대로 글자를 새겨서 글쓰는 방법이나 체제가 없지만, 가짜는 일반적으로 비교적 착실하고 지나치게 조심스러우며 종종 고의로 글자의 배열을 조정하여 보기에 정제된 아름다움이 있다. 이 두 가지도 구별하기가 어렵지 않다.

만일 실물을 볼 수 있다면 刀法과 切口 등의 방면에서 고찰하여 그 眞僞를 가려낸다. 僞刻 갑골과 僞刻 청동명문은 파낸 글자를 진짜처럼 위조하는 방법이 다르기 때문에, 갑골의 경우에는 진짜 갑골에 가짜 글자를 새긴 후 끈적거리는 진흙을 글자를 파낸 자리에 덮어서 가리는 수밖에 없는데, 만일 이 갑골들을 물 속에 어느 정도 담가 두었다가 부드러운 붓으로 털어 내면 진흙이 모두 씻겨 새로 새긴 흔적이 바로 드러나게 된다. 반면 진짜 갑골문은 흙 속에 3천여 년이나 묻혀 있었기 때문에 흙색이 새긴 흔적에 스며들여 함께 섞여 있기 때문에 어떻게 씻어낸다고 하더라도 필획 안에 있는 흙색을 씻어낼 수가 없다. 이 방법을

---

2) "全部爲眞, 沒有一片是假的, 也沒有一片是做刻的僞品." 胡厚宣, 「臨淄孫氏舊藏甲骨文字考辨」, 『文物』, 1973년 제 9기.

사용하면 習刻과 僞刻을 구별할 수 있다. 商承祚는 소장하고 있는 백여 편의 갑골 중 새겨진 글자가 비교적 서툴고 막혀있는 것과 문장을 이루지 않는 것들 2條를 골라 이 방법으로 연구를 진행하였고, "이후 文義가 없는 이 갑골은 당시 글자 새기는 방법과 기술을 스승이 제자에게 전수한 후, 제자들이 연습을 했던 일종의 '習刻'갑골이라는 것을 알게 되었다." "이런 習刻들의 제작 목적은 刀法을 단련하는 것이었으므로, 자연히 文理가 없다고 말할 수 있다."3)라고 말하였다.

결론적으로 말해서 문물의 眞僞를 가려내는 것 중 갑골의 辨僞는 비교적 쉬운 편이어서, 여러 번 비교하기만 하면 설사 摹本만 보더라도 감별해 낼 수 있다고 말할 수 있다. 물론 이것은 갑골의 辨僞에 어떤 문제도 없고, 모두의 관점이 일치된다는 것은 아니다. 실제로 '특수'한 骨片에 대해서는 진위여부에 대해서 전문가들의 의견도 종종 통일되지 않아서 격렬한 논쟁이 붙기도 한다. 商承祚는 여러 번 "고문물 연구자와 진위를 감별하는 사람은 전혀 다른 두 종류의 인간으로, 연구자가 항상 감정자인 것은 아니고, 감정자 역시 반드시 연구자인 것은 아니다. 나도 감정방면에 적지 않은 노력을 했고 배우기 위해 많은 돈을 썼지만, 말은 쉽지만 행하기가 어려웠다."4)라고 말한 적이 있다. 현재로써는 商承祚가 말한 이 두 면을 모두 겸비한 사람이 분명 매우 적지만, 향후에는 선배학자들을 학습하고, 연구와 감정 두 가지를 결합시켜 나가도록 노력해야 할 것이다.

2. '商承祖 소장 갑골 중의 한편(契齋藏 甲之一)'의 진위문제

이 거북의 좌측 꼬리(圖1 左尾甲)는 商承祚(契齋)가 抗戰 전에 北京 琉璃廠에서 산 것으로, 재질이 맑고 윤택하며, 글자를 새긴 것이 정교하고 아름답다. 商承祖의 말에 의하면 당시 글자가 매우 크고, 또 보지 못했던 새로운 글자라서 비싼 값에 사들였

---

3) "然後知這些無文義的甲骨是當日師傅將刻字方法與技術授徒之後, 徒弟在不斷練習作業中的一種'習刻'甲骨." "這類習作, 目的在鍛煉刀法, 自然無文理之可言.", 商承祚, 「一塊甲片的風波」, 『隨筆』(叢刊) 제 10집, 1980년 8월
4) "古文物研究者與鑑定眞僞者是兩碼事, 兩種人, 卽研究者不一定是鑑定者, 而鑑定者不一定是研究者. 我在鑑定方面用了不少氣力, 也花了許多學費, 言易而行難啊."

고, 탁본을 여러 장 만들어 동료들에게 나누어주었다고 한다. 먼저 胡厚宣이 摹本으로『甲骨學商史論叢』初集 제 1책에 저록했는데, 「殷代封建制度考」라는 논문 뒤에 실으면서, "32년(1943년) 5월 27일 番禺의 商錫永이 巴州에서 탁본을 보내왔는데, 후의에 감사한다. 따로 상세히 고석한다"⁵⁾고 기록하였다. 이후 董作賓은 탁본으로 『殷墟文字外編』(1956년)에 片號 451로 수록했고, 李亞農도「殷代社會生活」(이후『欣然齋史論集』에 실림)에 모본을 수록하면서 "윗 부분의 벌레 형태는 '蠶'字이고, 아래 부분의 큰 글자는 손으로 뽕나무를 따는 형상을 본뜬 것이다."⁶⁾라고 했다. 1978년 徐俊良과 蔣猷龍은

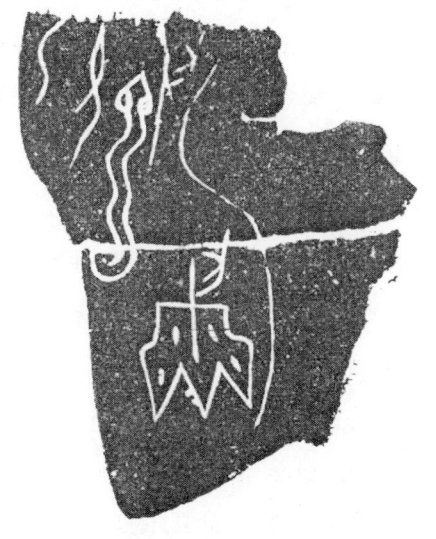

[圖 1]

『地理知識』제 1기에 발표한「中國的蠶桑」이란 논문에서 이 甲片을 摹本으로 수록하여 소개하였고, 제 5기에 발표한「談談甲骨文中有關蠶桑的眞僞資料」라는 논문에서 中國科學院 歷史研究所 甲骨文組 孟世凱의 편지를 발표했는데, "이런 종류의 蠶桑圖를 새긴 갑골은 모두 두 편이 있는데, 갑골학자 胡厚宣이 실물을 감정한 결과, 모두 가짜이며 모두 일종의 僞刻이라는 것을 발견했다."⁷⁾(이 중 하나는 이 甲片을 지칭하는 것이고, 다른 하나는 어떤 책에서도 언급된 바가 없다)라는 이유를 들면서 이 甲片을 가짜라고 여겼다. 이후「編者案」을 발간하면서는 "우리나라의 유명한 갑골학자인 胡厚宣이 이 摹本을 감정한 결과, 근대에 위조된 가짜라는 것을 발견했다.…"⁸⁾라고 다시 한번 강조하였다. 이에 따라 이 左尾甲의 진위문제는 논란이 되었을 뿐만 아니라, 처음으로 이것의 摹本을 수록했던 胡厚宣의 '감정'에 의해서 僞刻으로 판명되었다.

商承祚는『地理知識』에 실린 孟世凱의 편지와「編者案」을 본 뒤, 이 갑골편을 찾아내 한 층 심도있게 분석연구를 했는데 가짜라는 흔적을 전혀 발견하지 못했다. 1978년 겨울 吉林

---

5) "三十二年(一九四三年)五月二十七日番禺商錫永先生自巴州拓寄, 厚誼可感, 考釋別詳."
6) "上面的蟲形卽蠶字, 下面的大字, 象以手採桑之形."
7) "刻有這種蠶桑圖的甲骨共有兩片, 經甲骨學家胡厚宣同志對實物的鑑定, 發現都是假的, 都是一種僞刻."
8) "我國著名的甲骨學家胡厚宣同志對這一摹本, 進行過鑑定, 發現是近代僞造的假件…"

大學에서 中國古文字學術討論會를 개최하면서, 中國古文字硏究會를 만들었는데, 商承祚는 이 龜甲을 가지고 廣州에서 長春까지 회의에 참가하러 갔다. 회의에서 학자들은 이 龜甲의 진위에 대해 열띤 토론을 벌였는데, 적지 않은 학자들이 商承祚의 의견을 지지하여 진짜라고 여겼으나, 胡厚宣은 이것을 僞刻이라고 여겼고, 일부 학자들도 의심의 여지가 있다고 여겼다. 필자(陣煒湛)는 다른 일이 있어서 참석하지 못했는데, 많은 것을 배울 수 있는 좋은 기회를 놓친 것 같아서 매우 아쉽다. 회의에서 이 편을 僞刻이라고 주장한 학자들이 견지했던 주된 이유가 대략 아래의 5가지라는 것을 후에 曾憲通 등 동료학자들이 알려주어서 알게 되었다.

(1) 刻辭 위치가 맞지 않는다. 이것은 작은 거북판에 속하므로, 이렇게 큰 글자를 새겨 넣을 리가 없다.
(2) 문례가 맞지 않고, 문의를 찾을 수 없다.
(3) 네 번째 글자의 刀法이 서툰 것으로 보아, 같은 유형의 풍격이 아니다.
(4) 甲片 상의 경계선 우측에 글자가 없으므로, 경계선을 그은 의미가 없다.
(5) 만일 ☗의 아래부분이 솥(鬲)을 상형한 것이라면, 商代에 이런 종류의 기물이 반드시 있어야 하지만, 殷墟 유물 중에서 이런 형태로 제작된 솥은 발견된 적이 없다.

이상의 다섯가지 이유를 곰곰히 살펴보았는데, 이 중 考古 문제에 속하는 다섯 번째를 제외한 나머지 네가지는 모두 완전히 가려낼 수 있는 갑골 자체에 대한 것들이다. 필자는 이 甲片이 진짜이며 상술한 이유들은 성립될 수 없는 것이라고 생각한다. 다음에서는 개인적인 소견을 약술하여 商承祖의 주장을 지지해보고자 한다.

(1) 龜甲의 모양

이 龜甲이 작은 거북판인가 아니면 큰 거북판의 左尾甲인가에 대한 논란이 있는데, 이 문제의 해답은 『乙編』에서 찾을 수 있다. 즉 『乙編』에는 제 13차 과학적 발굴 때 얻은 온전한 귀갑이 많이 수록되어 있는데, 이 尾甲과 온전한 거북판을 비교해 보면, 온전한 龜甲의 左尾甲이 이 甲片과 크기가 같거나 비슷한 것이 많이 있다는 것을 알 수 있다. 예를 들면 다음과 같다.

『乙編』751 길이 25.5cm

『乙編』971 길이 26cm

『乙編』3274 길이 27.7cm

『乙編』3441 길이 26.6cm

이 중 특히 『乙編』3274의 左尾甲과 이 甲片은 거의 완전히 같고, 이의 틈[齒縫]9)도 매우 비슷하다. 이로써 商承祚가 소장한 이 甲片은 결코 작은 龜甲의 殘片이 아니라 큰 거북의 左尾甲 부분으로, 복원하면 그 길이가 27.7cm 이상 될 것이라는 것이 증명되었다. 이렇게 큰 거북에 몇 개의 큰 글자를 새긴다는 것은 충분히 가능한 일이다. 물론 左尾甲에 이처럼 큰 글자를 새겨 놓은 것은 처음 발견된 것이지만, 처음 발견된 것이기 때문에 더욱 귀중한 것이지, 처음 발견되었다고 해서 그것을 가짜라고 의심하는 것은 이치에 맞지 않는 것이다. 사례를 가지고 말하자면, 갑골문 중에는 현재 한 번 밖에 나타난 적이 없는 것들이 많은데, 예를 들어 '王休'라는 단어는 『美錄』505에만 보이고, '疾天'이란 단어는 『乙編』9069에만 보이며, '五山'이란 단어는 『粹』72에만 보이는데, 이러한 것들을 가짜라고 말할 수 있는가? 당연히 불가능하다. 갑골에 단지 한 번만 나타난 글자들은 더 많은데, 예를 들어 『甲骨文編』 권12에 수록된 40여 字를 단지 한번만 나타났다고 해서 가짜라고 의심할 수는 없다. 글자의 크기를 가지고 그 진위를 판단하는 것은 사람들을 설득하기에는 부족하다.

(2) 문례

이 卜甲에는 乙·允·攸·敔의 4字가 남아있는데, 여러 번 저록되고 토론되었음에도 불구하고 이를 가짜로 보는 학자들은 문의를 찾을 수 없다고 여기고, 진짜로 보는 학자들도 서로 각각 다른 해석을 하고 있다. 앞서 언급한 『地理知識』에 실린 「中國的蠶桑」이란 논문에서는 이 편의 摹本 아래에서 "龜甲의 좌측 상단부는 실 한 묶음의 형상이고, 우측은 벌레의 형태, 즉 '蠶'字로, 손으로 뽕나무 잎을 따서 누에가 살을 토해내도록 기르는 것을 상징한다."10)고 설명하였는데, 이것은 '允'字를 絲로 잘못 해석하고, 🙠을 뽕나무 잎의 형상이라고 잘못 해석한 것이다(손으로 뽕나무를 딴다는 설은 李亞農의 『殷代社會生活』에서

---

9) 【譯註】 거북의 復甲은 9 조각으로 나뉘는데, 각 각의 조각이 나뉘는 모양이 이빨모양과 유사하여, 이를 齒縫이라고 부른다.

10) "龜甲的左上方爲一束絲的形狀, 其右爲蟲形, 卽蠶字, 象徵手採桑葉養蠶吐絲."

시작되었다). 張政烺은 이 甲片을 진짜라고 여겼으나 벌레 형태를 '蠶'字라고 설명하는 것에는 동의하지 않았다. 그는 "그러나 나의 의견으로는, 이 편에는 '蠶'字가 없으므로, 쓸데없이 비단문제를 거론할 필요가 없다. ?는 손으로 막대기를 들고 뱀을 때려잡는 것을 상형한 것인데, 단지 뱀의 몸을 雙鉤화법11)으로 썼기 때문에 보기에 조금 익숙하지 않을 뿐이다."12)라고 했다. 商承祚는 ?를 양잠하는 사람이 누에밭을 청소할 때 조심스럽게 누에를 다른 누에밭으로 옮기는 형상이라고 했고, ?는 솥으로 누에고치를 삶을 때(네 점은 누에고치를 표시한다) 손으로 막대기를 잡고 휘젓는 형상이라고 했다. 이 두 가지 주장은 모두 나름대로의 논리가 있지만, 두 글자의 本義만을 말했을 뿐, 그것이 이 卜甲에서의 실제적인 의미라고는 할 수 없다. 왜냐하면 갑골문자의 형제 자체가 반영해내는 의미(즉 本義)와 卜辭에서의 실제적으로 의미는 다르기 때문이다(제 4장에서 자세히 설명하였다), 일반적인 통례에 따르면 '允' 다음의 3字는 1條의 卜辭의 驗辭 부분으로, 다음과 같이 볼 수 있다.

☐乙☐允攴敵

卜辭에서 攴는 동사(즉 『說文』의 攴로, 施와 같이 읽는다)로, 그 의미는 '치다', '두드리다'란 뜻이기도 하고, 여기서 敵은 인명이나 지명인 것 같다. 이 甲片의 세 번째와 네 번째 글자는 글자를 만들 당시에는 蠶桑과 관련이 있었을 수도 있고, 없었을 수도 있지만, 이 卜辭에서는 蠶桑과 반드시 관계가 있는 것은 아니다. 그러나 어찌 되었든 간에 결론적으로 이 네 글자가 서로 관련이 없고 문의를 찾을 수 없다고 해서 이것을 가짜라고 말할 수는 없다.

(3)刀法

商承祚는 "갑골문자는 아래로 파내려가는 방식[下衝法]만을 사용하여, 한번에 필획을 완성시켰고, 필획 중의 ∨의 형태와 같은 鋒은 선명하게 마무리하여 절대로 보충하여 칼을 대지 않았다. 돌에 새길 때는 칼로 여러 번 쳐야 하기 때문에 속도도 매우 느리고, 필획의

---

11) 【譯註】뱀의 몸통 전체를 파낸 것이 아니라, 윤곽만을 파낸 것이다.
12) "但是我的意見, 這片上沒有蠶字, 扯不上絲綢問題, ?象一隻手拿着棍子打蛇, 只是蛇身用雙鉤畫法寫成, 乍看不習慣罷了."

양 측면이 톱날모양처럼 되는 것이 불가피하지만, 갑골문자를 새길 때는 필획의 양측이 가지런하고 매끄럽다…가짜로 새긴 갑골문자는 刀法이 어지러워서 눈이 밝은 사람이라면 누구나 알 수 있다."[13]라고 했다. 탁본을 봤던 사진을 봤던 간에 이 甲片에 새겨진 네 글자는 확실히 선명하고 깨끗하며, 유창하고 막힘이 없다. 특히 "允它攵" 두 글자는 『菁華』의 大骨에 새겨진 문자와 아름다움을 서로 비길 정도여서 僞刻하는 사람이 도저히 할 수 없는 것이다. 네 번째 글자의 刀法이 서툴고 막혔다고 말하는 사람이 있지만, 이는 근거가 없는 것으로, 필자가 운이 좋아 商承祚에게 실물을 얻어 여러 번 살펴본 결과, "刀法이 어지럽다"는 곳은 조금도 발견하지 못했다.

[圖 2] 『乙編』 2876

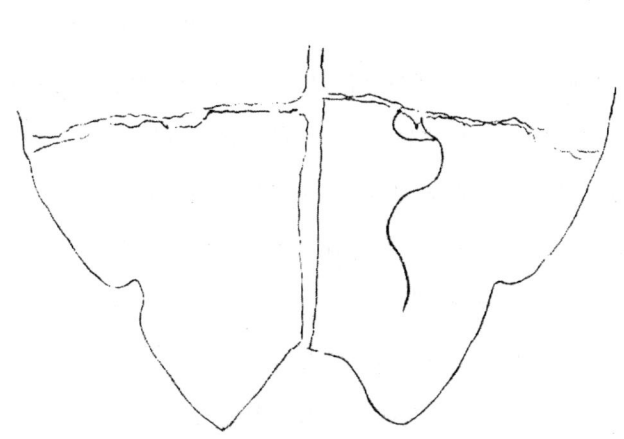

[圖 3] 『乙編』 3426(整甲)의 尾甲 부분.

---

13) "甲骨文字可能只用一種下衝法, 一筆而成, 筆筆中鋒如 形, 清楚利落, 決不補刀. 刻石衝刀那怕很慢, 筆劃兩側成鋸齒形, 是不可避免的. 甲骨文字在下刀時(後), 筆劃兩側整齊光滑… 凡僞刻甲骨文字, 刀法凌亂, 明眼人自知之." 각주 3) 참조.

(4) 경계선

어떤 사람은 이 卜甲의 경계선 우측에 글자가 없다는 것 때문에 僞刻이 아니냐고 의심하지만, 이것 역시 성립될 수 없는 것이다. 비록 갑골상의 경계선이 대부분 좌우나 상하 두 條의 卜辭의 간격을 위해서 더해진 것이라고는 하지만, 모두 그런 것은 아니다.『乙編』上冊을 예로 들면, 2581, 2648, 2646 등의 편들 중 어떤 경계선은 卜兆와 序數字만의 간격을 띄어놓은 것이고,『乙編』3021같은 것은 한 條의 卜辭의 간격을 띄어놓고 그 상하에 단지 소수의 序數字 만이 있으며,『乙編』132, 1150, 2068, 3231 등과 같은 것은 경계선 위와 좌측에 글자가 없고,『乙編』70과 806 같은 것은 경계선 위에는 글자가 있으나 아래에는 글자가 없다.『乙編』47, 317, 2027, 2876 등 여러 편은 경계선의 우측에 글자가 없는데, 특히 2876은 역시 左尾甲으로 중간에 한 줄의 경계선이 있으며 좌측에 '翌辛亥尞'라는 네 글자가 있고, 우측은 공백으로, 단지 잔결되어 끊어진 부분에 두 개의 '一'字만이 있다.(圖2) 또『乙編』3426도 右尾甲 중간에 한 줄의 경계선이 있으나 양측에 모두 글자가 없다.(圖3) 이것들은 모두 과학적 발굴로 얻은 것이므로 의심할 여지가 조금도 없는 것들이다. 이로써 경계선의 용도는 두 條의 卜辭를 나누어주기도 하고, 특이하게 한 條의 卜辭를 간격지어 주기도 하며, 兆語 및 序數字의 간격을 벌여주기도 하는 등, 여러 면에 있던 것임을 알 수 있다. 商承祚가 소장한 이 卜甲 위에 있는 경계선도 마지막 경우에 해당되는 것으로, 비록 많이 보이지는 않지만 그렇다고 가짜라고 할 수는 없다. 조금 양보해서 말하면, 만일 가짜라면 경계선을 그어놓고 우측 공백에도 글자를 새겨 넣는 것이 더 유리하지 않았겠는가?

이상의 네 방면에 걸친 분석은 이 卜甲을 가짜라고 하는 것은 근거가 없는 것이라는 것을 설명해 준다. 동시에 글자가 크고 흔하게 보이는 것이 아니기 때문에 더욱 중시할 가치가 있는 진귀한 殷墟 유물이라는 것을 반증하여 설명해 주기도 한다. '敢'字가 鬲을 편방으로 하므로, 商代 유물 중에 반드시 자형과 같은 모양의 솥이 있어야 한다는 논증방법 역시 큰 문제가 있다. 商代는 문자의 기원시기가 아니고, 갑골문도 商代 盤庚이 殷으로 천도한 이후에야 비로소 만들어진 문자가 아니므로, 어떻게 자형과 기물(혹은 동물이나 식물 등)의 모양이 완전히 일치할 수 있겠는가? '舟'字는 갑골문에서 ⟨ ⟩ ⟨ 등으로 썼고, 舟를 편방으로 하는 글자도 매우 많은데, 殷墟에서 이런 형상과 닮은 배가 출토된 적이 있는가? 만일 자형으로부터 어떤 형상을 보고 殷墟 유적지에서 상응하는 유물을 찾는다면 이것은 실로 웃지 않을 수 없는 것이다.

3. 『庫』1506片 '家譜刻辭'의 眞僞 문제

『庫』1506편은 소의 어깨뼈로 영국 브리튼박물관에 소장되어 있다. 이 大骨의 길이는 22cm이고, 너비는 22.5cm이며, 상단에 횡선이 그려져 있고, 우측 상단부에 '貞' 字 하나가 새겨져 있다. 우측에서 좌측의 순서로 13行의 卜辭가 새겨져 있는데, 첫 行만 5字이고, 나머지 行에는 모두 4字씩 새겨져 있다. 간추려 보자면 "나의 선조는 呪이고, 呪의 아들은 狀이며, 狀의 아들은 狀이고…"로 되어 있고, 중간의 2行은 누구의 동생은 누구이다라고 되어 있는데, 이것이 소위 殷代의 '家譜刻辭'이다. 이와 관련된 것으로 꽃무늬를 새긴 사슴 뿔(雕花鹿角) 한 쌍이 있는데, 즉 『庫』1989편으로, 8行의 卜辭가 새겨져있고, 7字가 새겨진 것이 3行, 8字가 새겨진 것이 4行 있으며, 마지막 行에는 3字가 새겨져 있다. 역시 家譜인데, 家譜 앞에 "王曰貞"이란 3字가 있다. 이 骨과 角은 모두 영국인 庫壽齡(Sammel Couling)이 예전에 山東 濰縣에서 얻은 것으로, 손에 넣은 후 보물처럼 여기다가 후에 다른 갑골 485편과 함께 1911년 브리튼 박물관에 기증한 것이다. 方法斂은 이 갑골을 摹寫하여 수록하면서, 그 순서를 大骨을 앞에 두고 사슴뿔을 그 뒤에 두었다. 金璋(Hopkins, 天津 駐中國 英國 총영사를 역임했었다)을 위시한 일부 외국학자들은 학자들의 주목을 받기를 희망하면서 전력을 다해 이 두 편을 선전하였다. 수 십 년 동안 사슴뿔에 새겨진 卜辭에 대해서는 학술계의 의견이 비교적 일치되어, 가짜라고 여겨졌지만(뿔은 진짜이다), 大甲骨의 刻辭에 대해서는 의견이 크게 나뉘어졌다. 많은 학자들이 가짜라고 여겨 가치가 전혀 없다고 했으나, 일부 학자들은 진짜라고 여겨 매우 중요한 史料로 인정하고 있다.

결론적으로 말해서, 해방 전에는 『庫』1506의 刻辭에 대한 학자들의 의견이 일치되어 모두 僞刻이라고 여겼다. 『庫』가 출판되기 훨씬 전인 1930년 郭沫若은 『中國古代社會硏究』에서 이미 "荷普金斯(金璋인 것 같다)가 수집할 때 高林(庫壽齡)이 많이 도왔는데, 그가 쓴 「骨上所雕的一首葬歌和一家系圖」라는 본문을 보니 그가 근거한 재료가 모두 僞刻이었다."[14]라고 하였다. 그 후 明義士가 『甲骨硏究』(1933년), 胡光煒가 「書庫方二氏藏甲骨卜辭印本」

---

14) "荷普金斯(按卽金璋)的蒐集, 大約多由高林(按卽庫壽齡)替他幫忙, 我看見他著的一篇文章, 「骨上所雕的一首葬歌和一家系圖」, 那所根據的材料, 完全是僞刻."

(1935년, 『圖書館學刊』 9권 3·4기)를 썼고, 陳夢家는 『庫』를 소개하여 「述方法斂所摹甲骨卜辭」(1936년, 『燕京學報』 19기)와 「述方法斂所摹甲骨卜辭補」(1940년, 『圖書季刊』 新2권 1기, 3기)를 썼으며, 董作賓이 「方法斂博士對于甲骨文字之貢獻」(1940년, 『圖書季刊』 新2권 3기)를 썼고, 容庚은 「甲骨學槪況」(1947년, 『嶺南學報』 7권 2기)를 썼는데, 모두 이 편을 僞刻으로 여겼다. 이 중 董作賓의 분석이 가장 철저한데, 그는 "『庫』1506과 1989는 鹿角에 卜辭를 새긴 것으로, 위조자가 이미 文意를 대충 알고 있었다. 즉 『鐵雲藏龜』 254쪽의 두 번째 片에 '御子戈'라는 卜辭가 있는데, 이 卜辭의 뜻이 '御의 아들을 戈라고 한다(御的兒子叫戈)'라는 것을 위조자가 알았기 때문에, '子央'(『鐵』192·1)·'子肯'(『鐵』151·1)도 집어넣고, 새로운 인물도 더하여 아주 그럴듯한 '殷王家譜'를 만들었다. 庫全英은 많은 돈을 주고 이를 샀고, 金璋은 이를 고증하는데 많은 노력을 했다. 이 두 위조품은 1909년 小屯村에서 갑골을 발견한 이후에 만들어진 것인데(大骨중의 제 8·9行에 '甗'字가 있는데, 이것은 제 4기에 속하는 것으로 小屯村에서 발굴되었다), 庫全英이 가장 마지막으로 이것을 얻어 매우 귀하게 여기고는 그가 소장한 갑골의 앞과 뒤에 넣었다."15)라고 하였다.16) 이밖에 商承祚는 『殷契佚存』을 편찬하면서 孫壯이 소장한 탁본을 빌렸는데, 그 안에 있던 이 大骨의 탁본은 버리고 취하지 않았다.

해방 후에 『庫』1506을 '틀림없는 가짜'라고 여기던 陳夢家가 『殷虛卜辭綜述』을 쓰면서 생각을 바꾸어 이 片을 진짜라고 주장했는데, 그 주된 이유에 대해서 "이 骨片의 탁본을 구해보니 이것이 가짜가 아니라는 것을 증명할 수 있었다."17)라고 했고18), 또한 이 大骨의 탁본을 도판으로 만들어 책의 뒷부분에 실었다. 陳夢家의 관점 변화는 唐蘭·金祥恒·嚴一萍 등 일부 학자들의 반대를 불러일으켰으나, 饒宗頤·孫海波·于省吾·白川靜·島邦南 등의 학자들에게도 영향을 미쳐 이들이 이 大骨에 새겨진 刻辭를 진짜라는 태도로 논증하고 인용하도록 하였다. 이 骨片을 진짜라고 여긴 학자들 중 특히 于省吾의 주장이 가장 뚜렷한데, 그는 "武丁시기의 獸骨刻辭(『綜述』 499쪽과 부도판 20, 『庫』1506의 摹本)로, 한

---

15) "如『庫』1506及1989鹿角上的刻辭, 作僞者已粗通文義, 有鐵雲藏龜一書, 由其二五四葉第二片有御子戈, 因而悟出御的兒子叫戈, 又把子央'(『鐵』192·1)·'子肯'(『鐵』151·1)都排入, 又加新人物, 而造成一個像煞有介事的'殷王家譜', 害得庫全英氏花錢買去, 金璋氏花工夫考證它. 此兩贗品作于一九零九年小屯村中發現甲骨之後(大骨中第八,九行有甗字, 乃第四期物, 出村中), 庫氏于最後得之, 如獲至寶, 故以冠且殿于其所獲甲骨之首尾云."

16) 胡厚宣, 「甲骨文"家譜刻辭"眞僞問題再商榷」에서 재인용, 『古文字硏究』 제 4집.

17) "得到此骨的拓本, 更可證明它不是僞作."

18) 각주 3) 참고.

귀족의 11대 선조의 이름을 기록하고 있다. 商代 초반에 남자가 대를 잇는 것이 시작되었는데, 이 骨片은 대를 이은 남자의 이름만을 기록한 보첩이다."라고 하였다.[19]

그렇다면 『庫』1506은 도대체 진짜인가 가짜인가? 陳夢家의 관점의 변화는 이치에 맞는 것인가? 1979년 겨울 中國古文字硏究會는 廣州의 中山大學에서 제 2차 정기학술대회를 개최하였다. 胡厚宣은 「甲骨文"家譜刻辭"眞僞問題再商榷」이란 논문을 제출하였는데, 그는 이 논문에서 이 大骨片의 수장과 저록에 대한 역사적 상황을 상세히 설명하고, 刻辭의 진위문제와 관련된 여러 학자들의 의견들을 서술하였으며, 또한 여러 방면에서 소위 家譜刻辭인 이 骨片이 가짜라는 것을 논증해 냈다. 이 논문은 학술대회에서 열띤 토론을 불러일으켰는데 많은 학자들은 이 骨片을 僞刻이라고 여기며 胡厚宣의 주장을 지지하였고, 于省吾와 饒宗頤, 周鴻翔 등 일부 학자들은 이 骨片이 가짜가 아닐 뿐만 아니라 書法契刻 예술도 매우 높은 귀중한 자료라고 여겼다.

학술토론에는 소수가 다수를 따르는 민주적인 다수결의 원칙을 적용할 수 없기 때문에, 반드시 자유로운 토론과 百家爭鳴이 있어야 하며, 『庫』1506의 진위문제에 대해서도 마찬가지이다. 그러나 필자가 보건대 예전 董作賓의 의견을 인용하여 이 骨片을 가짜라고 주장하는 것은 이미 토론꺼리가 되지 못한다. 오늘날에는 胡厚宣의 논문이 거의 정론화되어 의심의 여지없이 받아들여지고 있는데, 胡厚宣의 주장을 개괄하면 그 주된 요지는 대략 다섯 가지로, 다음과 같이 발췌하여 참고할 자료로 삼겠다.

(1) 形製의 모순

"이 大骨에는 鑽鑿하고 불에 지진 흔적이 없고, '家譜'는 본래 卜辭가 아니므로 '貞'이라고 칭할 수 없다. '貞'은 卜辭에서 卦를 묻는 專用字이므로, 記事刻辭에서는 사용할 수 없다."[20] "갑골문자에서 경계선을 그어 놓은 것은 두 刻辭를 분리하여 서로 섞이는 것을 막기 위해서인데(필자가 보건대 이 설명은 재론의 여지가 있다. 앞 절을 참고), 이 大骨에는 하나의 '家譜'만이 있고 다른 刻辭가 없으므로, 윗 부분에 가로선이 있을 필요가 없다."[21]

---

19) "武丁時期的獸骨刻辭(綜述四九九頁和所附圖版貳拾, 庫1506爲摹本), 記載了一個貴族十一世祖先的私名, 這是一個從商代初年開始, 以男子爲世系的專記私名的譜牒." 于省吾, 「略論甲骨文"自上甲六示"的廟號以及我國成文史的開始」, 『社會科學戰線』, 1978년 창간호와 『甲骨文字詁林』 제195쪽.
20) "這一大骨沒有鑽鑿灼兆的痕迹, 旣爲'家譜', 本非卜辭, 卽不能稱'貞'. '貞'是卜辭問卦的專用字眼, 不能用于記事刻辭."
21) "甲骨文字, 凡用界劃, 所以分隔兩辭, 避免相混. 這一大骨只一'家譜', 別無他辭, 頂上就不應該有一橫

(2) 자형과 사례가 맞지 않는다

"原骨'家譜'에서 '子'字는 武乙・文丁시기의 사법인데, 肉는 武丁의 아들 이름이므로, 이 둘이 함께 쓰여져 있는 것은 말이 되지 않는다. 또 '兒'字의 臼 안에 가로획이 하나 더 있는데, 고문자에서 갑골문・금문, 소전까지 이렇게 쓰인 글자체가 없다.22)" "卜辭에서 兒는 모두 지명으로 쓰여서, 아들이란 뜻으로 쓰인 예가 없다. 또 '弟'字도 卜辭에서 형과 아우[兄弟]나 형이 죽어 동생이 왕위를 잇는다[兄終弟及]는 의미로 쓰인 것이 전혀 없다."23)

(3) 다른 僞片과의 비교

"家譜에서 사용된 인명은 원래 있던 글자를 그대로 베끼거나 제멋대로 만들어 쓴 것으로,『庫』1576, 1598, 1604, 1621, 1624 등에서도 보이는 것이 있는데, 거의 모두가 僞刻된 것들이다. '家譜刻辭'의 배열은 융통성이 없고, 필적이 열악한데, 이것은 반복하여 새김으로써 필획이 조잡하고 투박했기 때문이다. 일반적인 갑골문자의 규율이 정제되어 있고, 글자를 새긴 것이 숙련되어 있어 예술적인 아름다움이 있는 것과는 분명 다르다."24)

(4) 家譜에서 나열한 인명은 十干으로 이름을 삼았던 商代의 통례와 부합되지 않고, 典籍에도 보이지 않는다. "司馬貞은『史記・殷本紀』의「索隱」에서 '商나라에서는 아이를 낳은 날을 이름으로 삼았는데, 대개 微부터 시작된 것이다.'라고 했는데, 微는 上甲이다. 殷代 노예주의 先公先王은 上甲부터 모두 十干으로 이름을 삼았는데, 卜辭로 이를 증명해보면 매우 확실한 것임을 알 수 있다."25) "『白虎通・姓名編』에서 '殷나라는 태어난 날로 이름으로 삼았다. 臣民 모두 甲乙 같은 생일로 이름을 삼았는데,『尙書』에서 殷나라 신하에는 巫

劃."
22) "原骨'家譜', '子'字是武乙文丁時寫法, 肉爲武丁的子名, 拼在一起, 不倫不類. 又'兒'字臼內多一橫劃, 古文字中, 從甲金至小篆, 都沒有這樣的字體."
23) "在甲骨卜辭中, 兒字皆用爲地名, 從無用作兒子之兒字. 又'弟'字在甲骨卜辭中, 亦絶無用作兄弟或兄終弟及之義者."
24) "家譜裏的人名, 或抄襲成文, 或出于杜撰, 有的也見于『庫』1576, 1598, 1604, 1621, 1624等片, 殆出于僞刻者一人之手. 至于'家譜刻辭', 行款呆板, 字迹惡劣, 由于反複描刻, 筆劃顯然毛糙粗澁. 與一般甲骨文字規律整齊, 寫刻熟練, 藝術之精美, 絶不相同."
25) "『史記・殷本紀』司馬貞『索隱』說 '商家生子以日爲名, 蓋自微始.' 微卽上甲. 殷代奴隷主的先公先王, 自上甲以下, 皆以十干爲名, 證之卜辭, 其說至確."

戊와 祖己가 있다고 했다.'라고 한 것은 殷代에 先公先王들만 十干으로 이름을 삼은 것이 아니라 臣民도 十干으로 이름을 삼았다는 것을 말해준다."26) 그리고 이 편에서 나의 先祖는 누구이고 그 아들은 누구이며 그 동생은 누구이다라고 했지만, 그 이름들이 모두 기이한 것들이다. "이 인명들은 모두 殷代 世系에서 보이지 않는 것들이고, 또 모두 十干이 아니므로 卜辭와 완전히 다른 것들이다."27) "또 上甲 이전의 殷人들의 전설시대의 先公들 중에 卜辭에 보이는 것들로 夒·兒·莢·土·蚰·昌·河·岳 및 王亘·王亥·王矢 등이 있는데, 비록 十干으로 이름을 삼은 것은 아니지만 '家譜刻辭'의 인명과도 전혀 상관이 없다. 또한 이 인명들은 다른 卜辭에서는 보이지 않는다."28)

(5) 탁본·사진의 비교

탁본과 사진을 살펴보면 더욱 이 卜甲이 가짜라는 것이 드러난다. "考古研究所가 구한 原骨 탁본을 본 적이 있는데 실제로 보니 근거로 삼을 수 없는 것일뿐만 아니라, 조작한 흔적이 매우 분명히 드러났다"29), "1935년 吳金鼎이 영국에서 돌아올 때 브리튼박물관이 소장한 모든 갑골의 사진을 가지고 왔는데, 이 사진을 가지고 摹本을 대조하면서 교감한 적이 한번 있었다. 이후 董作賓의 처소에서 미국의 盧商行(C,T,LOO)이 촬영한 갑골의 사진을 모두 본적이 있는데, 『庫房二氏藏甲骨卜辭』 제 1506호 大骨과 1989 사슴뿔에 새겨진 '家譜刻辭'가 있었다. 骨과 角은 진짜였고, 사슴뿔에 새겨진 꽃무늬도 진짜인 듯 했지만, 새겨진 '家譜'문자는 진짜로 새겨진 것이 아닌 것 같았다."30) 이후 온전한 사진을 보니 "사진이 실물과 꼭 같고 글자의 흔적이 분명하여, 한번 보니 곧 가짜임을 알아낼 수가 있었

---

26) "『白虎通·姓名篇』說 '殷以生日名子. 於臣民亦得以甲乙生日名子, 以尙書道殷臣有巫戊有祖己也.' 是殷代不但先公先王以十干爲名, 卽是臣民也得以甲乙十干名之."
27) "這些人名都不見于殷代世系之中, 又皆無十干字樣, 則與卜辭全然不類."
28) "又上甲以前, 殷人傳說時代的元祖先公見于甲骨卜辭的有夒·兒·莢·土·蚰·昌·河·岳, 及王亘·王亥·王矢等等, 雖然不以十干爲名, 但也都和'家譜刻辭'的人名, 毫不相干. 又這些人名, 一般也不大見于其他的卜辭."
29) "關于考古研究所所得原骨的拓本, 我們曾經看到過, 其實也并不能成爲理由, 而且作僞的痕迹, 更加看得明顯."
30) "從前在一九三五年, 吳金鼎先生自英國回來, 帶到不列顚博物院所藏甲骨的全部照片, 我曾經根據照片對照摹本, 作過一次校勘. 後來又在董作賓先生那裏, 看到過美國盧氏商行所拍攝的這一批甲骨的全部影本. 見『庫方二氏藏甲骨卜辭』第1506大骨及1989號鹿角上所刻的'家譜刻辭', 骨·角爲眞, 鹿角上所刻花紋亦像不假, 但所刻的'家譜'文字, 則不像是眞刻."

다."31)

  胡厚宣의 이러한 분석은 맞는 것으로 대체적으로 모두 믿을만한 것이다. 『庫』1506 大骨은 僞刻이므로, '家譜刻辭'를 근거로 고증하고 추론하는 것은 믿을 만한 것이 되지 못한다.

  결론적으로 갑골의 辨僞는 비록 銅器보다는 가짜를 가려내는 것이 쉽지만, 판정하기 어려운 것들이 있으므로, 반드시 자세하고 신중하게 판단하여 '商承祖 所藏 갑골 중의 한편(契齋藏甲之一)'처럼 진짜를 가짜라고 하거나, 『庫』1506의 大骨처럼 가짜를 진짜라고 여기는 일이 없어야 하며, 반드시 實事求是의 정신으로 연구하고 두루 신중히 살펴보고 판단을 내려야 한다.

---

31) "攝影逼眞, 字迹淸晰, 一望而知其爲僞." 胡厚宣,「甲骨文"家譜刻辭"眞僞問題再商榷」, 『古文字硏究』 제4집

부록 甲骨僞片表

1. 『鐵雲藏龜』 57·1, 84·1, 130·1, 254·1, 256·1
2. 『庫房二氏藏甲骨卜辭』
   1) 蘇格蘭皇家博物院 소장

   1, 2, 5, 13, 37, 103, 134, 174, 312, 585, 748, 749, 750, 751

   2) 카네기 박물원 소장 (『美錄』과 비교가 가능함)

   971, 973, 976(상반 부분), 977, 978, 983(上一段), 994, 1080, 1082, 1209, 1226

   3) 브리튼박물관 소장

   　　1506, 1507, 1514, 1517, 1520(하반부), 1523(하단의 우측), 1531, 1532(우측 아래의 "癸丑卜" 3자는 진짜임), 1533, 1537(반면의 "王占曰吉"과 정면 좌측의 "其酋年" 3자는 진짜임), 1539, 1914(중간 부분), 1545, 1552, 1556, 1557, 1561, 1567, 1568, 1571, 1574(윗부분 3단), 1576, 1580(정면), 1584, 1586(우측 반), 1593(상단), 1598, 1599(중간부분), 1604, 1605, 1609(左上角만이 진짜임), 1610, 1612, 1613, 1615, 1617, 1618, 1619(우측 반), 1621(정면), 1622(정면), 1624(우측 2단), 1625, 1626, 1627, 1628, 1631, 1632, 1633(우측 반), 1635, 1636, 1639, 1640, 1642, 1650, 1652, 1653, 1654, 1657, 1675(좌측 반), 1676, 1678(上一段), 1680, 1686(下二段), 1688, 1691, 1693(상부), 1695(상부), 1697(좌1단), 1698, 1703, 1704, 1705, 1706(상부), 1707, 1712, 1726("辛亥卜貞" 4자만이 진짜임), 1727, 1728(左上角의 한 복사는 진짜임), 1734, 1740(좌측 1면), 1751, 1759, 1795, 1796, 1797, 1798, 1827, 1989

   4) 飛爾德 박물원 소장

   2175, 2176

3. 『栢根氏舊藏甲骨文字』

   73, 74

4. 『甲骨卜辭七集』

   S 1, 2, 3(箭頭에 새겨짐)

   B 1, 2, 3, 48

P 76, 77

W 5, 9, 11

5. 『金璋所藏甲骨卜辭』

78, 84, 122, 362(우측 복사), 376, 390, 394(우측 3행), 457, 471(우측 6행), 483(중간 3행), 490, 491, 528, 554, 558, 610(위 3단), 612(상부), 635, 640, 646, 661, 668(아래 반쪽 4행), 678, 703

6. 『美國所藏甲骨錄』

1(중간 부분, 즉 『庫』976), 8(左上角, 즉 『庫』983), 561(骨의 정면으로 반면은 진짜임)

僞編으로 의심되는 것

1. 『庫房二氏藏甲骨卜辭』

38, 55, 104, 108, 246(상반부분), 429, 504, 510, 641, 1535, 1553, 1603, 1658, 1679, 1817

2. 『金璋所藏甲骨卜辭』

28, 31, 36, 120, 360(우측 반), 374, 404(반면), 409, 415, 559, 560, 603, 620

3. 『殷契粹編』

412

附圖   甲骨僞刻의 例

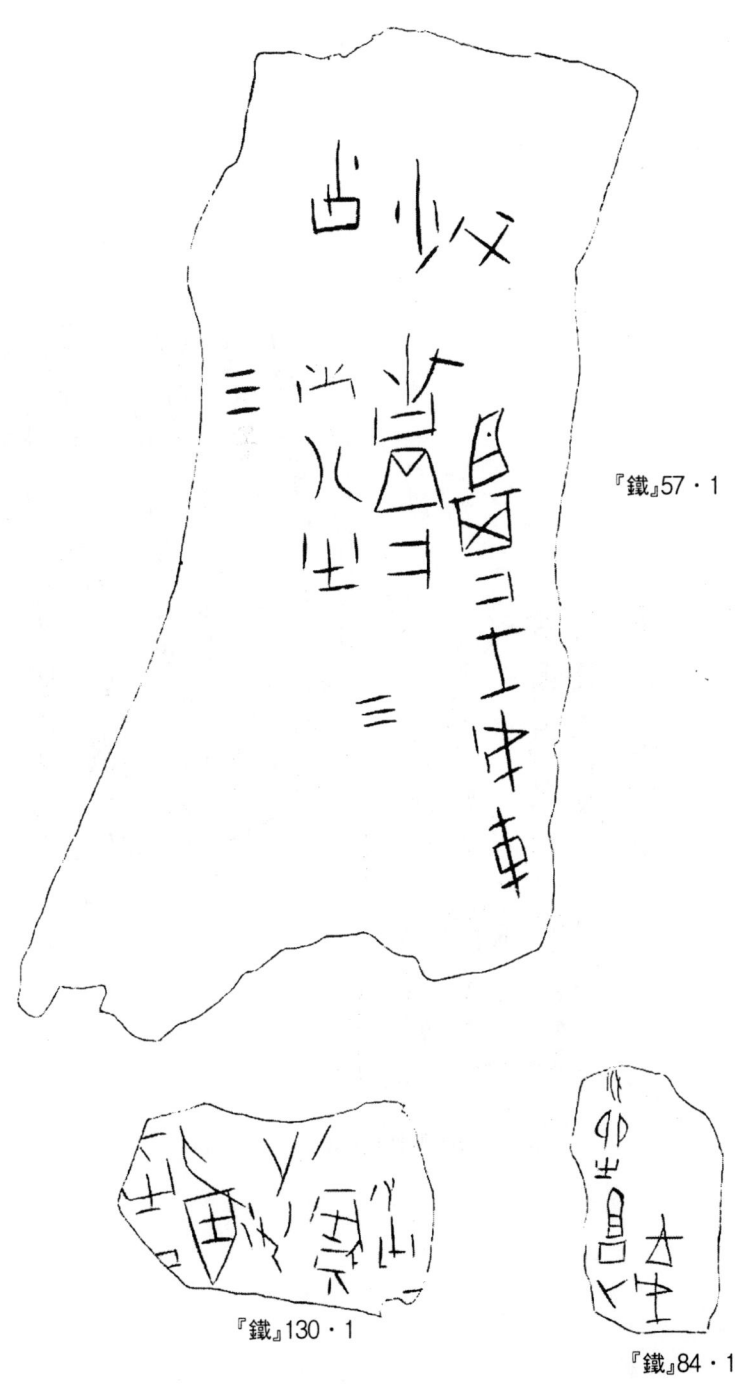

『鐵』57·1

『鐵』130·1

『鐵』84·1

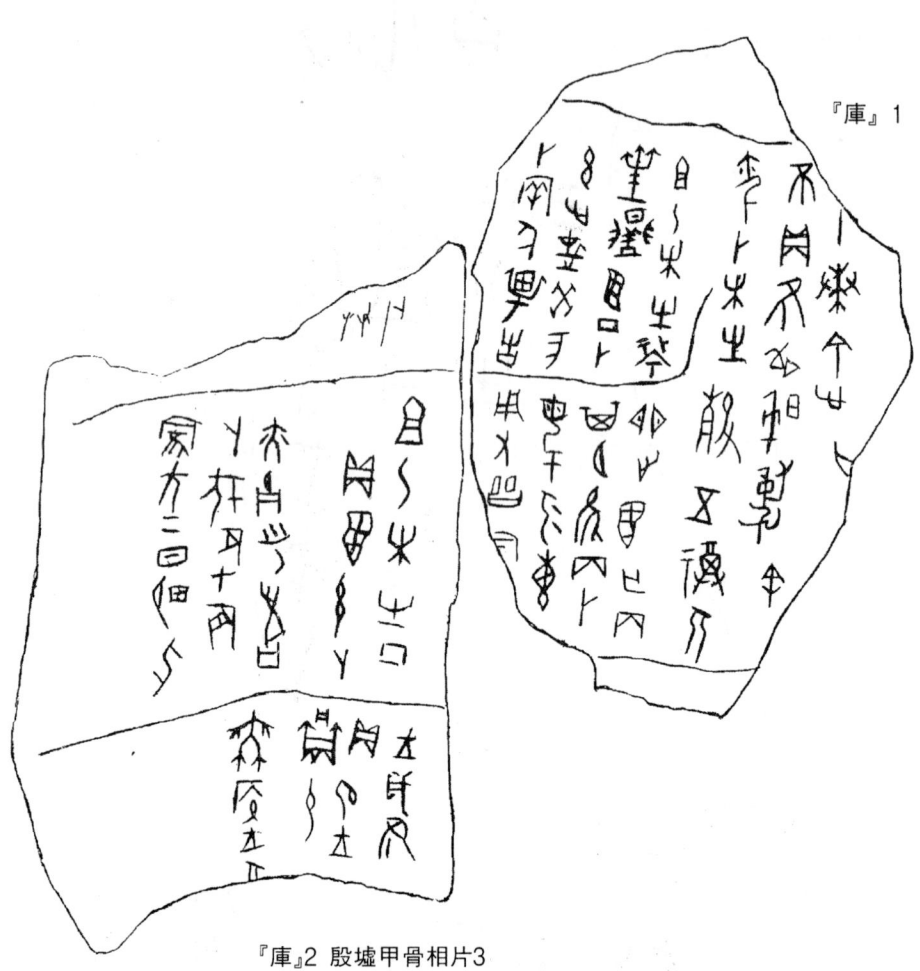

『庫』2 殷墟甲骨相片3

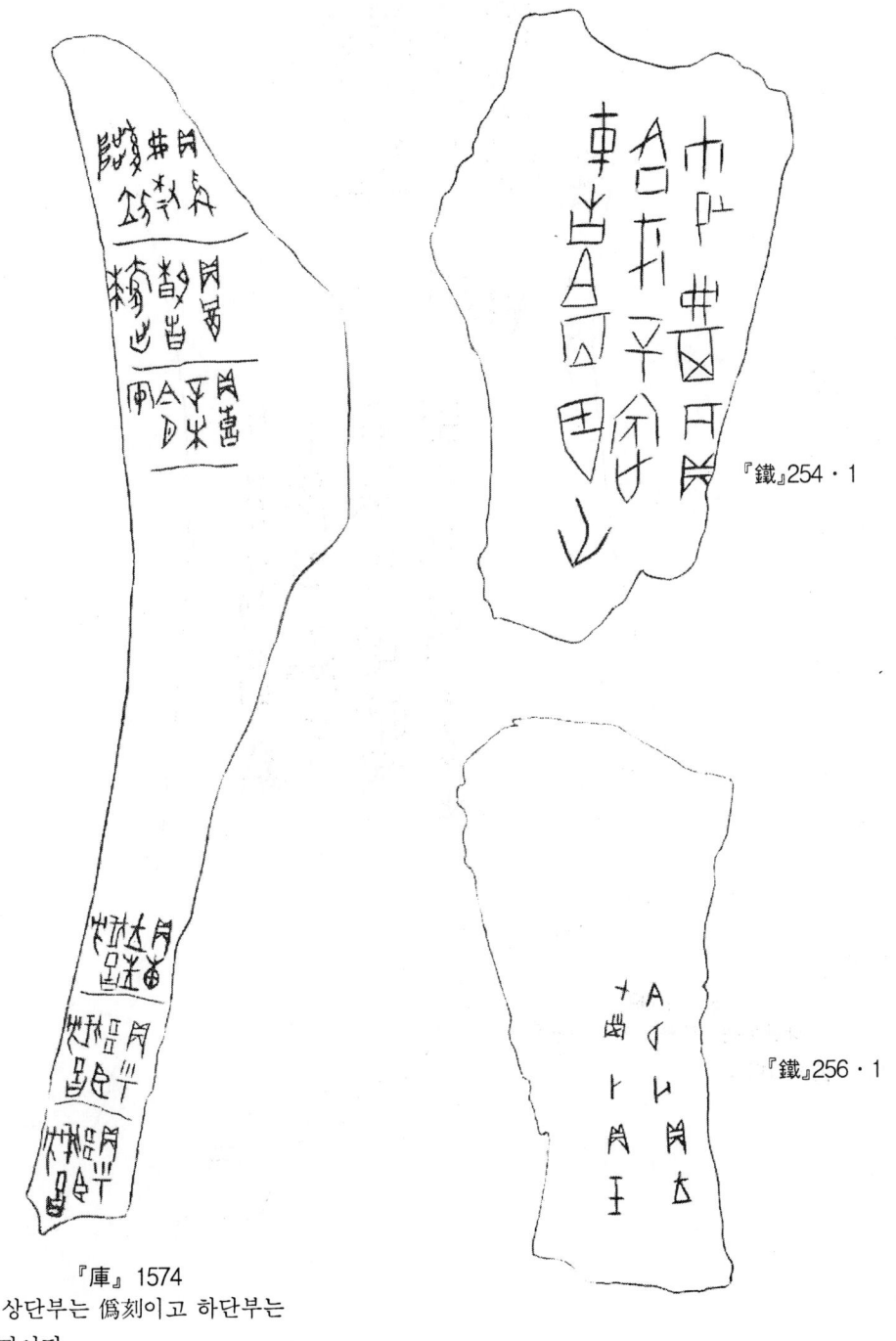

『鐵』254・1

『鐵』256・1

『庫』1574
상단부는 僞刻이고 하단부는
진짜이다.

갑골문의 辨僞・*351*

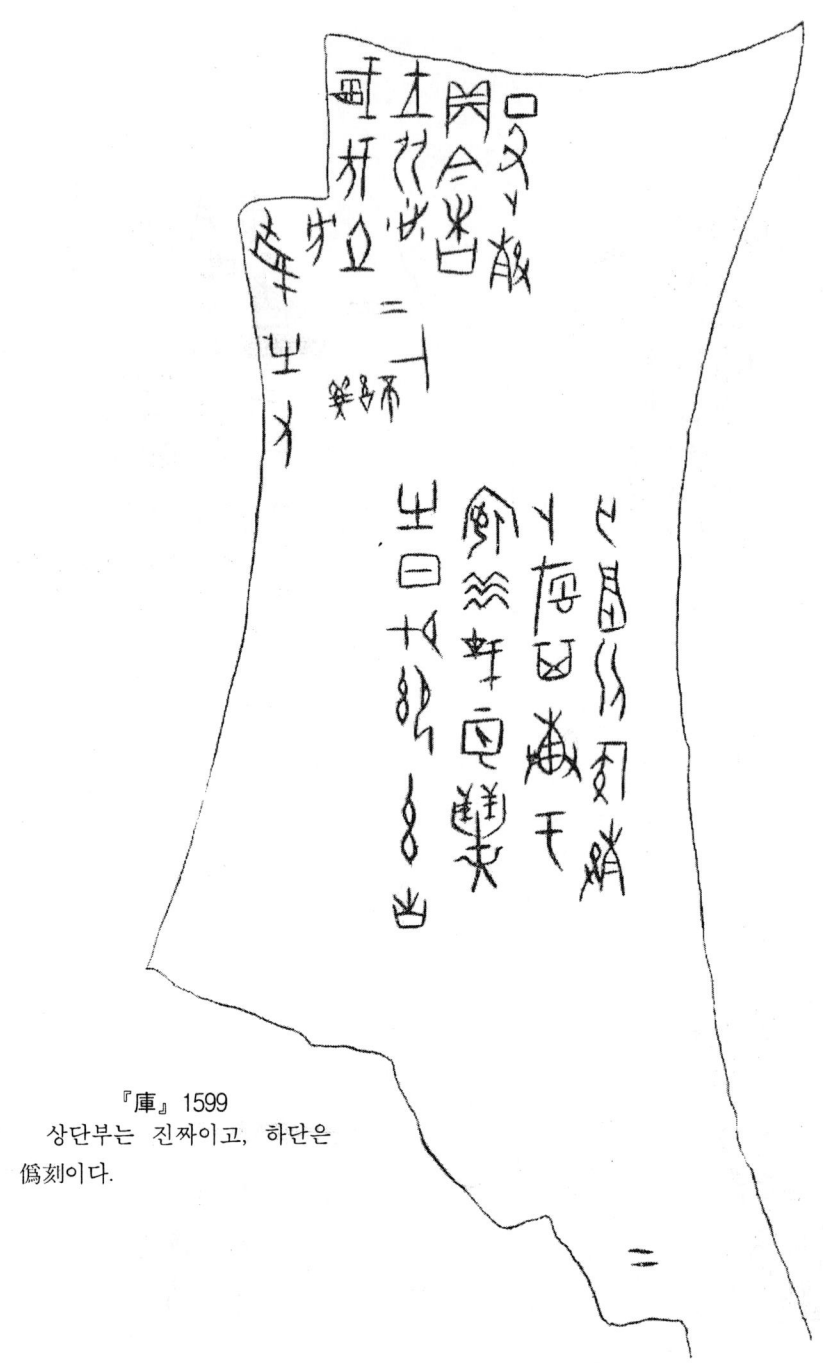

『庫』1599
상단부는 진짜이고, 하단은 僞刻이다.

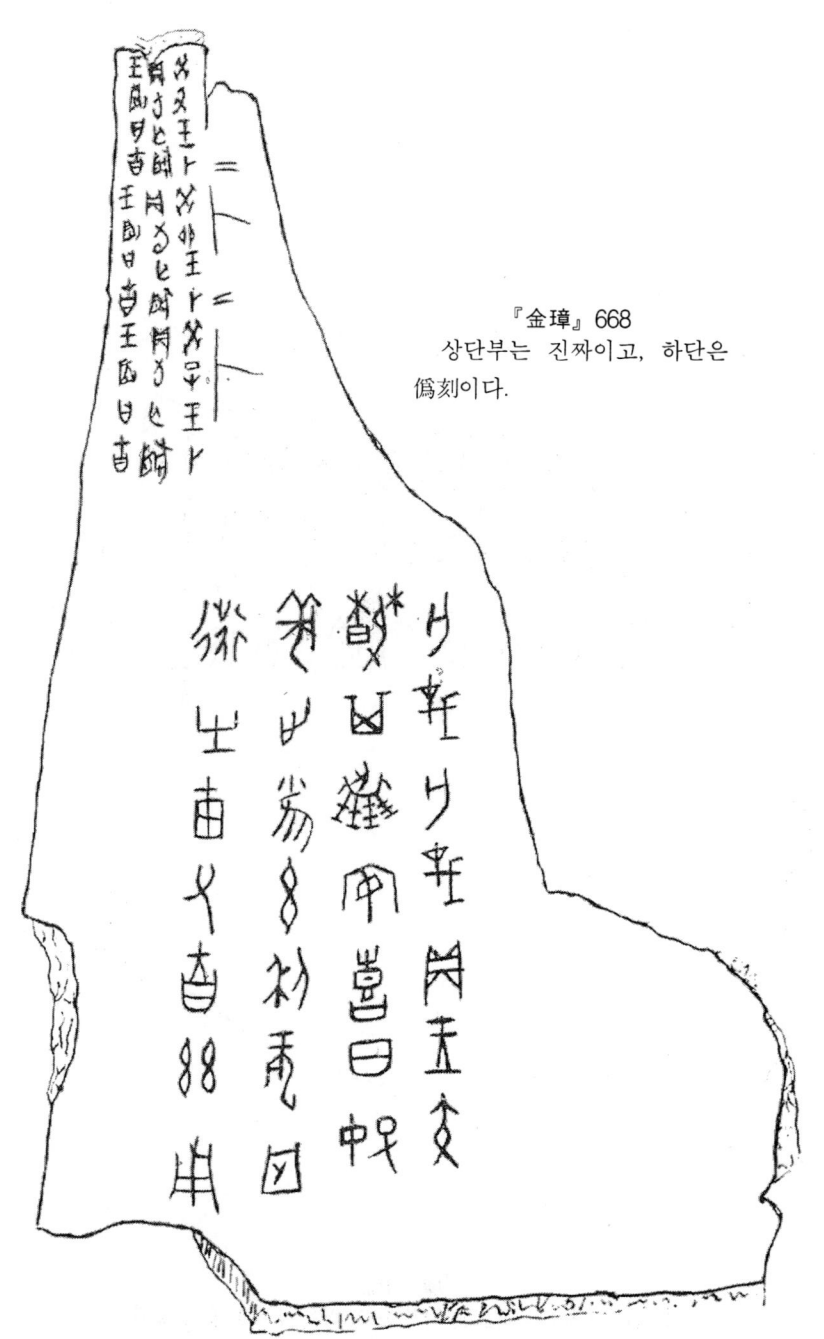

『金璋』668
상단부는 진짜이고, 하단은 僞刻이다.

갑골문의 辨僞 • 353

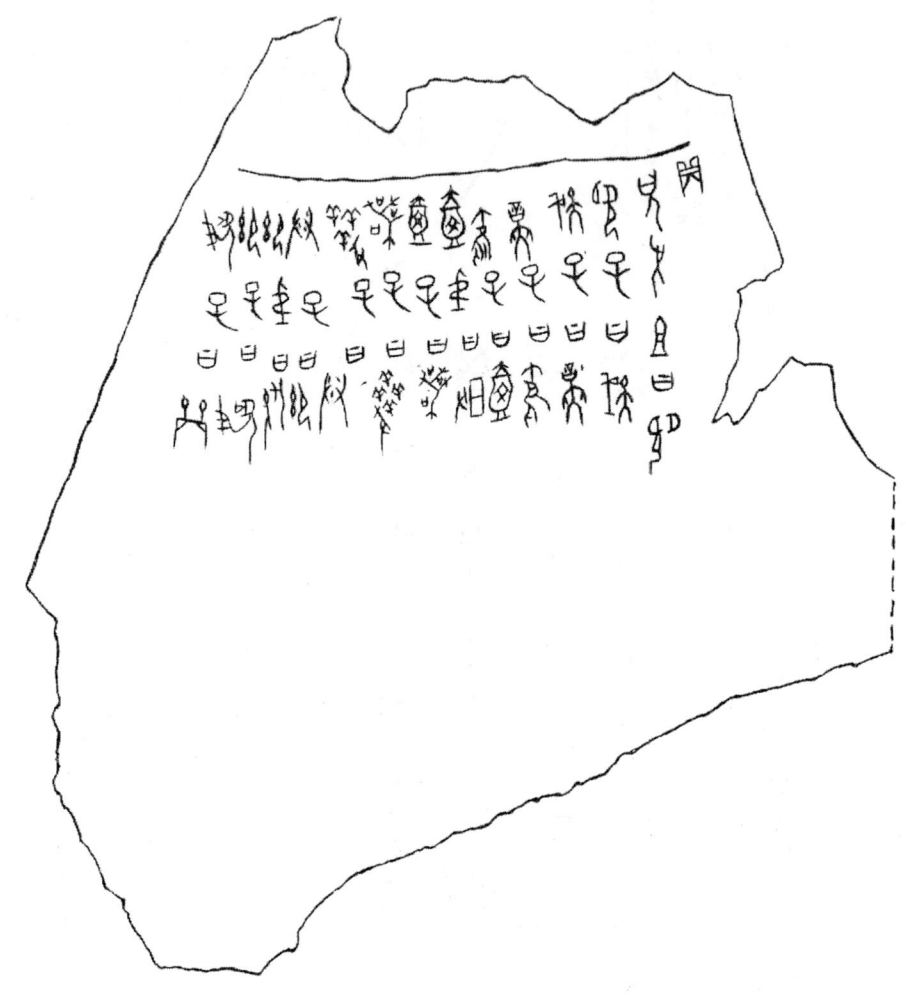

『庫』1506
僞刻한「家譜刻辭」로, 實物은 브리튼박물관에 소장되
어 있고, 탁본은 『綜述』(圖版20)에 수록되어 있다.

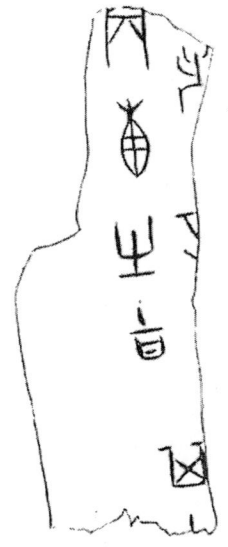

『美錄』561
正面이며, 僞刻한 것이다.

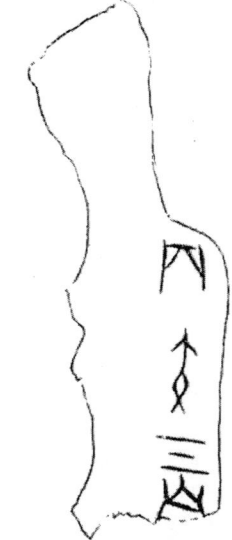

『美錄』562
反面이며, 僞刻한 것이 아니다.

제9장 갑골문 연구의 과거와 현재 및 미래의 전망

1. 80년간 갑골문 연구의 주요성과

갑골문은 1899년 발견된 이후 지금까지 81년간 중시되어져 왔다. 이 기간동안 갑골은 깊숙이 숨겨진 가치 있는 골동품에서 광범위하게 전파되어 연구의 대상이 되었으며, 국경을 넘어서 중국내외 학자들의 공동연구가 진행되는 새로운 경지에 이르게 되다. 연구범위의 점차적인 확장과 연구방법의 정밀함에 힘입어 그 성과도 나날이 증대되고, 연구자의 수도 지속적으로 확대되고 있다. 갑골문의 연구는 비록 고문자학의 일부분 내지는 하나의 분과이지만, 실질적으로는 이미 甲骨學이란 독립된 학문영역을 이루고 있다.

80여년간 갑골문의 연구는 淸末, 民國, 中華人民共和國으로 구분되는 3시기를 거쳐왔다. 앞의 두 시기 50년(1899~1949)동안의 연구 상황에 대해서는 胡厚宣의 『五十年甲骨學論著目』과 董作賓의 『甲骨學五十年』에서 각각 총결되어 있다. 胡厚宣의 통계에 의하면 이 50년동안 갑골문 연구결과를 발표한 학자는 중국인이 230명, 외국인이 59명으로 총 289명이며, 각종 형식으로 출판되어 발표된 전문서적은 148종이고, 논문은 728편이다[1]. 중화인민공화국 성립 후에 지속적으로 저술활동을 하면서 갑골문 연구에 공헌을 한 일단의 나이든 학자들을 논외로 하고, 당과 정부가 육성한 새로운 연구자들은 이전 학자들의 지도아래 새로운 입장과 관점 및 방법을 이용하여 갑골문을 연구하고 있으며 그 연구 성과도 출중하다. 이

---
[1] 胡厚宣, 『五十年甲骨學論著目・序言』

30여년 동안의 연구 상황은 蕭楠의 『甲骨學論著目1949-1979』[2])과 王宇信의 『建國以來甲骨文硏究』에서 그 대략적인 면모를 살펴볼 수 있다. 이 동안 출현한 새로운 연구자는 약 100여명이고, 대략적인 통계에 따르면 대만과 홍콩지역 학자를 포함한 중국학자가 출판한 전문서적은 99종이고 발표한 논문은 724편이며, 외국학자가 출판한 전문서적은 31종이고 발표한 논문은 215편이다. 그러나 작업상의 한계로 인해 포함시키지 못한 수많은 저작이 있고, 글의 편폭과 각종 논저의 학술적 가치에서 차이가 나기 때문에 통계숫자에만 의지해서는 상황을 완전히 설명할 수는 없다. 그러나 반드시 짚고 넘어가야 할 것은 이 30여년 동안 10년이 '文化革命'기간이었다는 점이다. 만약 '文革'이 없었다면 고문자 연구 및 갑골문 연구에 더 많은 성과가 있었을 것이며, 연구팀들도 지금보다 더욱 규모가 크면서도 충실했을 것이다.

80여년 동안의 갑골문 연구를 종합하여 살펴보면 중국과 외국학자들이 앞다투어 함께 노력을 하여 매우 훌륭한 성과를 이루었는데 이것은 매우 바람직한 일이다.

갑골의 연구는 먼저 글자를 판독(識字)해야 한다. 10만여 편의 갑골문중 중복하여 출현하는 글자는 계산에 넣지 않고 낱 글자만으로 본다면 4,500~4,600여개정도 된다. 학자들의 노력으로 지금까지 판독된 글자는 약 1,700여 개인데 그중 『說文』에 수록되어 있고 음과 의미가 거의 확실한 글자는 약 1,000여 개이다. 나머지 700여자는 『說文』에 수록되어 있지 않은 것으로, 편방의 구조를 명확히 파악할 수 있어 의미까지도 명료하게 알수는 있으나 독음은 여전히 알 수가 없으므로 확실하게 '판독'되고 공인된 갑골문자는 1,000여자 정도밖에 되지 않는다. 엄격히 말해서 이러한 성과가 '위대'하거나 '빛나는' 것은 아니지만 쉽게 성취된 것도 아니다. 시작단계와 기초확립단계에서 갑골문을 考釋하는 것이 힘들고 고통스러웠는가를 차치하더라도(상세한 것은 2장 2절을 보라), 특출한 재능을 지닌 郭沫若조차 考釋을 통해 확정하고 공인된 새로운 글자가 십 수개에 지나지 않는다. 어떤 글자는 비록 그가 처음부터 의심할 바 없이 확실하다고 확신하였지만 오래지 않아 스스로 입장을 바꾼 것도 있다. 『甲骨文字硏究』에서 1931년 초판 때에 17개 글자를 해석하였으나, 1952년 재판 때에는 거의 반을 삭제한 것을 보면 명확하게 드러난다. 羅振玉·王國維이후 가장 글자를 많이 해석해낸 사람은 于省吾이지만 그는 『甲骨文字釋林·序』에서 "내 古文字를 연구한지 이미 40여 년, 끊임없이 힘을 다하였건만 성취한 바는 적다. 갑골문자만을 놓고 말

---

2) 『古文字硏究』 제 1輯에 간행됨.

한다면 내가 새로이 판독한 글자 및 이미 판독된 글자의 이전 해석의 음독과 뜻풀이의 오류를 바로잡아 새로운 견해를 피력한 것이 모두 합해야 300개를 넘지 않는다"³⁾라 하였다. 비록 겸양의 말이지만 서문에서 '힘을 다하였건만 성취한 바는 적다'고 한 그의 말은 글자 판독의 어려움이 보편적인 현상임을 말하고 있다. 게다가 시간이 흐름에 따라 앞으로 새로운 글자를 考釋하는 것은 더욱 어려워진다. 따라서 이미 밝혀진 1,000여 개의 갑골문자는 많지도 적지도 않고 그 성과는 홀시할 만한 것이 아니다.

글자판독의 기초 하에 지금까지 7종의 甲骨文字典이 편찬되었다. 많이 쓰이고 영향력이 큰 字典으로『甲骨文編』이 있는데 적지 않은 결점과 착오가 있긴 하지만 초학자와 연구자 모두에게 유용한 공구서이다.

다음으로 글자판독과 밀접한 관계에 있는 것은 通讀이다. 갑골문이 발견되었을 때, 마치 天書인 양 오래되었다는 것만을 알았을 뿐 도대체 무슨 내용이 쓰여져 있는지 사람들은 이해할 수 없어 마치 장님 코끼리 만지듯 이리저리 추측만 하였다. 80여년간의 연구를 거쳐 갑골문(卜辭와 非卜辭를 포괄)은 이미 기본적으로는 通讀할 수 있게 되었고, 卜辭의 풍부한 내용에 대해서도 비교적 실제에 부합되는 인식을 할 수 있게 되었다. 그러나 卜辭의 확실한 이해는 甲骨文例、文法의 연구 성과와도 매우 관련이 깊다.

그 다음은 갑골 斷代 연구의 깊은 이해이다. 董作賓이 수립한 貞人說은 갑골문 연구의 중요한 돌파구를 마련한 뛰어난 업적이다. 董作賓이후에 甲骨斷代의 연구는 지속적으로 수행되어 격렬한 논쟁을 겪으면서 수많은 새로운 문제가 제기되었으며 연구도 한층 심화되고 있다. 斷代에 대한 연구에 힘입어 매 편의 갑골문에 대해 현재 기본적으로 그 원래시대를 밝혀낼 수 있으므로, 이는 갑골문을 모호하게 '殷墟書契' 또는 '殷墟遺文'이라 여긴 것에서 상당히 진보한 것이다.

글자판독, 通讀, 斷代는 80여 년 동안의 갑골문 연구의 중요 성과이다. 이 3가지를 기초로 하여 나아가 商代의 역사를 연구하고, 商代의 경제구조와 상층구조를 연구하여, 曆法、천문현상、地理등의 각 부분에서 이룬 성과는 무시할 수 없다. 갑골문의 심층적 연구를 통해 商代 사회가 노예제 사회였음이 밝혀지게 되었고, 商代 사회생활의 다양한 부분을 비로소 비교적 실질적으로 알 수 있게 되었다. 또한 갑골문의 심화된 연구를 기반으로 殷代 曆

---

3) "我從事古文字研究已四十餘年, 雖然很少間斷, 但用力多而成功少. 專就甲骨文字來說, 我所新識的字, 和對已識之字在音讀、義訓方面糾正舊說之誤而提出新解, 總共還不到三百."

法의 재구와 商代의 지리적 제반 상황의 묘사 등이 가능하게 되었다.

　이외에 초기자료의 수집, 전파 및 철합과 정리분야에서 80여년동안 커다란 성과가 있었다. 1928년 이전에 출토된 갑골은 王懿榮, 劉鶚, 羅振玉, 王國維, 容庚, 商承祚, 郭沫若, 胡厚宣 ······등에 의해 수집 정리되었고 수집된 즉시 인쇄되어 제때에 세상에 공표될 수 있었다. 1928이후 殷墟에서 과학적인 발굴을 통해 얻은 갑골은 모두 책으로 만들어져 영인되어 세상에 전한다. 지금까지 갑골자료를 수록한 전문서적은 70여종으로 수록된 갑골은 약 7만 1천여 편이며 학술계에 제 1차 자료를 제공하고 있다. 이러한 서적은 또한 갑골자료의 편성 및 고석에 대한 작자의 마음속에 있는 연구의 결과이기도 하다. 또 갑골은 부숴지기 쉬우므로 종종 하나의 거북판이나 수골이 여러 개의 작은 조각으로 부숴져 잘려진 조각에 남아있는 잔결된 문장은 연구하기에 매우 불리하다. 王國維가 잘려진 조각을 철합한 이래 조각난 갑골을 원래의 모습으로 복원하기 위해 수많은 학자들이 심혈을 기울여 노력하였다. 80여년동안 전문적으로 갑골을 철합한 전문 서적은 5부가 있다. 郭沫若이 주편하고 胡厚宣이 책임 편집한 『甲骨文合集』은 갑골의 저록과 철합을 집대성한 저작으로 13冊(도판부분)으로 이루어져 있는데, 수록된 갑골이 5만여편으로 조금이라도 연구가치가 있는 갑골은 거의 대부분 수집되어 있다. 현재 2~12冊까지 출판되었는데, 근년 내로 모두 나올 것 같다. 이 공전무후의 거작이 출판됨으로써 갑골문 연구에 새로운 열풍이 불고 국내외의 갑골학자들이 보다 많이 논저를 발표할 것이라 확신한다.

　80여 년 동안 중국 갑골문 연구의 성과를 총결하는 동시에 명확히 인식해야 할 것은 우리 앞에 놓인 연구의 길이 험난하고, 대량의 갑골문자가 우리들의 해독과 고증을 기다리고 있으며, 많은 중대한 문제들이 연구와 해결을 기다리고 있다는 것이다. 이미 이전의 학자들이 적지 않은 문제를 해결하긴 하였으나, 반드시 해결되어야 하는 문제만을 본다면 그다지 해결된 것이 많지는 않다. 1949년 말 胡厚宣은 『五十年甲骨學論著目』에서 다음과 같이 말하였다.

　　······ 진정한 과학적인 갑골학연구는 아무리 좋게 평가해도 방금 시작된 것이라 하겠고 아마도 아직 준비단계에 있는지도 모른다.
　　50년이 지나오면서 이미 골동과 금석문의 연구에서 고문자학과 사료고고학의 연구로 들어섰고, 글자만 보고 제멋대로 해석하고 문장을 함부로 끊어 본의와 다르게 해석하는 것에서 자료에 근거하여 증명하는 방향으로 나아갔다. 그래서 이미 한 글자나 한 자구라도 엉터리로 해석하거나 추측하지는 않는다. 그럼에도 불구하고 이러한 풍부한 갑골재료에 대해 아직까지 과학적 방법을 충분히 응용하여 통계、고증、비교 검토、분석、해석을 수행하는 정밀한 연구 단계까지는 이르지 못하고 있다. 우리가 이미 전반적이고 철저한 정리를 시작하였다고는 하지만 단지 시작일 뿐 이를 응용하는 사람은 아직까지는 많지 않다.

그러므로 50년 동안, 우리들이 이러한 문제를 해결하려고 하였지만 …… 그러나 商代의 기후가 도대체 지금보다 따뜻했는지, 商代가 씨족사회였는지 아니면 노예사회였는지, 商朝의 '앞 시기에 8번 뒷 시기에 5번(前八後五)'시행한 도합 13번의 천도가 동쪽에서 서쪽으로 행해졌는지 또는 서쪽에서 동쪽으로 행해졌는지는 아직까지도 논쟁이 진행되고 있다. 그리고 최근 20년간 가장 논의의 중심이 되는 고대의 曆法문제는 …… 아직까지 일치된 결론을 내리지 못하고 있다.

이외에 갑골문의 斷代에 대해서는 董作賓은 이미 그 예와 범례를 내놓아 크게 확산시켜 발전시켰고 조잡함에서 정밀함으로 나아가 수많은 갑골문자들이 어느 제왕에 속해야 하는지 분류하였지만 아직도 학자들의 지속적인 노력이 필요하다.

商代의 先公과 先王, 도읍과 지리, 제사의 규정과 예악제도, 전렵과 정벌 등 중대한 문제에 대해서는 지금까지도 확실히 해결하지 못하고 있고 어떤 문제에 대해서는 윤곽조차도 파악하지 못하고 있다.4)

30년이 지난 오늘날 물론 상황이 크게 변하여 이미 해결된 문제도 있고 아직까지 연구 중에 있는 문제도 있지만, 胡厚宣이 제기한 이러한 측면의 문제들은 여전히 해결되지 않은 것이 적지 않고 몇몇은 '윤곽조차도 파악하지 못한' 상태에 있다는 것을 시인하지 않을 수 없다.

---

4) "……眞正科學的甲骨學硏究, 至多是剛剛開始、也許還尙待起頭.

　　五十年來, 儘管我們已經由古董金石的硏究, 進到了古文字學和史料考古學的硏究, 儘管我們已經由望文生解、斷章取義, 進到旁搜遠撫、通核偏參. 儘管我們已經不再根據幾個字的有無, 去講殷代的文化狀態. 儘管我們已經不再一個字一個字的亂講, 一句話一句話的瞎言了. 但我們對于這一批豊富的甲骨材料, 幷沒有能够應用最科學的方法, 去統計, 考證, 比勘, 分析, 解釋, 作一種精密的硏究. 我們雖然已經開始作所謂通盤全部的徹底整理, 但這只是剛剛開始, 而且應用的人還不多.

　　所以, 五十年來, 儘管我們也解決了一些問題, ……但商代的氣候, 到底比現在暖不暖? 商代到底是氏族社會, 還是奴隸社會? 商朝"前八後五"的十三次遷都, 到底是從東向西, 或自西向東, 迄今都尙在爭論之中. 而最近二十年辯難最厲害的古代曆法問題, ……至今也還不能得到一致的結論.

　　此外關于甲骨文的斷代, 董作賓已經起其例而發其凡, 光大發揚, 由粗淺而精細, 使多數的甲骨文字, 都歸派到它應屬的每一帝王, 還有賴學者們的繼續努力.

　　至于商代整個的先公先王, 都邑地理, 祭典禮制, 田獵征伐等重大的問題, 我們迄今不但沒有徹底解決, 有的連一個輪廓都還不知道."

2. 갑골문 연구의 두 가지 경로와 두 가지 방법

80여년의 갑골문 연구의 역사를 살펴보면 갑골문을 연구하는 데 있어서 실제로 두 가지 경로가 존재한다는 것을 쉽게 알 수 있다. 첫째는 역사학의 범주에 속하는 역사고고학적 경로이고, 둘째는 언어학의 범주에 속하는 언어문자학적 경로이다. 갑골문을 객관적으로 존재하는 사물로 본다면 다양한 목적을 가지고 다양한 각도에 따라 다양한 측면의 연구를 포괄하게 된다. 목적이 다르면 연구결과도 차이가 많이 난다. 갑골에 있는 문자에 대해서는 연구하지 않고, 갑골의 제작, 鑽鑿 및 契刻방법과 공구 등 기술 또는 공예 문제에 대해 연구하는 사람도 있지만 그 수는 적다. 갑골문자에 대해서 말하자면 앞에서 말한 2가지 경로를 벗어나지 않는다. 소위 역사고고학적인 경로라는 것은 사회·역사를 연구하기 위해 갑골문을 연구하고 갑골문에 기재된 '역사적 사실'에 따라 당시의 사회성질과 사회상의 각종제도를 고찰하여 문헌상의 부족한 부분을 보충하고 바로잡는다. 소위 언어문자학적인 경로라는 것은 갑골문자 자체의 形·音·義를 중점적으로 연구하는 것으로 갑골문자에 기록된 '언어'를 통해 上古漢語를 연구한다. 이 2가지 경로는 평형적이고 상보적이며 밀접한 관련을 갖고는 있지만 명확한 구별이 존재한다. 이 2가지 경로는 둘 다 중요한 분야라서 어느 한 가지에 편중할 수는 없으나 언어문자 자체에 대한 연구는 역사 연구의 기초이자 전제가 된다.

이미 발표된 논저를 살펴보면 역사고고학적 경로를 따라 갑골문을 연구한 사람이 많을 뿐만 아니라 '권위 있는 인사'도 많다. 羅振玉、王國維이후 이 방면에서 뛰어난 사람으로는 郭沫若、董作賓、胡厚宣、于省吾、唐蘭、饒宗頤 등이 있고 그중 郭沫若을 대표로 꼽을 수 있다. 이러한 연유로 종종 사람들은 갑골문(내지 금문 등의 고문자 자료)을 연구하는 것이 역사를 연구하기 위함이고 고고학의 일부분이라 착각하기도 한다. 일부 학자들도 이러한 견해를 가지고 있는데, 于省吾같은 학자는 "古文字를 연구하는 주된 목적은 고대사, 특히 고대의 계급과 계급투쟁사를 연구하기 위해서이다"[5]라고 하였다.

---

5) "研究古文字的主要目的, 是爲探討古代史、尤其是探討古代的階級和階級鬪爭史服務的." (于省吾, 『甲骨文字釋林·序』)

언어문자적 각도에서 갑골문을 연구한 성과는 비록 적지는 않지만 역사고고학적 연구성과에 비하면 뒤떨어진다. 언어문자적 각도에서 이룩한 성과는 주로 글자판독과 字典의 편찬에 있고 文例와 문법에 대한 연구가 그 뒤를 따른다. 羅振玉·王國維이후 이 분야의 연구에 종사하는 학자로는 商承祚、胡光煒、孫海波、楊樹達、李孝定、管燮初 등이 있다. 갑골문이 도대체 어떠한 문자체계에 속하는가? 갑골문은 말라 비틀어져 공식화된 死文化된 자료인가 아니면 생동적인 당시 언어의 기록인가? 갑골문의 造語法은 어떠한가? 어떤 詞類를 포함하고 있는가? 갑골문의 문법체계는 어떤 특징이 있는가? 당시의 讀音은 어떠하였는가? 갑골문과 현재 음운학자들이 재구한 上古音 체계는 또 어떤 관계를 가지는가? 이러한 이론적인 문제는 매우 많다. …… 연구를 하는 사람도 많지 않고 발표되는 저작도 매우 적으며 심도있는 토론과 상호간의 격렬한 논쟁은 더군다나 많지 않다. 지금까지의 상황에 비추어보면 어떤 문제들은 이해가 되는 듯 하면서도 이해되지 않아 모호하기도 하며 어떤 문제는 '윤곽조차 파악하지 못한' 것도 있다. 이와 같이 된 까닭은 한편으로는 과거 갑골문연구에 종사하였던 사람 대다수가 언어학적 소양이 결핍되어 있었거나 언어학적 측면에 흥미가 없었던 사람이고, 또 언어연구에 종사하였던 사람들이 대부분 고문자에 대한 소양이 없었던 사람들이기에 고문자 자료를 가지고 언어를 연구하는 것을 중시하지 않거나 흥미를 가지지 못하였기 때문이다. 中國古文字學術硏究會 제 2차 年會의 『紀要』에서 "고문자학과 고고학、역사학、언어학은 모두 밀접한 관계를 지니며, 각 분야의 각도에서 고문자 연구를 진행해야 한다. …… 언어적인 측면(語音、文法、詞匯)에서의 고문자 자료를 연구하는 것이 현재 비교적 취약한 부분이다. 우리는 차후에 보다 많은 동지들이 이 분야의 연구에 종사하길 희망한다"[6]고 천명하였듯이 이 취약한 부분을 강화시키려면 현재의 연구자들에게만 의존하지 말고 미래의 연구자들에게 희망을 걸어야 한다.

마찬가지로 80여년간 갑골문연구의 역사를 살펴보면 갑골문자의 연구가 실제로는 두 가지 방법을 통해 이루어졌음을 쉽게 알 수 있다. 첫째는 변증법적 유물주의적 방법이고, 둘째는 유심주의적·형의상학적 방법이다. 첫 번째 방법은 프롤레타리아의 입장에 서서 맑스주의의 각도에서 갑골문과 商代사회를 연계시켜 연구함으로써, 상대사회의 계급관계·사회성질 및 기타 각종 현상을 밝혀내는 데에 사용된다. 문자의 考釋에서도 거시적 입장에

---

6) "古文字學與考古學、歷史學、語言學都有密切的關係, 可以也應該從各個角度對古文字進行研究. …… 從語言的方面(語音、文法、詞匯)研究古文字材料, 目前還是較薄弱的一環, 會議希望今後有更多的同志 從事這方面的研究工作."(「中國古文字學術研究會第二屆年會紀要」, 『古文字研究』 第四輯.)

서 미시적인 것을 탐구하는데, 먼저 상세히 자료를 살펴보고 주도면밀하게 분석하여 귀납함으로써, 점 하나 획 하나에 구속되지 않고 한 글자 한 단락의 말을 해석하는 데 머무르지 않으며 形·音·義 세 부분을 연계하여 연구를 진행한다. 최초로 맑스주의적 연구방법을 갑골문연구에 사용하여 훌륭한 성과를 거둔 학자는 郭沫若이었다. 郭沫若이후 맑스주의적인 입장과 관점, 방법을 사용하여 갑골문을 연구하는 학자들이 지속적으로 나타나서 상당히 가치있는 論著를 발표하고 있다. 그리고 아직까지도 증거주의와 실사구시의 정신을 특징으로 하는 清代 樸學의 우수한 전통을 계승한 몇몇 학자들이 있는데, 그들은 연구 작업에 있어서도 실제로는 유물주의 원칙과 변증법적 시각을 견지하여 이 방면에서도 중요한 성과를 냄으로써 어느 정도 공헌을 하고 있다. 두 번째 방법은 갑골문만을 분리하여 연구함으로써 주관적인 상상과 추측에 의존해서 마음가는 대로 갑골문자를 해석하는 것이다. 이 방법은 인류사회 발전사적 인식과는 상관없이 제멋대로 의미를 해석하고 본의와 다르게 마음대로 사용하는 것이다. '몇몇 글자의 有無를 근거로 殷代의 문화상태'를 이야기하기도 하고, '글자마다 멋대로 해석하고 한 마디 말마다 엉터리로 추측'하기도 하며, 卜辭의 문구와는 완전히 동떨어지게 갑골문 造字의 '本義'를 거론하기도 하고 갑골문의 本義와 卜辭의 문구에서 그것이 쓰여진 실제 의미를 혼동하여 같은 것으로 보기도 한다. 이러한 연구자중 비교적 두드러진 사람으로는 葉玉森이 있는데, 그는 공공연하게 "3,000년이 넘게 잔존해있는 문자를 연구하는 것은 마치 알아맞히기 놀이와 같다"[7]라고 한다. 알아 맞추기 놀이를 하듯 추측해서 알아 맞춘 것들 모두를 무시할 수는 없으나, 심지어는 그 추측의 정도가 황당무계하여 잘못 추측한 것도 많다. 그의 이러한 연구방법은 또한 적지 않은 사람들에게 영향을 미쳐 지금까지도 이러한 연구방식으로 연구하는 사람이 있다.

  상술한 두 가지 연구방법은 갑골문의 발전변화 문제에 대해서도 입장이 확연히 다르다. 첫 번째 방법은 갑골문자를 발전 변화하는 객관사물로 보기 때문에 그 시대를 분별하여 고증하고 갑골문에 대해 동태적인 斷代 연구를 하여 그 발전변화의 규율을 탐구하는 반면, 두 번째 방법은 갑골문자를 정지하여 불변하는 것으로 보아 10만여 편에 이르는 갑골을 하나로 묶어 갑골문에 대해 정태적이고 非斷代적으로 연구를 할 뿐이다. 이는 273년 동안 변화한 문자의 차이와 다른 시기의 '역사적 사실'을 뒤섞어서 '한데 묶어 처리하는 것'과 다름이 없다. 이러한 방법으로 편찬된 字典과 논문 및 저작에는 모두 斷代라는 개념이 결

---

7) "研討三千年上之殘餘文字, 若射覆然"

핍되어 있어 단지 商代가 어떠했다는 것만을 알려줄 뿐 商代의 각 시기마다 다른 특징적인 상황을 알려주지는 못한다.

　물론 이상의 내용은 연구방법에 대해 대체적으로 분석했을 뿐이다. 만약 구체적으로 학자를 들어 말한다면 간단하게 유물주의냐 유심주의냐 또는 변증법적이냐 형이상학적이냐를 구분하기가 힘들다. 羅振玉과 王國維같이 저명한 학자를 예로 들면 그들이 갑골학의 기초를 확립하였고 수많은 구체적 개별문제에 대해 종종 유물적인 관점과 변증법적인 견해도 있었지만, "사회현상에 대해서나 본질성과 관련한 문제에 부딪히게 되면 유심론과 형이상학적인 면이 분명하게 드러난다."[8] 또 갑골의 斷代 연구에 대해서 중요한 공헌을 한 董作賓의 경우도 유사하다. 董作賓은 은허발굴에서 얻은 각종 실물자료를 갑골문 연구와 결합시켜 分期와 斷代를 행하고 新派·舊派로 나누는 分派연구까지 진행해갔다. 총괄하면 그의 연구는 사실에서 출발한 유물적인 것이었고, 동태적 연구를 중시한 발전변화의 관점도 가진 것이었지만 그의 '變化'의 논점과 新派·舊派의 논점은 변화가 순환적으로 반복해서 일어나 무상한 느낌을 주며 마치 변화라고 말하면 그대로 변화되는 것처럼, 일시에 반향을 불러일으키긴 했으나 실제적으로는 아무런 변증적 원리도 없다. 그리고 商代의 사회성질과 같은 부류의 사회현상이나 본질적인 문제에 맞닥뜨리게 되면 그의 유심사관과 형이상학은 더욱 완강히 표출되었다. 商代가 노예제 사회라는 것을 완강하게 부인한 사람이 바로 董作賓이었으며, 그는 商代사회의 노예의 존재와 노예주와 노예간의 계급투쟁도 결코 언급한 적이 없었다. 郭沫若은 자각적으로 맑스주의적 입장과 관점 및 방법을 갑골문을 연구하는 데 응용한 사람으로 우리 학자들의 전범이 된다. 그러나 郭沫若의 모든 저작과 모든 논점이 모두 맑스주의적이고 유물변증법에 부합되는 것은 아니다. 사실 몇몇 개별적인 문제에 있어서 또 몇몇 문장에서 어느정도 주관적인 억측과 유심주의적 요소가 들어난다. 그러나 근본적인 문제에 있어서는 郭沫若은 처음부터 끝까지 맑스주의적 원칙을 견지하는 입장에 서서 자신의 저작 중에 유심주의적 성분(및 기타 결점과 착오)이 발견되면 즉각 수정하거나 또는 삭제해버렸고, 그렇지 않으면 책의 윗 부분에 주석을 달거나 附記를 덧붙였다. 이렇게 겸허하고 엄격한 자기 규율의 정신도 마찬가지로 우리들이 배울만한 가치가 있다. 어떤 글에서는 당시에 발견된 자료의 한계 때문에 완전히 확실한 결론을 도출

---

8) "但一接觸社會現象, 一碰到本質性的文題, 唯心論和形而上學就突出的表現出來了." (陳煒湛、曾憲通, 「論羅振玉和王國維在古文字學領域內的地位和影響」, 『古文字研究』第四輯.)

해내지 못하였는데, 이는 이해될 만한 사항이며 근본적으로 어떠한 '유심주의' 또는 '형이상학'적인 문제는 없다. 새로운 자료를 근거로 郭沫若(및 기타 선배학자들)의 학설에서 부족한 부분을 보충하거나 수정하는 것이야말로 바로 우리 후학들의 책임이다.

3. 갑골문의 연구현황 및 해결해야 할 문제

1976년 이후 중국 고문자연구에 새로운 지평이 열리기 시작하였고 그중 갑골문의 연구는 더욱 그 활약상이 뛰어났다. 1978년 겨울 長春 吉林大學에서 전국규모의 제 1차 古文字學術討論會를 거행하였고 또 中國古文字學術硏究會(뒤에 中國古文字硏究會로 개칭)가 설립되었다. 토론회에서는 몇 편의 갑골문 연구논문이 제출되었는데 특히 甲骨辨僞가 논쟁의 열기를 더한 주제의 하나였다. 회의가 끝난 후 전문학술간행물인『古文字硏究』를 발간했다. 1979년 廣州에서 제 2차 學術討論會를 거행하였는데 갑골문과 관련된 논문이 10여편으로 갑골문 연구의 각 측면을 언급하였다. 1980년에 제 3차 學術討論會가 成都에서 거행되었는데 제출된 갑골문 관련 논문이 學術討論會 논문 편수의 45%인 35편이었으며 토론에 참가한 국내외 학자의 수가 100여명에 달했다. 1981년 太原에서 제 4차 年會가 거행되었는데 갑골문 관련 논문도 30여편이고 甲骨斷代와 같은 문제을 더욱 심도있게 논의하였다. 전국 각지 및 국내외의 연구자들이 한자리에 모여 공동의 관심사를 토론하고 학술을 연마하며 생각한 바를 교류한 이러한 일은 이전에는 없었던 것이었다. 또한 수년동안 전국의 학술 간행물에 발표된 갑골문 논저도 확연히 증가되었다. 근년동안 몇몇 대학에서는 새로이 연구기관을 창립하여 적극적으로 갑골문등 고문자 연구작업을 전개하고 있으므로 어떤 사람은 "지금의 갑골학 연구상황은 확실히 전대미문의 활력을 띠고 있다"[9]고 하였다.

수년동안 연구자의 수도 확충되고 새로워졌으며 여러 젊은 연구자들도 각고의 노력을 하여 발전하고 있다. 그러나 총체적으로 보면 여전히 연구팀도 작고 연구인력도 적으며 또한 각지에 분산되어 있고 제반 연구조건도 비교적 떨어진다. 현재 노학자들은 이미 손으로

---

9) "目前甲骨學硏究情況, 確實是空前的活躍."

꼽을 정도로 매우 드물다. 게다가 나이가 많이 들거나 연구대상이 바뀌었기 때문에 몇몇 노학자는 갑골문 쪽으로는 저술을 내지 않고 있다. 교량역할을 작용을 하는 중년의 연구자의 수도 그다지 많지 않고 수많은 대학은 아직도 이 분야에 관해 연구한 인재가 없는 실정이다. 이것이 가장 두드러진 문제점으로 적절한 연구인재를 육성하는 것이 가장 시급한 일이라 하겠다.

'陽春白雪'10)을 아는 자도 적고 和唱할 수 있는 사람도 별로 없는 것과 같이 사람들은 줄곧 古文字, 특히 갑골문 연구를 매우 어렵고 고된 학문이라 여겨왔다. 또 다년간 보급작업을 소홀히 하고 보급판 서적을 발간하지 않아서 갑골문(및 기타 고문자)과 관련된 저작을 읽고 이해할 수 있는 독자들이 많지 않아, 갑골문에 대한 '대중의 기초'는 문학과 같은 분야에 대한 광범위하고 깊은 이해도 보다는 훨씬 뒤떨어진다. 또 글자의 판각이나 판형의 제작과 같은 요인도 갑골문 논저를 발표하거나 출판하는 데 장애와 곤란을 주어 연구성과를 활자화해서 배포하는 것과 연구자들의 적극성에도 영향을 미치고 있다. 따라서 이후 어떠한 방식으로 갑골문(및 기타 고문자)를 대중에게 알릴 수 있는가하는 보급과 관련된 작업과 연구성과를 평이하고도 쉬운 방식으로 일반 대중들에게 소개할 수 있는가하는 것이 근본적으로 기초를 다지고 비옥한 토양을 만드는 일이므로 이는 매우 중요한 문제이다.

연구자료의 부족함도 빨리 해결해야 할 문제중의 하나로, 중국의 전문적 연구기관은 중국사회과학원에 소속한 기관의 연구자료가 비교적 잘 갖추어진 것을 제외하고는 각 단과대학이나 종합대학 모두 다소간 자료 부족현상이 있다. 中山大學 古文字學硏究室을 예로 든다면 갑골문을 저록한 주요서적을 대부분 비치하고는 있지만 일부분(약 10~20%)은 소장되어 있지 않으므로 각종 논문류나 저작에 빠진 부분이 있음은 말할 것도 없다. 연구를 수행하는 데 있어서 지속적인 발전과 예기한 목적달성에 연구자료의 부족이 야기하는 어려움은 상상하기조차 힘들 정도이다.

결론적으로 현재 갑골문의 연구는 이제까지 없었던 활력을 띠고 있지만 적지 않은 난관과 장애가 존재하므로 이를 극복하고 뛰어넘어야만 古文字硏究 작업에 보다 큰 발전이 있게 될 것이다.

---

10) 【譯註】 戰國시기 楚나라의 歌曲.

4. 이후 갑골문연구의 전망과 예측

갑골문을 연구대상으로 하는 갑골학은 이미 80여년의 역사를 자랑하지만 아직 젊은 학문분야에 속한다. 지난 80년 동안 주로 자료의 수집과 정리 및 글자판독과 通讀에 힘을 쏟았기에 보다 심도있는 연구를 기다리는 수많은 과제들이 있다. 이전 학자들이 고된 노력은 우리 후학들에게 비교적 좋은 기반을 제공하였으며 새로운 길을 열어 놓았고 앞으로 갈 방향을 이미 뚜렷하게 제시해 주고 있다. 단지 우리가 견지해야 할 것은 맑스주의와 모택동사상의 지도하에 갑골문을 연구하고, 羅振玉·王國維 등의 선배 학자들의 연구성과와 학문방법을 비판적으로 계승하여 이를 확대하고 발전시키며 지속적으로 새로운 연구영역을 탐색하고 정진한다면 우리세대의 연구자들은 반드시 이전 학자들이 닦아놓은 기초를 딛고 그들 보다 뛰어난 성과를 얻게 될 것이다. 미래의 갑골학은 무한한 가능성이 열려있다.

그렇다면 앞으로 갑골문을 어떻게 연구할 것인가? 어떤 측면을 연구의 대상으로 삼아 진행하여야 할 것인가? 이전의 갑골문의 연구사로 볼 때, 필자는 이후의 갑골문의 연구는 歷史考古적 경로는 물론이고 언어문자의 경로로 연구를 진행하는 것이 모두 필요하다고 생각한다. 후자는 미흡한 부분이므로 반드시 보강되어야 한다. 구체적으로 최소한 아래 8가지 측면의 문제가 갑골문 연구자들이 주의해야 할 것들이다.

(1) 지속적으로 낱글자를 고석하고 상용 단어를 해석하며 卜辭를 通讀해야 한다. 거의 $2/3$ 정도의 문자를 판독하지 못하였기에 현재 갑골문자에 대한 인식은 여전히 깊지 않으며 전면적이지 못하다. 이후 10~20년내에는 $1/3$정도인 1,000여자를 밝혀낼 수 있을 것이며 그렇게 되면 갑골문자에 대한 인식도 새로운 수준으로 높아져, 수많은 관점과 관념도 이에 따라 변하게 될 것이다. 그러므로 연구자마다 이 작업에 노력하며,『甲骨文編』의 부록 부분에 매진해보자! 글자판독은 다른 연구의 기초로 중요하면서도 어려워서 종종 '힘만 썼지 성취는 적고' 심지어는 헛되이 노력만 하는 경우도 있어 전체 연구자의 공동노력이 필요하다. 글자를 알지 못하는데 다른 것들을 어떻게 논할 수 있겠는가!

(2) 『甲骨文合集』을 기반으로 지속적으로 갑골재료를 수집정리하면서 중복된 것을 삭제하고 綴合하여 하나의 세트로 만들어 연구자료가 보다 완전해지도록 해야한다. 거대한 저작인『甲骨文合集』은 전문적 연구를 가능하도록 하였지만 일반 사람들이 보기에는 어렵다. 따라서 전체를 대표할 수 있는 완전한 갑골, 비교적 완전한 갑골, 불완전하지만 중요한 내용을 담고있는 갑골 등을 취사선택하고, 내용(각 분류의 卜辭와 非卜辭)에 따라 분류하고 순서를 정해 각각의 갑골편 아래에 간략하나마 考釋을 첨가하여서, 요체를 뽑아 번잡하지 않으면서도 어려운 내용을 알기 쉽게 서술한『甲骨文選集』또는『甲骨文選讀』같은 책을 편찬하여『卜辭通纂』의 부족한 점을 보충해야 한다. 동시에 또한 일반 독자에게 알맞은 책을 편찬하여 보급에 힘써야 한다.

(3) 甲骨文字典을 재편하고 甲骨文辭典등의 공구서를 편찬하여야 한다. 현재 甲骨文字典은 비록 여러 종류가 있지만『甲骨文編』을 제외하고는 세상에 퍼진 것도 적고 절판된 것도 있어 일반 독자가 찾아보기 어렵다. 그리고『甲骨文編』에는 많은 문제가 있어 새로운 연구성과를 근거로 개편할 필요성이 매우 높다. 字典외에도 중국과 외국 학자들이 갑골문을 이해하고 연구하는 데 도움이 될 만한 전문적으로 詞語(詞를 단위로 함)를 해석한 사전류의 공구서를 편찬하여야 한다.

(4) 갑골 斷代 연구를 심도있게 진행하여 논쟁이 되는 문제를 해결하고 斷代의 기초하에 각 분류의 卜辭에 대해 별도로 연구를 진행하여야 한다. 갑골문 연구에 董作賓은 斷代硏究와 分派硏究를 제기하였고 饒宗頤는 分人硏究를 주장하였는데 이들은 찬탄을 금치 못할 거작을 집필하였다. 이후에는 分期斷代와 分人연구를 기반으로 삼아 갑골문에 대해 전반적인 정리를 하고 유형에 따라 연구를 진행하는 것과 동시에 관련 있는 문제들을 심도있게 다루어야 한다.

(5) 分期와 분류의 연구를 기초로 하여 商代 사회생활의 다양한 측면 및 왕실의 典章制度의 변천이나 개혁에 대해 보다 깊은 연구를 해야한다. 董作賓이 新派舊派說을 제기한 후 이를 찬성하고 따르는 사람도 있고 의심하며 반대한 사람도 있었지만, 전자는 董作賓의 설에 새로운 증거를 제시할 수가 없었고, 후자도 역시 유력한 반론을 제기하지 못하였는데 그 이유는 보다 깊은 연구가 부족했기 때문이다.

(6) 갑골문자에 대한 이론적인 논술과 개괄을 해야한다. 이전의 갑골문에 대한 연구는 글자에 대하여 논한 사람은 많았으나, 전반적인 입장에서 전체적으로 고찰하고 이론적인 연구를 한 사람은 오히려 적었다. 이로 인해 적지 않게 잘못 해석된 것이 나오게

되었고, 잘못된 것이 다시 잘못 전해지고 있다. 앞 문장에서 언급한 몇몇 기본이론의 문제를 이전 학자나 현재의 학자가 비록 간략히 논하기도 하였지만 정확한 이론에 매우 미치지 못하므로 유물론과 변증법을 사용한 보다 깊이 있는 연구토론을 해야 납득할 만한 결론을 도출해낼 수 있게 될 것이다.

(7) 갑골문을 통해 上古漢語를 연구하여 漢語史연구를 西周에서 商代로까지 소급하여야 한다. 이는 반드시 신빙성 있는 문헌자료와 더불어 진행되어야 하며, 卜辭(및 記事刻辭)의 문법、사휘를 깊이 연구하여 語音을 적극적으로 연구할 방법을 생각해야 한다. 문법・사휘・語音중 語音이 가장 어렵다. 이러한 난관을 타개하기 위해서는 고문자 학자들 뿐만 아니라 음운학자들의 노력에 달려있는데, 상호 협력해야 성과가 있게 된다.

(8) 갑골문과 동시기의 金文과 기타 古文字를 서로 연계하여 비교연구를 해야한다. 이전에는 단지 시간의 경과에 따른 비교 즉 商代 갑골과 兩周 金文의 비교에만 주의하였으며, 극소수의 사람들만이 각 유형의 문자의 동시기 비교에 주의하였다. 후자의 연구가 부족하기에 많은 오해와 혼란이 야기되었으며 잘못된 것이 전해져 더욱 잘못되어지는 현상이 일어나고 심지어는 갑골문과 金文을 대립시키기도 하였는데, 초기 金文이 실제로는 갑골문 시대와 매우 가깝고 구조적 특징에 그다지 차이가 없다는 것을 몰랐기 때문이다. 세밀한 비교연구를 할 수 있다면 몇몇 이론적인 문제를 설명할 수 있을 뿐 아니라 원래 해독이 불가능했던 글자도 의외로 판독해낼 수 있을 것이다.

이밖에 당시 제작된 갑골의 工藝와 鑽鑿의 형태, 契刻의 방법, 兆語・卜辭와 兆文의 관계, 갑골문과 다른 국가 古文字의 비교연구 등이 있는데, 모두 관심을 갖고 토론할 만한 과제들이다.

현재부터 20세기 말까지는 약 20년정도 남았고 현대화 건설의 위대한 시기이다. 20세기 말이 되면, 중국은 중국공산당의 영도아래 현대공업, 현대농업 ,현대국방, 현대 과학・문화적인 사회주의강국을 건설할 수 있다. 현대 과학・문화의 일부분인 갑골학을 포함한 고문자학은 노년, 중년, 청년 연구자의 공동 노력을 통해 장족의 발전을 할 수 있을 것이다. 20세기말인 1999년은 갑골문이 출토된 지 100주년이 되는 해이다. 우리는 어느 정도의 성과를 가지고 이 '100주년'을 기념하거나 축하할 것인가? 이는 현재 모든 연구자, 특히 중년 및 청년 연구자가 미리 고려해야 할 사항이다. 내 생각에 그때가 되면, 어느 누군가가 갑골문 백년연구사를 총결을 짓고, '윤곽조차 파악할 수 없는' 일은 다시는 없을 것이며 상술한 8가지 문제가 '이후'의 연구방향으로 거론되지 않게 될 것이다!

1979년 1월부터 1980년 9월까지
中山大學 古文字學硏究室에서, 같은
해 12월 고침. 1982년 11월 다시 고침.
陳煒湛이 中山大學에서 쓰다.

【찾아보기】

『庫』1506   341, 342, 343, 346
家譜刻辭   341, 343, 344, 345, 346
賈雙喜   83
假借   129, 130, 131, 134
刻辭   82, 84
刻兆   82, 86
間接標準   264, 276
干支字   136
葛洪   79
『甲骨叕存』   311, 322
甲骨年表   20
「甲骨文斷代研究例」   264, 272
「甲骨文斷代研究法的再檢討」   193
『甲骨文例』   89
『甲骨文字釋林』   58, 358
『甲骨文字研究』   57, 358
『甲骨文字集釋』   65
『甲骨文編』   61, 63, 67, 122, 128, 359, 368, 369
『甲骨文合集』   146, 262, 305, 314, 315, 360, 369
『甲骨上鑽鑿形態的研究』   82
『甲骨續存』   146
『甲骨六錄』   38
「甲骨的鑽鑿形態與分期斷代研究」   83

『甲骨綴合新編』   307, 314
『甲骨綴合新編補』   314
『甲骨綴合訂誤』   316
『甲骨綴合編』   311, 312, 322
甲骨學   357
『甲骨學論著目1949-1979』   358
『甲骨學文字編』   61
『甲骨學商史論叢』   335
『甲骨學五十年』   20, 29, 264, 272, 282, 289, 330, 357
甲橋   80
甲橋刻辭   186
『甲編考釋』   290
坑位   264, 274, 275, 277, 287, 290
『巨龜』   79
鋸削   79, 81
『建國以來甲骨文研究』   358
『京都大學人文科學研究所藏甲骨文字』   38
契刻   98
『契文擧例』   16, 45, 47
『考古圖』   19
古文   50, 51
『古文字研究』   366
『庫方二氏所藏甲骨卜辭』   35
庫壽齡   21, 341
古籀文   51
骨臼   80, 81
骨臼刻辭   186
骨面刻辭   186, 188
「骨文例」   90

骨脊   80, 81
舌方   174, 175
郭沫若   37, 46, 56, 57, 105, 122, 129, 145, 146, 154, 161, 165, 169, 188, 261, 270, 306, 310, 314, 322, 341, 358, 360, 362, 364, 365, 366
郭寶鈞   22, 24
郭若愚   312
『管郭近要決』   79
『觀堂集林』   54
管燮初   363
刮磨   79
『龜決』   79
『龜經』   79
『九宮蓍龜序』   79
『龜圖五行九親』   79
『龜卜辨』   79
『龜卜五兆動搖決』   79
『龜卜要決』   79
『龜書』   79
裘錫圭   298
瞿潤緡   310
『龜音色』   79
「龜策列傳」   80
『龜親經』   79
屈萬里   156, 290, 291, 293, 312, 313
金文   191, 370
金祥恒   62, 106, 293
『金璋』   21, 341
記事刻辭   91, 92, 186, 192, 370

岐山縣　27, 173
紀數字　86, 99

羅振常　17
羅振玉　16, 17, 21, 28, 33, 43, 46, 49, 50, 53, 56, 122, 145, 146, 176, 261, 270, 302, 358, 360, 362, 363, 365, 368,
『南龜書』　79
藍寶光　330
「論〈帝乙時代的非王卜辭〉與中國古代社會的差異」　195
「論武乙文丁卜辭」　297, 299
「論殷代金文中所見圖象文字♀」　193
「論貞人扶的分期問題」　293
漏刻　108

斷代　261, 262
單列直行　90
單列下行　90
單列橫行　91
達仁堂　16
唐蘭　153, 172, 173, 179, 362
「大龜四版考釋」　264, 270
大龜四版　22
大司空村　24, 25, 31
大示　265
『大英博物館龜類志』　74
對貞　46, 95, 97, 125
對貞卜辭　97, 307
島邦南　66, 293
刀法　333, 338

刀卜辭　194
塗飾　82
刀尖藥　15
塗飽　85
『東方學報』　193
同義字(同義詞)　135
董作賓　20, 21, 22, 29, 35, 71, 73, 74, 80, 81, 84, 90, 98, 100, 101, 138, 148, 155, 188, 259, 261, 262, 264, 265, 267, 268, 270, 272, 275, 276, 277, 282, 283, 284, 285, 286, 287, 293, 303, 310, 330, 342, 357, 359, 361, 362, 365, 369
同形字　124
望乘　174
命辭　84, 95
明義士　17, 21, 34, 36, 310, 311, 329
『明義士收藏甲骨』　38

摹本　33, 34, 35, 36
摹寫　35
墨本　33
文丁復古說　148, 290
『美國所藏甲骨錄』　38

盤庚　18, 261
反書　128
倣刻　105
方法斂　21, 35, 172, 341
『柏根氏舊藏甲骨文字』　36
白榮金　85

『白虎通』　151
范維卿　16, 20
補刻　108
『簠室殷契類纂』　60
『簠室殷契徵文』　37, 145
卜骨　69, 72, 306, 307, 309
複列左行例　93
『卜法詳考』　79
「卜辭王婦名稱所反映的殷代構詞法分析」　195
「卜辭前辭語序省變形式統計-兼評"非王卜辭"說」　195
「卜辭中的古代社會」　57
『卜辭通纂』　37, 46, 57, 145, 270, 306, 310, 311, 322, 369
複列右行例　92
卜兆　70, 99
本義　129, 130, 131, 364
扶風縣　27
婦好　36, 182, 183
分期와 斷代　26
非卜辭　78, 147, 184, 193, 359, 369
非王卜辭　193, 192, 196
賓組卜辭　292

『史記』　70, 72, 73, 151, 161, 164, 176, 266, 269, 277
『史記集解』　76
司馬貞　151
史密施　28
四盤磨村　22, 24, 25, 31
寫本　34
『史蘇龜經』　79
『史蘇沉思經』　79
史籀大篆　50

사진　33, 34, 35, 36
上古漢語　362, 370
『商代龜卜之推測』　90
商承祚　37, 60, 153, 154, 181, 190, 310, 334, 336, 338, 360, 363
象形字　112, 113
索隱　151
『書』　76, 151, 163, 173, 176, 177
書契　108
徐枋　21
書法　116, 118
序數　86, 307, 308
徐自强　83
徐中舒　58
「釋羌苟敬美」　46
石璋如　23
先妣特祭　58
『說文』　84, 159, 166, 169, 358
世系　55, 57, 193, 196, 265, 267, 271, 272, 287, 288
世系卜辭　303
世本　269
世次　265
蕭楠　297, 358
小屯　15, 19, 22, 24, 25, 30, 49, 77, 193, 261, 290
小屯南地甲骨　26
小示　152, 265
小盂鼎　191
小篆　112, 115, 116, 127
『續甲骨文編』　62, 106
孫詒讓　16, 45, 46, 47, 48, 49, 115, 270
孫海波　61, 63, 363
獸骨　22
自組　196, 289, 292
自組卜辭　290
『荀子』　70

習刻　105, 333, 334
『詩』　70, 76, 169, 177
『新獲卜辭寫本』　22
『樂府詩集』　156

安陽　49, 69, 72
『安陽發掘報告』　21
梁思永　23
楊樹達　58, 174, 363
楊時喬　79
楊榮國　131
楊鐘健　77
嚴一萍　179, 305, 307, 314, 316
呂大臨　19
『易』　108, 177
歷史語言研究所　30
歷組卜辭　298, 299
葉玉森　58, 116, 364
影本　34
誤刻　106
『五十年甲骨文發現的總結』　29
『五十年甲骨學論著目』　357, 360
『五十日夢痕錄』　17
午組　193, 196
午組卜辭　290
吳昌綬　43
伍獻文　71
『玉靈聚義』　79
『玉篇』　84
王國維　16, 47, 49, 54, 55, 56, 151, 152, 164, 165, 261, 264, 268, 270, 302, 310, 358, 360, 362, 363, 365, 368
王襄　21, 37, 60, 145
王宇信　358

王懿榮　15, 16, 20, 21, 43, 360
饒宗頤　74, 274, 284, 285, 290, 291, 293, 362, 369
容庚　310, 311, 314, 360
龍骨　15
于省吾　46, 58, 59, 76, 174, 358, 362
于秀卿　83
右行　47, 90, 92, 93, 94
『洹洛訪古游記』　17
圓鑿　82
圓鑽　82
僞刻　331, 332, 341
位次　265
僞片　329
劉鶚　16, 21, 28, 43, 44, 45, 111, 270, 303, 329, 360
劉體智　21
六龜　73
陸森　79
六書　111, 112, 115, 116, 117
『殷契卜辭』　310
『殷契粹編』　47, 57, 105, 310
『殷契餘論』　310, 311
『殷契佚存』　37, 310
『殷代貞卜人物通考』　274, 290
『殷曆譜』　289, 304
「殷卜辭中所見先公先王考」　55, 302
『殷商貞卜文字考』　17, 49, 50
殷墟　18, 25, 31, 192, 261, 301, 360
『殷虛文字甲編』　35
『殷虛文字甲編考釋』　312
『殷虛文字類篇』　60
『殷虛文字丙編』　313
殷墟發掘　22
殷虛卜辭　34
『殷墟卜辭綜述』　30, 66, 100,

찾아보기 • 375

192, 264, 292, 296, 342, 272
『殷虛書契』 33
『殷虛書契考釋』 53, 54, 122
『殷虛書契續編』 28, 29
『殷虛書契續編校記』 312
『殷虛書契菁華』 34, 36
『儀禮』 84
李瑾 194
二里岡 25, 30, 77
『爾雅』 73, 170
異字同形 124, 127
李濟 22
異體字 136
李學勤 193, 194, 195, 196, 298, 312
李孝定 65, 363
引伸 134
引伸義 130, 131
一字(詞)多義 131, 135
一字異形 123
林澐 194, 195
林泰輔 17, 21, 49, 50

子卜辭 193, 195
子組 193, 196
子組卜辭 289, 292
灼兆 82, 83, 184
『雜龜』 79
張秉權 313, 314
『莊子』 70, 83
張政烺 153, 159
長鑿 82
長春 366
張學獻 20, 21
褚少孫 80
篆文 51

前辭 84, 95
『戩壽堂所藏甲骨文字考釋』 54
『田野考古報告』 21
切口 333
占辭 84, 95, 148, 149, 150, 159
丁山 58
正書 128
貞句卜辭 126, 158, 286, 299, 303, 306, 308, 332, 320
貞人 147, 196, 264, 265, 268, 270, 271, 272, 277, 287, 288, 291, 293, 294
貞人說 359
鄭辰鐸 312
祭祀卜辭 98
「帝乙時代的非王卜辭」 193
兆文 370
兆璺 84
曹囧 152
兆語 86, 370
趙銓 85
兆側刻辭 86, 291, 296, 298
「從武丁時代的幾種"子卜辭"試論商代的家族形態」 194
鍾少林 85
左尾甲 334, 336, 337, 340
左行 47, 90, 92, 94
『周禮』 73, 80, 84, 156, 169
籀文 50, 51
朱方圃 61
周子曜 79
周鴻翔 28, 81, 85
『竹書紀年』 148, 169, 176, 262, 269, 277
重刻 106
『中國古代史學的發展』 193
『中國古代社會研究』 57, 341
中央研究院歷史語言研究所 21
曾毅公 309, 310, 311, 312, 322

指事 113
直接標準 264
陳夢家 29, 77, 80, 100, 101, 146, 192, 193, 262, 264, 265, 272, 275, 289, 290, 293, 298, 311, 312, 342
陳煒湛 371

鑽鑿 82, 83, 84, 184, 188, 265, 296, 301, 309, 343, 362, 370
『鑽鑿研究畧述』 82
菜市口 16
『鐵雲藏龜』 16, 20, 33, 43, 45, 315, 329
綴合 55, 302, 304
『楚辭』 157
追名說 152
『春秋』 75
取材 79
齒縫 337
稱謂 166, 167, 193, 194, 196, 262, 264, 265, 268, 269, 270, 271, 272, 287, 288, 292, 298

탁본 33, 34, 35, 36, 39
湯陰 17, 49
太原 366
『太平御覽』 169

八名龜　73
貝塚茂樹　38, 146, 180, 193, 194, 289
「表校新舊版殷虛書契前編幷記所得之新材料」　310, 311

『韓非子』　70
『漢書・藝文志』　79

合文　121, 122
合書　121
許進雄　38, 82, 83, 265, 290, 296 336, 343, 346, 357, 360, 361, 362
驗辭　84, 148, 149, 159, 189
形聲字　115, 116
胡光煒　89, 90, 92, 93, 94, 363
胡煦　79
胡厚宣　20, 21, 35, 38, 58, 146, 153, 183, 289, 305, 314, 335,
黃濬　21

會意字　114, 116
侯家莊　23
後崗　22, 26

▸ 저자: 陳煒湛

1938年9月 江蘇省 常熟 出生
1962年 復旦大學 中文系 卒業
1966年 中山大學 中文系 古文字學專業研究生
1973年12月～현재 中山大學 中文系 敎授

主要 著書
『甲骨文簡論』

主要 論文
「甲骨文田獵刻辭硏究」, 「甲骨文同義詞硏究」
「"歷組卜辭"的討論硏究」, 「論殷墟卜辭命辭的性質」

▸ 역 자

李圭甲
現 延世大學校 中語中文學科 敎授
kklee@yosei.ac.kr

尹彰浚
現 延世大學校 講師
cjyoon2000@hamail.net

金始衍
現 梨花女子大學校 講師
cherishe@chol.com

金垵龍
現 圓光大學校 講師
widerub@hanmail.net